Das

6. und

Buch Moses

Sammlung der größten Geheimnisse
außerordentlicher Menschen in alter Zeit.

I. **Formeln der magischen Kabbala** oder der magischen Kunst des VI. VII. Buch Moses. Samt der echten Clavicula Salomonis. Weimar 1505.

II. **Gebete an die heilige Corona**, Erzschatzmeisterin über die verborgenen Schätze.

III. **Natürliche Weise, Schätze zu graben.**

IV. **Gebete an den heiligen und großen Christoph**, den gewaltigen Geber aller verborgenen Schätze.

V. **Ein approbiertes Buch zum Schatzheben**, zur Erlangung eines dienstbaren Geistes, Jesuiten-Zwang der Geister. 1561.

VI. **Biblia areana magica Alexander.** Nach der Traction des VI. und VII. Buch Moses, nebst magischen Gesetzen. 1383.

VII. **Das Büchlein der Venus zur Beschwörung** böser Geister auf eine gottselige Weise.

VIII. **Die algebraische Lotterie-Kabbala** von Rottilio Benincasa. 1552.

IX. **Geheimnisse der Nigromantiä** und Beschwörung der bösen Geister.

X. **Die Planetengeister.**

XI. **Beschwörung der Schätze**, die unter der Erde sind. Ausbietung der Geister, welche die Schätze besitzen. Eine wahre Wünschelrute. Das wahre Sigillum Salomonis. Wie man einen *Spiritus Familiaris* bekommen kann.

XII. **Die Kunst, den Geistern des Himmels**, der Luft, der Erde und der Hölle zu befehlen, nebst dem großen Gremoire, der schwarzen Kunst, den höllischen Kräften und dem wahren Geheimnis, die Toten sprechen zu lassen und alle verborgenen Schätze zu entdecken. 1421.

XIII. **Arcanum, arcanorum maimum.** Das ist: Jesuitisches Venusbüchlein, oder wahrhaftiger Zwang aller Geister. 1390.

XIV. **Geheime Kunstschule magischer Wunderkräfte**, oder das Buch der wahren Praktik in der uralten göttlichen Magie.

XV. **Auszug aus der magischen Kabbala** des VI. und VII. Buch Moses. Aus der kutisch-samaritanischen Sprache. 1226.

XVI. **Der hl. Jungfrau und Äbtissin Gertraud**, Erzschatzmeisterin der Schätze, himmlische Anmutungen und Gebete. 1106.

XVII. **Magia nigromantica curiosa** Alomonis Zadocki. In deutscher Sprache. 1545.

XVIII. **Almuchabota Ablegalim Alkakib Albaon**, id est compendium magiae innaturalis nigrae. Per M. Scotum. 1511.

XIX. **Wahrhaftige Schatzstellung.** 1184.

XX. **Völliger Prozess, Schätze zu heben.** Die Zitation der guten und bösen Geister, dass sie Schätze bringen müssen. 1818 nach Julius Cäsar.

XXI. **Verfertigung des Erdspiegels**, wodurch man alle Verborgenheiten sehen kann. Die Frag- und Wünschelrute auf Schätze, nebst der Kunst, sich fest zu machen usw. 5532 nach jüd. Rechnung.

XXII. **Johann Kornreuhters gewaltige Zitation** und Beschwörung. 2308 d. persischen Monarchie.

XXIII. **Anhang: Heiliger Segen für unheilbare Krankheiten** und böse Anfälle.

Mit zahlreichen Abbildungen.

I.

Formeln

der

magischen Kabbala

oder der magischen Kunst

des

sechsten und siebenten Buch Moses

Samt einem Auszug

aus

der echten und wahren

Clavicula Salomonis Regis Israel

Weimar 1505

A n m e r k u n g

für

die Freunde der magischen Kabbala.

Die Zitationsformeln, welche dieses Buch enthält, müssen durchaus in hebräischer Sprache, ohne anderen Ausdruck, ausgesprochen werden. — In einer anderen Sprache haben sie gar keine Kraft, und nie würde der Meister seiner Sache versichert sein. Denn alle diese Worte und Formeln sind von dem großen Geist ursprünglich so ausgesprochen worden und haben nur in dieser Sprache ihre Kraft.

Auszug der magischen Kabbala

des

sechsten und siebenten Buchs Moses.

Moses Brustschild.

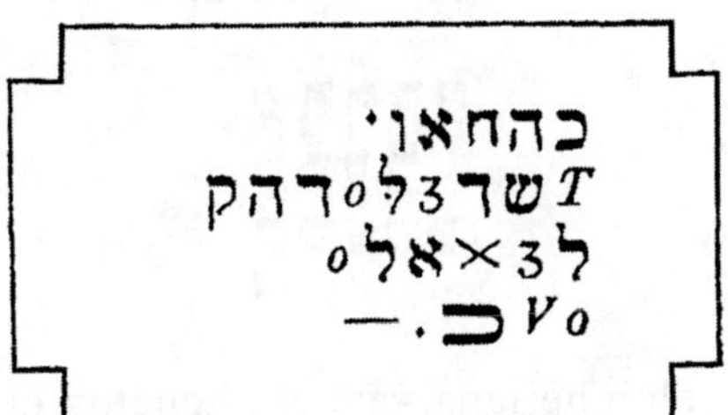

Diese hebräischen Worte werden ausgesprochen, wie folgt:

Jehova, aser Ebeje Cëther Elion Eheje.

Der Allerhöchste, den kein Auge gesehen, noch Lippe gesprochen, der Geist, der Großes getan und viele Wunder wirkt.

Dieses Brustschild und das Stirnblatt sprechen die Heiligkeit aus.

Stirnblatt Mose und Aarons.

Hibel mare actitas barne donene ariaesch.

Dieses sind Namen, welche die alten Ägypter statt des unaussprechlichen Namens *Asser Criel* brauchen und heißen Gottes Feuer und starker Fels des Glaubens. Wer solche auf goldenem Blech bei sich trägt, stirbt keines schnellen Todes.

Brustschild Aarons.

שרףדח
לתעד
בשהעב.

Sadaji amara elon hejiana yanael pheneton ebcoel merai. Das ist: Ein Fürst der Angesichter, der Andere zu *Jehova* führt. Durch diesen redete Gott zu Moses.

Magische Gesetze Moses.

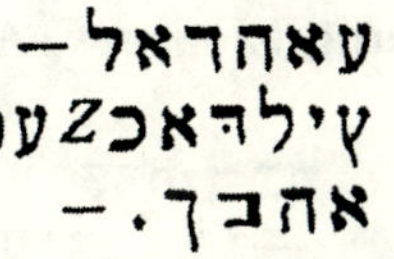

Aila himmel adonay amara *Zebaoth* cadas yeseraye heralius.

Diese Worte sind schrecklich und sind, um Teufel oder Geister zu sammeln und Verstorbene erscheinen zu machen.

Die Umschrift auf dem Kelch des Heiligtums.

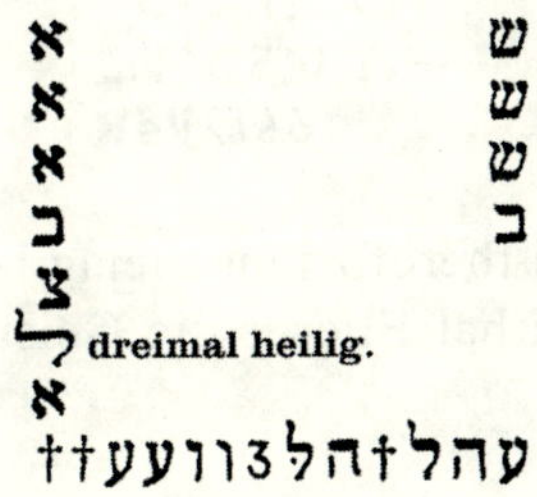

Elianon joena ebreel eloyela ayiel agoni sochadon.

Diese Worte sind groß und mächtig, es sind die Namen des Schöpfers und die Charaktere der Bundeslade.

Beschwörung Eleasars, Aarons Sohn.

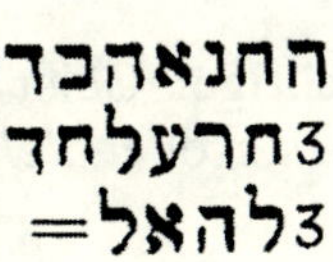

Uniel dilatan Sadai paneim usamigaras caliphos sasna panesoym Jalaph.

Diese Namen sind, wenn man mit den 4 Elementen oder anderen daraus vermischten Dingen etwas wirken will, so geschieht es, sie sind aber nicht ins Deutsche zu übersetzen.

Abdankung Eleasars, Aarons Sohn.

שע־33ꝏדכל
בעי33כל · —.

Leay yli Ziarite zelobabe ed negoramy Zien latebni dama mecna rameti aziri.

Durch diese Abdankung geht alles in Nichts zurück.

Zitation Germuthsat oder Leviathans.

דכהאתלל
שעיב3ꝏע. —
אξעשζ3:

Lagumen Emanuel therefori mechelag laige yazi, Zazael.

Mit diesen Namen hat Elieser die Geister der Luft gebunden und aufgelöst.

Abdankung Leviathans.

3דרחןζחטכ
ϑξϑע־כלע

Maleoh, Saday cubor Damabiah menkie lejapel manjah yejavai.

Das ist: Starker, mächtiger Geist der Hölle, gehe zurück in deine Werke im Namen des großen *Jehova*.

Sileams Zauberei.

טלהכאדן—
3אלהζאחו

Meloch hel alokom tiphret hod jesath.

Das bringt Rache den Feinden, ist nicht zu übersetzen, weil es Namen der sieben Tafeln der Bundeslade sind.

Egypton Ψ

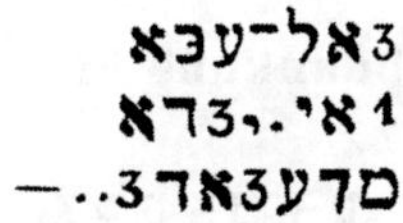

Tanabtain ainaten pagny ayolo asnia hichaifale matac habona hycero.

Mit diesen Worten redete Moses zu den Zauberern in Egypten, sie bedeuten: Im Feuer erscheint der Herr seinen Knechten, um zu versiegeln die Welt in ihren vier Teilen und die untere Erde.

Beschwörung der Gesetze Moses.

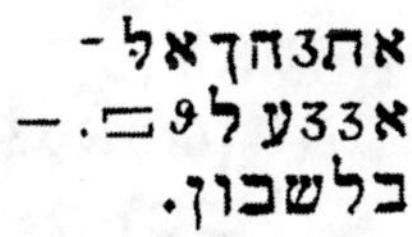

Aycon dunsanas pethanir thrygnir yon cyna naterlavas pistoin.

Wenn du diese Worte aussprechen willst, so faste drei Tage, damit kannst du Wunder tun. Sie sind nicht zu übersetzen wegen der Jüdischen Charaktere.

General-Zitation Moses auf alle Geister.

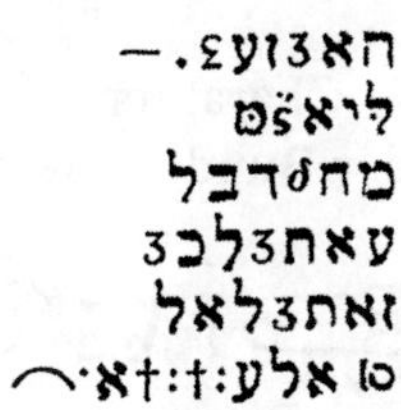

Elion goena adonay cadas ebreel, cloy ela agiel, ayoni sachadon, essuselas Elohim, delyon jau elynla, delia jari Zazael Palielman. Umiel, onela dilatam Saday, alma, Jod Jael Thama.

Diese Zitation ist groß und mächtig: es sind die Namen des Schöpfers und die Namen der zwei Cherubim auf dem Gnadenstuhl *Zarall* und *Jael*.

Abdankung Mose.

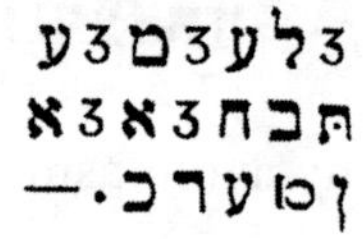

Kaszedim bachanda nezahhad Jehod Elohim asser cheje Zalim.

General-Zitation Moses auf alle Geister.

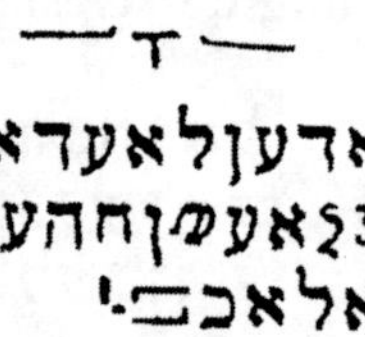

Ahzeraye comitejon Sede leji thomos Sasmagata by ul ycos Joua Eloy Zawaym.

Dieses sind die hohen, kräftigen Ausdrückungen, die Moses bei Erweckung des Leviathans brauchte, um ihn seinem Herrn dienen zu machen. Der Erste ist der unaussprechliche, den die ersten Menschen für den einigen starken Gott brauchten. Das Ganze ist gut, nur erlangt nicht Jeder das *Vollkommene* ohne harte Prüfung.

Charaktere
an der *linken* Seite der Bundeslade des Allerheiligsten.

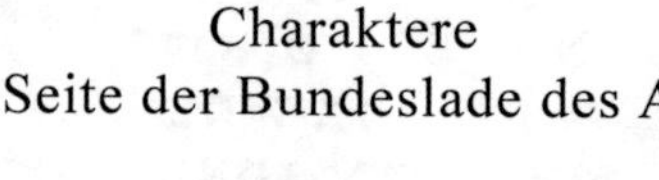

An der *rechten* Seite.

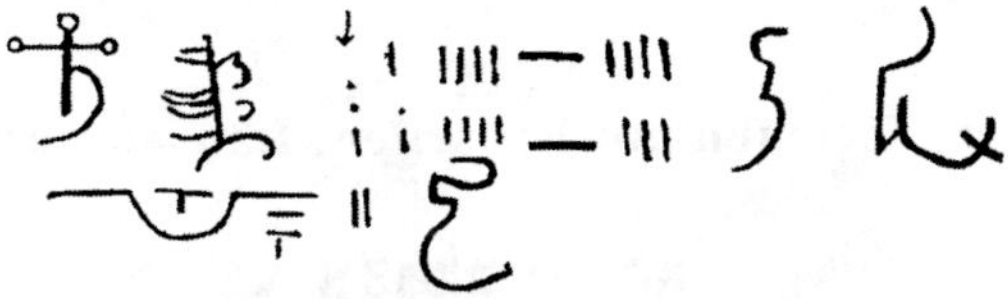

Höre, Israel, der Herr unser Gott ist ein einiger Gott.

Der geforderte Geist stellt sich in einer Feuersäule.

מאעאב פ לל·
צאלאצפב פ–
עזטדוזא
אזעטזחאב׃
מזשרח. —

Maja atfaby Zien, Jeramye Latebi damajesano noy lyoy Leay gly yre Eyloy lyecle loate Eli Eli mecharamethy rybisas sa fu aziri reacha.

Diese Zitation nennt die 12 bösen Geister des Menschen durch Hilfe des Vaters oder hebräisch Eli; sie ist schreckend.

Der Geist stellt sich in einer Wolkensäule.

כחותקואיעלז
חכאדזבבאיעא

Kahai concor anuhec Zelohabe vole hebei ede nego raney hababe gizaon.

Anhang zur General-Zitation Moses auf alle Geister.

Wir N. N. in diesem Kreis beschwören und zitieren diesen Geist *Fatenovenia* mit allem seinem Anhang, hier an dieser Stelle zu erscheinen, unser Verlangen zu willfahren, im Namen der hl. Engel, *Schomajen Cheziem, Rokniom Averiam, Kandile, Brachat*

Chaydalic, Ladabas, Labul, Raragil, Bencul, in Gottes Namen, Amen.

Drei neue Zeichen mit Fröschen, Läusen und Pest.

א3ושבאלי־א·
3־ʑא2עפאר·

Abtan, ageistan, Zoraten, Juran, nondieras portaephais pogny ayzamai.

Drei neue Zeichen am Vieh, Pest, schwarze Blattern und Hagel.

א3זעכאת
אחאבן33—
3אלד3חא

Ararita Zayn thanain, miorato raepi athonik pethanit castas lucias calbera nater sigaim.

Heuschrecken und Finsternis.

אז3לחחם3ς—
דאזי33עאח
3יאבלמזב—
3אזרד·—

Hasaday hayloes, Lucasim elayn jacihaga, yoinino, sepacitas barne lud casty!

Der Geist erscheint im brennenden Busch.

3אלדעאבכ
מכא3דמדחאלל
עיתרןא3ל

Baha cuci hiebu ziadhi elenehet na vena vie achya salna.
Der Geist, welcher hier erscheint, ist Gott selbst.

Moses verwandelt den Stab in eine Schlange.

מדƨ3א3ויקז:ח
אVראביעאX/
בןיע/בחל

Micrata raepi Sathonik pethanisch, pistan yttinge hygatyn ygnizian temgarondusnai castas Lacias astas yecon cyna caltera Caphas.

Moses verwandelt Wasser in Blut.

אצאעחיןזי3
אזT3אדע
3יכזאביכ

Aben agla manadel slop siehas malim hajath bajadosch yonem cedas ebreel amphia, demisrael muelle leagyns amaniha.

Hauptzitation aller dienstbaren Luft- und Erdgeister, dergleichen sich Manasses und Salomo bedient als der echte Schlüssel Salomonis Regis Israel:

Auszug
aus
der wahren Clavicula Salomonis und dem Gürtel Aarons,

als ein Testament allen weisen Magiern hinterlassen, zu erlangen den Gipfel der höchsten irdischen Weisheit, welchen die Altväter alle gehabt und gebraucht zu Allem zu wissen, Alles zu haben und Alles zu vollbringen durch die ausstrahlende Kraft des allmächtigen Gottes *Jehova,* so Er, der große Monarch, seinen Geschöpfen, die ihn in der Ehrfurcht und Demütigkeit anbeten Tag und Nacht, seinen großen Namen laut und in der Stille anrufen und zu ihm seufzen, als zu ihrem Ursprung, als von ihm und durch ihn entstandene vernünftige Geschöpfe, in der Qual der Elemente begriffen, auf uns los strebend nach dem höchsten Sein bei und zu Gott: diesen hat er dieses gegeben, die ihn nicht vergessen in den Freuden dieser Welt, die jedoch ein Leiden sind, und nicht die Wirklichkeit vergessen, ob dem vergänglichen Schein der Welt.

Du wirst dich auf einen erhabenen Felsen stellen mit einem Palmenzweig in deiner rechten Hand und einem Lorbeer um deine Schläfe. Du wendest dich gegen Morgen und sprichst:

Alya Laya Laumin Otheon!

so wird dich ein Lichtschein umgeben, und wenn du diesen gewahr wirst, dann falle nieder auf die Knie und bete an. Dann sprich mit vernehmlicher Stimme langsam und deutlich:

Zitation:

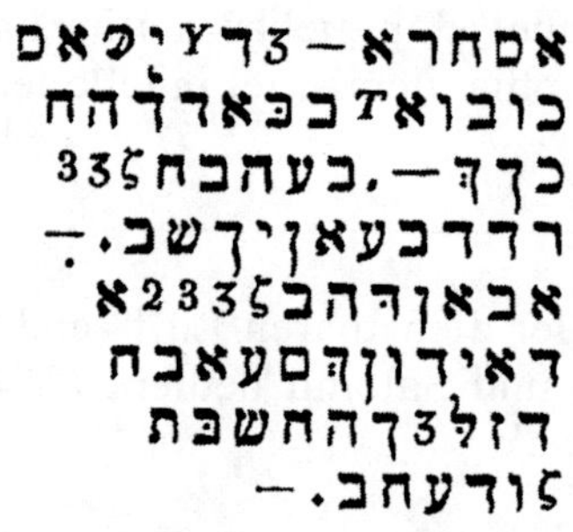

Eliam yoena adonai cadas ecreel cloyela agiel, ayoni sachadon essuselas eloym de liomar elynla lelia yazi zazall palielman Unnel ovela dilatam Saday ahna panaim alym cannal densy usami yasas calipi calfas sasna saffa sadoja aglata pantomel amriel azien phanaton sarze panerion ya Emanuel Jod jalaph amphia than domirael alowin.

Charakter.

B A  m n lazies ala phonan aglaoyes pyol paeriteon theserym.

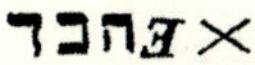  basimel Jael barionia.

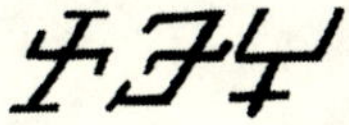 apiolel chet.

Finis.

II.

Gebete

an

die Heilige

Corona,

Erzschatzmeisterin über die verborgenen Schätze,
Vorsprecherin der armen Leute, und
Gebieterin der bösen Geister u. a.

Nebst
einer leichten Art natürlicher Weise Schätze zu
graben.

Nach dem authentischen Manuskript, welches im Vatikan zu
Rom aufbehalten wird.

Der heiligen Corona Gebet.

Den Tag zuvor verrichte eine reumütige Beichte, hernach bete kniend vor dem Kruzifix 9 Vaterunser, 9 Ave Maria und 3 Glauben, und die 7 Worte Christi, als:

1) Vater vergib ihnen, denn sie wissen nicht was sie tun.
2) Fürwahr heut wirst du bei mir sein im Paradies.
3) Weib nimm wahr deines Sohns, und zu Johannes: Siehe deine Mutter.
4) Mich dürst ohne Unterlass.
5) Mein Gott! Mein Gott! wie hast du mich verlassen?
6) Es ist vollbracht.
7) Vater in deine Hände befehle ich meinen Geist. Mithin gab er seinen Geist auf, Amen.

Verlöbnis zur heiligen Jungfrau C o r o n a.

Heilige Corona, ich N. N. gelobe und schwöre dir, dass ich deinen hl. Namenstag dem 14. Mai lebenslang feiern will und mit Fasten, Beten und anderen guten Werken zubringen, Amen!

Aufopferung dieses Werks.

Dieses opfere ich dem Leiden Christi und seiner lieben Mutter zu Ehren durch die hl. Corona, auch mit herzlichem Vertrauen bittend durch den Willen Gottes und Nutzen meiner Seele mir zu offenbaren wo zu haben oder zu erheben sein, als nämlich - -

hiesige Reichs- und Landes gangbarer
Münz und Währung.

Merke: Diese Aufopferung musst du den ersten Tag, wann du gebeichtet hast, samt allen folgenden Gebeten verrichten, auch die übrigen Tage, wann du in der Frühe die Rosenkränze samt den völligen Gebeten und Beschwörungen gebetet, auch verrichten, auch abends, wenn du wieder die Rosenkränze samt Corona-Gebeten und Beschwörungen gebetet hast, wieder diese Aufopferung.

Endlich:

Die bewussten Tage und Rosenkränze ordentlich Früh nüchtern samt dem Corona-Gebet, und abends von Schlafengehen 3 Vaterunser, 3 Ave Maria, 1 Glauben, 3 Rosenkränze mit gedachtem Coronagebet beten, und allezeit dem Leiden Christi, seiner lieben Mutter zu Ehren durch die heilige Corona aufopfern nach der Art † Gebet zur hl. Corona.

O heilige Jungfrau und Märtyrin Corona! Ich armer Mensch ermahne dich der großen Gnaden und Würden, die du erhalten von dem Herrn, und dir gegeben ist der Gewalt über die Schätze der Welt, und wer dich bitten wird im Namen des Herrn Jesu Christi deines geliebten Bräutigams, und in seinem Namen hast du Gewalt, mich armen und bedürftigen Menschen zu begaben mit einem zeitlichen Gut, so ich aus demütigsten Herzen bitte. O du heilige Jungfrau Corona! Gib mir zur Notdurft in meinen Anliegen und Nöten, die - - - hiesigen Reichs und Landes gangbarer Münz und Währung zu meiner Seelen Heil und Seligkeit. Amen.

Merke nun, wann du das Gebet anfangen willst, so bete folgendes: *

O allerheiligste Dreifaltigkeit! Dir ist bewusst meine große Armut und Elend, und dass ich dieses Werk nicht aus Frevel oder bösem Vorsatz anfange, deswegen gib Gnad und Benedeiung, um welche ich dich demütigst bitte, dass ich dasselbe nicht wider deinen Willen, sondern zu deinem Wohlgefallen verrichte, und mir meine Bitte mittelst der hl. Corona gewährt möge werden. Amen.

O heilige Corona! Ich rufe dich an durch den süßen Namen Jesu, durch ein herzliches Vertrauen auf deine große Fürbitte bei deinem liebsten Bräutigam, dass du mich meiner Bitte gewährst, und mir aus meiner so bitteren Armut, Jammer und Not helfest. Amen!

Früh und abends nach den Rosenkränzen bete folgende erste Ermahnung:

O heilige Jungfrau Corona! Ich armer sündiger Mensch ermahne dich durch deine bitteren Marter und Sterben, so du durch und um Gottes willen gelitten hast, dir zum Lob und uns armen Sündern zum Trost, dass du mich erhörest, und mir armen Sünder zu Hilf kommst, mich durch treue Gaben begnaden wollest mit - - - hiesigen Reichs und Landes gangbaren Münz und Währung, dass die dein lieber Bräutigam Jesus Christus unter dich gemacht hat, dann ich dessen zur Zahlung meiner Schulden zu meiner und der Meinigen Unterhalt und Nahrung höchstens vonnöten hab. Amen.

Zweite Ermahnung:

O heilige Jungfrau Corona, ich armer elender sündiger Mensch ermahne dich deiner bitteren Marter, die du um Gottes willen gelitten, und die Seligkeit danach erlangt hast, bitte den allmächtigen Gott, dass Er mir seinen göttlichen Segen verleihe, und mir armen Sünder in und aus aller meiner Not und Armut helfe, durch den großen Schmerzen, den du von großer überschwänglicher Liebe, wegen deinem geliebten Bräutigam Jesu Christi gelitten hast, hilf mir nur mit obgesagter Summe Geld - - - hiesigen Reichs und Landes gangbaren Münz und Währung, wegen schon gemeldeten Ursachen begnadigen. Amen.

Dritte Ermahnung:

O du heilige Jungfrau Corona, ich ermahne dich deiner großen Marter, die du gelitten hast zwischen zwei Bäumen, in welchen Gipfel deine Händ und Füß gebunden, und an allen deinen Gliedern in großer Marter und Blutvergießung um Gottes willen ausgestanden und zerrissen worden, so bitte ich dich, o heilige Jungfrau, als meine Erzschatzmeisterin, dass du bei Gott meine Fürbitterin sein wollest, dass mich Gott durch seine große Barmherzigkeit nähren und begnaden wolle mit einem nämlich zeitlichen Gut zu meines Leibs und Seelen Heil in deinem Namen.

Amen!

NB. Hier wird das Coronagebet wiederholt, gezeichnet mit einem †
NB. Nun bete wieder das Gebet mit * gekennzeichnet: O Allerheiligste u. a.
Nun bete 3 Vaterunser, 3 Ave Maria, und 5 Glauben.

Gott Vater Schöpfer aller Dinge, erhöre mein Gebet, und verleihe gnädiglich, dass dieses Werk von mir glücklich vollbracht, und dass ich durch die Verdienste und Marter Corona mein Begehren erhalten, und mit dem verlangten Geld durch ihre Fürbitte oder mit Anzeigung und Erfindungsschatz wirklich erfreut werden möge.

3 Vaterunser, 3 Ava Maria, 1 Glauben.

O mein Herr Jesu Christo, du eingeborener Sohn Gottes und Mensch, dir ist bewusst, meine Armut und Elend, und weil dann die hl. Jungfrau und Märtyrin Corona, als eine Erzschatzmeisterin über die verborgenen Schätz, mithin als eine Versorgerin der Armen verordnet, und zugleich eine Gebieterin der bösen Geister ist, und die Gnad hat, diejenigen, die an dich glauben, und dieselbe aus Armut in deinem Namen anrufen, nährst, und ihre Bitt gewährest, und von denselben anvertrauten Gut und Schätzen mir dann zeigen, was ich ohne Falschheit aus Armut begehre, hoffentlich werden solle, bitte ich dich, du wollest Sie di heutige Nacht mir gewiss erscheinen lassen und ermeldte hl. Jungfrau zu mir schicken, und auch durch sie ohne alle Seel- und Lebensgefahr und allen Schaden mich meiner Bitt gewähren, und mich entweder durch wirkliche Fügungen ihres selbst-eigen, und nicht etwa durch böser Geister betrügliche Offenbarung eines verborgenen Schatzes öffentlich zeigen und mir aus meiner so großen Armutsnot und Angst helfen, auf dass ich dich samt dem Vater, Sohn und Heiligen Geist ehren und allezeit loben und preisen möge und der hl. Corona für ihre erzeigte Hilfe die schuldige Ehre erzeigen. Amen.

Heiliger Geist, du höchster Tröster in aller Not, stehe mir

bei in dieser meiner Not, Armut und Elend mit deiner Gnad, und verleihe mir durch deine göttliche Gnad, dass die heilige Jungfrau Corona mir in heutiger Nacht gewiss erscheine, und alle Arglist, Blenderei und Gewalt des bösen Feindes zurück und hinter sich treibe, und das von ihr gebetene Geld ohne Tumult, Furcht und Schrecken, ohne Schaden meiner Seele, Leibs und Lebens, wie auch der Meinigen einzuhändigen und unverruckt zu hinterlassen oder wo so viel Geld verborgen liege, und wie es zu bekommen oder zu erheben sein möge, mir solches ohne allen Betrug, Arglist und Umschweif, die der böse Feind den Menschen machen möchte, mir entweder im Schlaf andeuten, oder mich ohne alle Gefahr und Schaden dahin führet, und solches erheben helfest. Amen.

Bete 3 Vaterunser, 3 Ave Maria, 5 Glauben.
Dann bete ferner 7 Worte Christi, wie im Anfang zu sehen.

Das Sechste:

Es ist vollbracht.

Das Siebente:

Vater in deine Hände befehle ich meinen Geist; mithin gab er seinen Geist auf. Amen.

Ermahnung oder Beschwörung an die hl. Jungfrau Corona.

NB. Dreimal.

Heilige Jungfrau und Märtyrin Corona, weil dann der Allmächtige Gott dich wegen des Christlichen Glaubens sehr große Marter zu leiden und dein Heil Blut zu vergießen genötigt, dich mit der himmlischen Krone gekrönt und mithin zur Erzschatzmeisterin über die verborgenen Schätze und zu einer Vorsprecherin der armen Leute und Gebieterin der bösen Geister verordnet hat, und das versprochen, allen die an dich glauben, wer dich in dem Namen Jesu anrufet und um eine Bitt bitten werde, ihre Bitt zu gewähren. Amen.

Heilige Corona, ich N. N. beschwöre, bezwinge und probiere dich zum ersten Mal bei und durch Gott den Vater, Schöpfer aller Dinge, und durch den heiligen Namen Jesu Christi, dessen Geburt, Menschwerdung, bitteres Leiden, und durch seine heiligen fünf Wunden schmähligen Tode, fröhlichen Auferstehung und Himmelfahrt, bei und durch Gott den Heiligen Geist bitte und verbinde ich dich durch die allerheiligste Mutter Gottes Maria, deren sieben Schmerzen und Freuden durch des hl. Erzengels Michael Gabriel, Macht, Gewalt und Herrlichkeit, durch den geliebten Jünger Johannes, durch dessen hl. Evangelium, wollest mein Verlangen ohne allen Tumult, Schrecken und Gefahr selbsten überbringen und mir überantworten, und unverwandelbar hinterlassen, und mich aus meiner Not, Angst und Armut errettest, oder dass ich, wo Schätz begraben liegen, solche ohne großer Mühe und Gefahr, Furcht und Schrecken oder Beschädigung meines Lebens, und ohne Gefahr meiner Seele zu erheben, entweder im Schlaf ohne allen Umschweif und Betrug, der vom bösen Geist herrühren möchte, mir allezeit eröffnet, oder mich aufweckt und dahin führest. Amen!

† † †

Nun beschwöre ich dich, o heilige Jungfrau und Märtyrin *Corona* zum anderen Mal, und schwöre bei den heiligen Namen Gottes *Elohim*, *Jehovah, Adonai, Zebaoth, Emanuel, Hagios, ho Theos, Ischys, Messias, Alpha* und *Omega*. Bei Christi blutigem Schweiß, Dornenkrone und Marter, bei Himmel und Erde, Sonne und Mond, Sterne, auch deiner Pein und Marter, als du gelitten hast, da man dich gemartert und durch zwei Bäume lebendig zerrissen, da du mich erhörest und meiner Bitt gewährest, und die verlangten Gelder von deinen verborgenen Reichtümern, über welche dich Gott der Allmächtige verordnet hat, mir in heutiger Nacht gewiss erscheinest und überbringest, und unverwandelter hinterlässest, oder mir mit freundlicher und annehmlicher Gestalt erscheinst, einigermaßen das verlange Geld von deinen verborgenen Schätzen, so ich nicht bekommen konnte, ohne deren bösen

Geistern einen Betrug oder Hinterlist offenbar zeigest und glücklich erhalten helfest, auf dass ich Gott dafür danken und die schuldige Ehre erweisen könne. Amen!

Wiederum ermahne, bitte, beschwöre, bezwinge und verstocke ich vor dir o heilige Jungfrau und Märtyrin Corona, zum dritten Mal bei und durch den süßesten Namen *Jesu* bei allen erfreulichen Siegen und Benedeiung, Allgegenwart Gottes, bei deinem Amt, Macht und Gewalt, der dir von Gott gegeben ist, und deswegen, und auch allen Freunden willen, dass du mich in heutiger Nacht ohne Verzug meiner Bitt gewährest, mit die verlangte Summe selbst überbringest, überlieferest und unverruckter Weise hinterlassest, von deinen vertrauten Schätzen, welche ganz leichtlich und ohne Seelen- und Lebensschaden zu erheben sind und erhoben werden können, mir getreulich offenbarest, weisest, zeigest und mir erheben helfest, und wie bereits gemeldet, in meine Hände lieferst, und so ich das meinige wird zu meinem gewünschten Ende bringen, so spreche ich darauf: Amen.

Dazu helfe Gott Vater, Sohn und Heiliger Geist,
Amen.
Gebet einen Segen dazu, und der allerheiligsten Dreifaltigkeit
sei Lob, Ehr und Preis in alle Ewigkeit
zu Ewigkeit,
Amen! Amen! Amen!
Fiat. Fiat. Fiat.
Alleluja! Alleluja! Alleluja!
NB. Solches Gebet muss zu jederzeit dreimal gebetet
werden.

Wenn der Geist kommt, so sprich:
Alle guten Geister loben Gott den Herrn.
Wenn der Geist spricht, was du von ihm begehrst;
so antworte:

Gottes Hilf, Gottes Gnad, Gottes Barmherzigkeit, den ewigen Frieden, Seel- und Lebensgesundheit, nach diesen die ewige Glückseligkeit und das verlangte Quantum, nämlich . . . Reichs und Landes gangbarer Münz und Währung.

Abdankungs-Gebet:

Gehe hin du guter Geist in die gewünschte Stadt, in das gewünschte Himmelreich im Namen der Allerheiligsten Dreifaltigkeit, das helfe Gott Vater, Sohn und Heiliger Geist, der Friede sei zwischen mir, ober mir und unter mir, im Namen Gottes des Vaters und des Sohnes und des Heiligen Geistes. Amen

Des Heiligen Johannis Evangelium, wie jedem bekannt ist, wird jetzt, wenn der Geist hinweg, gebetet.

ENDE.

III.

Anhang

natürlicher Weise

Schätze zu graben.

Zusammengetragen
von J. J. Schick, V. D. M.

Anhang vom Schatzgraben.

Nimm Wasser aus dreier Herren Grund, den Rasen von neun Mittelreinen, den Eintrag von 9 Ameisenhaufen und Feld-Letten samt der Wurzel. Dieses alles siede durcheinander, hernach läutere es und lege Fasant darein. Wenn du nun einen Ort weißt, wo ein Schatz begraben ist und sich Geister zeigen, welche dich blenden wollen, so nimm von diesem zugerichteten Wasser und besprenge ihn damit, so werden sie weichen. Es hilft.

Ein Licht zu machen, mit welchem man einen
Schatz im Hause finden kann.

Nimm Weihrauch, Schwefel, Wachs und gesottenes Garn. Davon mache ein Licht. Mit diesem durchsuche alle Winkel des Hauses. Wo Geld steht, daselbst wird das Licht ausgehen. *Paracelsus* I. Tl. II. *B. Philosophiae Sagacis*.

Von dem Lager der Schätze.

Wenn sich nächtlicher Zeit an einem Ort Gespenster sehen lassen. Wenn denjenigen, welche über solche Orte gehen, Furcht und Entsetzen ankommt, ingleichen, wenn kein Tau dahin fällt. Wenn man ein Licht bei sich trägt und dasselbe plötzlich auslöscht. Wenn sich Feuer, ein Haufen glühender Kohlen, eine Menge schimmeliges Brod, ja auch manchmal ein Genist Frösch und andere seltsame Dinge sehen lassen, so ist es höchst wahrscheinlich, ja aus der Erfahrung gewiss, dass daselbst ein Schatz verborgen sei.

Hingegen wo sich ein Poltern, Jammern, Schreien u. a. erhebt, daselbst mag sich ein Mensch ermordet oder der Teufel seine Verblendung haben, und kein Schatz da liegen.

Es gibt aber zweierlei Schätze: Der eine ist von unseren Voreltern bei den damaligen grausamen Kriegen in der Erde verwahrt und in Sicherheit gebracht, hernach durch Absterben, Verheerung und Brand nicht wieder gefunden worden. Dieser mag natürlicher Weise gehoben, auch zuweilen zufälliger Weise gefunden werden, wenn man nur erst gewiss sein Lager weiß. Der andere, welcher mit verschiedenen Dingen versetzt, mit dem Teufel beschworen, ist aber nicht wohl zu bekommen, auch von hoher Obrigkeit zu suchen verboten, weil dabei viel Unglück geschehen, wie viele leidige Beispiele lehren.

Die Wünschelrute meldet uns auch zwar den Ort, weil sie aber etliche Pfennig so gut als viele Millionen anmeldet, so kann man auf ihre Anzeige nicht allezeit gehen.

Einige Schatzgräber sehen auf Gesichte in Salomonisspiegeln, Erdspiegeln, Kristallen usw., welche auch nicht allemal richtig anzeigen.

† † †

Vom Schatzgraben.

Ist der Mond im Zunehmen oder läuft er im Zeichen des

Stiers, Steinbocks und der Jungfrau, so grabe an einem der bewussten Orte. Grabe ohne Zeremonien, ohne einen Zirkel oder Kreis zu machen, noch Beschwörungen. Grabe fröhlich, entfremdet von bösen Gedanken und Vorstellungen und der Furcht vor den Geistern, sonst erscheinen dir von Stunde an wunderbare Einbildungen und ist doch nichts da. Die Schatzgräber sollen also miteinander reden, singen, unverzagt und fröhlich sein, denn das ist nicht verboten, obgleich es die Unerfahrenen glauben.

Wenn man nun auf den Schatz kommt, sich ein Getöse erhebt und grausame Dinge sehen lassen, so ist es ein Zeichen, dass er von Erdgeistern, Sylphen und Bergmännchen bewahrt werde, welche ihn den Menschen missgönnen. Sie vexieren also die Menschen und verblenden sie, dass ihnen die Schätze in fester oder weicher und irdener Materie, oder auf noch andere Arten vorkommen und viel davon gehen, welches man aber nicht tun, sondern die verwandelte Materie 3 Tage aufbehalten, auch wohl gar ins Feuer werfen soll. Denn Geld bleibt Geld, Erz bleibt Erz und kann unter solchen Umständen nicht zu einer anderen Substanz gemacht werden. Hole die Sache heraus, sie komme dir auch vor auf welche Art sie nur wolle, es liegt nichts daran. Du bekommst doch den Schatz.

Wir unten Genannte gebrauchen folgende Stücke beim Schatzgraben: Wir lassen zuerst eine heilige Messe lesen, graben hernach über Kreuz oder machen einen Kreis, nehmen heilige Schwerter und Kleider, geweihte Kerzen, Lichter, heil. Dreikönigswasser, Öle, Feuer und das Räucherwerk und bedienen uns magischer und nekromantischer Schriften und sonderbarer Charaktere (wodurch kraft des hl. Wortes Gottes die bösen und guten Geister den Menschen in allen Dingen gehorchen und zu Willen sein müssen), ingleichen einer Krone, Zepter, Gürtel, Ring, heiligen Bilder u. a. m., wodurch man versucht die Schätze glücklich herauszuheben. Man pflegt auch gewisse Dinge in die Schippen und Hacken zu verpflöcken, geweihte Sachen dabei um sich zu hängen, damit uns die bösen Geister nicht schaden können.

Man hat Exempel, dass etliche Personen noch neulich damit glücklich gewesen sind. Indessen gehen auch hierbei zuweilen Betrügereien vor, so dass sich Jedermann in Acht zu nehmen hat.

Beschluss:

Alles Vorausgeschickte hat seinen echten Nutzen, wenn es von erfahrenen Exorzisten, dergleichen der Herr Pfarrer Schick im Neustädtchen im Mainzischen, der P. Kapuziner Zimmermann in Wien und Herr Meckbach und Konsorten in Schenklengsfeld und Andere sind (wovon mehr als 100 Menschen Zeugen sind), welche sich und vielen Menschen durch ihre Künste, die hierher gehören, aus ihrer Dürftigten in Kurzem in den größten Reichtum gesetzt haben.

Wer nun vorstehenden Regeln folgt und bei dem jetzigen Geld raren Zeiten etwas von den sehr vielen in der Erde tot liegenden und vergrabenen Geldern mit göttlicher Hilfe zu heben sich entschließt (wozu auch einige hohe Herrschaften die Erlaubnis geben, um ihren armen Untertanen aufzuhelfen), und darauf Jemand großen Nutzen verspürt, der vergiss ja nicht dem allgütigen Schöpfer täglich zu danken und nach dem Befehl Christi, seinem dürftigen Nächsten zu helfen, weil er erlange ein seliges

ENDE.

IV.

Gebete

an den

heiligen und großen

Christoph,

welcher

das Kind Jesu über den Jordan getragen, von ihm hernach getauft, von einem heidnischen König schlafend angetroffen und jämmerlich ermordet, von Gott aber mit der himmlischen Marter-Krone gekrönt, zum höchsten *Schatzmeister* im Himmel und auf Erden, *gewaltigen* Geber aller verborgenen Schätze, Güter und Berg werke, und Austeiler der Almosen an die Armen eingesetzt worden.

Nach dem authentischen Manuskript, welches im Vatikan zu Rom aufbehalten wird.

Vorerinnerung:

Weil die Gebete an die heilige *Corona* den Protestanten in verschiedenen Stücken, besonders wegen des Ave Maria zuwider sein werden, so dient, um die Freundschaft zu erhalten und die Liebe des Nächsten zu beobachten, zur Nachricht, dass ein gewisser Protestant statt dieses das Vaterunser gebetet und versichert habe, er hätte auch den gewünschten Endzweck dadurch erhalten.

Und da diese Bücher durch das Abschreiben der Ungelehrten sehr verkümmert worden und meistenteils falsch sind, so hat man die römischen reinen ungefälschten Handschriften zum Grunde gelegt und glaubt ein gutes Werk gestiftet zu haben.

S c h i c k .

† △ †

Vorbereitung.

Wer dieses heilige Christophs-Gebet verrichten will, der muss Buße tun, alle Sünde meiden, sich mit Wasser und Brot tränken und speisen, beichten und kommunizieren, auf Gott sein Vertrauen setzen und den Glauben haben. Hernach auf zwei *Donnerstage* und einen *Sonnabend* des Nachts von 10—12 Uhr mit herzlicher Andacht langsam beten. So kann er gewiss versichert sein, dass ihn Gott erhören werde.

Dabei muss ein Jeder (es sei eine einzelne oder mehrere Personen), eine geweihte Wachskerze halten. Alle zusammen aber müssen mit heiligem Johannis- und Taufwasser versehen sein, und mit einer geweihten Kohle und einem Palmzweig drei Kreise um sich machen.

D i e d r e i K r e i s e .

Den ersten Kreis, den ich mache, mache ich durch die göttliche Gewalt des allmächtigen himmlischen Vaters, welche er besonders bei der Schöpfung des Himmels und der Erde bewiesen hat, und bitte, er wolle ihn gnädig verbinden.

Den zweiten mache ich durch den Sohn Gottes, der für mich und die ganze Welt am Stamm des Kreuzes gestorben, und bitte, er wolle mir ihn um seines bitteren Todes und seiner Erlösung willen verbinden.

Den dritten mache ich durch Gott den Heiligen Geist, durch seine göttliche und große Majestät und Feuer flammende Liebe, und bitte, er wolle mir ihn mächtig verbinden.

O heilige Dreifaltigkeit! Durch deine unendliche Barmherzigkeit und göttliche Namen seien also diese drei Kreise verbunden. Amen!

Nun knie in diese drei Kreise und bete:

Siehe, Herr! Hier kniee ich, wie ein verächtlicher Knecht vor seinem aufrichtigsten Herrn nieder, und bitte um die wahre Speise und den Trank deines allerheiligsten Fleisches und Blutes. Vergib mir meine Sünden und stärke mich in der Tugend zum Himmel! Siehe, o Herr! Hier kniee ich vor dir, wie der allergrößte Schuldner und Übeltäter vor seinem allerschrecklichsten Richter mit flehentlicher *Bitte*, dass du mein gnädiger und barmherziger Richter sein wollest, und besonders zu der Stunde, wenn meine *Seele* diesen vergänglichen Leib verlassen muss! Siehe, o Herr, hier kniee ich vor dir, wie eine geliebte *Braut* vor ihrem Bräutigam, und bitte, dass deine allerhöchste Liebe mich an sich ziehe und binde, damit ich nicht mehr von dir aufgelöst und geschieden werden möge! Siehe, o Herr, hier kniee ich wie ein ungehorsamster Sohn vor seinem allergetreuesten Vater nieder, und bitte, dass du mir endlich dein väterliches Erbteil und Erbgut, nämlich das ewige Leben, nicht abschlagen wollest. Amen.

Gebet aus dem 91. Psalm.

Wer in der Hilfe des Allerhöchsten wohnt, der wird in dem Schutz Gottes des Himmels aufbehalten werden. Er wird sagen zu dem Herrn: Du bist mein Aufenthalt und Zuflucht, mein Gott, auf dich werde ich hoffen. Denn er wird mich erlösen von denjenigen Streichen, so mir nachsetzen. Seine Wahrheit wird dich mit einem Schild umgeben und du wirst dich nicht fürchten vor der nächtlichen Furcht. Er wird dich umhalten mit seiner Decke und unter seinen Flügeln wirst du wohnen. Denn du hast auf ihn deine allerheiligste Zuflucht gesetzt. Zu dir wird kein Übel kommen noch die Geißel hinzunahmen zu deinem Tabernakel. Denn er hat erkannt meinen Namen. Er wird mich rufen, und ich will ihn erhören. Ich bin mit ihm in der Trübseligkeit, ich will ihn klarwürdig machen. Ich will ihn erfüllen mit Freude, und will ihm mein Heil zeigen.

Ehre sei dem Vater † und dem Sohn † und dem Heiligen Geist †. Amen.

Salve Regina, u. ff.

Christus überwindet †, Christus herrscht †, Christus macht lebendig in dem Namen des Vaters † und des Sohnes † und des Heiligen Geistes †. Amen.

O großer Gott, o starker Gott, o barmherziger Gott! Sei mir ein starker Schild wider alle Anfechtungen des bösen Feindes. Hilf mit und stärke mich in meinem vorgenommenen Werk, und sende mir anstatt deines getreuen Dieners *Christoph* einen guten und reichen Geist, der mir durch dessen Fürbitte bei dir in meiner Armut zu Hilfe komme, mich tröste und mir von meinem Anliegen helfe, auf dass du, o Gott, samt allen lieben heiligen Auserwählten mögest gelobt, geehrt, und wir Arme auf Erden ergötzt werden. Dazu helfe mir Gott der Vater †, Sohn † und Heiliger Geist †. Amen.

Herr *Gott*, himmlischer Vater, verleihe deine göttliche Gnade, dass alles, was ich tue, zu deinem Lob und zu deiner Ehre gereichen möge, lass alles, was ich im Namen Jesu angefangen, durch deine göttliche Barmherzigkeit vollendet werden. Amen.

Christus überwindet †, u. ff.

Gebet am Donnerstag.

O göttlicher Heiland, der du an einem Donnerstag mit deinen lieben Jüngern das heilige Abendmahl gehalten, das Alte Testament zerbrochen und das Neue eingesetzt hast, danach auf den Ölberg gegangen, dein heilige Leiden angefangen und dein heiliges rosinfarbenes Blut für die armen sündigen Menschen vergossen. Durch alle deine heiligen Martern bitte ich dich, dass ich von dir den heiligen *Christoph* erlangen könne. In deinem Namen rufe ich ihn an, damit er mir armen, unwürdigen Menschen und Sünder erscheinen, in meinem Vorhaben mich trösten und mir helfen wolle, dass ich durch ihn und an seiner Statt einen reichen Geist erlange und dieser mir unwidersetzlich mit einer Summe Geldes erscheine, durch die heilige Gottheit. Amen!

Gebet am Freitag.

O Herr Jesu Christo, du Sohn Gottes, der du am Freitag in der letzten Stunde des Tages von deinem heiligen Kreuz herabgenommen worden, ich bitte dich ganz inniglich, von Grund meines Herzens, du wollest in dieser letzten oder zwölften Stunde des Freitags, durch alle deine Mühe und Arbeit, welche du an diesem Freitag mit hartem Streit triumphierlich und geistlich unter den Menschen angewandt, durch alle deine Ehrerbietung und Barmherzigkeit, welche du an den Armen und Elenden bewiesen, mir Armen und Notdürftigen meine Bitte bei deinem himmlischen Vater durch den heiligen *Christoph* stattfinden lassen, und mir einen reichen Geist, der mir eine reiche Summe *Geld* bringe, in der Gestalt des heiligen *Christophs* und in seinem Namen schenken, durch *Gott* den Vater †, den Sohn † und den Heiligen Geist †. Amen.

Gebet am Samstag.

O Herr Jesu Christi! Der du an diesem heiligen Tag im Grab

gelegen und diesen heiligen Tag deiner herzallerliebsten Mutter geschenkt hast, damit ihr elend und Kummer auch bedacht würden, stehe mir bei in meiner Not. O allerseligste Jungfrau und Mutter Jesu Christi! Ich bitte dich, so hoch als es nur einer menschlichen Kreatur möglich ist, um deine Fürbitte bei Gott und deinem lieben Kindlein Jesu. Erwirb mir die Gnade, dass mir, anstatt des heiligen *Christophs*, ein guter und reicher Geist erscheine, mich tröste und mir in meiner Armut zu Hilfe komme. Das helfe Gott, der alle Welt erschaffen hat. Amen.

O Herr, Israelitischer, ewiger und barmherziger Gott! Durch deinen göttlichen Willen sind Himmel und Erde gemacht und dem Meer sein Ziel gegeben worden, durch solches hast du wollen getragen werden von deinem auserwählten Diener und Märtyrer, dem heiligen *Christoph*. Dessen guter Geist, welchen du dazumal in derselben Stunde zu einem Christen gemacht und getauft hast, erscheine mir! Erbarme dich meiner, o tugendliche Majestät, und gib Gewalt deinem treuen Diener *Christoph*, durch die Kraft dieser heiligen Gebete, dass er mir einen reichen Geist mit einer verborgenen, im Meer oder auf dem Land zu Grund gegangenen Summe Geldes jetzt in dieser zwölften Stunde senden möge, um deiner Erbarmung willen. Amen.

- † -

Gebet an den heiligen Christoph.

O heiliger, heiliger, heiliger, hochwürdiger Märtyrer *Christoph*! Ich bitte dich, du wollest mir mein herzliches Bitten gewähren und von Gott einen guten Boten und getreuen Diener senden, dass er mir in meiner Armut beistehe. Du bist ja auch Elend und arm gewesen, hast nichts in deiner Tasche gehabt, als einen Laib Brot, da gingst du aber guter Hoffnung hin und her und sahst von ferne ein Licht, zu welchem du dich nahtest. Da kamst du zu einem großen Wasser, über welches du die Leute trugst. Dieses Wasser hieß der *Jordan*, bei welchem auch ein Kindlein saß und du vor ihm vorüber gingst. Dieses Kindlein schrie: Offere, trage mich auch durch. An solches Schreien du dich aber nicht kehrtest, sondern vorbei gingst. Doch schautest du über das Volk hin, und sahest das kleine Kind, den *Herrn Jesum Christi*, der dir wieder zurief: O Herr, trag mich durch! Da kehrtest du dich alsbald um, gingst zu dem Kindlein und sprachst zu ihm: O du mein Kind! Wären deiner noch so viele, so wollte ich sie doch durch das Meer tragen. Also nahmst du, o heiliger *Christoph*, den Herrn Jesum Christum auf deine Achseln und Arme und trugst ihn durch den Jordan. Zuvor aber rissest du einen Baum zu einem Stab aus, und gingst daran ohne alle Gefahr. Während des Tragens sagtest du: O mein kleines Kind, wie bist du doch so schwer, als wenn du Himmel und Erde wärest! Da antwortete dir die göttliche Majestät und Allmächtigkeit: Du trägst den, der die Himmel und Erde und alle Kreaturen erschaffen hat. Auf solche Art zog er dich unter das Wasser du taufte dich: *heiligen Christoph*. Dieses Wunder geschah, o *heiliger Christoph*, von dem Kindlein Jesu Christi, da dir Gott zum dritten Mal recht sichtbar half. Gleichwie du nun von Gott zum Schatzmeister im Himmel und auf Erden eingesetzt worden, also werde ich armer, elender, betrübter und unwürdiger Sünder von Gott durch dich erhört werden, dass ich unter flehentlichen und inständigen Bitten eine reichliche Summe Geldes erhalten möge. Oder ich bitte dich, dass du mir aus Zulassung Gottes durch einen reichen Geist einen verborgenen Schatz, gutes Gold und Silber, welches im Wasser oder zu Land zu Grund gegangen oder vergraben worden, jetzt in der Stunde deines Gebets, zu meiner Nahrung zukommen lassen wollest. Das bitte ich dich, durch deine heilige Geburt, durch dein großes Verdienst und durch deine große Glückseligkeiten, zu welchen dich Gott der Allmächtige erhoben hat, durch die Fürbitte der Maria, unserer lieben Frau bei ihrem lieben Sohn *Jesu Christo*, durch sein bitteres Leiden, unschuldiges Sterben und Blutvergießen um unseres Heilands Jesu Christi willen †. Amen.

Opfer-Gebet.

O barmherziger Gott, gebenedeiter Heiland! Ich bitte dich

durch das große Verdienst deines Märtyrers, des heiligen *Christophus*, und durch das Gebet, welches ich in seinem Namen und dir zu Ehren allezeit vollbringe, du wollest mich armen Sünder von meiner Trübsal an Seele und Leib erlösen und mir in meiner Armut zu Hilfe kommen. O du unser lieber Herr und Gott, nimm dieses kleine Opfer meiner Armut an, lass mein Schreien zu dir kommen und erhöre dieses Gebet, welches ich in meiner Lebenszeit mit Danken und Loben zur Ehre und zum Preis deines heiligsten Namens abstatten will. Amen.

Das wahrhaftige Christophs-Gebet

mit voller Stimme.

O heilig, heilig, heilig, hochwürdigster Märtyrer *Christoph*, erbarme dich meiner und siehe meine große Armut und Sünden an. Hilf, dass ich die göttliche Gnade und Huld wieder erlangen möge, weil solches ohne deine Hilfe nicht geschehen kann. Hilf mir mein Gebet so verrichten, dass ich, wie du, als dich der heidnische König in der Lauberhütte schlafend fand, jämmerlich ermordete, Gott aber nach deinem Tod mit der himmlischen Märtyrerkrone krönte und zu einem Schatzmeister und Vorsteher aller armen Leute setzte, große Freude erlange. Sei also durch das bittere Leiden und Sterben Jesu Christi und durch die Reinigkeit der Himmelskönigin von mir gebeten: Erbarme dich meiner und erfreue mich in dieser Nacht mit einer ziemlichen Summe Geldes, oder rohen Goldes und Silbers, oder eines verborgenen und zu Grund gegangenen Gutes. Vor solche Freude ich mich auch verbinde, heilige Kirchenfahrten anzustellen, den armen Leuten mit Almosen zu Hilfe zu kommen (auch den armen Seelen im Fegefeuer mit dem heiligen Messopfer beizuspringen).

Ferner verspreche ich, dass ich das Übrige zu meiner Notdurft und ehrlichen Aufenthalt wohl anwenden will. Dazu helfe mir der gewaltige Gott Israels, der Hl. Gott Jesus Christus und die Gnade Gottes des Hl. Geistes. †. Amen.

Ferner:

O du allerheiligster, wunderbarster und hochwürdigster Nothelfer und Patron, lieber Märtyrer St. Christoph! Ich N. N. bitte dich durch den süßen Namen Jesu und durch die Himmelskönigin und Trösterin Maria, der Mutter Gottes, vermehre mein Gut, erfreue meinen Mut, entdecke mir meine Schuld, Schande, Leid und große Beschwerlichkeit. Ich N. N. bitte dich durch die allerheiligsten Auserwählten Gottes im Himmel und auf Erden, erbarme diech meiner und hilf mir mit einer guten Summe Geldes. Ich N. N. bitte dich, o heiliger, heiliger, heiliger Christoph, durch den hochgelobten Jesum Christum, welchen du durch den Jordan trugst, der zuvor mit heller Stimme geschrien: Offere, Offere! Trag mich durch den Jordan, alsdann will ich dich taufen und *Christoph* heißen und zum höchsten Schatzmeister im Himmel und auf Erden machen. Komm also her, ergreife diesen Baum, ziehe ihn aus, nimm ihn statt eines Stabes und trage mich hinüber. Du sollst auch sein ein gewaltiger Geber aller verborgenen Schätze, Güter und Bergwerke, auch ein Austeiler der Almosen an die Armen. O heiliger Christoph! Da du diese Macht hast, so gewähre dich meiner Bitte! Hilf mir an Seele und Leib, an Fleisch und Blut, an Ehre und Gut, durch den süßen und honigfließenden Namen Jesu. Amen.

Die erste Beschwörung.

Gegrüßt seist du, o allerheiligste Jungfrau Maria! du hochgenannte Königin. Gegrüßt seist du, du schöne Jungfrau Maria, du klarer Spiegel der ganzen Christenheit, du unübertreffliche Schönheit der Tugend und unendlichen Beständigkeit! Gegrüßet seist du, du hochgenannte Königin, durch das Herz deines allerliebsten Sohnes! Ich bitte und beschwöre dich, durch deinen Geburtstag, ich beschwöre dich durch das rosinfarbene Blut deines geliebten Sohnes unseres Herrn und Heilands, das er am Stamm des hl. Kreuzes von sich gab und dein gebenedeites Antlitz herabfließen sah, ich beschwöre dich durch deine unbefleckte Empfängnis: Du wollest dich meiner erbarmen, meiner Armut gedenken und Gott den Allmächtigen für mich bitten, dass er mir in dem Namen des heilig, heilig, heiligen Christophs einen Geist mit Gold und Silber, zur meiner Leibes-Notdurft und zur Hilfe der Armut schicken wolle. Amen.

Die zweite Beschwörung.

O heilig, heilig, heiliger Christoph! Nun rufe ich aufs Kräftigste: So wahr du Gott über den Jordan getragen, nach dessen Willen du hier auf Erden gelitten und bis in den Tod standhaftig verharrt hast; heute beschwöre ich dich, dass du mir in dieser Nacht mein armes Gebet reichlich gewährest, mir von dem Allerhöchsten einen Geist erbittest, der in deinem Namen kommen und mir Gold und Silber in guter Landeswährung bringen müsse, damit dadurch meine Notdurft erleichtert und dem Armut gleich mir aufgeholfen werden könne. So wahr Gott mein Schöpfer, Erlöser und Heiligmacher auf Erden gewandelt und von Ewigkeit zu Ewigkeit lebet. Amen.

Fahre fort mit andächtigem Gemüt zu beten.

O liebreicher JESU! wenn du das willige Gebet der armen Leute erhörest, so erhöre auch das meinige; verstoße und schließe mich wegen meinen großen, schweren und vielfältigen Sünden, wegen meiner Nachlässigkeit aller geistlichen Übungen nicht aus. Ach, du mildester, ewigster, gütigster, barmherzigster und allmächtiger Gott! verstoße mich nicht! Ich bekenne meine Sünden; ich will mich bessern. Du allein weißt ja meine große Not, welche ich Niemand anders, als dir, o wunderbarer Gott klagen kann.

O du heilig, heilig, heiliger Märtyrer und Nothelfer *Christoph*, lass dich herab durch den Himmelsthron. Du weißt ja, warum ich dich bitte und gebeten habe. Lass den Himmelsthron nicht verschlossen, lass die Wolken nicht zu dick, lass dir keinen

Berg zu hoch, keinen Weg zu schmal, keinen Wind zu stark, keinen Wald zu lang, kein Wasser zu tief und keine Nacht zu finster sein! Komm herab durch Gottes Macht und Kraft; komm herab durch Gottes Barmherzigkeit; oder schicke mir, wenn ich durch Gottes Barmherzigkeit, durch Maria, seiner wertesten Mutter, und durch dich erhört worden, anstatt deiner einen guten reichen Geist, welcher mir eine gangbare Summe Geldes oder einen herrlichen Schatz bringe, auf dass ich, so lang ich lebe, genug habe, und allen den Meinigen, besonders aber den armen Seelen im Fegfeuer mit Messopfern beispringen und behilflich sein könne. Welches mir die heiligste Dreifaltigkeit, Gott der Vater, Gott der Sohn und Gott der Heilige Geist verleihen wolle. Amen.

Beschwörung des Geistes.

Im Namen der allerheiligsten und gewaltigsten *Dreifaltigkeit* rufe und beschwöre ich durch die kunstreiche Stärke der Allmächtigkeit Gottes † des himmlischen Vaters und Schöpfers, durch die unerforschliche Weisheit Gottes † des Sohnes unseres teuersten Erlösers und Gottes † des Heiligen Geistes, unseres allergnädigsten Heiligmachers, anstatt des heil. Märtyrers Christophs einen guten Geist, der mir zu allem Guten erscheine und mich in dieser zwölften Stunde mit großer Glückseligkeit einer Summe Geldes unwidersetzlich erfreue; daran ich in meinem Leben genug habe; davon ich meinem Nächsten, den armen Seelen im Fegfeuer, auch den Klöstern und Gotteshäusern helfen möge. Ich rufe und beschwöre dich, beim heiligen Petrus und Paulus, beim heiligen Johannes dem Täufer, beim heiligen Jakob, beim heiligen Thomas, beim heiligen Clemens, beim heiligen Ferdinand, bei den 14 Nothelfern, bei allen heil. Märtyrern Gottes, bei den Beichtigern, Mönchen und Einsiedlern, Patriarchen und Propheten, bei den zwölf Aposteln und Jüngern Christi, bei allen heiligen Jungfrauen, und bei den vier Elementen: Feuer, Wasser, Luft und Erde zum ersten Mal.

Ich rufe und beschwöre dich, guter Geist, anstatt des heiligen Christophs, bei der Kraft Gottes des Vaters † bei der Macht Gottes des Sohnes † und bei der Weisheit Gottes des Heiligen Geistes †; auch bei dem Geburtstag des heiligen Christophs und Gebeten, die ich ihm zu Ehren verrichte, und bei der Heiligkeit aller Auserwählten Gottes, bei den vier Evangelisten und Kirchenlehrern, bei dem Richter aller Toten und Lebenden zum anderen Mal.

Ich beschwöre dich, Geist! bei allen Engeln und Erzengeln, bei den Thronen Cherubims und Seraphims, und Herrschaften Gottes, und wann dieses alles noch nicht genug ist: so rufe ich dich, du guter und treuer Geist! und beschwöre dich bei Himmel und Erde, bei Sonne, Mond und allen Sternen, Planeten und Firmament des Himmels, und bei den Winden, bei der allerheiligsten, unbefleckten und allezeit ehrenreichen Jungfrauen Maria, der Mutter des wahren, allmächtigen und lebendigen Sohnes Gottes Jesu Christi, und bei ihrem geliebten Sohn mit aller seiner Liebe und Treue, welche er ihr auf Erden erwiesen hat und jetzt im Himmel ohne Ende erweiset; bei dem Namen Jesu, des gekreuzigten *Heilandes*, bei seinem heiligen Geburtstag, bei seiner heiligsten und glorwürdigsten Menschheit, bei seiner heiligen Gegenwärtigkeit, bei seinem allerheiligsten bitteren Leiden und Sterben, bei seinem kostbaren und rosinfarbenen Blut, bei der Tiefe seiner heiligen Wunden, welche er durch das schwere Kreuz, das er auf seinen heiligen Schultern trug, empfangen hatte, bei dem letzten Gericht, und bei dem heiligen und hochwürdigen Sakrament des Altars, zum dritten Mal.

Ich beschwöre dich, Geist, bei den sieben Schmerzen der Maria, bei den sieben Freuden derselben, bei dem heiligen Coronagebet, und heiligen Rosenkranz, bei *Maria* Geburtstag, bei ihrer unbefleckten Empfängnis, bei der Frucht ihres Leibes, Jesu Christo, den sie unter ihrem jungfräulichen Herzen mit unaussprechlicher Freude neun Monate lang getragen hat, zum vierten Mal.

Ich beschwöre dich, guter Geist, das das heilige Kreuz Christi, durch die heilige Helena; ich beschwöre dich durch die Heiligen Drei Könige: Kaspar, Melchior und Balthasar; ich beschwöre dich, guter Geist, durch das heilige Haupt Christi, durch die Augen Eljon, durch den Mund Davids, durch die Zunge und Weisheit Salomons. Ich beschwöre dich, guter Geist, durch das Blut Abels, durch das Herz des Tobias; durch die Treue und Liebe Abrahams; durch die Gestalt Moyses, durch die Kunst und Weisheit Daniels, durch die Geduld Jakobs; durch die Gnade des Johannes; durch die Heiligkeit Bernhards; durch die Treue unserer lieben Frauen; durch die Beschneidung unseres lieben Herrn Jesu Christi; ich beschwöre dich durch die heilige Krone, welche man dem Herrn Christus auf sein heiliges Haupt gedruckt, deren dornige Stacheln so tief eingingen, dass ihm sein heiliges Blut über seinen heiligen Leib rann; durch die heiligen 3 Nägel, welche man durch die heiligen Hände und Füße Christi schlug; durch die heiligen 5 Wunden, welche Christus am Kreuz empfing, und mit Schmerzen empfand; ich beschwöre und banne dich, guter Geist, bei der heiligen Auferstehung unseres lieben Herrn und Heilands Jesu Christi; ich beschwöre und banne dich, guter Geist, bei diesen heiligen Stunden, da Jesus Blut schwitzte, da man ihn schlug, verhöhnte, verwundete, band und ans Kreuz nagelte. Ich banne und beschwöre dich, guter Geist, so gewiss als Jesus von Nazareth ein König der Juden genannt wurde; als Christus schafft, gebietet und überwindet. Ich beschwöre dich durch das Wort des heil. Evangeliums: Das Wort ward Fleisch und wohnt unter uns u. ff. Und banne dich, guter Geist, durch die Stunde, da Jesus von den Toten wieder aufgestanden ist. Ich beschwöre dich, guter Geist, dass du zu mir unwidersetzlich kommest, und mich in dieser zwölften Stunde mit einem großen Schatz Goldes oder Silbers, in guter Landeswährung erfreuest. So wahr Jesus Christus seinem himmlischen Vater bis in den Tod gehorsam war; so sei auch mir gehorsam. Dazu helfe Gott der Vater, der Sohn und der Heilige Geist †. Amen.

Ich beschwöre und banne dich, guter Geist, bei der heiligen großen Kraft und Macht Gottes des Vaters, bei der Kraft Gottes des Sohnes und bei der Weisheit und Wahrheit, und durch die möglichsten Bezwingungen Gottes des Heiligen Geistes, zum fünften Mal.

Ich banne, bezwinge und beschwöre dich, guter Geist, zum sechsten und letzten Mal bei dem allerheiligsten Namen Gottes: Ohn †, El-Schadei †, *Adonai* †, *Sabaoth* †, *Emanuel* †, Tetragrammaton †, *Elion* †, *Agla* †, *Alpha* †, *Omega* †, dass du bald und willig zu mir kommest und meinen Willen unverzüglich vollbringest und keine Ruhe noch Rast weder im Himmel, noch im Paradies, noch in den vier Elementen habest, bis ich alles das (jedoch ohne Schaden meines Leibes und meiner Seele), was ich von dir begehre, empfangen habe.

Komm bald, du guter Geist, das gebiete ich dir bei Gott dem Vater, bei Gott dem Sohn und bei Gott dem Heiligen Geist, bei den allerheiligsten Namen Gottes und Jesu Christi, und bei den heiligen und kräftigen Worten, die alle Priester über die heilige Hostie und über den Kelch, da Gottes Leichnam zu Fleisch und Blut verwandelt wird, sprechen. Amen.

Weiter beschwöre ich dich, o heiliger Christoph, bei dem allmächtigen Fronleichnam Jesu Christi, bei seiner Marter, bei seiner heiligen Himmelfahrt, bei seinen heiligen Worten und Werken, bei der höchsten Dreifaltigkeit und bei den heiligen Namen Gottes: *Elohim* †, *Elion* †, *El Schadai* †, *Adonai* †, *Sabaoth* †, *Tetragrammaton* †, *Agla* †, *Emanuel* †, dass du mir, durch die Liebe und Herrlichkeit des heiligen Johannis des Täufers, und durch unseren lieben Herrn Jesum Christum, den alle Kreaturen im Himmel und auf Erden fürchten, anbeten und ihm untertänig sein müssen, dass du mir schnellt und bald meinen Willen erfüllest und kommest, oder einen guten Geist in jugendlicher Gestalt, mit einem reichen Schatz Goldes oder Silbers, in guten landgängigen Münzen zusendest, im Namen des Vaters, des Sohnes und des Heiligen Geistes †. Amen.

Wenn nun dein Gebet erhört worden ist, so danke Gott für diese Gaben, und sprich (wenn das Geld kommt, und in das Geschirr geschüttet wird), dreimal folgende

Abdankung:

Jetzt gehe wieder, du guter Geist, in Freuden und Segen Gottes ohne allen Schaden meines Leibes und Lebens, meiner Ehre und meines Gutes, und meiner Seele hier zeitlich und dort ewiglich, im süßen Namen Jesu Christi, in dem Namen der allerheiligsten Dreifaltigkeit, Gottes des Vaters †, Gottes des Sohnes †, und Gottes des Heiligen Geistes †. Amen.

† † †

O d e r :

Geist, ich gebe dir Urlaub, meinem Fleisch und Blut, meines Leibes und der Seele, und aller Kreaturen unbeschadet, wieder an die Stätte und an den Ort, von wo du gekommen bist, zu fahren. Und wenn ich dich begehre, so wollest du mir gern und willig erscheinen, und meinen Befehl vollbringen.

Schalom Lecha †. Amen. Amen. Amen.

†

I. H. S.

V.

Ein approbiertes Buch

zum

Schatz heben,

zu graben, wie auch ohne graben kann traktiert werden.

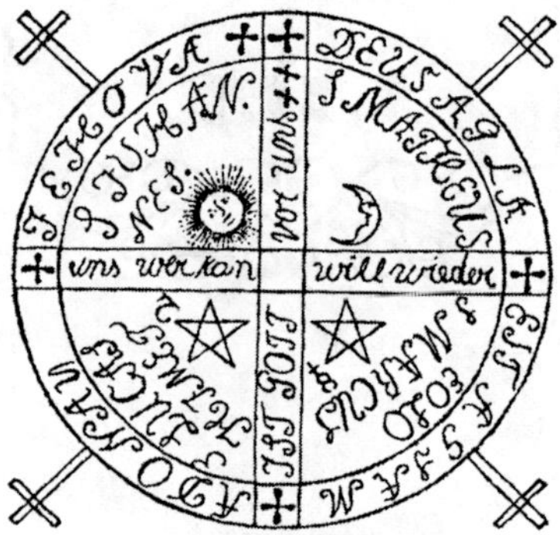

1) Das heil. Christophs Gebet doppelt zu gebrauchen, und ist gut befunden.
2) Eine Zitation die Himmlischen Geister zu berufen, zu erlangen einen dienstbaren Geist zu bekommen, oder was man von Gott erbitten will.
3) Ein Traktat, welcher schon etliche Male zu Glück geschlagen wie auch mit der Erde zu gebrauchen ist, zum ersten Mal gedruckt im Jahre 1406. Beigezogener Jesuiter Zwang, wo gewiss probiert, wenn man nur die Erde hat, kommt alles sichtbar ans Licht, aus dem Chaldäischen ins Deutsche übersetzt durch Pater F. A. Vogel 1561.

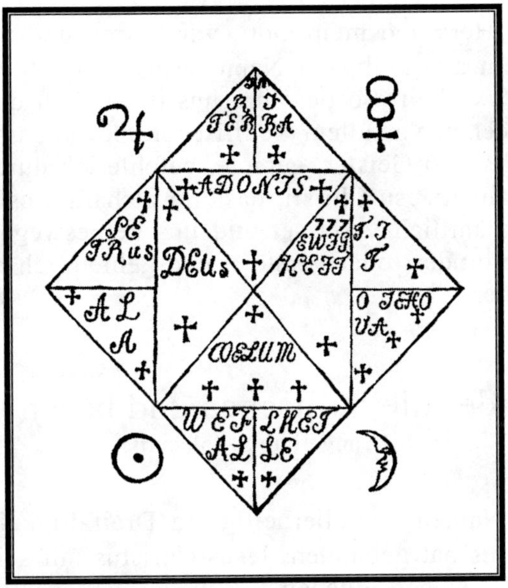

Anfang.

Vorbereitungsgebet.

O allmächtiger, barmherziger und ewiger Gott, wir armen elenden, deine von dir erschaffenen Kreaturen und sündige Menschen, fallen dir zu Füßen, um deinen väterlichen Beistand zu erhalten. Wir erkennen ja deine große Barmherzigkeit und Gütigkeit gegen denen anderen Sündern, wir schreien zu dir, o Herr, in unseren Nöten, so lasse denn deine Barmherzigkeit herabfallen, und gebe uns die Stärke, dieses Werk zu vollbringen. Heiliger, großer und starker Gott, wir umfangen dich bittend, du wollest uns Arme nicht verlassen in unserem Werk, gelobet und gebenedeit sei dein aller heiliger Name *Jeserreye* von nun an bis in alle Ewigkeit. Amen.

O mein Herr und mein Gott, wir hoffen und vertrauen auf dich, und dein allerheiligster Name Jesu sei gelobt und gebenedeit in alle Ewigkeit. So bewahre uns denn nach deinem göttlichen Versprechen vor allem Teuflischen Gewalt, und euch verfluchten höllischen Geister, gebiete, befehle ich durch den allerheiligsten Namen Jesu Christi, dass ihr alsbald diesen Ort gänzlich und allesamtlich verlasset und uns keineswegs in unserem Vorhaben verhindert oder verstört, und gebiete ich euch im Namen †††. Amen.

Band wider die höllischen und bösen Geister.

Evangelium S. Johannis.

In dem Namen der allerheiligsten Dreifaltigkeit St. Petrus bind, St. Petrus hat gebunden, Jesus Christus mit seiner eigenen Hand, und mit seinen eigenen 5 Wunden, sollen alle höllischen Hunde und Teufeln und vier Elemente Geister sein gebunden, von diesem Haus und Hofrecht zu weichen, und keine mehr herbeikommen, bis am letzten und strengen Gericht und Urteil Gottes, sehet das Kreuz des Herr, gehet und fliehet, ihr Vermaledeite, verflucht seid ihre allesamtliche bösen Geister, gebenedeit sei der allerheiligste Namen Jesu Christi, es hat überwunden der Löw aus der Zunft Juda, die Wurzel Davids, Alleluja, in dem Namen Gottes †††. Amen.

Ich N. N., ein Diener Gottes, beschwöre, befehle, bezwinge euch verfluchte höllische Gespenster, Teufeln, Hexen und Hexenmeister, samt eurem ganzen Anhang, in dem Namen unseres Herrn Jesu Christi, und in allen Heiligen Namen Gottes, Jehova † Elohim † Adonay † Eli † Schaday † Jehova † Zebaoth † Alpha et Omega † Agios † Otheos † Agla † On † Saday † Ischiros † Hevav † AThanatos † Schaoth † Tetragrammaton † He † Emanuel † Helolin † Heloa † Jesus Christus † Elohim † Homoousin † Principum et Finis † Salvator † Alpha et Omega † Paraclitus † increatus Pater † increatus Flilius † increatus Spiritus Sanctus † und in dem allerheiligsten Namen *Ecce crucem Domini nostri Jesu Christi, fugite partes adversae, vincit leo de tribu rudae radix*

David, und so wahr als das Wort Fleisch geworden ist und durch das erschreckliche letzte Urteil und Gericht Gottes, geht hin, ihr Verfluchten in das höllische Feuer, durch die vier von Gott erschaffenen Elemente, Feuer, Wasser, Luft und Erde, bezwinge ich euch höllischen Hunde, böse Geister, samt eurem ganzen Angang, nebst den vier Element-Geistern, dass ihr augenblicklich von diesem ganzen Haus und Hofrecht hinweg flieht und weicht, und bis an den jüngsten Tag von euch verbannt sein sollen, und soll euch Vermaledeite mit aller Angst, durch Donnerkeil, Blitz, Hagel, Feuerflammen, Regen, Kiesel, finstern Felsen, Berg, Tal, Wälder und Bäume, durch Schwefel, Pech und Harz und durch und bei allen erschrecklichen Peinen der Hölle hinweg führen, das gebiete ich alsogleich im Namen Gottes †††. Amen.

Im Namen unseres Herrn Jesu Christi beschwöre, befehle, bezwinge ich euch verfluchte böse Geister und 4 Element-Geister, Feuer, Wasser, Luft und Erde, in denen allerheiligsten Namen Jehova † Alpha et Omega † Emanuel † Adonay † Otheos † Sabaoth † Agios † Sother † Messias † Sabaoth † Emanuel † Athanathos † On † Tetragrammaton † Jesus Christus † Heloim † Homoousion † Principium et Finis † Salvator † Alpha et Omega †, das ihr samt alle eurem Anhang von mir und denselben, die mit mir hier versammelt sind, gänzlich hinweg fliehen und abweichen, und weder euch, noch durch einige Hexen, Hexenmeister oder Teufelskünstler einigen Schaden zufügen, weder an Leib, noch an Seele und das so wahr, als wahrhaftig das Wort Fleisch geworden ist, und in dem allerheiligsten Namen *Ecce crucem † Domini nostri Jesu Christi, fugite partes adversae, vincit leo de tribu Juda radix David* und in dem Namen Gottes †††. Amen.

O allmächtiger, barmherziger und gütiger Gott und Herr, wir bitten dich durch Jesum Christum, deinen lieben Sohn, du wollest unser Vorhaben und Verrichtung begnadigen, und schicke uns deine heiligen Erzengel St. Michael, St. Raphael, St. Gabriel und uns darin beistehen wollen, auf dass alle unsere Worte und Werke allezeit mit dir, o Herr anfangen, und durch dich geendigt werden, auch wir sämtlich dich gütigen Gott bitten, die hier gehende arme Seele oder Geist dich wollest erbarmen ihrer Erlösung, und dann durch unser Gebet ihr geben und führen in die ewige Glory und deine Anschauung von Ewigkeit zu Ewigkeit.

Amen. Auch helfe dazu die allerheiligste Jungfrau Maria, alle heiligen Engel und die Heiligen im Himmel, Amen.

O großer, starker, barmherziger Gott, dich ungeborenen ,Vater, dich eingeborenen Sohn, dich trostreichen Heiligen Geist, und unzerteilte Dreifaltigkeit, bekennen wir mit Herz und Mund, dir loben, preisen und benedeien wir, dir sei Ehre und Glory in Ewigkeit. Amen.

Ecce Crucem † Domini nostri Jesu Christi, fugite partes adversae, vincit leo de tribu Judae Radix David Alleluja! und uns die ewige Seligkeit geben mögest. Amen.

Bete die Litanei von dem süßen Namen Jesu, alsdann:

In dem Namen Jesu sollen sich biegen alle, Kniee im Himmel und auf Erden, und eine jede Zunge soll bekennen, dass Jesus Christus unser Herr und Heiland sei in der Glory seines himmlischen Vaters. V. Der Name des Herrn sei gebenedeit. R. von nun an bis in Ewigkeit.

Allmächtiger Herr und Gott Christi Jesu, der du samt dem Vater und dem Heiligen Geist die ganze Welt mit unzählbaren Gnadengaben und Wohltaten erfüllet, inmaßen du deine Allmacht, Weisheit und Güte zu zeigen, von dem Schoß deines himmlischen Vaters heruntergestiegen, die menschliche Natur angenommen, aus Maria der Jungfrau geboren, unter Pontio Pilato gekreuzigt, gestorben und begraben, und am dritten Tage wiederum von den Toten auferstanden bist, unser Gegenteil, die bösen Geister, welche vor Hoffart aufgeblasen, ihren Erschaffer verlassen, als ein Löw von der Zunft zu überwinden, um ihre hoffärtigen Köpfe zu zerknirschen, der du ebenfalls uns von der Nachstellung des Teufels zu befreien, deinen Jüngern die Gewalt gegeben, alle teuflischen Gespenster in deinem Namen auszutreiben und alle Zauberei zu vernichten. Siehe, zu dir komme ich mit demütiger Bitte, du wollest durch deine unendliche Barmherzigkeit, durch die unfehlbare Wahrheit in allen deinen Versprechungen, durch die Glory deines allerheiligsten Namens, und tugendlich durch den Verdienst deiner allerheiligsten Mutter Maria und aller Heiligen, mich erledigen von aller teuflischen Gewalt, von aller Zauberei und von allen seinen Nachstellungen, denn ich bin bereit, weiterhin zu leben, auch zu sterben unter dem Schutz des allerheiligsten Namens Jesu. Amen.

Litania de omnibus sancits,

hernach diesen Psalm.

Wer in dem Schutz des Höchsten sitzt und unter dem Schatten des Allmächtigen bleibt, der spricht zum Herrn: Meine Zuversicht und meine Burg, mein Gott, auf den ich hoffe, denn er errettet mich von dem Strick des Jägers und von der schädlichen Pestilenz. Er wird dich mit seinen Fittigen decken, und deine Zuversicht wird sein unter seinen Flügeln, seine Wahrheit ist Schirm und Schild, dass du nicht erschrecken müssest vor dem Grauen der Nacht, vor den Pfeilen, die des Tags fliegen, vor der Pestilenz, die im Finstern schleicht, vor der Seuche, die im Mittag verdirbt, ob tausend zu deiner Rechten fallen, so wird es dich doch nicht treffen, ja du wirst mit deinen Augen deine Lust sehen, und schauen, so wie es den Gottlosen vergolten wird, denn der Herr ist deine Zuversicht, und der Höchste ist deine Zuflucht, es wird dir kein Übel begegnen, und keine Plage wird deiner Hütte sich nahen, denn er hat seinen Engeln befohlen über dir, dass sie dich behüten auf allen deinen Wegen, dass sie dich auf den Händen tragen und du deinen Fuß nicht an einen Stein stoßest, auf den Löwen und Ottern wirst du gehen, und treten auf die langen Löwen und Drachen, und begehret er mein, so will ich ihm aufhelfen, er eröffnet meinen Namen, darum will ich ihn schützen, er rufet an, so will ich ihn erhören, ich bin bei ihm in der Not, will ihn herausreißen und zu Ehren machen. Ich will ihn sättigen mit langem Leben, und will ihm zeigen mein Heil. Ehre sei Gott dem Vater, dem Sohn und dem Heiligen Geist. Amen.

1. Allmächtiger, gütiger und ewiger Gott, vor dessen Gewalt und Herrlichkeit Himmel und Erde erzittern, den die Engel fürchten und die Erzengel anbeten, der dir zum Heil und Wiederbringung der menschlichen Natur ein sterblicher Mensch geworden ist, ich bitte dich, o Herr, durch dein heiliges, unschuldiges Leiden und Sterben, und durch die Kraft deines heiligen Kreuzes, durch den Wert deines heiligen Bluts, und durch den Verdienst und Fürbitte deiner lieben Mutter, und aller heiligen Engel St.

Michael, St. Gabriel, St. Raphael, St. Johannis Baptiste und aller heiligen Patriarchen und Propheten, St. Johannis Evangeliste und aller heiligen Boten, aller heiligen Beichtiger, Mönche und Einsiedler und aller heiligen Jungfrauen, auch durch die Verdienste und Gebete aller meiner lieben Heiligen, dass du dich gnädiglich erbarmest über alle Christgläubigen, insonderheit der armen Seelen, welche da in diesem Hofrecht wegen verborgenem Geld oder Gut gesetzt oder schweben muss, die du am heiligen Kreuz mit deinem heiligen Blut erlöst hast, o Herr, entbinde oder erledige sie von den Banden aller ihrer Sünden, und verleihe, dass wir Alle auferstehen in der Glory und Freude aller deiner auserwählten Freuden. Amen.

2. O mein Herr und Gott Jesu Christi, mein Erschaffer und mein Erlöser, siehe, ich deine unwürdige Kreatur, durch dein heiliges Wort erlöst, bete dich an fußfällig samt dem Vater und dem Heiligen Geist als mein allmächtiger, barmherziger Vater, dich demütigst bittend, du wollest dich dieser armen Seelen, welche da in diesem Hofrecht gehen oder schweben, wegen oder bei verborgenem Geld oder Gut, die von deinem ärgsten Feind so sehr gequält wird, gnädigst erbarmen, denn als ein allmächtiger Gott kannst du ihr augenblicklich helfen, als ein allwissender Gott, erkennst du, wie ihr zu helfen, inmaßen du alle väterlich einladest, kommet zu mir, die ihr mit Mühe und Arbeit beladen seid, ich will euch trösten, helfen und stärken. Barmherziger Gott, ich komme, dich um Barmherzigkeit für diese arme Seele anzurufen, mit dem evangelischen Blinden rufend und schreiend: Jesu, du Sohn Davids, erbarme dich ihrer und tue sie von aller teuflischen Gewalt erledigen, gebenedeit sei dein allerheiligster Name. *Ecce Crucem Domini nostri Jesu Christi, fugite partes adversae, vincit Leo de tribu Juda radix David. Alleluja*!

Wie zu sehen den Pentaculum, stelle 3 geweihte Wachslichter in 3 Ecken, zu Ehren der allerheiligsten Dreifaltigkeit, hernach noch 2. Bedeutet die heil. 5 Wunden.

(Bete dieses mit aller Behutsamkeit, Gott wird euch Alles geben, was ihr in der Not begehrt).

O süßer Jesu, der du um die Erlösung der Welt hast wollen geboren werden, beschnitten, verfolgt von den Juden, geschmäht, von Juda mit einem Kuss verraten, wie ein unschuldiges Lamm zur Schlachtbank geführt, für das Angesicht Anna Caiphas, Pilati und Herodis als ein Übeltäter gestellt, von falschen Zeugen angeklagt, verspeiet, verspottet und gegeißelt, mit Dornen gekrönt, mit Backenstreichen und mit einem Rohr geschlagen, im Angesicht verdeckt, der Kleider beraubt, mit Nägeln an das schwere Kreuz geheftet, unter die Mörder gerechnet, mit Galle und Essig getränkt, und mit einem Speer verwundet, für mich und alle Menschen hast sterben wollen. O Herr Jesu, durch diese deine Peinen, die ich Unwürdiger jetzt betrachte, und durch dein heiliges Kreuz und Tod, durch deine heiligen 5 Wunden verleihe uns sämtlich und einem jeden Menschen deine kräftige und unendliche Gnade, erlöse uns, und insonderheit diesen hier gehenden oder schwebenden Geist oder arme Seelen und fuhr sie dahin, wo du geführt hast den Schächer, da er sprach: Heli, Heli, Heli, Lama Sabatani, der mit dir ist gekreuzigt worden, in die himmlische Glory deines allmächtigen Vaters, der du mit dir und dem heiligen Geist herrschest und regierest in alle Ewigkeit, und sei uns gnädig. Amen.

O Jesu, Gott meines Herzens, ich bitte dich durch diese deine heiligen 5 heilbringenden Wunden, welche dir die Lieb gegen uns arme Sünder eingedruckt, komme zu Hilf deinem Diener, den du mit deinem kostbaren Blut erlöst hast, erhöre uns und erteile deine Gnade nach deinen göttlichen Versprechungen. Amen.

Also segne uns Gott † der Vater, bewahre uns Gott † der Sohn Jesus Christus, erleuchte uns Gott der Heilige Geist † in unserem Begehren, auf dass wir gelangen mögen zu deiner Güte, zu Ehr deines allerheiligsten Namens. *Ecce crucem Domini nostri Jesu Christi, fugite partes adeversae, vincit Leo de tribu Judae radix David, Alleluja*!

3. O Heiliger Gott, o starker Gott, o unsterblicher Gott, erbarme dich unser und schicke uns zu Hilf den heiligen Antonium von Padua, es müssen alle bösen Geister, Erdgeister, den Schatz, der da in dieser Erde und Hofrecht, an dem gleichen Ort, wo der Mensch denselben in Lebenszeiten hat eingetan, unverblendet und sichtbar darstellen, und dann davon weichen, dazu helfe uns der heilige Antonius von Padua, der heilige Ignatius, der heilige Franziskus, der heilige Rochus, der heilige Johannes Nepomucenus, der heil. Franz Xaverius und der heilige Sebastianus in dem

Namen †††. Amen.

Du vermaledeiter Teufel, du abgesagter Feind Gottes, du Abtrünniger von meinem und deinem Erschaffer, durch die Gewalt, so ich durch die heilige Taufe und durch den heiligen Glauben bekommen, befehle und schaffe ich dir in dem heiligen Namen Jesus, dass du unverzüglich mit samt deinem Anhang dich von dieser armen Seele und verborgenen Schatz aus diesem Hofrecht hinwegmachest, und weiterhin keine Gewalt mehr hierin habest, allermaßen ich alles, was in diesem Hofrecht und Ort lebet und schwebet, gehet und stehet, habe befohlen, unter dem Schutz des allerheiligsten Namens Jesu, in welchem Alles die Kniee biegen muss, was im Himmel und auf Erden und unter der Erde ist. *Ecce crucem Domini nostri Jesu Christi, fugite partes adeversae, vincit Leo de tribu Judae radix David, Alleluja*! *Per signum crucis † de mimicis nostris libera nos Domine Deus noster*, in dem Namen Gottes †††. Amen.

Kyrie Eleison, Christe Eleison, Kyrie Eleison!
Vaterunser u. a., Gegrüßet u. a.

In nomine Patris † et Filii † et Spiritus † sancti. Amen.

Hel † Heloim † Sother † Emanuel † Sabaoth † Alga † Tetragrammaton † Agois Otheos † Ischiros † Athanatos † Jehovah † Ja † Adonai † Schadai † Homoousion † Messias † Eschereye † Increatus Pater † Filius † increatus Spiritus † Sanctus, Christus Jesus überwindet, Christus vertreibt alle bösen Geister, Teufelskunst, durch die Kraft seiner Gottheit, durch die Kraft seines bitteren Leibes, durch die Kraft seines heiligen Kreuzes, durch die Kraft seines rosenfarbenen Blutes und die Kraft seines heiligen Namens, *Eccem crucem † Domini nostri Jesu Christi, fugite partes adversae, vincit Leo de tribu Juda Radix David, Alleluja*! Gelobet und gebenedeit sei der allerheiligste Name Jesus, und vermaledeit alle höllischen Geister und Gespenster. *Sancte Deus, sancte fortis, sancte immortalis, miserere nobis. Jesus Christus rex gloriae venit in pace, Deus homo factus est, verbum carofactum est, Christus vivit, Christus regnat, Christus imperat, Christus ab omni malo nos defendat; Crux Christi salva nos, Crux Christi protege nos, Crux Christi defende nos, nunc et in horo mortis nostrae.* Amen. *Dignum crucis † sit in fronte mea, verba Christi sind in ore meo, arma Christi sint in petore meo, per signum crucis † de inimicis nostris libera nos Domine Deus noster; Potentia Patris confirma me, Sapientia Filii doce me, Amor Spiritus † Sancti illumina me, benedicta sit dies et hora, in qua dominus noster Jesus Christus † natus est, de Virgine Maria, in Nomine Dei Patris † et Filii † et Spiritus † Sancti. Amen. Nos cum prole pia benedicat virgo Maria. Jesus Nazarenus, Rex Judaeorum titulus triumphalis benedicat et custodiat nos ab omnibus malis.* Im Namen Gottes †††. Amen.

Evangelium.

Initium sancti Evangelii secundum Johannem.

NB. Brenne sogleich das Rauchwerk. Weihrauch, Rosenblätter, Wacholderbeere und Rauten bendiziert.

Durch die Kraft dieses heiligen Evangelii soll zerstört und vertrieben werden, aus dem Zimmer gebannt und aus dem ganzen Hofrecht alle Gespenster, Erdengeister und teuflische Nachstellungen I. N. R I. Jesus Nazarenus ein König der Juden, dieser siegreiche Titel Jesu Christi, des Gekreuzigten, sei zwischen mir, zwischen uns, so wir versammelt sind, zwischen dem Hofrecht und allen meinen sichtbaren und unsichtbaren Feinden, dass sie sich mir nicht nähern noch schaden können, weder an Leib noch an Seele. *Ecce crucem † Domini nostri Jesu Christi, fugite partes adeversae, vincit Leo de tribu Judae radix David, Alleluja*! Jesus † Maria.

Im Namen Gottes † des Vaters †, des Sohnes † und des Heiligen Geistes †, Amen. Deus Heloim † Deus Tetragrammaton † Deus Adonai † Deus Sabaoth † Deus Emanuel † Deus Agios † Deus Otheos † Deus Ischiros † Deus Jehova † Deus Messias † Deus Alpha et Omega † samt allen heiligen Namen Gottes des Vaters †, des Sohnes und des Heiligen Geistes †, wolle uns heute und allezeit stärken und beschützen, gegen alle meine leibliche und geistliche Feinde. Amen.

Der unerschaffene Vater, der unerschaffene Heilige Geist, der ungeborene Vater, der eingeborene Sohn, der aus beiden ausgehende Heilige Geist, Gott Vater der Erschaffer, Gott Sohn der

Erlöser, Gott der Heilige Geist der heilig macht, wollen mich jetzt und allezeit vor allen Gespenstern und teuflischer Kunst beschützen und bewahren. Amen. Durch den allerheiligsten Namen *Ecce crucem Domini nostri Jesu Christi, fugite partes adeversae, vincit Leo de tribu Judae radix David,* wollest erlösen diese arme Seele oder Geist von den Banden all ihrer Sünden und geben ihr mit uns die ewige Glory. Amen.

Christus Jesus überwindet, Christus Jesus herrscht, Christus Jesus gebietet, Christus Jesus vertreibt aus diesem Ort und Hofrecht von dem da verborgenen Geld oder Gut alle bösen Geister und Teufelskünste, durch die Kraft seiner Gottheit, durch die Kraft seines bitteren Leidens, durch die Kraft seines heiligen Kreuzes, durch die Kraft seines rosenfarbenen Blute, und durch die Kraft seines heiligen Namens. Jesus Christus, der Sohn des lebendigen Gottes, der vom Himmel herabgekommen und im Leib der allerseligsten Jungfrau Maria wegen des menschlichen Heils Fleisch geworden, damit er den Teufel und alle bösen Geister austreibe und in die Hölle stürzte, dieser wolle auflösen, und mich, und auch dieses Gut und Geld da in diesem Hofrecht entbinden von allem, womit der böse Feind mich verblendet, oder das Gut da in diesem Hofrecht verbunden hat. † Amen.

Gott des wundertätigen hl. Antonius von Padua, o Tetragrammaton, durch die wunderbarlichen Namen tue ein Zeichen mit mir in deiner Güte, dass es die sehen, so mich gehasst haben, auf dass sie sich schämen, denn du, o Herr, hast mir geholfen, und mich getröstet, o Herr, erhöre mein Gebet, und mein Rufen komme zu dir.

O Gott des heil. Bernardi, o Christi Jesu, erbarme dich unser, und schicke uns den heil. Bernardum zu Hilfe, dass er den Teufel samt seinem ganzen Anhang von dem Schatz, der in diesem N. Hofrecht, vertreibet, es müssen aus diesem Hofrecht von dem verborgenen Geld oder Gut, alle bösen Geister, Erdengeister, welche uns den Schatz entziehen oder verblenden, und die verhinderlich sein wollen, abweichen, dazu helfe uns die allerseligste Jungfrau Maria in dem Namen Gottes †††. Amen.

Heiliger, heiliger, heiliger Peter, löse auf mit Gottes Hand und entbinde diesen Schatz, der in diesem Hofrecht liegt, von Allem, womit der böse Feind oder Erdgeister denselben verbunden oder verblendet hatten, dazu helfe St. Paulus und alle heiligen Apostel, die heilige Jungfrau Maria, alle heiligen Gewalthaber, der heil. Gregorius, der heil. Blasius, der heil. Ersasmus, der heil. Pantaleon, der heil. Vitus, der heil. Christophorus, der heil. Dyonisius, der heil. Cyriancus, der heil. Eustachius, der heil. Egidius, der heil. Magnus, die heil. Margaretha, die heil. Katharina, die heil. Barbara, in dem Namen †††. Amen.

Zünde noch 2 Kerzen an, im Namen der 5 heiligen Wunden Jesu.

Jesus † Maria.

Ich N., ein treuer Diener Gottes befehle, beschwöre in dem Namen Jesu Christi, dass der Geist, welcher in diesem Hofrecht gehet oder schwebet, mir ohne Schaden an Seele oder Leib erscheinet, dass ich denselben ohne Schaden an Seele und Leib sehen kann, und fragen kann, warum derselbe da gehet oder schwebet in dem Namen †††. Amen.

Jesus † Maria.

Ich N., ein Diener Gottes, in dem Namen Jesu Christi befehle ich dir und beschwöre dich arme Seele, die du da in diesem Hofrecht gehest oder schwebest, dass du mir ohne Schaden an Seele und Leib unverzüglich erscheinest, dass ich dich sehen kann und mit dir reden, dazu helfe die allerheiligste Jungfrau Maria in dem Namen Gottes †††. Amen.

Ich, ein Diener Gottes in dem Namen Jesu Christi, beschwöre dich und befehle dir, Geist, der du da in diesem Hofrecht bei verborgenem Geld oder Gut gehest oder schwebest, dass du mir ohne Schaden an Seele und Leib unverzüglich erscheinst, dazu helfe der heil. Antonius von Padua in dem Namen Gottes †††. Amen.

Ich N., ein Diener Gottes, in dem Namen Jesu Christi beschwöre ich dich und befehle dir, Geist, der du da in diesem Hofrecht bei verborgenem Geld oder Gut gehest oder schwebest, dass du mir unverzüglich ohne Schaden meiner Seele und Leib persönlich, wie du bei Lebzeiten gegangen, dass ich dich sehen kann, erscheinst, dazu helfe mir der heil. Bernardus, im Namen Gottes †††. Amen.

Ich N., ein Diener Gottes, in dem Namen Jesu Christi befehle dir und beschwöre und bezwinge dich, Geist, der du da in diesem

Hofrecht bei verborgenem Geld oder Gut gehest oder schwebest, dass du mir unverzüglich ohne Schaden meiner Seele und Leib erscheinst, dazu helfe der heil. Petrus, der heil. Paulus und alle heiligen Aposteln und Auserwählten Gottes in dem Namen Gottes †††. Amen.

Ich N., ein Diener Gottes, durch die heil. 5 Wunden Jesu Christi beschwöre, bezwinge und befehle ich dir, Geist, der du da bei verborgenem Geld oder Gut in diesem Hofrecht gehest oder schwebest, dass du mir augenblicklich erscheinst in einer sichtbaren menschlichen Gestalt wie du zur Lebenszeit gewandert bist, dazu helfe Gott Jehova † Adonai † Tetragrammaton † und alle heiligen Namen Gottes des Vaters †††. Amen.

Evangelium.

Initium Sancti Evangelii secundum Johannem.

Das Wort, so Fleisch geworden und in uns gewohnt hat, geboren aus Maria der Jungfrau, wolle die arme Seele, welche da in diesem Hofrecht bei verborgenem Geld oder Gut gehet oder schwebet, durch das Eingeweide seiner Barmherzigkeit, in welcher er uns, ausgehend aus der Höhe, heimgesucht hat, und durch die Fürbitte der allerseligsten Jungfrau Maria und aller Heiligen, sonderlich der 4 heil. Evangelisten St. Johannes, St. Matheus, St. Markus und St. Lukas, erlösen von aller Verbindnis und Nachstellung des Teufels, und derselbe gnädiglich verleihen, dass solche mir ohne Schaden an Seele und Leib gleich diesen Augenblick in einer sichtbaren, menschlichen Gestalt erscheine, dazu helfen alle Heiligen Gottes in dem Namen Gottes des Vaters †††. Amen.

Ich N., ein Diener Gottes in dem Namen Jesu Christi, des gebenedeiten Sohnes Gottes, beschwöre, bezwinge, befehle dir, Geist, der du da in diesem Hofrecht gehest oder schwebest, durch die Gottes erschaffene Elemente, Feuer, Wasser, Luft und Erde, dass du mir gleich in dieser Minute in einer sichtbaren, menschlichen Gestalt erscheinst, aber ich ohne Schaden an meinem Leib oder Seele dich sehen kann, dazu helfe die Himmelskönigin Jungfrau Maria, und der heilige Schutzengel in dem Namen Gottes †††. Amen.

Ich N., ein Diener Gottes, in dem Namen Adonai † Agois † Jehova † samt allen heiligen Namen Gottes des Vaters † des

Sohnes † und des Heiligen Geistes †, beschwöre, bezwinge, befehle dir du Seele oder Geist, der du da in diesem Hofrecht gehest oder schwebest, dass du mir ohne Schaden an meiner Seele oder Leib gleich in dieser Minute durch alle Kräfte der 4 Elemente, Feuer, Wasser, Luft und Erde in einer menschlichen Gestalt sichtbar erscheinst, dass ich dich sehen kann, dazu helfe Gott der Vater durch seine Kraft, Gott der Sohn durch seine Kraft, Gott der Heilige Geist durch seine Stärke. Amen. Auch helfe dazu die Himmelskönigin Jungfrau Maria durch die Gnade, so sie bei Gott verdient hat in dem Namen Gottes †††. Amen.

Zwang.

1.

Ich N., ein Diener Gottes, befehle, bezwinge, beschwöre dich, Geist, der da gehet oder schwebet, im Namen Gottes ††† und in dem allerheiligsten Namen Gottes Jehova † Messias † Emanuel † Sabaoth † Adonai † Athanatos † Ischiros † Eleison † On † Tetragrammaton † Alpha et Omega † und allen heiligen Namen Gottes, der du aus Gottes gerechtem Gericht diesen Ort bewohnest, dich beschwöre ich durch die unendliche Macht Gottes, durch die unaussprechliche Weisheit desselben und durch dessen gerechte Gütigkeit, ich beschwöre dich durch die Kraft der hochheiligen Dreifaltigkeit, durch welche Alles erschaffen worden, durch die allerheiligste Menschwerdung, durch das Leiden und Auferstehen unseres Herrn Jesu Christi, und durch dessen allerheiligstes Blut. Ich befehle dir durch die Kraft aller Arten heiliger Engel und durch alles dasjenige, was durch die Kraft Gottes dich noch mehr festbinden und bezwingen kann. Ich binde und bezwinge dich und gebiete dir in dem Namen der hochheiligen Dreifaltigkeit, und in dem Namen unseres Herrn Jesu Christi, dass, so wahr als wahrhaftig das Wort ist Fleisch geworden, von der Minute ohne Schrecken und Schaden des Leibes und der Seele, du dich sichtbar darstellst und erscheinst, auch nicht von diesem Ort weichst, sondern von dem, worüber ich dich fragen werde, wahrhaftig antwortest, und ich es auch hören kann, das befehle ich dir in dem Namen Gottes †††. Amen.

Fiat, Fiat, Fiat !

2.

Ich N., ein Diener Gottes, beschwöre, berufe, bezwinge und befehle dir, guter Geist, so in diesem N. Hofrecht gehet oder schwebet, im Namen Jesu Christi, und durch sein bitteres Leiden und Sterben und glorreiche Auferstehung und durch alle Heiligen Namen Gottes Hel † Heloim † Sother † Emanuel † Sabaoth † Agla † Tetragrammaton † Agois † Otheos † Ischiros † Athanatos † Jehova † Ja † Adonai † Schadai † Homoousiion † Messais † Eschereye † increatus pater † increatus filius † increatus Spiritus Sanctus † und durch das gestrengste Urteil Gottes, und durch die 4 von Gott erschaffenen Elemente, Feuer, Wasser, Luft und Erde, dass du, Geist, mir allhier und vor mir augenblicklich in einer sichtbaren, menschlichen Gestalt erscheinest, wie du bei Lebzeiten gewandelt bist, mir ohne Schaden des Leibes und der Seele in dem Namen Gottes †††. Amen.

Fiat, Fiat, Fiat!

3.

Ich N., ein Diener Gottes, befehle, berufe, bezwinge und beschwöre dich, Geist, der du in diesem Hofrecht gehest oder schwebest, dass du mir gleich in dieser Minute, so wahr als wahrhaftig das Wort Fleisch geworden ist, in dem Namen Jesu Christi, und durch die allerheiligsten Namen Gottes Jehova † Elohim † Adonai † El Schadai † Zebaoth † Jach † Alpha et Omega † Agois † Otheos † Agla † On † Schadai † Ischiros † Hevav † Athanatos † Tetragrammaton † He † Emanuel † Elohim Eloah † Paraclitus † Increatus Spiritus Sanctus † und durch die Kraft des bitteren Leidens und Sterbens Jesu Christi, und durch die Kraft seines heiligen Kreuzes, durch die Kraft seines rosafarbenen Blutes und durch die Kraft seines heiligen Namens *Ecce crucem Domini nostri Jesu Christi, fugite partes adeversae, vincit Leo de tribu Judae radix David,* und durch die Kraft der von Gott erschaffenen 4 Elemente Feuer, Wasser, Luft und Erde, in einer friedlichen, menschlichen Gestalt, wie du in Lebzeiten gewandelt bist, vor mir erscheinst, dass ich dich sehen werde und hören kann ohne Schaden meines Leibes und der Seele in dem Namen Gottes †††. Amen. Fiat, Fiat, Fiat!

Ich N., ein Diener unseres Herrn Jesu Christi, beschwöre dich, Geist, dass du mir sogleich erscheinst, ob du ein guter Geist seiest, so lobe und preise den allerheiligsten Namen Jesu.

Ist es dann ein guter Geist: — Ich N. frage dich im Namen Jesu, in welchem sich biegen sollen alle Kniee, die im Himmel und auf Erden und unter der Erde sind, sage mir ohne Schaden meines Leibes und meiner Seele, warum gehest und schwebest du da? Hast du Geld oder Gut bei deinen Lebzeiten da verborgen? Bekennt es der Geist mit Ja, so sprich: Ich N. befehle dir im Namen Jesu Christi des Gekreuzigten, dass du mir solches ohne Schaden meines Leibes und meiner Seele zeigst, dass ich es ohne Schaden sehen kann.

Hat der Geist dir dann solches gezeigt, so halte ihn an auf folgende Weise:

Ich N. beschwöre und befehle dir Geist, in dem allerheiligsten Namen Jesu Christi, und durch die Kraft aller heiligen Namen Gottes, und durch die Kraft, wodurch ich dich gezwungen habe, zu erscheinen, durch die Kraft, so wahr als wahrhaftig das Wort Fleisch geworden ist, und durch die Kraft der von Gott erschaffenen 4 Elemente Feuer, Wasser, Luft und Erde, sollst du mir augenblicklich dieses Geld oder Gut heraustun und vor mich stellen und an mich übergeben, jedoch ohne Schaden meines Leibes und meiner Seele, in dem Namen Gottes †††. Amen.

Abdankung.

Ich N. befehle dir Geist in dem Namen Jesu Christi und in dem Namen Jesu Christi und in dem Namen der hochheiligen Dreifaltigkeit, und in allen heiligen Namen Gottes, gehe hin, wo dich der gerechte Gott hin verwiesen hat, in dem Namen Gottes des Vaters †, Gottes des Sohnes † und Gottes des Heiligen Geistes †, Amen, und fahre hin in dem allerheiligsten Namen *Ecce crucem Domini nostri Jesu Christi, fugite partes adeversae, vincit Leo de tribu Judae radix David, Alleluja, Amen.*

Ende.

Ich N., ein Diener, selig zitiere dich und berufe dich guten Geist, mit der Gewalt Gottes herbei, durch den und mit dem Band, und wahren Gehorsam aller Seelen, den sie schuldig sind, ihrem Herrn und Meister und durch diesen mit und bei Berufung und Beruf aller Seelen und Geister zu dem letzten Urteil und Gericht aller Geschöpfe ihm unwidersprechlich gehorsamen müssen.

Fiat, Fiat, Fiat!

Soll 2—3 Mal wiederholt werden.

NB. Wider alle und jede guten und bösen Geister.

Ich N., ein Diener Gottes, zitiere dich Geist, durch alle Gewalt Gottes † des Vaters, des Sohnes † und des Heiligen Geistes † mit aller und bei allen Zungen und Stimmen, aller Herrschaften, Throne und Fürstentümer der himmlischen Freuden, Elemente und aller Erden und aller Eifern und aller ihrer Tugend und Oberkraft, Macht und Gewalt aller Weisheit und Wissenschaft.

Fiat, Fiat, Fiat!

Soll 2—3 Mal wiederholt werden.

VI.

BIBLIA

Arcana Magica Alexander 

Nach der

Traktation des VI. und VII. Buchs Moyses,

nebst magischen Gesetzen.

Ex verbis revelatis (H) Intellectui
sigillatis verbis.

Nunc Apostolica † Consecratione

de novo confirmata.

Script. De Ellbio

Anno MCCCLXXXIII.

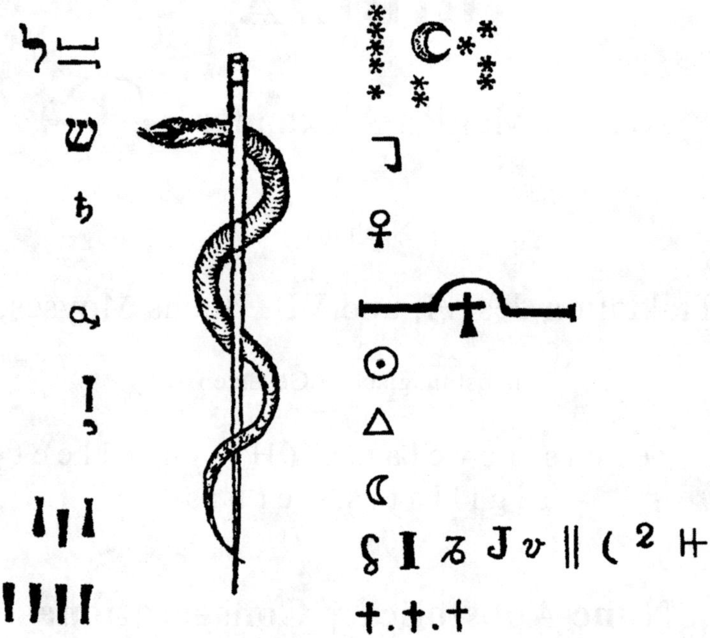

Traktation des VI. Buch Moses.

Kapitel I.

Der Geist erscheint Moses im brennenden Busch.

כא§גלאבו
תב אזדתדתא§ו
גלתתדזאבו

Kapitel II.

Moses verwandelt den Stab in eine Schlange.

חר§§אאז~דב
§אלתדאברלא
רכברתלרכרד

Kapitel III.

Moses verwandelt das Wasser in Blut.

אאלקר רז
האר§ח אדל
לדוב§א §רב

Kapitel IV.

Drei neue Zeichen mit Fröschen, Läusen und Sinnomoia.

אזדשכאל§
אכד§ארלואר.

Kapitel V.

Drei Zeichen am Vieh, Pest, schwarze Blattern und Hagel.

אברללבאת
אחאהכ
כארי, ב א

Kapitel VI.

Drei Zeichen der Heuschrecken und Finsternis.

א, , הרת§
,א יבקלאר
ן,א§רהר§
כאיד.

Kapitel VII.

General-Zitation Moses auf alle Geister.

אדלי אלר
אבאכרדא ל§ר
ללאלכר לר

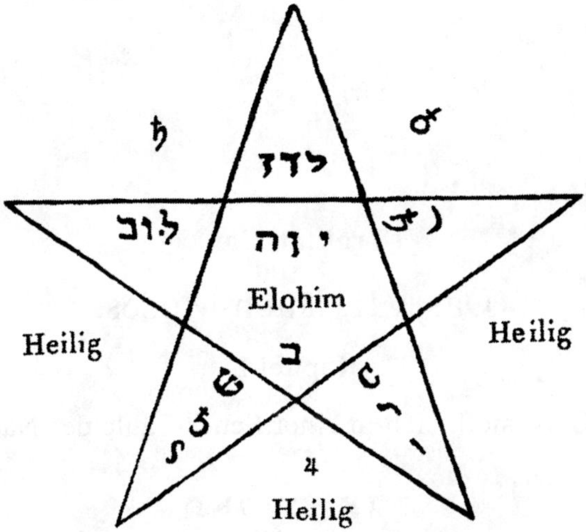

Ende des VI. Buches Moses.

Traktat Sion.

Das VII. Buch Moses.

Kapitel I.

Der Geist stellt sich in einer Feuer-Säule des Nachts.

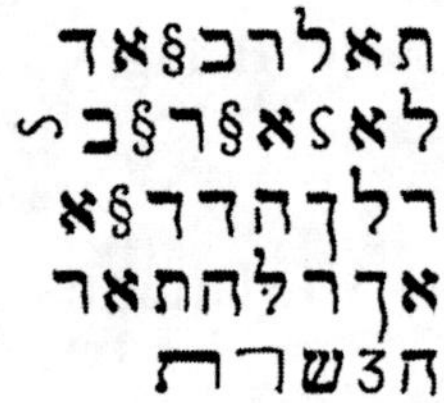

Kapitel II.

Der Geist stellt sich in einer Wolken-Säule des Tags.

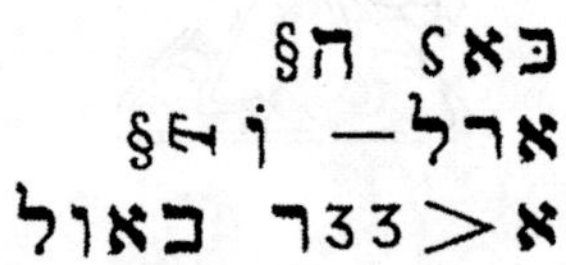

Kapitel III.

Bileams Zauberei.

Kapitel IV.

Egitgim ɿ+ʅ.

תארלפא
§ארכּדּא
תרלקארד

Kapitel V.

Beschwörung des Gesetzes Moses.

ארברתקאר
אכרלּו§ל
ברששר

Kapitel VI.

General-Zitation Moses auf alle Geister.

חאבדלר
כּראʃח
חא|+לכו
לּאןחבך
לאבבאר
בארʃר:ו:וא

Abdankung.

בסלּקת3—ך
תבחאקא3א
רבצ דב

Kapitel VII.

Beschwörung Eleasars.

התראהכדר
בהרר3תךר
ברחארכ

Abdankung.

על–כב3רדפ
בלוןבןדל

Kapitel VIII.

Citatio Quernithay oder Leviathan.

§בתאתך§
עיכבדר
אתעשר§:

Abdankung.

ברכצר3תע
על–בן§ל

Kapitel IX.

Magische Gesetze Moses.

לאתדאך
לררצ3Zלר
את כר

Kapitel X.

Stirnblatt Moses und Aarons.

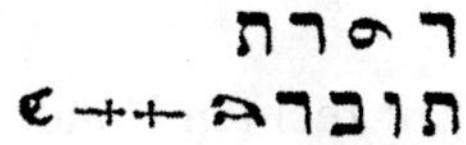

Kapitel XI.

Moses Brust-Schild.

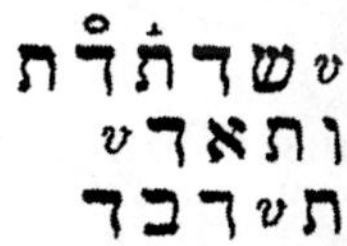

Kapitel XII.

Aarons Brust-Schild.

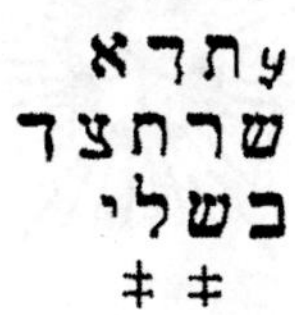

Kapitel XIII.

Der Kelch des Heiligtums.

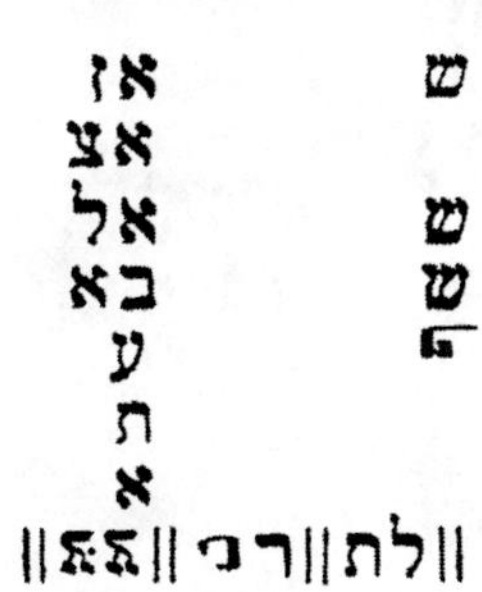

Zur linken Hand.

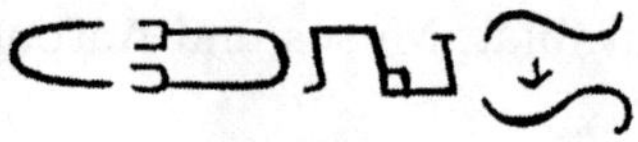

Zur rechten Hand.

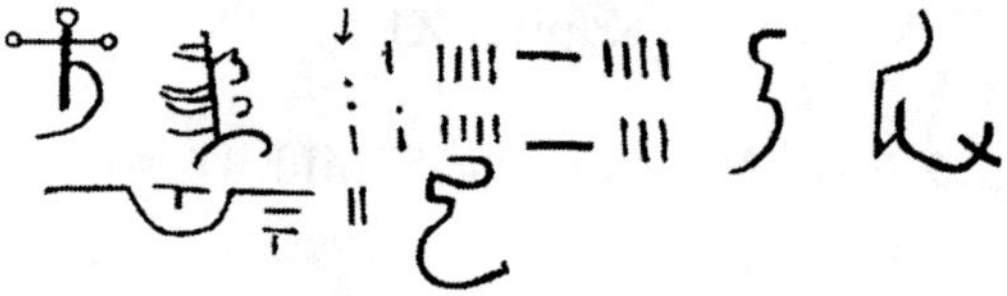

Höre Israel, der Herr unser Gott ist ein einiger Gott.

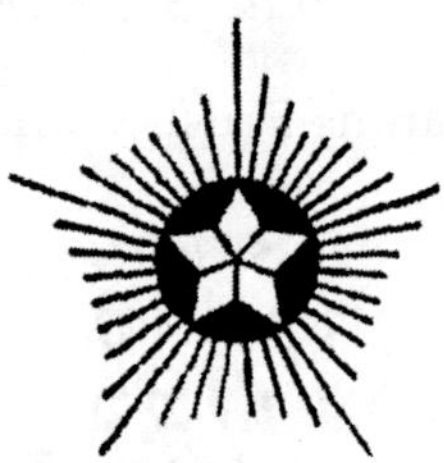

VII.

Das

Büchlein der Venus

zur

Beschwörung böser Geister

auf eine gottselige Weise.

Aus dem Lateinischen des

John Dee

übersetzt von

Leopold F***.

Das

Büchlein der Venus

zur

Beschwörung böser Geister

auf eine gottselige Weise.

Nr. 1.

Mir ward der Name Venus von dem oberen Wesen beigelegt,
Kaum ertönt meine Trompete, so stellt sich der stygische
Einwohner.
Sieh, wie er durch des Zeichens Kraft tief erseufzt der sklavische Dämon!
Wohlan dann, nur beherzt! Siegreich kehrst du vom Feind
zurück.

Nr. 2. Sachiel.
Nr. 3. Mogarip.

Die Trompete der Venus

oder

Die Rufe oder Vorforderungsformeln der sechs unter der Macht der Venus stehenden Geister, worin vorkommen 1. Die Methode das Sigill der Venus. 2. Ihre Trompete. 3. Den Kreis zu verfertigen. 4. Die eigenen Namen der

Geister, ihre Rufe und Sigille samt der Bereitung derselben. 5. Die Einsegnung des Büchleins. 6. Die Zeremonien des Beschwörungsaktes, die Abdankung der Geister und vieles andere, was in der Operation in Acht zu nehmen ist.

John Dees Schreiben

an die Liebhaber der Magie.

Bei dem Werk, das ich hier liefere, habe ich nicht die Absicht, die verschiedenen Erklärungen, Einteilungen und Arten der Schwarzkunst, noch ihre mannigfaltigen praktischen Kunstgriffe anzuzeigen. Es haben dies sehr Viele vor mir getan, aber die wenigsten haben etwas Deutliches und Wahres geliefert. Ja sie haben vielmehr ganze Bände unverständlichen Zeuges, und durch das man in Ausübung an viele unübersteigliche Klippen stieß, zusammen geschrieben. Wir, lieber Leser, stoßen hier in einen Trompete, durch deren Getöne sechs unter der Macht der Venus stehenden Geister gleichsam zum Tanz aufgefordert, und nach der Vorschrift und Weise, wie man mich sie gelehrt, und wie ich sie oft in Ausübung gebracht habe, herbei gerufen werden.

Wer Geister vorzufordern gedenkt, muss vor allen anderen den einem jeden Dämon gemäßen Ruf wohl inne haben, sonst wird ihm keiner erscheinen. Freilich gibt es noch andere kräftige Beschwörungen und Zwangsmittel, aber sie sind meistenteils zu mühsam, wegen der vielen Umstände zu vielen Schwierigkeiten unterworfen.

Sind dir einmal, lieber Leser, die Rufe bekannt, weißt du ihre Namen und die Arten der Beschwörung, oder die eigentlichen wahren Namen, mit denen die Geister von den Engeln der Planeten vorgefordert werden und Befehle erhalten, so muss dir jeder Geist, den du rufst, wenn du anders auch die übrigen in diesem Büchlein angezeigten Erfordernisse besitzt, unverzüglich, ohne Getöse, ohne dir Schrecken oder Blendwerke zu machen, in menschlicher Gestalt erscheinen.

Der allerhöchste Gott hat die guten Engel über die bösen gesetzt, über die sie eine Art von Herrschaft ausüben. Wenn nun ein guter Engel einem bösen etwas befehlen will, so ruft er ihn mit einem dem bösen Dämon angemessenen Ruf und macht ihm seine Befehle bekannt, freilich in einer uns sterblichen Erdensöhnen ungewöhnlichen unbekannten Sprache, über welche zwar unsere Gelehrten verschiedene Meinungen aushecken, von der man aber bis jetzt nichts Zuverlässiges angeben kann.

Ebenso gewiss und ausgemacht ist es auch, ja man kann es aus der Heiligen Schrift dartun, dass der Schöpfer des Ganzen jedem Geschöpf ein gewisses Kennzeichen und einen gewissen Namen beigelegt hat. — Denn — *Er ist es, der die Menge der Sterne zählt, und einen jeden bei seinem Namen nennt*. Ps. 146. Alle bösen Geister — denn sie waren vorhin Engel oder Sterne im Himmel —, haben noch eben dieselben Namen und Zeichen, die ihnen der weiseste Schöpfer als guten Engeln gab. Bei diesen Namen muss man sie dann rufen und zu erscheinen zwingen. Ebenso wie ich das gleiche von der Vorforderung der guten Engel an einem anderen Ort gezeigt und bewiesen habe. Eine Wissenschaft, liebe Leser, die von den alten Vätern in Frömmigkeit des Herzens ausgeübt ward, und noch heutzutage von frommen Seelen betrieben werden darf.

Von daher sind uns auch die drei Wissenschaften: Magie, Kabbala und die Nekromantie (oder Schwarzkunst) überliefert worden, deren letztere bei den Ägyptern, Persern und Arabern nicht wenig im Schwung ging, obwohl sie auf eine verabscheuungswürdige Art getrieben und verderbt wurde, indem sich die Leute durch gottesräuberische Verträge der Sklaverei der bösen Geister freiwillig übergaben, woran man ohne Schaudern nicht denken kann. Dieser gottlose Endzweck, dieser abscheuliche Missbrauch war daher ganz recht und heilsam von der Kirche sowohl als weltlichen Obrigkeit verboten, und darum findet man sehr wenige zu magischen Versuchen taugliche Bücher.

Ich übergebe dir daher, lieber Leser, diese Trompete, die ich auf eine ganz besondere Art erhalten habe, unverfälscht und zu einem guten Gebrauch, keineswegs zu deinem Verderben, das nur aus dem Missbrauch folgen könnte. Ich teile sie dir mit, ja ich vermache sie dir, damit du sie zu deinem Besten anwenden mögest. Z. B. zur Hebung verborgener Schätze, zum Reisen, zur Schifffahrt, zum Krieg u. a., wozu dir die Geister behilflich und nützlich sein können.

Es gibt zwar noch andere Vorforderungsweisen der Geister, welche mittelst ihrer Fürsten, dergleichen die Geister unter sich haben, geschehen können. Aber sie gehorchen sehr hart. Sie erscheinen nicht anders als mit grässlichem Getöse und Lärmen, in einer fürchterlichen Gestalt und oft nicht ohne schreckbarste Gefahr des Beschwörers.

Dieser unser Geisterruf ist mithin der Venus gewidmet, und wird deswegen die Trompete der Venus genannt, denn die bösen Geister der sieben Planeten stehen fast alle unter der Herrschaft guter Engel. Jene aber, die in diesem Werk vorkommen, werden alle unter die Macht und das Gebiet der Venus gerechnet, und darum ist auch diese kleine Schrift das Venusbüchlein betitelt worden.

Wir schreiten nun zur Sache, und dich lieber Leser ermahne ich freundschaftlichst, dass du alles gut anhören und genau beachten wollest. Gehabe dich wohl.

Vollendet und geschrieben zu London, den 4. Juni 1558.

Die Trompete der Venus.

Erstes Kapitel.

Wie das Sigill oder der Charakter der Venus zu machen ist.

Das erste Erfordernis zu dieser nekromantischen Handlung ist das Sigill der Venus, das auf nachfolgende Weise zu verfertigen ist.

Man nehme ein Stück Erz oder neues Kupfer, das noch nie gebraucht worden ist, und mache daraus eine Platte so groß, als die auf dem hier beigefügten gestochenen Blatt abgezeichnete Figur, die nach der diesem Planeten eigenen Zahl, nämlich sechseckig, zugeschnitten werden muss.

Man steche alsdann mit einem eisernen oder stählernen Griffel, der gleichfalls neu und rein sein muss, den Charakter der Venus hinein. Es geschehe dieses aber an einem Freitag nachts in der dritten oder zehnten Stunde von Sonnenuntergang an gerechnet. Sollte zur Verfertigung dieses Sigills die dritte Stunde nicht ausreichen, so warte man bis zur zehnten. Denn man darf nur in diesen Venusstunden arbeiten, und zwar — was wieder wohl zu merken — im *Neulicht*. Kann man daher in einer Freitagnacht in den zwei vorgeschriebenen Stunden das Sigill nicht fertig bringen, so muss man bis zum folgenden Neulicht aussetzen.

Ist es endlich fertig, so räuchere man es noch eben denselben Freitag und in eben derselben Venusstunde ein.

Zum Rauchwerk nehme man diese Spezies:

Verbena, Buscia und *Muscus.*

Man wickle selbiges dann in ein neues Leintuch und vergrabe es, aber wieder in der erst genannten Zeit des Neulichts, unter die Erde, nahe an einem fließenden Wasser, den folgenden Freitag in einer der Venusstunden grabe man es wieder aus, und hebe es sich sorgfältig auf bis zur beliebigen und bequemen Operationszeit.

Nr. 4.

Das Sigill der Venus.

Zweites Kapitel.

Wie die Trompete der Venus zu bereiten ist.

Man nehme ein Horn von einem lebendigen Stier, dann Vitriol in Weinessig aufgelöst, wasche und säubere damit das Horn. Von dem oben genannten stählernen Instrument schneide man auf beiden Seiten des Horns die Charaktere so ein, wie sie in der gleich darauf folgenden Zeichnung zu sehen sind. Die ganze Zubereitung dieses Horns (auch die Zeit mit eingerechnet, in der es dem Stier abgenommen wird) muss ebenfalls, wie kurz vorher von dem Sigill gesagt worden, in den gleichen Zeiten, das ist an Freitagen des Neulichts und in den Venusstunden geschehen. Das ist wohl zu beachten. Man räuchere es ebenfalls ein, wickle es in ein Leintuch und vergrabe es samt dem Sigill der Venus unter die Erde, grabe es mit selben wieder aus und hebe es bis zum bequemen Gebrauch sorgfältig auf.

Nr. 5.

Die Trompete der Venus.

Drittes Kapitel.

Wie der Bannkreis zu machen ist.

Bevor wir zu dem Ruf oder zur Beschwörungsart jedes Geistes schreiten, müssen wir von der Verfertigung und Zusammensetzung des Kreises handeln, dessen sich alle Schwarzkünstler in ihren Arbeiten bedienen, und wodurch sie sich wie durch das stärkste Bollwerk wider die Nachstellungen der bösen Geister schützen. Man macht diese Bannkreise auf mancherlei Art. Einige, die zu Hause ihre nekromantischen Arbeiten verrichten, machen sie mit Kreide, Kohlen oder Farben. Einige, die in Wäldern oder auf Kreuzwegen beschwören, tun es mittelst Schwertern oder gewisser Stäbe. Andere aber verfertigen den Kreis aus Pergament mit der Inschrift der göttlichen und heiligen Namen, welche letztere Art auch wir zu unserer nekromatischen Arbeit gewählt haben. Der Erbe ist diesfalls glücklicher, weil er ihn mit allen übrigen Erfordernissen schon verfertigt erhält, und zugleich seine Form und die Weise, wie er jedes Mal zu machen ist, hier der Ordnung halber und um das Werk vollständig zu machen, angehängt findet.

Man nehme sofort Pergament oder Jungfernpapier und schneide daraus in der Breite dreier Finger drei Zirkel oder Kreise.

Der erste muss 6 Schuh weit sein, die übrigen zwei nur 2 oder 3 Zoll enger. Dann schreibe man in den vorgeschriebenen Zeiten und Stunden der Venus die heiligen Namen mit den gleichen Farben, und ebenso darauf, wie sie in der nachstehenden Abbildung des Kreises zu sehen sind. Ist der Kreis fertig, so räuchere man ihn ein.

Das Eingraben unter der Erde ist nicht nötig, sondern man verwahre ihn nur solange, bis man einen Versuch damit anzustellen hat.

Nr. 6.

Der Kreis.

Viertes Kapitel.

Die Rufe der Geister, ihre eigentlichen Namen und wie die Sigille derselben zu machen sind.

Name des ersten Geistes.

Mogarip Nr. 7. Sigill.

Ruf.

Mogarip! Mogarip! Mogarip! Hamka, Demach. Algazoth, Syrah, Amilgos, Murzoka, Imgal, Alaja, Amgustaroth, Horim, Suhaja, Mogarip! Mogarip! Mogarip!

Name des zweiten Geistes.

Amabosar Nr. 8 Sigill.

Ruf.

Amabosar! Amabosar! Amabosar! Parinthos, Egayroth, Milusiaton, Castolis, Muchos, Machrim, Amabosar! Amabosar! Amabosar!

Name des dritten Geistes.

Alkyzub Nr. 9 Sigill.

Ruf.

Alkyzub! Alkyzub! Alkyzub! Mergastor, Hajagit, Agaschar, Asmooit, Burgum, Zephar, Largon, Cherip, Galgadin, Uriach, Alkyzub! Alkyzub! Alkyzub!

Name des vierten Geistes.

Balzazel Nr. 10 Sigill.

Ruf.

Balzazel! Balzazel! Balzazel! Thittersa, Zaphyor, Brusiath, Algior, Soriam, Ferozim, Abdizoth, Mulosin, Balzazel! Balzazel! Balzazel!

Name des fünften Geistes.

Falkaroth Nr. 11 Sigill.

Ruf.

Falkaroth! Falkaroth! Falkaroth! Hymelion, Zothaja, Ertachar, Indos, Nomirin, Hamach, Feloghon, Morgoseos, Angar, Arostus, Falkaroth! Falkaroth! Falkaroth!

Name des sechsten Geistes.

Mephgazub Nr. 12 Sigill.

Ruf.

Mephgazub! Mephgazub! Mephgazub! Samanthos, Garamtin, Algaphonteos, Zapgaton, Osachfath, Mergaim, Hugay, Zerastan, Aleasati, Mephgazub! Mephgazub! Mephgazub!

Wie diese Sigille der Geister zu machen sind.

Man nehme grünes Wachs mit Kienruß vermischt, mache daraus runde Täfelchen und kratze mit dem stählernen Griffel das Sigill desjenigen Geistes hinein, den man vorzufordern gedenkt. Es muss dieses in den gleichen Zeichen und Stunden der Venus, und auf eben dieselbe Art, wie alles Vorhergehende, geschehen. Das Eingraben und das Einräuchern unterlasse man, nur verwahre man es sorgfältig, bis man es verwendet.

Fünftes Kapitel.

Wie das Büchlein einzuweihen ist.

Das Büchlein, worin die Namen und die Rufe der Geister aufgeschrieben sind, muss vorläufig eingeweiht werden, wie es die alten Magier taten, die freilich die Einweihung ihrer Beschwörungsbücher so kräftig machten und einrichteten, dass sie die Geister, sobald sie nur das Buch öffneten, auch zu erscheinen zwangen. Dies scheint mir aber zu gefährlich, besonders wenn ein solches Buch zufällig in die Hände solcher Leute käme, die in dieser Kunst ganz unbewandert sind. Wir befinden es daher für gut, unser Büchlein auf folgende Art einzusegnen:

Man mache dieses Büchlein aus Pergament und mache zuerst darin das Zeichen der ♀. Wenn man will, kann man eine Figur, die den Planeten Venus vorstellt, und das Zeichen der ♁ auf dem Kopf trägt, aufzeichnen. Der Titel des Büchleins muss sein:

Das Büchlein der Venus

zur

Beschwörung böser Geister

auf eine gottselige Weise.

Vor dem Geisterruf schreibe man die Charaktere mit roter Farbe (Tuba Veneris) die Trompete der Venus nach der Vorschrift meines Büchleins, das ich selbst eingesegnet, und mit allem übrigen Zugehörigen der Nachkommenschaft zurückgelassen habe, wenn dir anders das Glück günstig ist und dir dies alles in die Hände spielt.

Das ganze Büchlein muss mithin in den schon oft genannten Zeiten der Venus zusammengeschrieben werden, wozu weiteres eine Taubenfeder und eine Tinte mit Kupferwasser zusammengesetzt, die noch Niemand verwendet hat, erfordert wird. Man kann sich auch grüner oder roter Farbe nach Belieben bedienen, denn beide dieser Farben sind unserem Planten sehr willkommen.

Sobald das Büchlein fertig und zusammengeschrieben ist, muss es sogleich eingeräuchert werden. Darauf nehme man Kupferwasser, fülle damit die Hand an und taufe oder besprenge das Büchlein mit folgenden Worten:

Der Venus weihe ich dich magisches Büchlein. Dein Name sei: die Trompete der Venus. Schreckbar und wohlbekannt seist du allen Geistern der Hölle.

O Anael, des Olymps großer Fürst,
Dich flehe ich an, gib Kraft dem Büchlein,
Das sich zu deiner steten Ehre in deiner Quelle nun badet,
Dass in den Stunden der Venus der darin geschriebene Dämon
Eilends herbei komme, wenn diese Trompete ertönt,
Dass er meinen Willen vollziehe, auch was ihm nicht behagt, tue,
Und sanft vor mir stehe.

Ist dieses geschehen, so räuchere man das Büchlein noch einmal ein, wickle es in ein grünes oder rotes Tuch, vergrabe es mit den übrigen Dingen unter der Erde, nehme es in der vorgeschriebenen Zeit wieder selber heraus, und hebe es dann, bis man es braucht, gut auf.

Sechstes und letztes Kapitel.

Wie die Beschwörung anzustellen ist.

Wenn alle vorher genannten Dinge gehörig zubereitet und fertig an der Hand liegen, und der Beschwörer sich wohl geprüft und geschickt dazu gefunden hat (denn es erfordert viele Handlungen einen unerschrockenen großmütigen Mann), so gehe er in der oft genannten Zeit, Stunde und Nacht der Venus an einen Ort, wo ihn Niemand stören kann, entweder in ein Zimmer des Hauses, oder was noch besser ist, in Wälder oder auf abgelegene und öde Kreuzwege; breite da seinen Kreis aus, behänge seinen Hals mit dem Sigill der Venus, mache einen Rauch und schreite zur Beschwörung jenes Geistes, den er sich aus den sechsen ausgewählt hat.

Der ganze Ruf des Geistes muss aber durch die Trompete der Venus geschehen, und jedes Mal sowohl anfangs als am Ende der Handlung muss der Geist mit seinem Namen genannt werden, aber allezeit mit einiger Pause.

Den ankommenden Geist begrüße man auf folgende Weise.

„Sei mir gegrüßt, edler und gehorsamer Geist (hier nenne man ihn bei seinem Namen), ich gebiete dir durch den schreckbaren Namen Adonai, und durch dieses Sigill (hier zeige man dem Geist das Sigill des Engels Anael, des vornehmsten Regenten über den Planeten Venus), dass du dich ruhig und still verhaltest, und dass du in allem, was ich dir immer befehlen werde, meinen Willen erfüllst. Dieses befehle ich dir noch einmal durch Gott den Vater, den Sohn, den Heiligen Geist und durch Jesum Christum den Trimuphierer, der da kommen wird, die Welt durch Feuer zu richten."

Hierauf wird der Geist den Beschwörer fragen: warum er vorgerufen worden ist? Was er denn befehle und verlange? —

Das benenne dann der Beschwörer mit lauter und deutlicher Stimme.

Sollten sich die Geister in einigen Stücken hartnäckig zeigen, so nehme man das Sigill der Venus, lege es über das Feuer oder über die Kohlen, mit welchen man das Rauchwerk machte, oder (falls man sich keines Rauchwerks bedient hätte, was nicht unbedingt notwendig ist), so halte man das Sigill über die brennende Kerze, damit es warm werde, und dann lege man das Sigill des vorgerufenen Geistes darauf. Denn hierdurch werden die Geister schrecklich gepeinigt, und sie werden ihn bitten, dass er aufhöre, sie zu quälen, und sie werden sich nicht mehr weigern, seinen Willen zu erfüllen.

Doch rate ich, dass der Meister in seinem Bitten und Verlangen mäßig sei. Durch Unmäßigkeit könnte er sonst den göttlichen Zorn reizen. Gleichfalls muss er sich auch nicht unbeständig oder schwankend den Geistern zeigen. Er gehe auch keineswegs die Bedingungen ein, die sie ihm etwa vorschlagen sollten, sondern beharre starkmütig und standhaft auf seinem Begehren, das er einmal den Geistern bekannt gemacht hat. Er achte nicht die Schwierigkeiten, die sie ihm vorstellen möchten, ja selbst ihre Drohungen verachte er. Im widrigen Fall würde er sich seiner Macht über die Geister begeben.

Nebenbei hüte man sich, den Beistand der Geister zu lasterhaften und gottlosen Handlungen zu begehren und davon Gebrauch zu machen, ein Umstand, zu dem sie sich umso geneigter und willfähriger finden würden. Denn die Seele würde dabei die größte Gefahr laufen, und der Mensch würde eben damals, als er seine Herrschaft über die Geister ausüben wollte, seine Seele der schrecklichsten Sklaverei dieser bösen Geister übergeben. Ich ermahne daher noch einmal alle Meister vor dem Missbrauch dieser Bannkunst getreulich und freundschaftlichst.

Wenn also die Geister die Gebote und den Willen des Bannmeisters erfüllt haben, so mögen sie auf folgende Art abgedankt werden.

Die Abdankung der Geister.

Dies geschieht ebenso wie der Ruf durch die Trompete der Venus mit diesen Worten:

Norcados Fenoram Anosiren (hier nenne man den Geist beim Namen) Opar, Chim. Amosan, Zezaphilos, Aspairath, Anthyras, Ziriffon.

Kaum haben sie diesc Worte vernommen, so werden sie unsichtbar, und der Bannmeister kann nach gemachter willkürlicher Segnung aus dem Kreis gehen.

Was noch weiter bei der Handlung zu merken ist.

Macht man diese nekromantische Handlung mit einigen Gespänen, so soll nur einer zu den Geistern reden und sie vorfordern, nämlich jener, der den Meister macht. Die übrigen müssen alle tiefes Stillschweigen bewahren.

Zwingt man die Geister, Schätze und Geld zu bringen, so muss man auf das Geld und den Schatz das Sigill der Venus legen, nachher leere man den Schatz aus seinen Gefäßen in ein neues über, das zuvor durchräuchert und eingesegnet worden ist. Und damit schließen wir unser Büchlein.

Hüte dich aber, lieber Leser, selbiges zu missbrauchen, erwäge alles wohl, was du hier geschrieben findest, handle jedes Mal mit Klugheit, und vollende dein Unternehmen mit unerschrockenem und standhaften Gemüt. Es wird dir gewiss Nutzen und Trost verschaffen.

Nur noch eins muss ich erinnern. Wenn deine Arbeit guten

Erfolg hat, so gedenke der Armen aufs Beste, und unterlasse nicht, ihnen Gutes zu tun. Und so wirst du sowohl in diesem als im anderen Leben glückselig. Uns allen wird jener gnädig sein, der da kommen wird, die Lebenden und Toten zu richten, dessen Reich kein Ende haben wird.

Das Zeichen Anaels des Engels vom großen Rat unter den Thronen des Vorsehers des Planeten Venus.

13. 14.

Diese Charaktere müssen mit grüner Farbe auf Jungfernpapier gemacht, und das Sigill außerhalb des Kreises gelegt werden.

VII.

Die algebraische

Lotterie-Kabbala

Von

Rottilio Benincasa.

1552.

Um die fünf Zahlen der Lotterie für jede Ziehung zu finden, hat man Allgemeine, Astronomische, Methodische und Grund-Regeln.

Erstens: Um nun mit einigem wahrscheinlichen Grund die 5 Nummern zu erhalten, sind solche Gründe erforderlich, auf welchen als auf sicheren und unerschütterlichen Grundfesten man zu dem verlangten Endzweck mit den gehörigen Berechnungen gelangen muss.

Zweitens: Und da dieses untermondische Sachen betrifft, so muss man hierbei sein vorzügliches Augenmerk auf genaue Mondtabellen und andere astronomische Berechnungen richten, die zum Grund der folgenden algebraischen und anderen Rechnungsregeln dienen, wo man dann versichert sein kann, dass man, wenn auch nicht allezeit, doch manches Mal das Ziel treffen wird.

Die Anfangsgründe also, worauf die folgenden Verfahrungsarten sich stützen, sind hernach beschrieben. Man studiere also fleißig, rechne mit Bedacht und ohne Fehler, so wird man seine Zufriedenheit finden.

1) Das erste Fundament in der Kunst muss das *Alter des Mondes* sein, nämlich wie viel Tage der Mond alt ist vom Neumond an bis zum Tag der Ziehung.
2) Das zweite ist die *Zahl des Monats*, an dem die Ziehung stattfindet.
3) Das dritte, die *Zahl des Sonnenzirkels* nach astronomischen Berechnungen.
4) Das vierte ist die *goldene Zahl* nach den astronomischen Berechnungen.
5) Das fünfte Fundament sind die *Epakten*, ebenfalls astronomisch berechnet.

Außer diesen jetzt gesagten 5 Fundamenten sind noch 5 andere, die man Hilfsgründe nennt, oder *Zufällige*, die ungemein viel beitragen, dass man seinen verlangten Endzweck erreicht. Man muss aber seine ganze Aufmerksamkeit zusammen nehmen, und sich aufs Äußerste hüten, dass man keinen Fehler begehe, denn auch nur eine einzige unrecht berechnete Zahl wird die ganze Operation vergeblich und die Mühe des Arbeiters unnütz machen.

Das erste ist die *Zahl der Kalenden*. Diese fangen an den 20. März, als den Tag des astronomischen Jahres, so dass, wenn die Ziehung nach dem 20. März geschieht, so ist die Zahl der Kalenden 1, im April 2 usw.

Das zweite ist die *Zahl der Planeten*, der in diesem Jahr regiert.

Das dritte ist die *Zahl der Planeten*, der an dem Tag regiert, wenn die Ziehung stattfindet.

Das vierte die Zahl des *Himmelszeichens*, worin sich die Sonne an dem Tag der Ziehung befindet.

Das fünfte ist die Zahl des *Himmelszeichens*, in welchem der Mond an dem Tag der Ziehung läuft.

Wenn man nun alle die vorgesetzten Grundregeln richtig und genau gefunden hat, so fange man alsdann mit allem Fleiß und Aufmerksamkeit die Operation nach den hier unten beschriebenen Regeln selbst an.

5) Die Nummer des ersten Rufes zu finden.

Man nimmt die Nummer von dem Alter des Mondes. Wenn dieser noch nicht bis zum ersten Viertel gekommen ist, so multipliziert man die Zahl mit 3 und schreibt sie besonders.

Alsdann nimmt man die Zahl des Planeten, der das Jahr regiert, und die Zahl des Kalenden, addiert sie zusammen und multipliziert sie gleichfalls mit 3; diese addiert man zu der ersten multiplizierten Zahl vom Mondesalter, so erhält man hierdurch die *Zahl des ersten Rufes*.

6) Wenn der Mond aber das erste Viertel überstiegen hat, multipliziert man sein Alter mit 2, setzt hierzu die Nummer des Planeten, der an diesem Tag regiert, und multipliziert sie mit 4,

ferner die goldene Zahl und addiert alle diese 3 Nummern zusammen, so gibt das Produkt derselben die Zahl des ersten Rufes.

7) Wenn der Mond in das zweite Viertel eingegangen ist, so setzt man zu seinem Alter die doppelte Zahl der Epakten, wenn sie nicht 10 übersteigt. Wenn sie aber über 10 geht, so nimmt man nur die einfache Zahl der Epakten, ohne Multiplikation, setzt hierzu die Zahl der Kalenden und erhält auf solche Art den ersten Ruf.

8) Wenn der Mond in das dritte Viertel eingegangen ist, so nimmt man die Zahl seines Alters, vereinigt sie mit der Zahl des Sonnenzirkels, addiert sie zusammen. Diese addierten Zahlen nimmt man doppelt, und wenn sie ungleich ist, so nimmt man davon sovielmal 5 als man kann, und alsdann nimmt man die Hälfte von der gebliebenen Nummer. Wenn die Hälfte nicht gleich wäre, so muss man zu der übergebliebenen Zahl die größere Hälfte addieren und alsdann mit 7 multiplizieren, die daraus herkommende Nummer mit 9 dividieren, so wird die überbleibende Zahl den ersten Ruf anzeigen.

9) Wenn der Mond in das letzte Viertel getreten ist, so multipliziert man sein Alter mit 3, addiert dazu die ganze Summe von den 5 Fundamental-Nummer, und das herauskommende Produkt gibt alsdann den ersten Ruf.

10) Wenn es sich ereignet, dass die ganze zusammen vereinigte Summe den 90er übersteigt, so dividiert man sie durch 13, und das Produkt, das hieraus entsteht, multipliziert man mit 24. Das Resultat von dieser Multiplikation aber ziehe man zusammen, bis nur 2 Nummern übrig bleiben, die nicht über 90 gehen, so erhält man ebenfalls den ersten Ruf.

11) Wenn es sich ferner zutragen sollte, dass eine Nummer über 100 ginge, so multipliziert man diese Nummer mit 25, und dividiert sie, und setzt zu der multiplizierten Zahl die größere Hälfte, dann teilt man sie durch 37. Die Nummer, die nachmals aus dieser Division herauskommt, ist der erste Ruf.

Und wenn dieser die Zahl 90 wieder übersteigt, so zieht man ihn solange zusammen, bis er nicht mehr über 90 geht.

Die vorgesagten zwei Regeln sind allgemein in allen Fällen, man muss aber sehr Acht geben, dass man nicht fehlt, sonst würde die ganze Operation unrichtig werden.

Wie man den zweiten Ruf finden soll.

12) Man muss die Zahl von dem Tag der Ziehung nehmen. Wenn diese 10 nicht übersteigt, so vereinigt man sie mit allen den Zahlen der 5 Anfangsfundamente zusammen addiert.

Die Zahl, die hieraus entsteht, ist der zweite Ruf.

13) Wenn sie aber 10 übersteigt und der Mond nicht über dem ersten Viertel ist, so setzt man sie zu dem Alter des Mondes. Dieses gibt alsdann den zweiten Ruf.

14) Wenn sie den 10er übersteigt, und der Mond das zweite oder dritte Viertel hat, so setzt man diesem die kleinere Hälfte von den gesagten zwei vereinigten Nummern hinzu. Dann gibt dieses den zweiten Ruf.

15) Wenn sie zwei 10er übersteigt, so setzt man ihr die Planetenzahl des Jahres, und die Planetenzahl des Tages hinzu, addiert sie zusammen. Dieses gibt alsdann den zweiten Ruf.

16) Wenn der Mond fast am Ende seines Laufes ist, und nur noch 3 oder höchstens 4 Tage fehlen, so setzt man dieser die ganze Summe von den 5 Accidental-Nummern hinzu, sowie auch die Nummer von dem Tag der Ziehung. Was alsdann herauskommt, gibt den zweiten Ruf.

17) Wenn die summierten Zahlen über 90 oder 100 gehen, so zieht man davon die ganze Summe der 5 Fundamental-Nummern ab, der alsdann überbleibende Rest gibt den zweiten Ruf.

18) Wenn es sich ereignet, dass eine von diesen Nummern 90 oder 100 überstiege, so verfährt man nach der oben schon angegebenen Regel, und erhält aus dem Resultat alsdann den zweiten Ruf.

Wie man den dritten Ruf bearbeiten soll.

19) Man nimmt die Nummer des Sonnenzirkels, vereinigt sie mit der Zahl des Planeten, der an dem Tag der Ziehung herrscht; diese multipliziert man mit 3, und vereinigt das Produkt davon mit der Nummer vom Mondesalter, wenn der Mond noch nicht über die Hälfte seines Laufes ist, so gibt dieses alsdann den dritten Ruf.

20) Wenn der Mond aber schon über die Hälfte ist, so zieht man von dieser Hälfte sovielmal 3 ab als man kann. Den Rest aber multipliziert man mit 29, so erhält man den dritten Ruf.

21) Man nimmt die Nummer des Sonnenzirkels, die goldene Zahl, die Nummer des Himmelszeichens, worin der Mond ist, und die Zahl der Ziehung, summiert sie alle zusammen. Wenn diese Zahl nun ungleich ist, so nimmt man davon die kleinere Hälfte und setzt sie zu der vorigen Zahl, und wenn dann dieses gleich ist, so vereinigt man damit seine gleiche Halbscheid, und die Nummer, die hierdurch entsteht, gibt den dritten Ruf.

22) Wenn es sich ergäbe, dass durch die Vereinigung dieser 3 Nummern mehr als 30 hervorkämen, so multipliziert man sie mit 15: das Resultat davon zieht man algebraisch zusammen, und was dann überbleibt, ist der dritte Ruf.

Wenn es sich aber ereignete, dass durch dieses Zusammenziehen gleichwohl noch mehr als 90 blieben, so verfährt man damit nach den oben schon vorgeschriebenen Regeln.

Wie man den vierten Ruf erhalten soll.

23) Man nimmt die goldene Zahl, multipliziert sie mit 4, zu diesem setzt man das Alter des Mondes gleichfalls mit 4 multipliziert, so erhält man dadurch den vierten Ruf.

24) Wenn nun das Mondesalter ein Viertel übersteigt, so setzt man hier noch hinzu das Mondesalter mit 3 multipliziert, und erhält dadurch den vierten Ruf.

25) Wenn aber das Mondesalter das zweite Viertel übersteigt, so setzt man zu der goldenen Zahl und zu dem gesagten Mondesalter die Zahl der Sonnengrade; was alsdann hierdurch herauskommt, ist der vierte Ruf.

26) Wenn ferner der Mond drei Viertel mit 2 oder 3 Tagen überstiegen hat, so multipliziert man die Nummer seines Alters und vereinigt sie mit der goldenen Zahl, und erhält dadurch den vierten Ruf.

27) Wenn der Mond in das letzte Viertel eingegangen ist, so setzt man die multiplizierte goldene Zahl, das ganze Mondesalter und auch die Zahl des Zeichens, in welchem sich der Mond be-

findet, zusammen, und erhält dadurch den vierten Ruf.

28) Wenn ferner der Mond ganz an seinem Ende ist, so nimmt man die goldene Zahl mit 4 multipliziert; das Mondesalter gleichfalls mit 4 multipliziert, und macht aus diesen 2 multiplizierten Summen eine Summe; diese Summe wird aufs Neue mit 29 multipliziert, das Resultat mit 13 verteilt, und was alsdann überbleibt, gibt den vierten Ruf.

Wenn diese Nummer aber 90 oder 100 übersteigt, so macht man es damit, wie in den oben angegebenen Regeln gesagt ist.

Wie man den fünften Ruf erhalten soll.

29) Man nimmt die Zahl der Epakten, die Zahl der Kalenden, die Zahl von dem Alter des Mondes, die Zahl des Zeichens der Sonne, summiert sie zusammen, nimmt davon die größere Hälfte, wenn sie ungleich ist, und summiert sie dazu, so erhält man den fünften Ruf.

30) Wenn das Mondesalter mehr als 10 beträgt, so multipliziert man es mit 3, und setzt diese Summe zu den oben gesetzten Zahlen, und erhält dadurch den fünften Ruf.

31) Wenn das Mondesalter 2 Zehner übersteigt, so multipliziert man es mit 5 und vereinigt das Produkt mit den oben angegebenen Zahlen, dieses aber multipliziert man alsdann mit 9 und dividiert es mit 28, so gibt das Produkt den fünften Ruf.

32) Wenn der Mond aber schon 25 Tage alt, und also am Ende von seinem Lauf wäre, so vereinigt man dieses Alter ganz einfach zu den oben angegebenen Zahlen; diese Summe multipliziert man mit 28; von dieser multiplizierten Summe nimmt man die größere Hälfte und addiert sie zu der multiplizierten Summe; diese zieht man algebraisch zusammen, so erhält man dadurch den fünften Ruf.

33) Wenn diese Zahl nun 90 oder 100 übersteigt, so verfährt man nach den oben schon vorgeschriebenen Regeln.

Arbeite mit Aufmerksamkeit und Fleiß, so wirst du zufrieden sein.

Die Planeten und Zeichen des Tierkreises nach ihrer Ordnung gestellt, nebst ihren kabbalistischen und herrschenden Zahlen.

Die Ordnung der Planeten.	Kabbalistische Zahl.	Herrschende Zahl.
1. ♄	70.	8.
2. ♃	28.	3.
3. ♂	77.	9.
4. ☉	33.	1. 4.
5. ♀	39.	6.
6. ☿	77.	5. 0.
7. ☽	29.	2. 7.

Zeichen des Tierkreises.

Zeichen.	Kabbalistische Zahl.	Herrschende Zahl.
1. ♈	25.	9.
2. ♉	17.	6.
3. ♊	39.	5. 0.
4. ♋	181.	2. 7.
5. ♌	48.	1. 4.
6. ♍	18.	5. 0.
7. ♎	70.	6.
8. ♏	88.	9.
9. ♐	97.	3.
10. ♑	30.	8.
11. ♒	107.	8.
12. ♓	59.	3.

IX.

Im Namen G. † des Vaters, G. † des Sohnes und G. † des Heiligen Geistes.

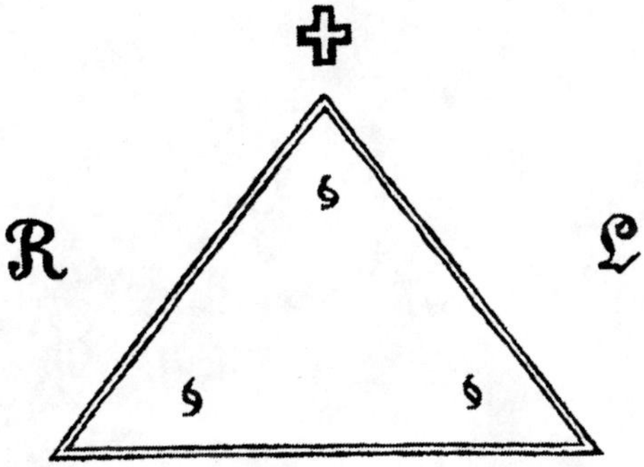

Geheimnisse der **Nigromantiae** und Beschwörung der bösen Geister.

Lieber Leser!

Wer du auch immer sein magst.

Ich *Raimund* aus dem Geschlecht der *Lullier*, ermahne und bitte dich herzlich und aufrichtig, dass du dich ja wollest wohl in Acht nehmen, dass, was du hier liest, (wenn du es etwa nicht recht verstehst) dir ja zu keinem Schaden gereichen möge: denn wenn du einen Fehler begehst, so ist es um deine Seele geschehen, und gilt hier keine Entschuldigung, denn du hast hier mit den Fürsten der Welt zu tun. Wenn du dich nun aber entschlossen hat, dieses Werk in die Hand zu nehmen, so überlege ja wohl, was darin zu tun oder zu lassen, damit wegen der Geister kein Irrtum, und dass du nicht die unrechten zitierst, entstehe, denn wenn du meinem Rat nicht folgen und hierin nachlässig sein solltest, will ich außer Schuld sein. Ich meines Ortes gebe dir hiermit gemeinsamen Unterricht von allem, was dir vorher zu wissen nötig ist, und ich lege dir alles so deutlich vor Augen, dass es nicht klarer und deutlicher geschehen könnte, und liegt es nur an dir, dass du deine Vernunft zur Hand nimmst und keine Verwogenheit begehst, sodann wirst du finden, was du suchst. Bediene dich dessen nur mit kluger Bescheidenheit und befleißige dich vor allem der Gottesfurcht, Andacht und Reinigkeit, wenn du dich dieser Sache unterfangen willst.

Darum:

So lese es, gebraucht es, aber hüte dich auch.

Die Hauptregeln, welche ein Exorzist zu beachten hat, sind folgende:

1.

Wenn du etwas mit den Geistern, sie mögen gut oder böse

sein, zu tun haben willst, so bete fleißig zu Gott und lebe gottesfürchtig, denn sonst wirst du wenig oder gar nichts ausrichten.

2.

Bevor du etwas dergleichen vornimmst, so gebrauche das hl. Abendmahl und verbanne alle Feindschaft gegen deinen Nächsten aus deinem Herzen.

3.

Du sollst dich auch wohl verwahren mit geheiligen Sachen, die man anzuhängen und auf dem Leib zu tragen pflegt, nämlich mit *Sigillis* und *Anhängstücken*, oder auch geweihten oder Taufwasser, wie nicht weniger, dass du den allerheiligsten Namen **שצע**, mit Kräutern an dein Bett, die Wände und alle Winkel deines Schlafgemachs schreibst, denn wenn die Geister oder Teufel deinen Vorsatz merken, werden sie dir allerlei Hindernis und Steine des Anstoßes in dem Wege, auch viele Fallstricke legen, damit du nichts zu Stande mögest bringen können.

4.

Bist du verheiratet, so enthalte dich 9 Tage des Geschlechtsverkehrs und aller geilen, unzüchtigen und fürwitzigen Sachen und halte dich keusch und rein, soweit es menschlich und möglich ist.

5.

Diese 9 Tage über sollst du fleißig Almosen austeilen und andere Werke der Barmherzigkeit gegen Arme, Gefangene und bedürftige Leute ausüben.

6.

Du musst auch nach Möglichkeit nüchtern und mäßig leben diese Zeit über, und dich vor übermäßigem Essen und Trinken wohl in Acht nehmen, und ja nicht mehr essen und trinken, als zur Unterhaltung des Leibes nötig ist, denn die Natur ist mit wenigem vergnügt.

7.

Du sollst auch in dieser Zeit nicht fluchen oder schwören, und zu unnützen Dingen weder Gottes Namen missbrauchen, noch auch des bösen Feindes Namen in den Mund nehmen, denn sonst begehst du dadurch eine große Sünde, und machst dich selbst ungeschickt zu deinem Vorhaben.

8.

Setze nur ein festes Vertrauen auf Gott den Allmächtigen und seinen eingeborenen Sohn Jesum, so wirst du Wunderdinge tun, ja die Teufel selbst bezwingen; außer diesem, und sofern dir obiges Vertrauen ermangeln sollte, würdest du in allen leeres Stroh dreschen. Ja es würden dich die Geister nur auslachen, wenn sie ein solches vermerken würden, und du müsstest sodann Schaden erleiden, weil du wirr hast angefangen.

9.

Wenn du vielleicht keine geheiligte oder geweihte Anhängstücke oder Signucula, welche zu gewissen Stunden aus Erz gegossen und verfertigt worden, haben solltest, so kannst du (obgleich jene Sachen in dergleichen Fällen und Unternehmungen großen Nutzen geben und den Exorzisten sicher stellen), jedoch kürzlich also verfahren: Nimm eine Jungfernhaut, welche keinen Makel hat und mache, anstatt des Sigilli einen Kreis, verschaffe dir auch etliche Tropen Blut von einem weißen Lamm, welches noch nicht gesprungen und nicht über 3 Monate alt ist, nimm auch einen Krautstängel und schneide denselben wie eine Schreibfeder, doch dass man selbigen zu sonst nichts, als heiligen Sachen gebrauche und schreibe alsdann auf die Jungfernhaut oder Pergament mit ermeldten Lammsblut folgende ersichtliche Worte, auf die eine Seite damit selbige der vordere Teil werde, wie du hier siehst.

NB. Du musst es aber am Sonntag mit Aufgang der Sonne schreiben, in der Stunde Michaelis, welcher der Engel ist, so diesen Tag regiert, und zwar bei schönem Wetter und heiterem Himmel, denn wenn es trüb ist, so musst du es verschieben bis auf einen schönen Tag.

Nun folgt die andere Seite oder der hintere Teil, welchen du also machen sollst.

Die Worte, die darauf geschrieben werden, lauten folgendermaßen:

Du bist der starke Gott in Ewigkeit, unser Gott, ein einiger Gott und sonst keiner heilig und gebenedeiter, die Wahrheit selbst, und dein Siegel ist Jesus, der Welt Heiland, ein Herr und König, der getreu ist.

NB. Dieses Anhängstück sollst du um den Hals auf dem bloßen Leib an einem weißen Seidenfaden tragen, damit du vor den Stricken der Teufel, welche sie dir legen und dich ins Unglück zu stürzen versuchen werden, sicher und verwahrt seist.

Über dieses soll auch dein Hemd, welches du von deinen Voreltern ererbt haben musst, wohl gereinigt und gewaschen sein, und dieses muss der Exorzist über seine anderen Kleider anziehen. Denn sowohl die guten als bösen Geister lieben die Reinigkeit, die Ersteren, weil sie reine Geister selbst sind, die letzteren aber, weil sie auch in der Unreinigkeit verklärt waren, und dann auch in der Verdammnis selbst verklärte Leiber haben, und können selbige mit nichts mehreres als mit Gestank und unreinen Sachen in Harnisch gebracht werden. Damit ich nur aber, lieber Leser, allhier alle Weitläufigkeit fliehen und dir nur den Kern der Beschwörungen und was dazu gehört, hiermit vortragen möge, so merke nur Folgendes, was zu diesem Vorhaben unentbehrlich ist: Und zwar obgleich alle Zeiten, alle Tage, alle Stunden, ja alle Minuten des Herrn sind, und in seiner Hand und Gewalt, so gibt es doch gewisse Tage und Nächte, welche besser, würdiger und förderlicher zur Beschwörung der bösen Geister befunden wurden. Sintemalen die heilige Christnacht, der Karfreitag, an welchem Christus gestorben, die Nacht, welche vor dem heiligen Ostertag hergeht, der Pfingsttag und die Auferstehungsnacht, wie auch der Tag des Erzengels Michaels, die für die bösen Geister sehr fatal sind. Zudem man aus Erfahrung weiß, dass sie sich an solchen Tagen und Nächten weit trauriger, sanftmütiger und gehorsamer zeigen, und man kann hieraus die Absicht der Beschwörung desto leichter abschließen. Man pflegt auch die Samstage gern dazu zu verwenden, da dieser Planet, gleichwie auch die in dieses Planeten Stunde geborenen Menschen, den bösen Geistern nicht nur gefährlich, sondern vielmehr von Natur zuwider ist, sodass dieselben diesen Planeten sowohl, als auch solche Menschen weit mehr als andere fliehen.

Daher, wenn der Exorzist unter des Saturn Regierung geboren wurde, — werden ihm die Geister niemals erscheinen, wenn er sie beschwört, — sondern sie werden fliehen.

Es gibt noch ein anderes Anhängstück, welches folgendermaßen bezeichnet am Hals zu tragen ist.

Vorne:

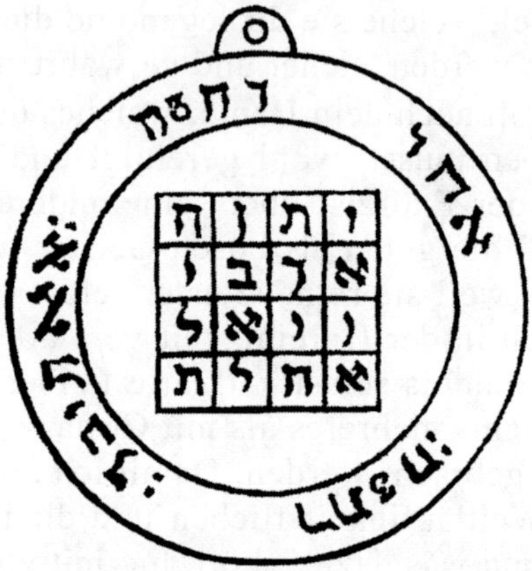

Rückseite:

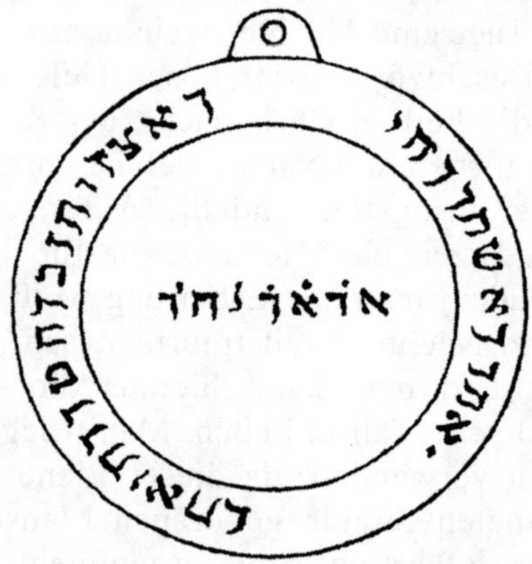

Wenn du dieses Anhängstück von Gold oder Blei haben kannst, so ist es sehr gut. Wenn nicht, so ist es schon genug, wenn selbiges nur aus Jungfern-Pergament gemacht ist. Hast du aber andere Heiligtümer oder Reliquien, so kannst du dich deren auf gleiche Art bedienen, denn sie werden dir großen Nutzen und Sicherheit verschaffen, wenn du selbige auf erwähnte Art am

Hals trägst.

Der Mittag oder die Mitternacht ist die bequemste und beste Zeit zu den Beschwörungen, und hat auch der Exorzist dabei zu beachten, dass der Himmel allzeit heiter oder gestirnt sei, denn bei trübem und unfreundlichem Wetter ist es gefährlich, dergleichen zu praktizieren, da die in der Luft wohnenden Geister sodann ebenfalls gemeiniglich wild und heimtückisch, so wie die Witterung ist, sind.

Es ist auch nötig, dass der Exorzist die Zeichen der Planeten, welche mehrmals bei Formierung der Zirkel und Beschwörungen vorkommen, wohl weiß, wenn er anders einen rechtschaffenen Beschwörer abgeben will; es sind aber dieselben Zeichen auf folgende Art zu machen und zu schreiben.

Das Zeichen Saturn, welches sonst unter den Planeten und insgemein also ♄ geschrieben wird, ist bei Beschwörungen auf eine heiligere und geheimere Art also beschaffen:

Saturnus.

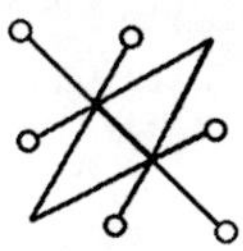

Intelligentiae Saturni.

Daemonium Saturni.

Jupiter.

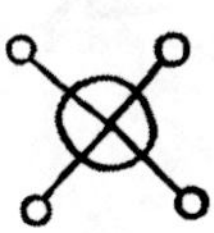

Intelligentia Jovis.

Daemonium Jovis.

Mars.

Intelligentiae Martis.

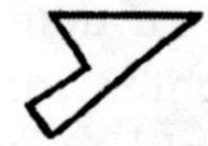

Daemonium Martis.

Sol.

Intelligentiae Solis.

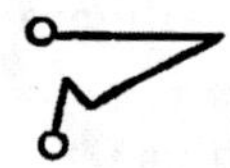

Daemonium Solis.

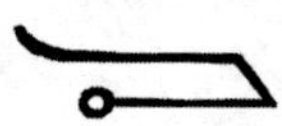

Venus.

Intelligentiae Veneris.

 oder also 

Daemonium Veneris.

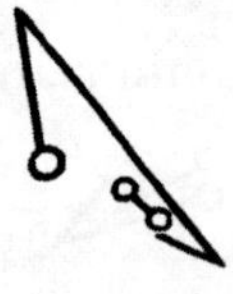

Mercurius.

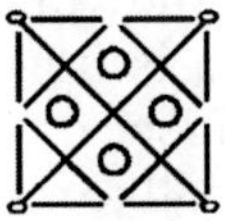

Intelligentiae Mercurii.

Daemonium Mercurii.

Der Mond
Luna.

Intelligentiae Lunae.

 oder also 

Daemonium Lunae

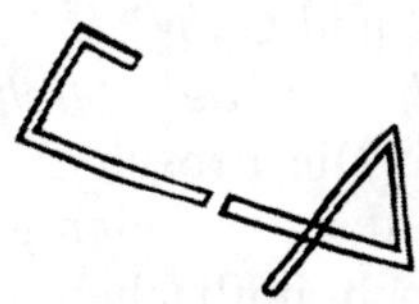

Daemonii Daemoniorum Lunae.

NB. Solche und dergleichen Charaktere mehr findet man zwar auch in anderen Büchern, und du, lieber Leser, hast dich nicht zu verwundern, dass ich dieselbigen beschreibe, wovon auch Cornelius Agrippa berichtet hat. Allein es ist deshalb geschehen, damit du weißt, dass andere Signa außer diesen falsch sind, und weil ich dir hier durch den kürzesten Weg auf das deutlichste gezeigt habe, wie man unterirdische oder in der Erde vergrabene Schätze beschwören, graben und heben kann. So ist unstrittig nötig gewesen, diese und andere Zeichen beizufügen, damit dieses Werk nicht nur kompendiös, sondern auch vollkommen ist, wie du es in der Tat also finden wirst.

Ferner ist zu beachten:

Gleich wie es im Himmel und himmlischen Freuden gewisse Stufen, verschiedene Belohnungen, allerlei Ämter und Verrichtungen, ebenso verschiedene Seligkeiten gibt, so ist es auch unter den Verdammten beschaffen, denn die Qualen und Stellen sind daselbst auch unterschiedlich, dass immer eine Stufe davon größer oder kleiner ist, als die andere. Denn im Himmel gibt es neunerlei Geschlechter deren Erzengel, z. B.: *Seraphine, Cherubine, Thronen, Herrschaften, Mächte, Kräfte, Tugendwirkende, Fürstentümer, Erzengel* und *Engel.*

Es sind auch 9 Engel, welche dem Himmel vorgesetzt sind, namentlich: *Metanon, Orphaniel, Zaphkiel, Badkiel, Camael, Raphael, Haniel, Michael* und *Gabriel.*

Vier Erzengel: *Uriel, Raphael, Michael, Gabriel.* Achterlei Belohnungen der Seligen: Die Erbschaft, Einverleibung, Gewalt, Sieg und Anschauung Gottes, das Reich und die ewige Freude.

Zwölf Engel, die den himmlischen Zeichen vorgesetzt wurden: *Machidiel, Asmadel, Ambriel, Verchiel, Hamaliel, Zuriel, Barbiel, Annachiel, Hanael, Gabriel* und *Barchiel.*

Nun folgen der Verdammten und höllischen Geister Ordnungen und Stufen, welche folgende sind:

Es werden aber die Teufel in 8 *Grade* oder *Klassen* eingeteilt und zwar folgendermaßen: In *falsche Götter*, die sich des Namen Gottes anmaßen, und mitopfern und anbeten, als Götter wollen verehrt werden. Wie jener Teufel, welcher zu dem Sohn Gottes sprach: „Dieses Alles will ich dir geben, wenn du niederfällst und mich anbetest", und ist der vornehmste oder Fürst unter ihnen der *Beelzebub.*

In die andere Klasse gehören die *Lügengeister.* Dergleichen derjenige einer gewesen, der als ein Lügengeist ausgegangen in aller Propheten Ahabs Munde; unter denselben ist der vornehmste die *Schlange Python*, von welcher der heidnische *Apollo der Pythische* genannt worden ist, und das Pythische Weib beim *Samuel*. Diese Art der Teufel hat sich einst unter den Orakulis, wo man nämlich die Götzen um Rat gefragt hat, mit eingemischt; drittens, die Gefäße der Unreinigkeit, welche alles Böse anstiften und böse Kunst lehren, dergleichen derjenige war, welcher unter dem Namen *Turg* bei dem Platon das Spielen, absonderlich mit dem Brettspiel auf aufgebracht; und sind dies diejenigen, von welchen in dem ersten Buch Moses in dem Segen über Simeon und Levi Jakob sagte: (1. B. M.; Kap. 49, V. 5 u. 6). In ihren Wohnungen sind Gefäße der Unreinigkeit (ihre Schwerter sind mörderische Waffen) meine Seele komme nicht in ihren Rat; der vornehmste unter ihnen ist *Belial*.

Viertens, die *Rachegeister*, deren Oberhaupt ist *Asmodad Asmodeus* bei dem Tobia,

Fünftens, die *Zaubergeister*, welche Wunderwerke nachäffen und den Hexen und Unholden dienen, verführen aber die Leute, wie die Schlange Eva, deren Obrister wird *Satan* genannt.

Sechstens, die ihre Wirkung in der Luft haben, und sich unter Donner, Blitz und Hagel mischen, die Luft entdecken und die Pestilenz erregen, und anderes Unglück stiften. Diese Teufel werden in der Offenbarung Johannis durch die 4 Engel angedeutet, welchen Macht gegeben ist, der Erde und dem Meer zu schaden, deren der vornehmste *Meririm* genannt wird, nämlich: der *Mittag-Teufel*, von welchem Paulus an die Epheser bezeugt, „dass er sein Werk habe in den Kindern des Unglaubens."

Die siebente Ordnung oder Stelle ist deren Furien, welche alles Übel, als Uneinigkeit, Krieg und Verheerungen anrichten, deren Obrister nach der griechischen Sprache in der Offenbarung Johannis *Apollio*, aus der hebräischen aber *Abbadon* genannt wird, das heißt aber auf Deutsch der *Verderber*.

In der achten Ordnung sind die Lästerer und Wäscher, deren Prinzipal ist *Astaroth*, das ist der Wäscher, der die Leute ausforscht, und in dem Griechischen wird er *Diabolus* (*Teufel*), in der Offenbarung genannt: der unsere Brüder Tag und Nacht vor Gott verklagt.

Die letzte Ordnung ist der *Versuch-Teufel*, und die den Menschen nachstellen, welche allen und jeden Menschen nachtrachten und auf den Hauben sind. Sie werden eigentlich die bösen Geister genannt, und ist ihr Heerführer *Mammon* oder die *Begierde*.

Ihrer sechs werden die unter ihnen in der Hölle, die alles Unheil anstiftenden Teufel genannt und heißen: *Artus, Maglasius, Ormenus, Lyrus, Nicon* und *Minos*.

Es wird auch die Hölle in siebenerlei unterschiedliche Wohnungen abgeteilt, wo sich die unterirdischen Geister und Teufel aufhalten, wie selbige Joseph Rabbi Castuliensis folgendermaßen beschreibt:

Die Hölle, Gehenna, Pforte des Todes, Schatten des Todes, der Hafen, der Untergang, der Tod des Lumpenpacks, das Verderben und der Abgrund.

Es gibt auch achterlei Qualen der Verdammten, nämlich, das Gefängnis in der Grube, da kein Wasser drinnen ist, der ewige Tod, das Gericht, der Zorn Gottes, Verstoßung von Gottes Angesicht, Höllenqual und Höllenangst.

NB. Diesen Teufeln allen ist der *Saturnus* zuwider, absonderlich bei Graben der verborgenen Schätze, indem nämlich der Saturnus über die Erde gesetzt und die Erde ein Saturnalisches Element ist, daher kommt es, dass das Zeichen des Saturni, wenn es sich in des Exorzisten Kreis befindet, ihm zur Sicherheit gereicht, dass ihm die Geister nicht nur nicht schaden können, sondern vielmehr fliehen werden, sobald sie nur etwas Saturnisches in dem Zirkel angemerkt sehen. Es haben also die Teufel unter sich auch gewisse Stufen und Stellen, wie bereits erwähnt. Es sind nämlich unter ihnen „Oberhäupter, Bediente, Diener, dienstbare Geister, Bergmännlein und dergleichen“, deren einer über den anderen zu befehlen und dieser jenen zu gehorchen hat.

Es ist aber nötig gewesen, hier die Stufen und Ordnungen zu erwähnen, damit der Exorzist einen Unterschied unter ihnen zu machen weiß, damit er nicht die unrechten Geister beschwöre und etwa einem etwas zumute, welches ihm nicht gebührt, sondern einem jeden nach seinem Stand, Amt und Verrichtung begegne.

Denn, wenn sie beschworen werden, so achten sie gut darauf, ob du es recht machst, und wenn du nur ein einziges Wort auslässt, so ist es um deinen Leib geschehen. Hast du also wohl zu überlegen und zu betrachten, mit wem du dich umgebest. Die bösen Geister, und zwar die gefallenen, welche anfangs Engel gewesen sind, pflegen gemeiniglich in folgenden Gestalten zu erscheinen. Gleichwie nun die heil. Engel und himmlischen seligen Geister meistenteils in menschlicher Gestalt erscheinen, und zwar als schöner Jüngling, so lassen sich hingegen die Teufel und bösen Geister gemeiniglich in scheußlicher Gestalt sehen (es ist aber hier nicht die Rede von der Materie der Gestalt, welche ich an ihren Ort gestellt sein lasse, sondern von der Form und Gestalt selbst, indem allhier nur berührt wird, was der Exorzist notwendig wissen muss); und zwar so erscheinen sie manchmal in Gestalt eines brüllenden Löwens, oder auch eines Bärens, Elefanten, Affens, Rabens, Drachens, Kamels, Frosches und was dergleichen schöne Figuren mehr sind. Unter diese Stufen und Ordnung gehören aber auch die Hüter der Schätze, welche sich gemeiniglich wie schwarze oder feurige Hunde, Kröten oder Enten u. a. sehen lassen, und dem Exorzisten viel Mühe machen, bis er ihrer mächtig wird und ihnen den Schatz entreißt. Denn es ist kein vergrabener Schatz, der nicht seinen Hüter hat, ja öfters sind bei einem zwei bis drei, je nachdem es der Wert oder Menge desselben erfordern. Die armen Seelen aber irren in der Finsternis herum und erschrecken die Leute und sind entweder schwarz oder weiß, es ist aber einerlei und deswegen nichts Besonderes, denn sie mögen schwarz oder weiß sein, so sind sie doch verdammt und in der Teufel Gewalt, bis zum Gericht Gottes oder zu der von Gott bestimmten Zeit. Wer ihnen die Hände reicht oder sie berührt, den verbrennen sie, und obwohl sie manchmal weinen und sich stellen, als wollten sie erlöst sein, so ist ihnen doch nicht zu trauen, da sie den Menschen schaden, wo sie können. Man muss sich also wohl in Acht nehmen und seine Beschwörungen mit gesetzter Vernunft und deutlich verrichten, wenn man anders eine solche herumirrende Seele erlösen und zur Ruhe bringen will.

Es gibt auch dreierlei verschiedene Herrschaften der seligen Geister, die je wiederum aus fünferlei Sorten bestehen, nämlich:

1. Seraphin	2. Cherubin	3. Thronen
1. Herrschaften	2. Wächter	3. Kräften

1. Fürstentümer	2. Erzengel	3. Engel
1. Unschuldige	2. Märtyrer	3. Beichtiger
1. Patriarchen	2. Propheten	3. Apostel

Vier, den vier Eden des Himmels vorgesetzte Engel.

Michael	Raphael
Gabriel	Uriel

Diese werden auch die Erzengel genannt.

Es sind auch 4 über die 4 Elemente gesetzten Geister:

שדב	ברנב	תדשיע	אדאא
Seraph.	Cherub.	Thursis.	Ariel.

Vier Elemente,
und deren Zeichen und Bedeutungen.

Die Erde	Das Wasser	Die Luft	Das Feuer
R.	6		9

Vier Teile der Welt.

Der Aufgang	der Niedergang	Mitternacht	Mittag

Vier Fürsten und Teufel, welche in den
vier Elementen schaden können.

Samael.	Alzazel.	Azael.	Mahazael.

Vier Flüsse der Hölle.

Phlegeton.	Cocytus.	Stix.	Acheron.

Vier der vornehmsten höllischen Fürsten.

Lucifer.	Leviathan.	Satan.	Belial.

Acht andere Fürsten, welchen die vorige 4 zu befehlen haben, oder welche unter ihnen stehen.

Astaroth.	Magoth.	Asmodi.	Beelzebub.
Oriens	Paymon	Ariton	Amaymon

Ferner 4 Oberteufel, welche in den 4 Teilen der Luft herrschen.

Oriens	Paymon	Egyn	Amaymon

oder

Ariton.

Nun folgen die guten Engel, welche jeden Tag in der Woche regieren, mitsamt ihren Zeichen.

Der Engel des Sonntags ist
Michael, sein Zeichen ist

Der Planet dieses Tages ist,
☉ und dessen Zeichen ist ♌.

Die zugesellten Engel.

Dardiel. Huratapel.

Der Engel der Luft an diesem Tag ist:

Varcan, der König.

Der Wind heißt:

Boreas, Nordwind.

Der dazu gehörige Rauch besteht aus:

Roter Sandel, Sandalum rubrum.

Der Engel des Montags heißt:
Gabriel, sein Zeichen ist

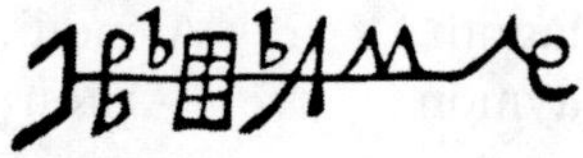

Der Planet dieses Tages ist:

☽ dessen Zeichen ♋.

Die zugegebenen Engel.

Michael. Samael.

Der Engel der Luft.

Arcan; der König.

Der Wind.

Zephirus, der vom Niedergang wehende Wind.

Der Rauch besteht aus:

Aloe

*

Der Engel des Dienstags ist:
Samael, sein Zeichen ist

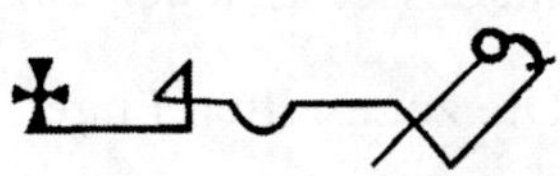

Der Planet ist:

♂ dessen Zeichen ♏.

Die zugestellten Engel sind:

Satael. Amabiel.

Der Engel der Luft ist:

Samax, der König.

Der Wind.

Subsolanus, der Wind, so von oben dem Ort herweht, wo die Sonne aufgeht, wenn sie Tag und Nacht gleich macht.

Der Rauch ist:

Piper, Pfeffer.

*

Der Engel des Mittwochs ist:

Raphael, sein Zeichen aber

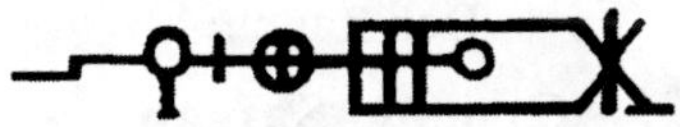

Der Planet ist:

☿ dessen Zeichen ♊, ♍

Die zugesellten Engel:

Miel. Seraphiel.

Der Engel der Luft.

Mediat oder Modiat, der König.

Der Wind.

Africus, Süd-West-Wind.

Der Rauch ist:

Mastix

*

Der Engel des Donnerstags ist:

Sachiel, sein Zeichen:

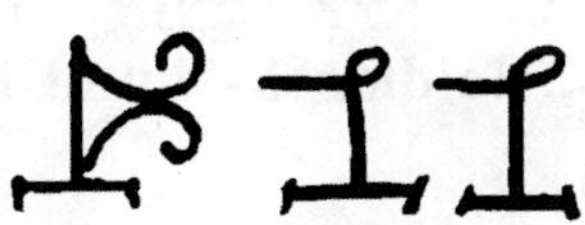

Der Planet ist:

♃ dessen Zeichen ♐ oder also ♓

Die zugegebenen Engel :

Gastiel. Asasiel.

Der Engel der Luft.

Suth, der König.

Der Wind.

Auster Mittags-Wind.

Der Rauch:

Crocus. Safran.

*

Der Engel des Freitags ist:

Anael, sein Zeichen:

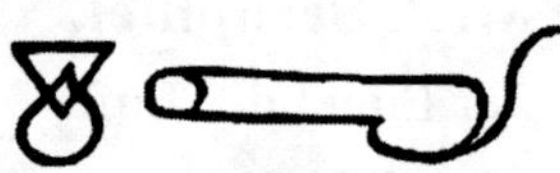

Sein Planet ist: ♀ Das Zeichen ♉ und ♎

Die zugegebenen Engel:

Rachiel. Sachiel.

Der Engel der Luft :

Sarabotres, der König.

Der Wind:

Zephyrus, der Abend-Wind.

Der Rauch:

Costus, Heidnisch-Wund-Kraut.

*

Der Engel des Samstags:
Cassiel, sein Zeichen

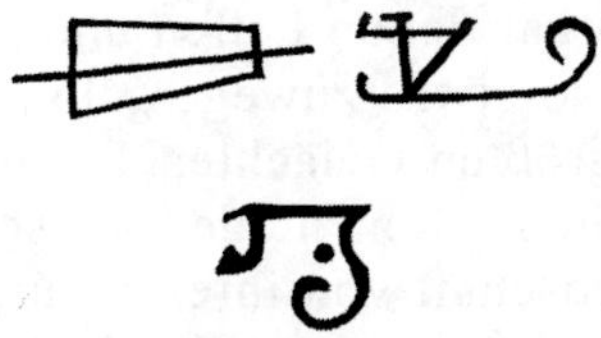

Sein Planet: ♄
Dessen Zeichen ♑ ♒
Zugegebene Engel:

Machatan. Uriel.

Der Engel der Luft:

Maymon, der König.

Der Wind.

Africans, Süd-West-Wind.

Der Rauch:

Sulphur, Schwefel.

*

NB. Unter diesen Tagen sind der Sonntag und Montag nebst dem Freitag die besten. An dem ersteren erhält man Gold, an den zwei anderen aber Silber.

Bevor wir nun aber zur Formierung des Zirkels und den Beschwörungen selbst schreiten, so ist noch zur Erinnerung nötig, dass man sich für den dienstbaren Geistern, welche man *Spiritus familiares* nennt, in Acht nehme, denn diese sind gleichsam die Fatz-Narren unter den Teufeln und lose und schelmische Diebe, die nichts mehr als Gaukelspiele treiben, damit sie nur die Leute und den Beschwörer betrügen und in ihrem Vorhaben irre machen, worüber sie dann, wenn es ihnen gelingt, sich in die Faust lachen. Wenn du also irgendwo einen Schatz gegraben und derselbe allbereits zu heben, so dass alles Nötige bereits geschehen, und es nunmehr an dem ist, dass du augenblicklich bekommen sollst, was du wünschst, so werden dir sodann diese Geister alle ersinnliche Furcht und Schrecken einjagen, damit sie dich zum Reden zu zwingen oder in ein Bockshorn zu jagen versuchen werden, oder dass du gar davon laufen und Alles im Stich lassen sollst, wenn sie aber so etwas zuwege gebracht, so verschwinden sie alsbald mit dem größten Gelächter. Damit sich nun der Exorzist vor ihren Streichen hüten möge, so ist dienlich und nötig, dass er genaue Wissenschaft von ihrer Natur, Stellungen, Gestalten, Erscheinungen und Anzeigen, gleichwie auch, wie man selbige vertreiben und beschwören könne, dass sie ihm nicht mögen hinderlich sein, habe. Es hat aber über diese Geister eigentlich Gewalt der über sie gesetzte *Aratron*, welcher, wenn er will, auch die dienstbaren Geister oder *Spiritus familiares* geben kann. Dieser kann auch die Schätze in Kohlen und die Kohlen in Schätze verwandeln, desgleichen nicht nur unsichtbar machen, sondern Alles in einem Augenblick in Stein verwandeln.

Es ist also zu wissen,

dass genannte dienstbare Geister manchmal in Gestalt eines Drachen, Bären, Kröte, Raben oder auch eines Kamels erscheinen, oder auch wohl als Menschen, welche an dem Kreis von Löwen zerrissen werden. Sind diese nun Saturnalische Geister, so machen sie einen Sturmwind, ähnlich einer Art Erdbebens, sind es aber Jovialische, so erwecken sie Wetterleuchten mit Donner, und andere machen wieder etwas anderes.

Wer nun der Geister Art nicht weiß, der kann mit ihnen nicht auskommen oder eine kräftige Beschwörung zustande bringen.

Hüte dich also, dass sie dich nicht auslachen oder dir einen Strich durch die Rechnung machen. Denn dies ist ihre Absicht, wenn sie erscheinen. Sie kommen auch öfters wie ein starker Wind. Wie du aber mit ihnen zurechtkommen sollst, will ich dir, lieber Leser, im Folgenden sagen, denn es ist höchst nötig, damit du nicht ums Leben kommst und etwa um die Seele zugleich. Ich bitte dich also um Gottes willen, glaube mir, dass ich dir in diesem kleinen und geheimen Werkes nicht ein Wort umsonst gesagt habe. Ich hätte zwar viele gehabt, die mir diesen Unterricht teuer genug bezahlt hätten, wenn ich nicht in Sorge gestanden wäre, NB. NB. sie würden ihre Wissenschaft missbrauchen. Denn hierin steckt das Geheimnis aller Geheimnisse, ich habe, durch die Art und Weise, deren ich mich selbst bediente, durch Gottes Hilfe viel ausgerichtet, andere aber, die sich gerühmt, sie verständen das Schatzgraben, habe ich ausgelacht. Ein rechtschaffener Exorzist, der an Jesum Christum glaubt, ihn fleißig anruft, und der durch seinen heiligen Namen dieses Werk verrichtet, der kann auch den Obersten der Teufel bezwingen, dass er dir alles in die Hände geben muss, ohne dir ein Haar zu krümmen. Es ist gewiss, wie unser Heiland Jesus gesagt hat: „Wenn ihr Glauben habt, so sprecht zu diesem Berg: heben dich von dannen! Ja durch den Glauben an mich könnt ihr Tote auferwecken und alle die Werke tun, die ich tue! Wenn ihr nur an mich und den, der mich gesandt hat, „nämlich an Jehova“, den Schöpfer des Himmels und der Erde, glaubt“. Denn er ist der Herr der himmlischen Heerscharen (Sabaoth), warum sollte er nicht auch die Teufel zu Paaren treiben können?

Wir wollen aber weiter fortfahren und dem allergeheimsten Werk etwas näher treten. Zum Beistand rufen wir dazu an die hochheilige Dreifaltigkeit † Gott den Vater, † Gott den Sohn und † Gott den Heiligen Geist.

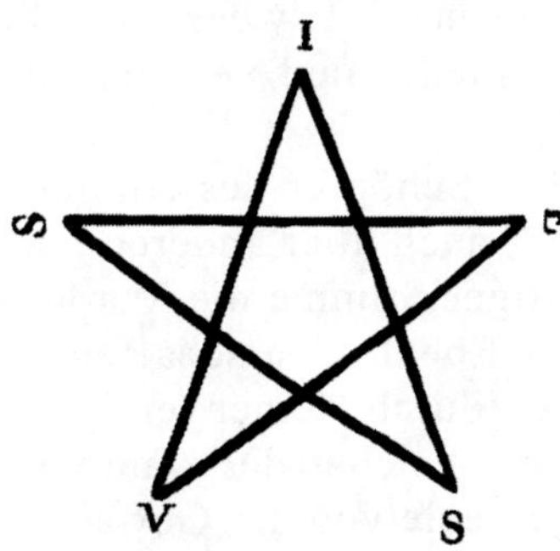

Das walte der dreieinige Gott: Jehova.

Lieber Leser!

In Jesu Namen, welcher ist der Weibes-Samen, welcher der Schlange den Kopf zertritt,

eröffne ich dir jetzt,

den Schatz der Geheimnisse, damit er dir die von geizigen und bösen Seelen vergrabenen unterirdischen Schätze eröffne.

Ich bitte dich aber nochmals um Gottes willen, hüte dich vor Unsicherheit und merke alles wohl, was hier geschrieben ist, damit du alles wohl begreifst und durch Missbrauch des rechten Weges nicht verfehlst.

NB. NB.

Wenn du einen vergrabenen Schatz an einem Ort merkst, wo es zugleich umgeht, oder sich ein Geist oder Seele, welche selbigen vergraben, sehen lässt, so begib dich an denselben Ort früh in der Morgendämmerung, vor Aufgang der Sonne, und zwar nüchtern, und sollst du Niemand, als Gott bei dir haben. Verrichte dein Morgengebet und bezeichne dich mit dem Zeichen des heil. Kreuzes, an der Stirn, Mund und Brust. Sodann, es mag nun in einem Zimmer oder Keller, unter freiem Himmel oder Dach sein, musst du 4 kleine Zettel bei dir haben, worauf der heilige Namen Jesus geschrieben steht, und unten darunter diese Worte: „Im Namen Jesu müssen sich beugen alle Kniee, die im Himmel, auf Erden und unter der Erde sind; fliehet daher von hinnen, ihr unreinen Geister, denn hier ist Jesus."

Diese 4 Papierlein musst du in 4 Winkel vergraben, dass du fast ein Viereck davon machst: wenn nun dieses geschehen, so falle auf deine Kniee nieder und verrichte dieses Gebet mit inbrünstiger Andacht:

„O Gott! Herr Gott Schöpfer des Himmels und der Erde; du Beherrscher der Engel, auch aller anderen guten und bösen Geister, von dessen mächtiger Stimme die Verdammten zittern, siehe ich, ein nach deinem Ebenbild erschaffener Mensch, bin zwar Erde und Asche, aber durch deinen einigen, von der Jungfrau Maria geborenen Sohn, welcher der wahre Weibes-Samen Jesus ist, der meine sündige Seele von der Gewalt des Teufels und dem ewigen Tod erlöst, ich bitte dich also, barmherziger Gott, der Herr und König der himmlischen Heerscharen, gib Gnade, dass diese arme, in der Finsternis herumschweifende Seele möge erlöst werden, und bis zum Gericht ruhen könne, damit sie die Leute nicht ferner in Schrecken setze, und dieses vergönne mir, der ich dich anrufen, deinem Namen deines Sohnes Jesu Christi, dem mit dir samt dem Heiligen Geist sei Lob und Ehre in alle Ewigkeit."

Seufzerlein.

„Herr, ich glaube, hilf meinem Unglauben! durch Jesum Christum, Amen.“

N.B. Der Geist oder Gespenst wird unter diesem Gebet überlaut, und dass du es wirst hören können, weinen oder wenigstens vernehmlich seufzen, obgleich du nichts siehst, und die Seele am nächsten bei dir ist. Und zwar weil sie gerne erlöst wäre von ihrem Herumschweifen. Wenn es aber die Hüter des Schatzes vermerken, so werden sie der armen Seele allerlei Verdruss und Plage antun, sie werden auch ein Gepolter machen, dass dir soll Angst werden; du aber sei nur getrosten Mutes und vertraue auf Gott, denn sie sind nicht nur schon gehindert und gleichsam gebunden, dass sie dir nichts anhaben können, sondern sie können auch wegen der in den 4 Winkeln dieses Ortes vergrabenen Papierlein, nach ihrer bösen Gewohnheit, nicht mehr machen, dass der Schatz verfalle oder sich verrücke. Wenn nun dieses geschehen, so stehe wieder auf und zeichne dich abermals mit dem Zeichen des heil. Kreuzes, im Namen † Gottes des Vaters, † Gottes des Sohnes und † Gottes des Heiligen Geistes.

N.B. Wenn du nun dieses getan hast, so musst du nicht als 3 Tage ausbleiben, und sodann die Beschwörung in die Hand nehmen.

Inzwischen wird der Geist seufzen und auch laut weinen, dass es Jedermann wird hören können, ja er wird äußerst unruhig sein, bis die Stunde seiner Erlösung von dem Umgehen vorhanden sein wird, die Hüter des Schatzes aber werden ihn nicht nur quälen, sondern auf alle ersinnliche Weise bedrohen, wenn er in die Beschwörung gutwillig einwilligen werde.

In diesen 3 Tagen muss sich der Exorzist 4 Wachslichter, über welche eine heil. Messe gelesen worden ist, und welche geweiht worden, anschaffen, denn wenn dieses nicht geschieht, würden die höllischen Hüter des Schatzes die Lichter auslöschen und ausblasen, dadurch du in große Leibes- und Seelengefahr geraten könntest. Es ist auch nötig, dass der Exorzist einen besonderen Rauch mache, und zwar ehe er die Beschwörung anfängt, sobald er nämlich die Lichter anzündet. Er muss aber denselben aus folgenden Stücken machen und den Geistern anzünden:

Weihrauch
Myrrhen
Mastix
Rauten } ana

Paradies-Holz, Aloen-Holz und Spermaceti,

von jedem ein wenig, dieses untereinander vermischt und angezündet.

N. B. Um jedes Licht muss ein Papierlein, worauf nachgesetzte Worte mit einer neuen Feder und Blut von einer weißen Taube geschrieben, gewickelt sein, und zwar:

Jesus ist mein Licht.

Es muss auch der Exorzist ein Stäblein bei sich haben, welches man den Stab *Caroli* zu nennen pflegt. Dieses Stäblein muss ohne Makel sein, eines Fingers dick und eine Elle lang, von einer Haselnussstaude, und dieses muss der Exorzist bei sich in dem Zirkel haben. Es müssen auch diese 4 Buchstaben darauf geschrieben sein: I. N. R. I.

Eine Torheit ist es, wenn etliche einen bloßen Degen oder Schwert mit in den Kreis nehmen, als wenn man mit den Geistern, wie mit Klopffechtern, sich herumhauen müsse, aber nichts wenigeres! Denn wir haben mit Geistern als Fürsten dieser Welt zu tun, welche mit nichts, als dem Wort Gottes und geheiligten Sachen vertrieben werden, sie fürchten sich weder vor bloßen Degen oder geladenem Geschoss, sondern das einige Worte JESUS wenn es mit wahrem Glauben und einem Herzen ausgesprochen wird, treibt, jagt und schlägt selbige in die Flucht. Der Exorzist kann auch 3 Personen bei sich haben, sie müssen aber einerlei Namen haben, z. B.: alle 3 müssen sie Johannes heißen, oder Christoph, oder Benedikt, oder auch Christian, erstgenannte Namen haben eine besondere Kraft bei diesem Werk, denn der Mensch kann sich gleich seiner heiligen Taufe erinnern; es können auch 3 Sigmund im Kreis sein, oder 3 Andreas, so dass der eine den Rauch anzündet, der andere die Beschwörung vornehme und der dritte auf die Lichter und den Rauch selbst Acht gebe und diese auseinander treibe. Es stellt dieses auch das 3 als die vollkommenste Zahl vor.

N.B. In diesen 3 Tagen muss aber auch der Exorzist mit seinen Gesellen das heil. Abendmahl genießen, und zwar nüchtern. Sie müssen auch die Zeit keinen Fluch von sich hören lassen, sonst sind sie in großer Gefahr. Sie müssen auch die Werke der Barmherzigkeit gegen die Armen ausüben.

Ist Gott für uns, wer mag wider uns sein?

Bevor wir zu dem Kreis schreiten, wollen wir etliche Sprüche der Heiligen Schrift anziehen, mit welchen die Teufel, wenn sie uns etwas anhaben wollen, zu Paaren können getrieben werden.

1.

Des Weibes Same soll der Schlange den Kopf zertreten.

2.

Unser Gott sagt: Wenn eure Sünde gleich blutrot ist, soll sie doch wie Wolle werden.

3.

Das Blut Jesu Christi, des Sohnes Gottes, macht uns rein von allen Sünden.

4.

Sei getrost, mein Sohn, deine Sünden sind dir vergeben.

5.

Jesus von Nazareth, der Juden König.

6.

Jesus sprach zu seinen Jüngern: So ihr Glauben hat, könnt ihr Berge versetzen.

7.

Meine Hilfe kommt vom Herrn, der Himmel und Erde gemacht hat.

8.

Der Herr behüte mich vor allem Übel, der Herr behüte meinen Ausgang und Eingang von nun an bis in Ewigkeit.

9.

Ich hebe meine Hände auf zu dir, der du im Himmel sitzt und die ganze Welt regierst.

Nun folgt auf gegenüberstehendem Blatt der Zirkel, in welchen der Exorzist allein oder mit seinen Gesellen sitzt.

N. B. Es pflegen zwar einige in ihren Kreis auch die Namen der vornehmsten bösen Geister zu schreiben, es ist aber lächerlich und wider Gottes Gebot, denn so lauten die Worte: Ich bin der Herr dein Gott, und außer mir kein anderer.

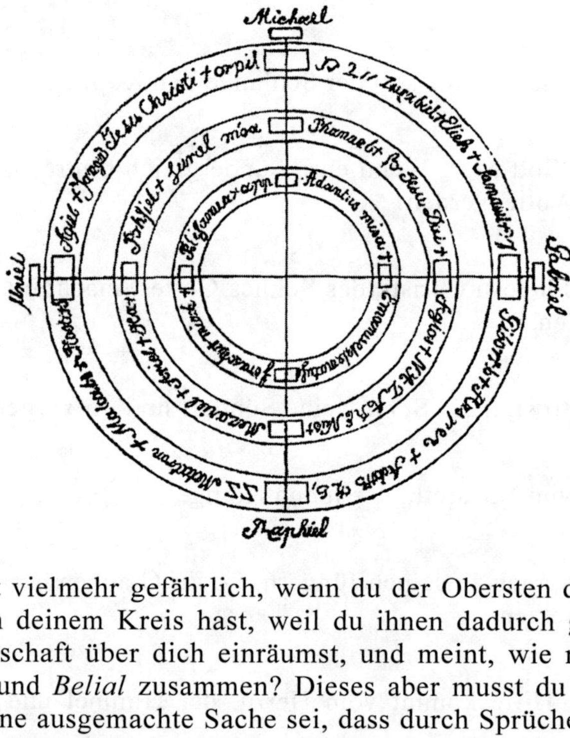

Es ist vielmehr gefährlich, wenn du der Obersten der Teufel Namen in deinem Kreis hast, weil du ihnen dadurch gleichsam eine Herrschaft über dich einräumst, und meint, wie reimt sich *Christus* und *Belial* zusammen? Dieses aber musst du gestehen, dass es eine ausgemachte Sache sei, dass durch Sprüche der Heiligen Schrift, welche im wahren Glauben ausgesprochen werden, die bösen Geister können vertrieben werden. Traue deswegen den falschen Teufelsbannereien ja nicht, welche allerlei Figuren der bösen Engel und ihrer *Charaktere* in ihre Zirkel malen und schmieren, sondern setze vielmehr dein Vertrauen auf Gott! Wenn du nun alles nach oben beschriebener Art und Weise zugerichtet hast, und dir auch obgemeldtes Rauchwerk beschafft, so zünde zuerst den Rauch an und räuchere damit den Kreis, unter dem Räuchern aber sprich folgenden Seufzer:

Herr Gott Sabaoth! Du mächtiger Beherrscher der himmlischen Heerscharen! Der du der reinste Geist bist, segne diesen Rauch, dass er dir ein süßer Geruch sei, damit nicht der Seelenfeind des menschlichen Geschlechts und seine Gaukeleien in diesen Kreis zu kommen sich unterstehen dürfen, damit unser Vorhaben zu deinem Lob und Preis gereiche, jetzt und in alle Ewigkeit, Amen.

N. B. Dieser Rauch aber muss in einem neuen irdenen Gefäß oder Behälter angezündet werden, welchen der Exorzist auch mit in den Zirkel nehmen muss.

Den Kreis muss man von Neuem sauber auf Schreib- oder Postpapier machen, und dabei wohl beachten, dass man die Geister ja nicht anders, als bei heiterem Himmel und im Zunehmen des Mondes beschwöre, denn wie ich oben erinnert, so sind die bösen Geister bei trübem und unfreundlichem Wetter und Luft weit ungestümer, stürmischer und hartnäckiger als sonst, ja sie erscheinen wohl gar nicht, und rate ich dir nicht, dass du sie um solche Zeit zwingst, zu erscheinen.

Bei wirklicher Antretung der Beschwörung sollen nun alle deine Gedanken und Unternehmung, unter Bezeichnung mit dem heil. Kreuz, im Namen der hochheiligen Dreifaltigkeit, durch Jesum Christum geschehen, Amen.

Wenn du nun in dem Zimmer oder Keller oder unter freiem Himmel, wo du dieses Werk verrichten willst, in den Kreis trittst, so unterfange dich dessen nicht eher, als um Mitternacht. Den Morgen zuvor aber musst du dich an dem ganzen Leib waschen und baden, hernach sollst du dich neu gewaschen und sauber anziehen, absonderlich dein Erbhemd und zugleich das geweihte Anhängstück obbeschriebenermaßen an dem Hals haben, auf dem Kopf musst du eine aus schöner, zarter Leinwand gemachte zugespitzte Haube, in der Gestalt eines Bischofshutes haben, davon der vordere Teil mit Papier umgeben, worauf der heil. Name Tetragrammaton: והיאה (der unaussprechliche Name Gottes), der Ort aber muss von aller Unreinigkeit ja wohl gesäubert und stark geräuchert sein.

So muss aber das Papier oder das Stirnband um deine Haube gemacht sein:

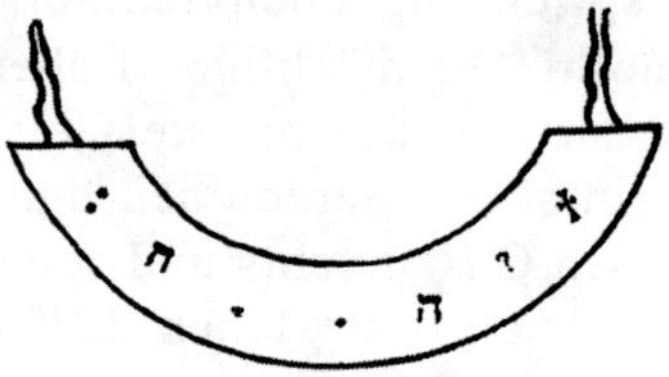

Die Buchstaben aber müssen mit dem Blut einer weißen Taube geschrieben sein.

N. B. Es kann zwar der Exorzist die Beschwörung allein vornehmen, nimmt er aber Jemanden zu sich, so ist es nicht so fürchterlich, weil ohnedem die Drei eine heilige Zahl ist.

Wenn also ihrer 3 sind, so kann einer den Rauch tragen, und zwar zweierlei Rauch, einen, damit er die Geister besänftige und herbeilocke, den anderen, dass er sie damit verjage, welchen letzteren man auf die Lage gebraucht. Er soll auch eine Kreide bei sich haben, damit er außer dem Zirkel in die 4 Winkel folgendes Zeichen machen könne:

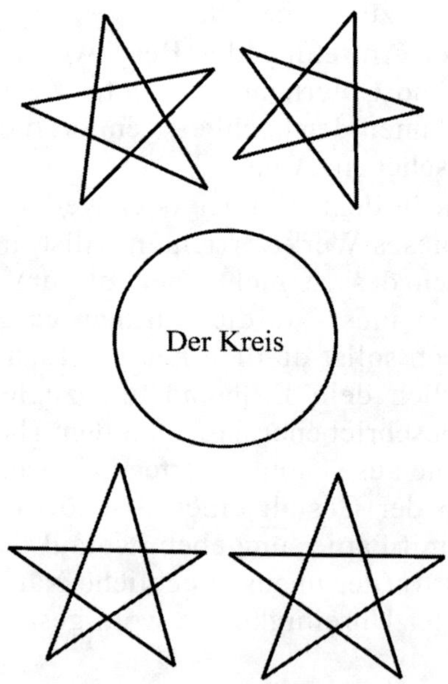

Der andere von den Kameraden kann in der einen Hand 2 Gläser mit Weihwasser, in der anderen aber gemischtes Blut von einem schwarzen Lamm, das kein Jahr alt ist, und einer weißen Taube, welche noch nicht 2 Monate alt gewesen, mit einem Kruzifix tragen. Der Exorzist aber soll mit bereits genannten Wachslichtern, den Stab Caroli in der Mitte, und zwar alle 2 hintereinander gehen, der Kreis aber soll um seinen Leib, und zwar um den Nabel und die Brust gewickelt sein, in den Kreis aber muss man treten:

Im Namen des gekreuzigten, gestorbenen und wieder auferstandenen Jesu, Amen.

Wenn er nun an dem gewöhnlichen Ort ist, so muss er den Kreis von seinem Leib herunter tun und auf die Erde legen, seine Kameraden aber müssen alsobald mit hineintreten und die Lichter anzünden, und solchen so weit in die Runde auseinander dehnen, als möglich, damit sie mit der Kreide oben bemerkte Charaktere außer dem Zirkel hinausschreiben können, da dann der andere erwähntes Blut und Weihwasser außer dem Kreis aussprengen muss. Wenn dies nun geschehen, sollen sie auf die Kniee niederfallen und ein jeder für sich in seinem Herzen das Vaterunser u.a. beten, sich dabei mit dem heil. Kreuz an der Stirn und Brust bezeichnen, im Namen † Gottes des Vaters, † Gottes des Sohnes und † Gottes des Heiligen Geistes, Amen.

Die Kameraden können sodann ein wenige innehalten, der Exorzist aber, der in der Mitte sein muss, soll folgendes Gebet verrichten:

Herr Gott, unser Schutz und Stärke und aller derer, die auf dich hoffen, und Beschirmer aller Niedergeschlagenen und Betrübten, auch aller derer unser, die in diesem Haus (oder in dieser Gegend) wohnen. Sei uns deinen Knechten gnädig und gieße über uns allezeit deinen Segen aus, dass wir mit deiner Heiligkeit erfüllt, durch deine Gnade getrost und guten Mutes sein mögen. Wir bitten dich, Herr! stehe uns bei und hilf uns in unserem Vorhaben und segne Anfang, Mitte und Ende, damit unser Gebet und Tun ein glückliches Ende erlange durch deinen lieben Sohn Jesum Christum unseren Herrn, welcher sei hochgelobt in Ewigkeit, Amen.

Hierauf zünde man den Rauch und die Lichter, unter Bezeichnung mit dem heil. Kreuz, an.

Denn alsdann bedrohen und quälen schon die bösen Geister die arme Seele, dass sie sich der Beschwörung widersetzen soll.

Hierauf muss man 3 Mal hintereinander sagen:

Alle guten Geister loben Gott den Herrn mit mir (oder mit uns).

Hierauf wird die arme Seele seufzen und weinen und mit einer heiseren Stimme sprechen.

Ich auch.

Sodann fährt man fort:

Ich sage dir und beschwöre dich im Namen Jesu Christi des Gekreuzigten, Gestorbenen und Auferstandenen, welcher für alle unsere Sünden, auch die deinigen, am Stamm des Kreuzes gebüßt und genug getan: unterstehe dich ja nicht, meinen (oder unserem) Vornehmen, welches wir, dich von dem Herumschweifen in deinen Finsternissen zu erlösen, und dich bis an den Tag des Gerichts zur Ruhe zu bringen, angefangen, zu widersetzen, sondern stehe still und höre, was ich dich befrage, im Namen Gottes des Vaters †, Gottes des Sohnes † und Gottes des Heiligen Geistes †. Amen.

N. B. Mache hierauf wieder einen Rauch.

Die arme Seele wird hierauf wieder seufzen und die Hüter des Schatzes werden ein Getöse machen.

N. B. Sodann sprich weiter:

Wenn du willst erlöst sein im Namen Jesu Christi, welcher ist *Gibbor, Jeschua, Jehoschua*, unser Heiland, Seligmacher und Erlöser, der gesegnete Weibes-Samen, vor dessen allmächtigen Namen Jesu auch die Teufel und alle höllischen verdammten

Geister erschrecken und erzittern, und alle Kniee sich beugen, welche im Himmel, auf Erden und unter der Erde sind, wenn du es also verlangst, so zeige den Ort an, wo der Schatz, der dich so unglückselig gemacht hat, vergraben liege, damit es dir eine Salbe auf deinem Haupt sei; der Name Jesus sei gelobt in Ewigkeit!

N. B. Die Kameraden müssen darauf sprechen: Amen.

Hierauf wird die Seele, auf welcher Seite sie nun gleich steht, den Ort mit Tränen, Zittern und hängendem Kopf weisen, anbei andeuten, dass sie von den Hütern desselben gebunden sei, und abgehalten werde. Daher segne du sie und fange deine Beschwörung mit den Geistern an.

Gehe hin im Namen Jesu Christi, der dir dein ewiges Heil sei.†

Im Namen der heil. Dreifaltigkeit † Gottes des Vaters, † Gottes des Sohnes und † Gottes des Heiligen Geistes.

Hierauf werden die bösen Geister ein Rabengeschrei machen und wie die Frösche quaken, aber erschrecke ja nicht davor, denn es werden euch (oder dir) viele Blendungen und Gaukeleien vorkommen, dass du von deinem Vorhaben absehen sollst. Es werden dir Raben mit großem Geschrei um den Kopf fliegen und allerlei erdenkliche Schrecken einjagen wollen, vertraue du allein nur auf Gott und verrichte deine Sache im Namen des Herrn. Du musst aber vor allem 3 Stückchen Brot bei dir haben und 3 Papierlein, worauf der Name Jesus geschrieben ist, denn wenn sie dir den Schatz geben, so musst du gleich die Papierlein mit den Stückchen Brot darauf legen, damit sie dir denselben nicht wieder entrücken oder in etwas Anderes verwandeln, welches sie gerne tun, wenn sie können, denn diese Geister sind erschrecklich böswillig und betrügerisch.

Man muss also mit der Beschwörung fortfahren auf diese Art:

Wir, nach Gottes Bild erschaffene und durch die Gnade des Allerhöchsten allhier stehende Menschen beschwören Euch in Gottes Namen und laden euch höllischen Geister und Fürsten des *Acheronts, Astaroth, Magoth, Asmodi, Beelzebub, Belial, Amaymon, Paymon, Egym*, mit euren untergebenen Hütern und Dienern, ihr möchtet nun sein wer oder wo ihr wollt, auch euch, ihr gegenwärtigen Geister, Hüter, Verdammte und Dienstbare, durch den allerheiligsten und allmächtigen Namen *Jehova, Adonai, Eloha, Saday* und *Sabaoth*, welcher ist und war der Gott Abrahams, Isaaks und Jakobs, mit welchen auch Moses geredet hat, von Angesicht zu Angesicht auf dem Berg Sinai, und welcher Moses selbst begraben hat, durch denjenigen, welcher in dem Allerheiligsten gewohnt hat, und durch *Urim* und *Thumin* oder *Licht* und *Recht*, seinen göttlichen Willen geoffenbart. Eben derselbige allerheiligste Gott ist bei uns, ihr verdammten Geister, und durch denselben beschwöre ich euch, dass ihr meiner Beschwörung und Befehl Gehorsam leistet, dass ihr diesen verborgenen Schatz nicht mehr verwahrt, sondern diesen Augenblick verlasst, und zwar in Kraft und Gewalt *Thu hagla hagiotatos*, welchen die heil. Engel anbeten und in dem Himmel mitsingen: Heilig, heilig, heilig ist der Herr Sabaoth! verehren. Verlasst diesen Ort, gleichwie ihr den Sitz der Engel im Himmel, dergleichen ihr gewesen und nimmermehr werden werdet, quittieren müssen. Ihr! ihr verfluchten verdammten und unreinen Geister! Ihr sollt diese arme Seele nicht mehr quälen, sollt auch diesen Schatz länger zu verwahren keine Macht haben, durch die Kraft und auf Bcfehl Jesu Christi, des lebendigen Gottes Sohn in alle ewige Ewigkeit.

N. B. Hierauf werden sie dir vorwerfen, du seist noch lange derjenige nicht der, welcher imstande sei, diesen Schatz zu heben und eine arme Seele zu erlösen. Sie werden dich auch nicht nur verspotten und auslachen, sondern auch noch allerlei Possen erweisen. Darauf aber sollst du antworten: Ich weiß zwar, ihr verfluchten Geister, dass ich aus eigener Kraft hierzu nicht imstande bin, wohl aber durch die Kraft Jesu Christi, der mich hierzu befähigt hat, *Haisch*, des Weibes-Samen, welcher euch den Kopf zertreten, euch eurer Fürstentümer beraubt und einen Triumph aus euch gemacht, derselbe hat mich geheiligt durch das Bad der Wiedergeburt und versiegelt mit seinem heil. Leib und Blut, da er für mich gelitten, gekreuzigt worden und gestorben, auf dass ich lebe: ihr aber seid bei weitem nicht mehr diejenigen, die ihr gewesen, denn ihr habt eure vorige Herrlichkeit verloren. Deshalb beschwöre ich euch durch diese Macht, welche ich besitze, und durch denjenigen, welcher mich mächtig gemacht hat, welcher ist Jesus von Nazareth, des lebendigen Gottes wahrer Sohn.

Ich beschwöre euch daher nochmals, tretet mir in und durch Jesus Namen den Schatz ab und packt euch von hinnen in eure verdammte Hölle, wohin ihr verurteilt und verstoßen seid in alle Ewigkeit durch Jesum Christum, meinen Erlöser, Amen.

N. B. Mache einen Rauch und das heil. Kreuz.

Aber sie werden sich dir von Neuem widersetzen in der größten Raserei und werden dir alle deine Sünden vorhalten, und all dein Tun und Lassen durch die Hechel ziehen, allein fürchte dich nicht, denn es ist nur eine Galgenfrist bei ihnen, sie wollen dich furchtsam und irre machen, deswegen antworte im rechten Vertrauen auf Gott folgendermaßen, nachdem du dich abermals mit dem heiligen Kreuz bezeichnet und einen Rauch gemacht hast: Ich bin zwar ein Sünder, das gestehe ich, jedoch hat auch Jesus für meine Sünden gebüßt, dieselben von mir genommen und mich davon befreit.

Schicke auch folgendes Stoßgebet zu Jesu:

N.B. N.B. O allerheiligster Gott und Mensch Jesu Christi, der du das rechte Himmelsbrot und Speise der Engel, ja auch ein Schrecken der Teufel bist, der von vom Himmel in die Welt, selbige selig zu machen, gekommen bist, neige dich mit deiner Gnade zu uns und unserer Notdurft, obwohl wir voll sündlichem Unflat sind. Wir bitten dich, lass das Verdienst deines heiligen Leidens uns durch deine Gnade zugutekommen und in diesem heil. Kampf bei uns sein, damit wir diese reißenden Wölfe und stinkenden Höllenböcke zu bezwingen gewürdigt werden, damit dir allein samt † dem Vater und † Heiligen Geist sei Lob und Ehre in Ewigkeit. Nun trollet euch von hinnen, weil Jesus bei uns ist. Ihr verfluchten Geister! Ihr verbannten Mücken, welche ihr den Geruch der Lieblichkeit zu verderben versucht. Was verweilt und zaudert ihr noch länger vergebens, da ihr doch wisst, dass Jesus euch allhier euren Harnisch ausgezogen und aller Gewalt beraubt hat. Jesus ist da, an dessen Brust Johannes gelegen, welcher das Evangelium angestimmt: „Im Anfang war das Wort u.a." Jesus, das unzertrennliche Wort des Vaters ist allhier, der ewig von dem Vater ausgeht und mit Ihm herrscht. Jesus ist hier gegenwärtig, der Glanz der väterlichen Herrlichkeit und das Ebenbild seines Wesens, vor dem alle himmlischen, irdischen und höllischen Kniee sich beugen müssen und alle Zungen bekennen, dass Jesus Christus der Herr sei, zur Ehre Gottes des Vaters! Jesus ist da, der König aller Könige und Herr aller Herren, dessen Reich ist nicht Essen und Trinken, sondern Gerechtigkeit, Frieden und Freude im Heiligen Geist, dem das Reich und die Macht und die Herrlichkeit ewig sind. Jesus ist da, der in einem Fleisch Gott und Mensch ist, und der einige Christus, welchen weder das Meer noch die Erde, noch aller Himmel Himmel nicht begreifen können. Jesus ist hier, welcher die von den Sünden gedrückten und beschwerten erquickt, und den müden Seelen Ruhe gibt. Jesus ist da, der vor dem reißenden Wolf nicht flieht, sondern sein Leben für seine Schafe lässt. Jesus ist da, der aus eigener Gewalt den unreinen Geistern geboten, dass sie ihm gehorsamen müssen; welcher in der Juden Schule den Teufel von einem Menschen ausgetrieben, dass er geschrien: „Was habe ich mit dir zu schaffen, Jesus von Nazareth, du bist gekommen, mich zu quälen!“ Jesus ist da, der uns zu Streitern wider euch gemacht und den Sieg zuwege gebracht hat. Durch diesen und durch alles dieses machen wir euch verbindlich, beschwören und nötigen wir euch, ihr verfluchten Kreaturen, die ihr von Gott dem Allmächtigen wegen eures Hochmuts verdammt und verstoßen seid, dass ihr euch von hinnen packt und in eure himmlischen Wohnungen, wo ihr hingehört und da ihr ewig gequält werdet, alsbald fahret!

N.B. Jetzt musst du wiederum räuchern und wenn sie noch länger verweilen, so zeige ihnen folgendes auf Papier mit Taubenblut geschriebenes Zeichen:

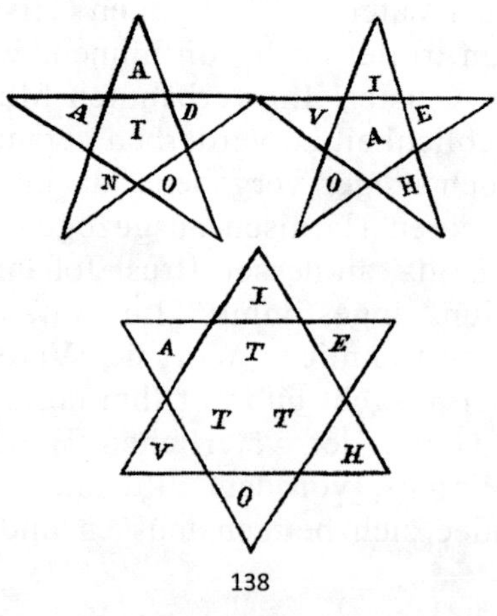

N.B. Hierauf schreite zur letzten Beschwörung.

N.B. N.B. Im Namen des Vaters † und des Sohnes † und des Heiligen Geistes †, der da heilig ist. Amen.

Hel †	Heloym †	Sother †
Stärke	Göttliche Kraft und Dreieinigkeit	Erlöser
Emanuel		Sabaoth
Gott mit uns		Fürst der himmlischen Heerscharen
Agla † Tetragrammaton †	:ה3ה·י†	Agyros † Otheos † Ischiros † Athanatos † Adonai †
Unaussprechlicher	Herr	Allmächtiger Gott und Mensch

Saday † Homousion † Messias † Eschereheye † **unerschaffener Vater † unerschaffener Sohn † Christus regiert † Christus herrscht** †. Du arme Seele! Hat dich der Teufel versucht und überwältigt, so wird dich durch diese Kraft und durch sein Verdienst und Barmherzigkeit Jesus Christus des lebendigen Gottes Sohn, welcher vom Himmel gekommen und in den unbefleckten Leib der heil. Jungfrau Maria zum Heil der Menschen und des Teufels Reich zu zerstören, Mensch geworden, von allen unreinen Geistern befreien, und alle Teufel von dir hinweg und in den unergründlichen Abgrund der Hölle jagen! Seht des Herrn Kreuz und fliehet, ihr Feinde, der Löw aus dem Stamm Juda und Wurzel Davids hat überwunden. Daher befehle und gebiete ich euch und wir sämtlich befehlen und gebieten euch Teufeln und allen verfluchten Geistern, wie ihr Namen haben und wer ihr sein möget, dass ihr euch aller Gewalt über uns und diesen Schatz begebt, und dieses befehlen und gebieten wir euch durch die Ankunft Jesu Christi und durch seine heilige Geburt, da man gesagt: Ein Kind ist uns geboren! Ein Sohn ist uns gegeben, dessen Herrschaft ist auf seiner Schulter durch sein unschuldiges Blut, welches Er an dem Holz des Kreuzes für uns vergossen hat.

N.B. Hierbei zeige ihnen das Kreuz und den Gekreuzigten.

Ich beschwöre und gebiete euch noch einmal, ihr bösen und verfluchten Höllenhunde, weicht von uns und diesem Schatz, in die düsteren Wälder und unreinen Pfützen und in den tobenden Höllenfluss, und dieses befehle ich euch durch die 5 Wunden und die 666 Geißelstriemen Jesu Christi. Wir aber empfehlen uns und diesen Schatz in die allmächtige Barmherzigkeit Gottes des Allgewaltigen und seines eingeborenen Sohnes unseres lieben Herrn Jesu! Und abermals beschwöre und verbinde ich euch, und ihr sämtlichen ihr vermaledeiten Geister, verlasset uns und diesen Schatz durch die Kraft des göttlichen Heils, welches ist Jehova, der lebendige Gott durch den gekreuzigten und gekrönten Gott, von dessen heiligem Angesicht ihr verstoßen seid und durch den Tod und Begräbnis Gottes und durch sieghafte Auferstehung Gottes, der zur Hölle gefahren und einen Triumph aus euch gemacht, welcher wahrer Gott und Mensch ist! Und abermals beschwöre ich euch durch alle *Evanglia*, die in der ganzen christlichen Welt gelesen und gepredigt werden, und durch die heil. 10 Gebote, welche Gott auf dem Berg Sinai mit seinem heil. Finger selbst geschrieben hat, und durch die zwölf Artikel christlichen Glaubens, und durch das heilige Kreuz, an welchem Jesus Christus die ganze Welt und das menschliche Geschlecht von eures Fürsten Satana Gewalt erlöst hat. Ja, ich beschwöre euch bei der glorwürdigen Himmelfahrt Jesu Christi, ihr verfluchten Scharen, verlasst uns und diesen Schatz, welchen ihr bisher innen gehabt, verwandelt und verrucket denselben nicht, noch schadet uns weder an Leib oder Seele, noch allem, was wir haben, oder auch diesen Schatz, verunreinigt auch diesen Kreis nicht, in welchem wir sind, durch die Kraft Jesu Christi, welcher zukünftig ist, zu richten die Lebendigen und die Toten und euch auf ewig in den höllischen Abgrund zu verdammen. Bringt den Schatz her und trollet euch alsdann durch die Macht eures Richters Jesu Christi im Namen Gottes des Vaters †, Gottes des Sohnes †, und Gottes des Heiligen Geistes †. Amen.

N.B. Dies muss dreimal wiederholt werden. Sodann zündet den Rauch an, der die Teufel vertreibt, nämlich:

R. Schwefel Teufelsdreck Bibergail Raute.	ana Drag.

N.B. Alsdann werden sie dir den Schatz und das Gefäß, darin selbiger ist, mit der größten Bosheit, Raserei und Ungestüm, auch entsetzlichen Bedrohungen in den Kreis bringen, und ein Krachen, wie wenn Alles einfallen und ein Erdbeben kommen wollte, machen. Sobald sie nun denselben hineingesetzt, so werfe diese 3 Stücklein Brot und Papierlein darauf, damit sie sich nicht unterstehen, denselben wieder zu verwandeln. N.B. Nimm aber in Acht, dass du ihn mit keiner Hand oder Finger berührst, ehe und bevor er wenigstens eine halbe Stunde gestanden. Alsdann werden die Geister weichen, gehen sie aber nicht, so mache nochmals einen Rauch, der sie vertreibt. Sie werden hierauf einen solchen Gestank hinter sich lassen, dass dein Rauch nichts dagegen sein wird, und ein grausames Gepolter machen, und dies ist das Zeichen ihres Hinweggehens. Aber deine Kameraden dürfen dennoch noch nicht reden, bevor der Exorzist ein Gebet gegenüber Gott abgelegt und der armen Seele, die man auch segnen muss, Dank abgestattet worden. Es muss also ein Jeder für sich still und mit aufgehobenen Händen das „Vaterunser" beten. Hierauf muss der Exorzist folgendes Gebet mit lauter Stimme sprechen: O du heilige Dreifaltigkeit! Gott Vater †, Sohn † und Heiliger Geist †, dir sei jetzt und in Ewigkeit Dank gesagt, dass du uns gewürdigt hast, diese arme Seele von der Gewalt des Teufels erlösen, damit sie nun ruhen kann bis an den Tag des Gerichts. Wir sagen dir also auch Dank, dass uns deine Gnade von der Gewalt dieses höllischen, reißenden Wolfs und seines Anhangs bewahrt hat, du barmherziger Vater unseres Herrn Jesu Christi, verleihe nun ferner dieser armen Seele die Gnade, dass sie dir in der ewigen Seligkeit diene und deine Barmherzigkeit mögen preisen können, durch Jesus Christum, der sie an des Kreuzes Stamm erlöst hat. In alle ewige Ewigkeit, Amen.

N.B. N.B. Du erlöste Seele, nun aber lobe und preise mit uns Gott den Vater, den Allmächtigen Schöpfer des Himmels und der Erde, gehe nun hin und ruhe in Frieden. Verlasse diesen Ort im Namen Jesu Christi, welcher unser und dein Erlöser ist, dessen teures Blut auch für deine Sünden vergossen worden, derselbe segne dich und sei dir gnädig an dem Tag des zukünftigen Gerichts, damit du unter die Zahl der Auserwählten, Seligen und heil. Engel mögest gerechnet werden, durch Jesum Christum, Amen.

„Alle guten Geister logen Gott den Herrn."

N.B. Mache das Zeichen des heil. Kreuzes und räuchere mit dem wohlriechenden Rauch wie oben. N.B. Hierauf wird dir die

Seele danken und die Hände reichen. Allein hüte dich, dass du ihr die Hand gebest, sonst würde sie dir grässlich verbrennen, weil sie selbst noch die Qual spürt, lang ihr aber den Stab Caroli, und du wirst alsdann sehen, dass er etwas verbrannt ist. Hierauf wird sie mit Seufzen ganz zufrieden von dannen gehen, wenn du sie mit dem Zeichen des heil. Kreuzes gesegnet hast! Zuletzt sprechet und betet zugleich folgenden 91. Psalm: „Wer unter dem Schirm des Höchsten sitzt und unter dem Schatten des Allmächtigen bleibt u. a." völlig bis zu Ende dieser Worte: „und will ihm zeigen mein Heil."

Wenn dies nun geschehen, so sprecht getrost und guten Mutes mit erhobener Stimme:

„Ehre sei dem Vater, und dem Sohn und dem Heiligen Geist, wie es war im Anfang, jetzt und immerdar und von Ewigkeit zu Ewigkeit. Amen."

Sodann steht auf und nehmt den Schatz mit euch, so gut ihr könnt, wenn ihr anders merkt, dass es allenthalben still und rein ist.

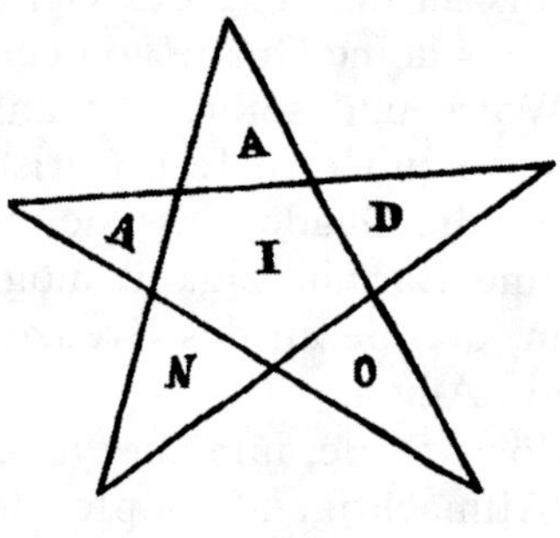

N.B.

Lieber Leser!

Ich vermahne dich, lass ja deine Kameraden kein Wort sprechen, und dass ihr alle 3, einer wie der andere, mit Erbhemden angezogen seid, auch nicht erschreckt, wenn sie euch allerhand Sprünge und Blendwerk vormachen, denn dies ist das Zeichen. Wenn sie nun nichts ausrichten können, so verschwinden sie und lassen dir den Schatz.

Es ist aber nicht nötig, dass der Exorzist die Beschwörung

auswendig lerne und hersage, sondern er kann es in dem Kreis lesen. Unterstehe sich aber ja Niemand, die Beschwörung zu probieren, bevor er dieses ganze Werk durchgelesen hat, denn sonst zäumt er das Pferd beim Schwanz auf.

X. Planeten-Geister.

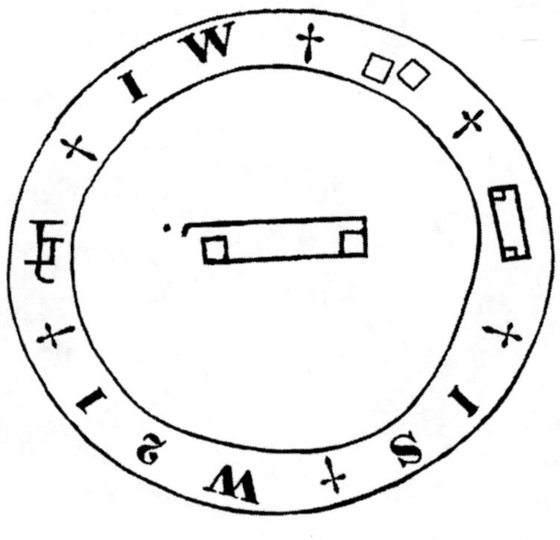

(Vorstehendes ist die Zeichnung von dem Siegel, das zu den 7 Planetengeistern verwendet wird.)

I. Von den 7 Geistern der 7 Planeten, und zwar vom ersten, welcher genannt wird *Archiaras*, das Siegel, wie am Ende folgt auf Blei gestochen in der Stunde ♄. Sonnabend im neuen Mond. Dieses sind die Charaktere des gewaltigen Geistes *Aratron* und sein Siegel, die sind gewaltig und bestätigen es, wer sie verlangt, der hat ein großes Kleinod, wer sie bei sich trägt, der kann nicht in Gefahr geraten, auch ist er vor allen Krankheiten gesichert, bis zum bestimmten Lebensziel, wenn auch der Mensch saturnisch oder melancholischer Komplexion ist, welches schwermütige Leute sind, die sich kein Vortun zu getrösten haben. Durch die Kraft der Wahrheit des wahren Zeichens des *Archiras* wendet sich die Natur, und Unglück wird zum Wohlergehen, und sind die Verteidiger desjenigen, der sie in Ehren hält, wider alle Tiere und deren Verwundung sicher. Auch Menschen können des Siegels Liebhaber nicht verwunden. Vor Gericht an sich getragen, so besteht kein Ausspruch wider sie; wer damit zu Wasser geht, hat damit viel Gewinn und so auch Geister große Sturmwinde auf dem Wasser erregen, und viel Unglück daher zu besorgen ist, so trifft doch den keines, der das Siegel bei sie hat. Es erinnert die Kraft, die Gott den Geistern gegeben hat. Wer Stärke, Hoffnung und Glauben darauf setzt, und die Magie nicht bezweifelt, wird von den Fürsten und Gewaltigen mit dem Siegel auf trockenes Land getragen, und dies geschieht Alles dem obersten *Mago*, dem Gott aller Götter, zu Lob und Ehren, dem Menschen aber zu großem Nutzen und Ausbreitung der großen Magie. Auch kann ihn kein böser Geist beleidigen, und wäre dieses, so geht er zum △ (Feuer) und wirft 3 Bislein ⚲ (Brot) in dasselbe, so wird er alsbald gesättigt, so ganz wider die Natur anzusehen.

II. Die Kunst *Cilatiates* des zweiten Geistes der Magie *Nimphitras*. Dieses Siegel wird auf Zinn gestochen in der Jovisstunde 1. Donnerstag im neuen ☽. Sucht, wo werdet ihr finden. Dies sind die Charaktere des tugendreichen Geistes *Nimphitras* und sein Siegel, das sein gewaltiger Geist *Pyomeie* genannt, bestätigt. Zugleich wird dir mitgegeben sein gewaltiger Name auf einem Kirschbaumblatt, welchen du zu gebrauchen wissen wirst, als Besitzer magischer Geister Namen. Die Charakter und Siegel verwahrt an den Hals gehangen, so werden die kräftigen Wirkungen ganz übernatürlich gespürt werden, denn die Geister sind gewaltig in ihren Werken, und dieses Geistes Siegel dient gewaltig, so du mit Königen und Fürsten zu tun hast. Es wird dir nichts versagt und magst bitten um was du willst, denn dieser Geist geht mit dem *Booel* in gleicher Linie, darum richtet sein Siegel viel aus, was man einträchtig und friedlich zu erlangen sucht. Bist du des Siegels Liebhaber und Verehrter, so musst du Glück in allen Werken haben, was du willst, auch die bösen Geister mit ihren bösen Werken können dein Herz nicht betören, daraus manchmal Mord und Raub entsteht. Kein Mensch kann dich bestehlen, noch böse Menschen dich auf dem Weg angreifen, und Niemand dir im Spiel was abgewinnen, auch nicht vor Gericht. Es kann keine Bitte oder Schrift wider des Siegels Liebhaber eröffnet werden. Der Geist beschützt vor allem Unglück, und es geht dir wohl allezeit. ▽ und △ (Wasser und Feuer) können dir nicht schaden, so du das Siegel mit dem Namen bei dir hast. Du musst es aber in Ehren und unbefleckt erhalten, auch in Acht nehmen, denn die bösen Geister stellen ihm nach uns versuchen es durch ▽ und △ zu berauben.

III. Der dritte Planet: die Kunst *Hydromantia*, der dritte Geist der Magie. Dieses wird auf Eisen gestochen den ersten Dienstag im neuen Mond in der Stunde ♂ Tæ Æ Æ *Huntros*. Dieses ist der Charakter des gewaltigen Geistes Æ *Huntros* und sein Siegel, welches seine Gewaltigen und Obristen bestätigen, und seinen hohen Namen zugleich mit ausgeben müssen, wie es die Magie verspricht und es auch wahr ist. Dieser wird gefunden auf einem Eichenblatt und wird verwahrt zwischen dem Siegel, wie du wohl weißt, und getragen an dem Hals auf dem bloßen Leib. Es dient wider alle Feindschaft der Menschen und kann nichts auf der Erde gefunden werden, das deinen Leib verwunden mag. Keine Kriegsmacht kann dir schaden, Alles, was wider dich, muss sich gut erzeigen, es macht frohen Mut, keiner, der gedenkt, dir Übles zu tun, wird dir schaden können, denn dieses Geistes Fürsten lassen keinen in Gefahr kommen, der ein Liebhaber dieses Siegels ist. Ist er aber dem Mars unterworfen und trägt es an sich, so hat er Glück, wonach sein Herz wünscht, vor seines Gegenparts Gewalt wird er verwahrt durch die, so dieses Siegel bestätigen und des Geistes Namen haben, und mag nichts bestehen wider dich. Wenn du es hast, so hast du einen herrlichen Schatz und magst ihn lieb halten, auch vor den Geistern der Bosheit wohl verwahren, sie stellen ihm gewaltig nach.

IV. Die Kunst *Gyromantia* der vierte Geist der Magie. Dieses Geistes Charakter oder Planet der Sonnen *Henirephitros*. Dieses Siegel wird auf Eisen gestochen den ersten Sonntag des neuen ☾ in der Solisstunde. Des Weibes Same soll der Schlange den Kopf zertreten. — Dieses sind die Charakter und Siegel des ruhmwürdigen Geistes *Henirephitros*, die seine mächtigen willfährigen Könige und Fürsten der Magie bestätigen müssen und zugleich seinen mächtigen Namen mitgeben, welchen du wirst wissen zu bewahren, denn dies Siegel steht gewaltig bei und hilft alles Unglück fröhlich überwinden. Niemand kann von dir was mit Recht oder Unrecht fordern, vor Gericht hast du recht und wirst gerühmt von allen, die dich kennen, alle Herzen der Menschen gewinnt es dir, und wen du nur ansiehst, der begehrt bei dir zu sein, und kannst du bei König und Fürsten wohnen, so werden sie dir günstig sein. Du wirst ritterliche Ehre erhalten, so du es bei dir trägst und rührst du ein Schloss an, muss es sich öffnen.

Dieses Geistes Name ist gezeichnet auf Eschenbaumblätter, wenn es dir überreicht wird, so verwahre es wohl.

V. Dies ist der fünfte Geist der Magie *Pantasmonros*. Dieses Siegel und Charakter wird auf Gold gestochen am ersten Freitag im neuen Mond in einer ♀ Stunde. Liebt euch untereinander treulich und wohl. Diesen Charakter und Siegel des herrlichen Geistes *Pautasmontros* und sein hoher Name, welche seine Fürsten und Obristen mitgeben, wenn sie dieses Siegel zu bestätigen ersucht werden. Hast du dieses Kleinod, so bist du der reichste Mensch auf der Erde, und es wird gleich in einem Augenblick alle Menschen dir zuneigen, welche du zu lieben begehrst. Bist du in einem Wald und willst Wildbret fangen, so lege dieses Siegel auf dein Haupt, dann nimm, welches du haben willst, denn in dieses Geistes Stunde kann dich kein Wild sehen, auch kein Vogel oder sonst ein Tier, auch vor den Menschen bist du in der Stunde unsichtbar, es sei bei Sonnen- oder Mondschein.

VI. Der sechste Geist der Magie *Nomifarenitos* wird auf O O koaguliert [8] gegraben die Mittwoche in neuen ☽ in der [8] Stunde. Gott macht seine Engel zu Winden und seine Diener zu Feuerflammen. Dies sind die Charakter und Siegel des großen und gewaltigen Geistes *Nomifare nitro*, die seine großen Fürsten bestätigen in seiner Stunde und seinen großen Namen sogleich mitteilen demjenigen *Mago*, welchen sie fördern und teilhaftig machen. Wer solches bei sich trägt, der kann die großen Gewitter beschwören und sie hinweisen, wohin er will, und Regen machen, und kann großes Wunder tun. Er kann auch die bösen Geister aus den Besessenen treiben und hat große Macht durch die Siegel und durch den hohen und großen Namen dieses Geistes Nomifarenitros. Wer solche liebt, ist sicher vor ▽ und seinen Schäden, und dass dir auch nichts Übles begegnen kann, ob dir schon in der Natur solches vertraut wäre, so kann dich doch kein Unglück, es sei erblich oder nicht, treffen. Trage und verwahre es wohl, dann werden dir viele Heimlichkeiten offenbart, wie solche auch nur immer sein mögen, und du hast Glück in allen deinen Vorhaben. Dieses Geistes Name ist gezeichnet in ein Eschenblatt und wird zwischen dem Siegel vor bösen Geistern, so ihm sehr nachstellen durch ▽ und △.

VII. Der siebente Geist und Planet der Magie *Flaxatros*. Dieses Siegel wird auf ☽ gestochen den ersten Montag im neuen ☽ in der Venusstunde. Wisst ihr nicht, dass ich sein muss in dem, was meines Vaters ist. Dieses sind die Charakter und Siegel des gewaltigen Geistes *Flaxatros*, die seine vorsichtigen Fürsten und gewaltigen Obristen bestätigen und zugleich auch seinen hohen Namen bringen und dem *Mago* präsentieren. Den verwahre, wie du weißt, zwischen dem Siegel und trage auf dem bloßen Leib, so wirst du ein gutes Ingenium empfangen und wohl lernen; was du nur hörst, wirst du können, und was du begehrst, kannst du wissen. Es sollen auch die Vögel natürlicher Weise miteinander reden und dieses Geistes Stunde und ein vorstehendes Glück oder Unglück richtig erklären können. Die Vögel der Magie werden dir auch bringen, was du begehren und haben willst. Trägst du dieses Siegel auf dem Haupt, so kannst du jedes Geschlecht der Vögel fangen, auch anderes Wildbret, so vorhanden, ergreifen. Dieses Siegel musst du auch wohl verwahren vor anderen Geistern, sie stellen ihm mit ▽ und △ sehr nach, darum richte dich in die Kunst *Flaxatros*.

Die Beschwörung,

so man sprechen muss, wenn man damit etwas bewirken will, hat bei Gott dem Allmächtigen durch *Adonai, Jah* und *Zebaoth* zu geschehen, als:

Im Namen der hochheiligen Dreifaltigkeit Gott Vater, Sohn und Heiligen Geist, wirke ich jetzt und in dieser Stunde und durch des Planeten Namen, dass mir Gott *Adonai, Jah* und *Zebaoth* durch die Wirkungen des Planeten und starken Charaktere, die dazu bestimmt sind, N. N. damit mir der Planet N. und starke Charakter durch diese Worte der Wirkungen ihrer Natur und Macht erweisen, das gebiete ich ihnen durch meinen starken Gott *Adonai, Jah* und *Zebaoth*, bei der Geburt, Leiden und Sterben, Auferstehung und Himmelfahrt Jesu Christi, des Sohnes des allmächtigen Gottes. Amen.

Willst du ein Experiment machen, so enthalte dich drei Tage vorher jeden Verkehrs mit dem weiblichen Geschlecht und lebe nur mäßig und einfach. Bete auch vor dem Beginn ein *Pater noster*.

De Characteribus Planetarum.

Alle, so die *Characteres Planetarum* gehabt, bezeugen einhellig, dass solche von großer Wirkung und Tugend, sofern selbige zu rechter Zeit und nach gebührender Weise präpariert werden. Wie es aber damit geschehen, wollen wir im Folgenden zeigen:

Nimm ein sauberes Papier oder Pergament, darauf verzeichne 7 Zirkel, einen in der anderen nach der Zahl der 7 Planeten. Du magst solche so weit oder eng nach Belieben machen, doch dass die Charakter jedes Planeten auf seinen Zirkel zu bringen. Dann habe Acht, wenn Tag und Nacht gleich sind, so nimm die gerissenen Zirkel für dich, und auf den äußersten mache das Zeichen Saturni mit seinem Charakter, denn weil er die oberste und höchste Stelle am Firmament, so muss er auch den höchsten Zirkel inne haben, auf den anderen inneren Jovem mit seinen Charakteribus, auf den 3ten Martem, 4ten ☉, 5ten ♀, 6ten ☿, 7tes ☾.

Solches aber muss auf folgende Weise geschehen. Den Saturni Zirkel musst du verzeichnen an einem Samstag früh in der ersten Stunde des Tages, des ♃ an einem Donnerstag und also fort, und habe ja Acht, dass du sie ordentlich miteinander, wie sie am Firmament verzeichnet und nicht durcheinander zeichnest, sonst wäre es konträr und kein Nutzen. Wenn es verfertigt, wickle es zusammen in ein rein goldfarbseidenes Tüchlein, trage es am Hals, dass es auf die Brust hängt, so wirst du dessen Macht und Wirkungen kräftig verspüren.

Virtutes.

☉ Erhöht den Menschen in Ehr und Gut.
♂ Macht sieghaft wider alle Feinde.
♀ Macht lieb und angenehm zu allen Leuten, sodass man einem keine Bitte versagt.
♄ Befördert Alles, was einer anfängt in Erbauung der Früchte und des Feldes.
♃ Macht geistig, andächtig und keusch.
Macht kunstreich, sinnreich, weise und geschwind in allen Sachen.
☽ Gibt starke Gesundheit.

Die Charaktere selbst sind folgende:

♄ Aratron

♃ Hemphetor

♂ **Phalech**

☉ **Och**

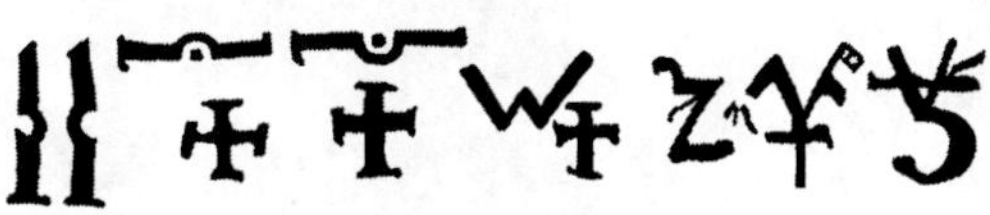

♀ **Hagith**

☿ **Ophiel**

☽ **Phul**

N.B. Man soll beachten, dass solche gemacht werden, wenn kein Planet im Zurücklauf begriffen ist, sonst würde es das *Gegenteil* bewirken.

XI.

1. Beschwörungen der Schätze, so unter der Erde sind.
2. Ausbietung der Geister, so die Schätze besitzen.
3. Wie man eine wahre Wünschelrute schneiden solle.
4. Wie man die Rute beschwören solle.
5. Das wahre Sigillum Salomonis.
6. Wie man einen Spiritus Familiaris beschwören und überkommen kann.

Ich N. N. beschwöre und gebiete dir Silber, Gold und Gut, bei dem heiligen Erzengel, bei dem Erzengel Gabriel, bei dem Erzengel St. Michael, und bei dem Erzengel Raphael, und bei dem heil. Erzengel St. Ariel, dass du Silber, Gold und Gut, an deiner Statt still stehest, von dannen nicht weichest oder gehest, sondern von uns finden lässt, dem Schöpfer des Himmels und der Erde zu Lob und zu Ehre, und allen gläubigen Seelen zu Hilfe und Trost, und den Menschen auf Erden zur Hilfe und Besserung †. Amen. †

†

†

Ich N. N. beschwöre und gebiete dir Silber, Gold und Gut, allhier unter der Erde, bei der Kraft, Allmacht Gottes des Vaters, und bei der Erlösung Jesus Christus, Gottes Sohns, und bei der Heiligung Gottes des Heiligen Geistes, dass du Silber, Gold und Gut, an deiner Statt still stehest, von dannen nicht weichest oder gehest, sondern dich von uns finden lässt, dem Schöpfer des Himmels und der Erde zu Lob und zu Ehren, und allen gläubigen Seelen zu Hilfe und Trost, und den Menschen auf Erden zur Hilfe und Besserung †. Amen. †

†

†

Ich N. N. beschwöre und gebiete dir Silber, Gold und Gut, bei den vier heil. Evangelisten Matheus und Johannes, bei dem heil. St. Markus und bei den heil. St. Lukas, dass du Silber, Gold und Gut, an deiner Statt still stehest, von dannen nicht weichest oder gehest, sondern dich von uns finden lässt, dem Schöpfer des Himmels und der Erde zu Lob und zu Ehren, und allen gläubigen Seelen zu Hilfe und Trost, und den Menschen auf Erden zur Hilfe †. Amen. †

†

† † †

Sprich 3 Vaterunser, 3 Ave Maria, und 3 Glauben, Gott zu Lob und zu Ehren, gegen Aufgang der Sonne auf bloßen Knien. † Amen. †

†

Ausbietung der Geister.

Ich N. N. beschwöre euch böse Geister, unter dem Himmel, und dem Gewölk auf der Erde und unter der Erde, dass ihr böse Geister von diesem Silber, Gold und Gut hinwegweicht, von Aufgang der Sonne, von Mittag bis zu Mitternacht, dann also wenig ihr bösen Geister Macht, Gewalt und Teil an Jesum Christum den Gekreuzigten wahren Gott habt, also wenig habt ihr bösen Geister Macht und Gewalt und Teil an diesen Silber, Gold und Gut, so wahr als die heil. Dreifaltigkeit lebt und regiert von Ewigkeit zu Ewigkeit.

Amen † Amen † Amen.

Diese nachfolgenden Zettel müssen 4 sein, die stelle auf die 4 Haupt der Welt.

†

† Isus Agla † Thetraga † † †

† Matham † Alfa † † eta † Amen † † †.

Die vier Evangelisten müssen darauf sein, und auf jedweden einen

† Matheus †† Markus †† Lukas †† Johannes †

†

Wie man die Wünschelrute schneiden soll.

So sprich, wenn du zu der Rute kommst:
Im Namen Gottes Sohns find ich dich,
in Gottes Heiligen Geistes schneid ich dich.

Wie man die Ruten taufen soll.

Im Namen Gottes des Vaters taufe ich dich, auf Silber und Gold, im Namen Gottes des Heiligen Geistes, taufe ich dich auf Silber und Gold. Amen. †

Wie man die Ruten schneiden soll und wie sie zu finden ist:

Suche zwei Sommerlatten oder gleichhafte Schoß auf deinem Zweig, gehe dann dazu am Sonntag, ehe die Sonne aufgeht, kniee nieder und sprich vier Vaterunser und so viele Ava Maria, den vier Evangelisten zu Lob und zu Ehren, und nimm die Ruten in die Hand, und ehe du sie abschneidest, so sprich dies Gebet:

Ich bitte dich Vater, allmächtiger Gott, in den höchsten Namen *Messias, Pater, Samuel, Salauth*, dass du diesem Gähte oder Sommerlatte Kraft und Macht gebest, dass sie uns wahrlich, mich oder wer es damit versucht, auch den Glauben hat an den Allmächtigen, zu verborgene Schätze, es sei Gold, Silber und Edelgestein oder was nur sein kann, Metall oder was sie haben will, dass sie uns die rechte Wahrheit zeige ohne alle Betrüglichkeit, Amen.

†

Ich bitte dich, Vater, allmächtiger Gott, durch deine heilige Weisheit, dass mir verborgene Schätze, von der Rute erzeugt und offenbar werden, mir armen Sünder, Amen.

Danach schneide sie ab und stehe auf, leg sie kreuzweise übereinander und mache das Kreuz: Ich beschwöre euch Zweigäthe oder Sommerlatten, bei dem Gott, der mich und euch erschaffen hat, und alle anderen Dinge, und stehen die Heiligen Drei Könige an die Statt, da der wahre Gott und Mensch lag, unser lieber Herr Jesus. Amen. †

Vaterunser und Ave Maria.

Beschwörung zu der Wünschelrute.

Ich beschwöre euch Ruten bei der Kraft des Vaters, der Macht des Heiligen Geistes, und bei dem Zeichen des heiligen

Kreuzes, dass ihr ja nicht führt ohne betrogene Dinge.

Ich beschwöre euch Ruten bei dem heil. Namen unseres Herrn Jesu Christi, *elely, elione, elye, korgramar, Adonai Subadsa*, bei der Märtyrer Namen, bei den 12 Aposteln, bei den Jungfrauen, bei den Patriarchen, bei den Propheten, bei dem wahren Gott, den ich heute in des Priesters Hand habe gesehen, bei der reinen Jungfrau Maria, dass ihr mich führt und leitet. Ich beschwöre euch Ruten bei den fünf Wunden unseres Herrn Jesu Christi, bei den Nägeln und bei dem Speer Christi, und bei der heiligen Beichte, dass ihr mich führt und leitet. Ich beschwöre euch Ruten bei dem, der euch und alle Dinge erschaffen hat, dass ihr ja mich führt auf die Stätte, da der Schatz liegt.

Ich beschwöre euch Ruten bei den Heiligen Drei Königen Kaspar, Melchior und Balthasar, so recht, als sie der Stern führt und leuchtet zu der Stätte der Wahrheit, da solche das Kindlein Jesu gefunden haben, Amen.

Citatio Spiritus Familiaris.

Wenn ein schöner Tag ist, und die Sonne gar heiß scheint, so gehe früh morgens in einen Garten oder Wiese, darauf viele süße Blumen wachsen, und bestreiche deren etliche mit Jungfernhonig, und gehe wieder, aber in der 11. und 12. Stunde komme wieder und beachte, dass du von Niemand gesehen noch beschrien wirst. So wirst du sehen auf diesen Blumen von allerhand Art fliegende Mücken, Imen, Bremen, große Hummeln, welche Hauben auf dem Kopf wie die Widerhopfe, welche erschrecklich anzusehen, und mit großem Brummen herumfliegen, dass fasse ein Herz, tritt hinzu und mache mit deinem linken Fuß ein † auf den Erdboden und stehe mit zwei Füßen darauf, und segne dich dreimal ein, und mache das heilige Kreuz vor dich und sprich:

„Heli, Sator, Rages, Heliy.

Ich gebiete dir Plutonj in dem Namen des großen dreieinigen Gottes, von dem du durch deine Hoffart abgefallen, und vom Himmel in den tiefen Höllenpfuhl mit allen deinen Engeln bist gestürzt worden und mit Ketten der Finsternis gebunden ewiglich, dass du diesen Augenblick einen Geist sendest, der da einfahre, und welcher alle Gewalt und Wissenschaft habe über alle verborgene Schätze und Güter, sie seien auf der Erde, im Meer oder unter der Erde, geschwind hervor bringe, und dieselben Güter, so viel ich verlange, bringe und zur Bezeigung seines Gehorsams mir solche zu meinen Füßen lege!" — Dann stecke deinen gefangenen fliegenden Geist geschwind in ein Glas, vermache das Glas oben wohl mit Jungfernwachs, spucke dreimal darauf, und drücke mit einem † Messer drei † darauf, und beschwöre den versperrten Geist nochmals und sprich:

„Ich beschwöre dich fliegender Geist in dem Namen Jesu, vor dessen Namen sich alle Kniee beugen müssen, denn ich bin in seinem Namen getauft, und in Christo einverleibt, denn er hat mich durch sein Blut erlöst, darum bin ich sein, und habe dir widersprochen, darum hast du an mir nichts, ich bin selig, du bist verdammt, sag mir behände deinen Namen, willst du anders von deiner großen Pein etwas erledigt sein, denn so lang du mir dienst, so lang bist du von Gott deiner Pein erledigt, oder ich verfluche dich viel tiefer, als du je gewesen bist!"

Dann fängt er geschwind und freudig in dem Glas an zu reden, sagt dir seinen Namen und dient.

XII.

Die Kunst,

den

Geistern des Himmels, der Luft, der Erde und der Hölle zu befehlen,

nebst dem

großen Grimoire, der schwarzen Kunst und den höllischen Kräften des Dr. J. Karter, der Clavicula Salomonis,

und

dem wahren Geheimnis, die Toten sprechen zu lassen und alle verborgenen Schätze zu entdecken.

Im Jahr 1421.

Vorrede.

Der Mensch, welcher unter der erdrückenden Last der Vorurteile seufzt, wird Mühe haben, sich zu überreden, dass es mir möglich gewesen ist, das Wesentliche von mehr als 20 Bänden in so engen Raum zusammen zu bringen. Möge aber der Ungläubige und der durch Vorurteile Eingenommene die Mühe nicht scheuen, Schritt für Schritt der Bahn zu folgen, welche ich ihm vorzeichne, und die Wahrheit wird ihm deutlich werden. Er wird das Misstrauen und die Furcht aus seinem Geist verbannen, welche eine nutzlose Weitschweifigkeit zur unrechten Zeit, und durch unvollkommene Kennzeichen ihm verursacht haben kann. Es ist ebenfalls eitel, zu glauben, dass es nicht möglich ist, ähnliche Operationen zu unternehmen, ohne seinem Gewissen zu nahe zu treten.

Um vom Gegenteil sich zu überzeugen, darf man nur einen Blick auf das Leben des heil. Cyprians werfen.

Ich wage mir zu schmeicheln, dass die Weisen, welche sich mit den Mysterien der göttlichen Wissenschaft, die geheime genannt, abgeben, dieses Buch als den kostbarsten Schatz der Welt betrachten werden.

Die Kunst den Geistern zu befehlen, nebst dem großen Gremoire.

Erstes Kapitel.

Dieses Buch ist in unseren Gegenden so selten, dass man es nach den Rabbinern das eigentliche große Werk nennen kann, diese letzteren haben uns auch dieses kostbare Original hinterlassen, welches so viele Scharlatane umsonst nachzumachen versucht haben, in der Absicht, Geld zu erpressen, von Toren, welche sich an den ersten besten wenden, ohne der wahren Quelle nachzuspüren. Das Vorliegende ist von den wahren Schriften Salomons des Großen abgeschrieben, welche man durch einen Zufall gefunden hat. Nachdem dieser große König alle Tage seines Lebens in den mühsamsten Nachforschungen der dunkelsten Geheimnisse zugebracht hatte, gelang es ihm endlich bei allein seinen Unternehmungen. Er brachte es soweit, die tiefsten Wohnungen der Geister zu durchdringen. Welcher andere Mensch als dieser mächtige Genius hätte die Kühnheit gehabt, die niederschmetternden Worte auszuforschen, deren Gott sich bediente, um die rebellischen Geister zum Gehorsam zurückzuführen? Er drang bis zu den Gewölben des Himmels, um diese Geheimnisse und die mächtigen Worte zu erforschen. Er entdeckte uns den Einfluss der Gestirne, die Konstellationen der Planeten und die Weise, alle Geistererscheinungen zu lassen, durch Beachtung nachfolgender Beschwörung, sowie durch die Bereitung der furchtbaren Zauberrute und ihrer Wirkungen, welche die Geister zum Zittern bringt, und deren Gott sich bediente, um seinen Engel zu bewaffnen, welcher Adam und Eva aus dem Paradies vertrieb, und mit welcher Gott die rebellischen Geister schlug, um ihren Übermut zu stürzen. Die Kraft dieser Rute bildet Stürme und zerstreut sie, und treibt sie in jede Gegend, die ihr wünscht.

Folgendes sind also die Worte, die aus seinem Mund gingen,

denen ich pünktlich folgte, und die mich in allem vollkommen befriedigt haben, indem mir alle Unternehmungen glückten.

Unterzeichnet:

J. Karter aus Venedig.

Zweites Kapitel.

O Menschen, schwache, sterbliche! Zittert über eure Verwegenheit, wenn ihr blindlings glaubt, irgendeine tiefe Wissenschaft zu besitzen. Erhebet euren Geist über eure Sphäre, und lernt von mir, dass ihr, ehe ihr etwas unternehmt, fest, unerschütterlich und aufmerksam sein müsst, genau jeden Punkt zu beachten, den ich euch sage, wo nicht, so wird alles zu eurem Nachteil, zu eurer Beschämung und zu eurem gänzlichen Untergang sich wenden.

Wenn ihr hingegen pünktlich befolgt, was ich euch sage, so werdet ihr mächtig, reich und siegreich aus allen euren Unternehmungen hervorgehen.

Bewaffnet euch also mit Unerschrockenheit, Klugheit, Weisheit und Tugend, um dieses unermesslich große Werk unternehmen zu können, an welchem ich 60 Jahre Tag und Nacht gearbeitet, bis es mir endlich gelungen ist.

Ihr müsst genau folgende Punkte beachten:

Erstens.

Ihr müsst ein Mondesviertel lang keinen Umgang mit einer Frau, noch mit einem Mädchen haben, um nicht unrein zu werden. Ferner müsst ihr euer Mondesviertel in dem Augenblick anfangen, da es beginnt, indem ihr dem großen Adonai, welcher das Haupt aller Geister ist, versprecht, dass ihr täglich nur 2 Mahlzeiten zu halten, oder auch nur alle 24 Stunden, welche ihr mittags und nachts 12 Uhr rechnet; oder wenn ihr lieber wollt, morgens und abends um 7 Uhr, wobei ihr jedes Mal vor der Mahlzeit folgendes Gebet sprecht:

Gebet.

Ich flehe dich an, großer und mächtiger *Adonai*, Meister aller

Geister, ich flehe dich an, *Eloim*, ich flehe dich an, *Jehova*. O großer *Adonai*, ich schenke dir meine Seele, mein Herz, mein Eingeweide, meine Hände, meine Füße, meine Seufzer und mein ganzes Wesen. O großer *Adonai*, sei mir gewogen. Amen.

Nehmt hierauf eine Mahlzeit, entkleidet euch nicht, schlaft das ganze Mondviertel so wenig als möglich, denkt beständig an euer Vorhaben und gründet alle eure Hoffnung auf die unendliche Güte des großen *Adonai*; den Tag noch der ersten Nacht geht ihr zu einem Materialwarenhändler, um einen Blutstein, *Ematille* genannt, zu kaufen, den ihr, um jedem Unfall zu entgehen, beständig bei euch tragen müsst, denn von dem Augenblick an, da ihr den Wunsch habt, einen Geist zu beschwören, tut er alles, was er kann, um es euch zu entleiden, und um euer Unternehmen scheitern zu lassen, indem er sich der Netze entledigen will, die ihr ihm spinnt, ihr dürft nur allein oder zu dreien sein, den Exorzisten inbegriffen, d. h. denjenigen, welcher mit dem Geist spricht, indem er die niederdonnernde Rute in der Hand hält, ihr müsst Sorge tragen, einen einsamen Ort zur Handlung auszuerlesen, damit der Exorzist nicht unterbrochen werde. Dann kauft ihr ein junges Zieglein, das noch nicht trächtig gewesen ist, das ihr am 3. des Viertels schlachtet, indem ihr ihm einen Eisenkrautkranz mit einem grünen Band am Hals befestigt, und zwar an der Stelle, die zur Geistererscheinung bestimmt ist. Der rechte Arm muss bis an die Schulter entblößt und mit einer reinen Stahlklinge bewaffnet sein. Ist das Feuer mit weichem Holz angezündet, so sprecht ihr folgende Worte mit Hoffnung und Festigkeit.

Erstes Opfer.

Ich bringe dir dieses Opfer dar, o großer *Adonai*, *Eloim, Ariel* und *Jehova*, zur Ehre, deinem Ruhm und deiner Macht über alle Geister. Nimm, o großer *Adonai*, es gnädig auf, Amen.

Hierauf schlachtet ihr das junge Zieglein, zieht ihm die Haut ab, legt das Übrige auf das Feuer, um in Asche verwandelt zu werden, welche ihr sammelt und gegen Aufgang der Sonne werft, indem ihr folgende Worte sprecht: Zu deiner Ehre, Preis und Macht, und im Namen des großen *Adonai, Eloim, Ariel* und *Jehova* vergieße ich das Blut dieses Opfers. Nimm, o großer *Ado-*

nai, seine Asche günstig auf.

Während das Opfer brennt, könnt ihr euch zur Ehre, zum Preis und zum Ruhm des großen *Adonai, Eloim, Ariel* und *Jehova* unterhalten, indem ihr jedoch darauf bedacht seid, die Haut des Ziegleins aufzubewahren, um am Tag der großen Unternehmung den großen kabbalistischen Kreis damit zu bilden, in den ihr euch stellen müsst.

Drittes Kapitel.

Es enthält die wahre Zubereitung des geheimnisvollen Zauberstabs oder der danieder donnernden Zauber-Rute, wie sie hier abgezeichnet ist.

Am Tag vor der großen Unternehmung sucht ihr einen Stab oder eine Gerte von wilder Haselnuss, der niemals Früchte getragen hat, und der ähnlich derer ist, welche ihr hier seht. Sie muss also gegen das Ende in zwei Punkte auslaufen, und 19 ½ Zoll lang sein. Wenn ihr nun eine solche Gerte gefunden habt, dürft ihr sie nicht berühren, sondern wartet bis an den nächsten, den eigentlichen Tag der Ausführung, wo ihr sie dann gerade bei Aufgang der Sonne abschneidet. Nun reinigt ihr sie von den Blättern und kleinen Knospen mit der gleichen Stahlklinge, welche ihr beim Schlachten des Opfers verwendet habt, indem ihr Acht darauf habt, dass beide Enden etwas zugespitzt sind. Ist dies alles geschehen, so kehrt ihr nach Hause zurück, nehmt einen Magnetstein, den ihr heiß macht, damit die beiden Spitzen eurer Gerte bestreicht und folgende Worte sprecht:

Bei der Macht des großen *Adonai, Eloim, Ariel* und *Jehova* befehle ich dir, alle mir gefälligen Materien zu vereinigen und anzuziehen, und befehle dir bei der Unvereinbarkeit des Feuers und Wassers alle Materien voneinander zu trennen, wie sie am Tag der Schöpfung der Welt getrennt wurden. Amen.

Hierauf unterhaltet ihr euch zur Ehre und zum Ruhm des großen *Adonai* und seid sicher, dass ihr den größten Schatz der

Welt besitzt. Am Abend nun nehmt ihr eure Gerte, euer Ziegenfell, euren Blutstein und 2 Kränze von Eisenkraut, zwei Leuchter und zwei Wachslichter, welche von einer Jungfrau gemacht und geweiht wurden, einen nie gebrauchten Feuerstein nebst Zunder, um euer Feuer anzuzünden, eine halbe Flasche Branntweingeist, eine Portion Weihrauch und Kampfer, endlich 4 Nägel aus der Bahre eines toten Kindes und begebt euch dann an die Stelle, wo das große Werk vorgenommen werden soll, indem ihr pünktlich den großen kabbalistischen Kreis nachahmt, so wie er euch hier vorgezeichnet ist.

Viertes Kapitel.

Es enthält die wahre Darstellung des großen kabbalistischen Kreises.

Ihr fangt damit an, dass ihr mit dem Ziegenfell einen Kreis bildet, so wie er oben angezeigt ist, und nagelt ihn mit euren 4 Nägeln zu. Hierauf nehmt ihr den Blutstein und zeichnet innerhalb des Kreises ein Dreieck, wie es angegeben ist, indem ihr mit der Seite gegen Sonnenaufgang anfangt. Ihr macht auch mit eu-

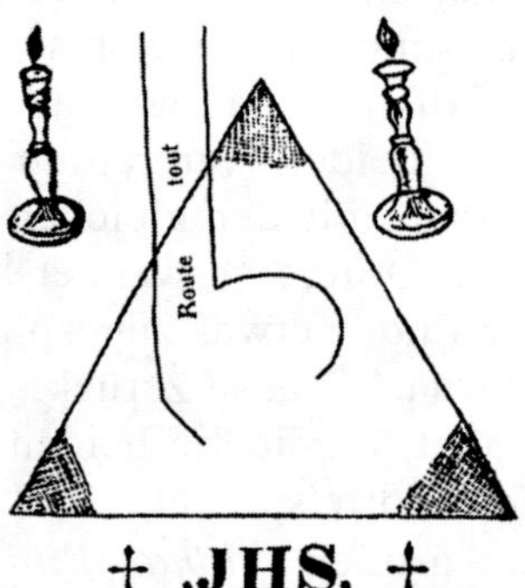

† .JHS. †

rem Blutstein das große A und das kleine e, das kleine a und das kleine j, so wie das St., den Namen Jesu in der Mitte der beiden Kreuze, damit euch die Geister von hinten nichts anhaben können. Hierauf lässt der Exorzist sein Gefährten in das Dreieck treten, und tritt selbst ein. Was er auch für ein Geräusch hört, er soll nicht erschrecken. Er stellt nun die beiden Leuchter nebst den beiden Kränzen von Eisenkraut rechts und links im Dreieck auf und zündet die beiden Kerzen an. Der Exorzist stellt ein neues Gefäß vor sich, angefüllt mit Kohlen von Weidenholz, die am gleichen Tag gebrannt worden sind, und gießt einen Teil des Branntweingeistes, sowie vom Weihrauch und Kampfer darauf. Der übrige Teil dient dazu, das Feuer beständig zu unterhalten, so lange der Akt dauert. Ist das genau erfüllt, so sprecht ihr folgende Worte:

Ich bringe dir, großer *Adonai*, diesen Weihrauch als den reinsten dar, sowie diese Kohlen aus dem leichtesten Holz. Ich ergebe mich dir, mächtiger *Adonai, Eloim, Ariel* und *Jehova* von ganzer Seele und von ganzem Herzen. Nimm es, großer *Adonai*, gnädig auf. Amen.

Auch tragt Sorge kein unreines Metall bei euch zu tragen, außer Gold und Silber, welches ihr dem Geist in Papier gewickelt, zuwerft, damit er euch kein Leid zufügen könne, wenn er vor dem Kreis erscheint. Während er nun das Geldstück aufhebt, fangt ihr mit Mut, Kraft und Klugheit bewaffnet, folgendes Gebet an. Noch ist zu bemerken, dass nur der Exorzist spreche, die anderen müssen das Stillschweigen beachten, selbst wenn der Geist sie fragen oder ihnen drohen sollte.

Erstes Gebet.

O großer, lebendiger Gott, in einer Person Vater, Sohn und Heiliger Geist, ich bete dich in tiefer Ehrfurcht an, und unterwerfe mich deinem heiligen Schutz mit der lebhaftesten Zuversicht: ich glaube aufs Zuversichtlichste, dass du mein Schöpfer, mein Wohltätet, meine Stütze und mein Herr bist, und erkläre dir, dass ich keinen anderen Willen habe, als dir in Ewigkeit anzugehören. Amen.

Zweites Gebet.

O großer Gott, der du den Menschen erschaffen hast, um glückselig in diesem Leben zu sein, der du alle Dinge zu seinem

Gebrauch hervorgebracht und gesagt hast, alles soll dem Menschen unterworfen sein, sei mit günstig, und gestatte nicht, dass aufrührerische Geister Schätze besitzen, welche deine Hand zu unserem zeitlichen Bedürfnis geschaffen hat. Gib mir, o großer Gott, doch die Kraft, durch die mächtigen und furchtbaren Worte deiner *Clavicula* darüber zu schalten. *Adonai, Eloim, Ariel, Jehova, Tagla, Mathon* sei mir günstig. Amen.

Ihr tragt Sorge, euer Feuer mit Branntweingeist, Weihrauch und Kampfer zu unterhalten, und sprecht hierauf das Opfergebet, wie folgt:

Ich bringe dir diesen Weihrauch dar, den reinsten, den ich habe finden könne, o großer *Adonai, Eloim, Ariel* und *Jehova*, nimm ihn gnädig auf, großer *Adonai*, sei mir günstig durch die Macht, und lass es mir bei dieser großen Unternehmung gelingen. Amen.

Erste Beschwörung.

An Lucifer, den Obersten der Teufel.

Lucifer, Oberster und Meister der aufrührerischen Geister, ich bitte dich, deine Wohnung zu verlassen, in welchem Teil der Welt sie auch sein möge, um mit mir zu sprechen. Ich befehle dir, ich beschwöre dich im Namen des großen, lebendigen Gottes, des Vaters, des Sohnes und des Heiligen Geistes, ohne Geräusch und ohne Gestank zu kommen, um mir laut und vernehmlich Punkt für Punkt über das Antwort zu geben, was ich dich fragen werde. Wo nicht, so sollst du durch die Macht des großen *Adonai, Eloim, Ariel, Jehova, Tagla, Mathon* und aller anderen himmlischen Geistern dazu gezwungen werden. Komm! — Komm! — Gehorche, Lucifer, oder du sollst durch die Kraft dieser niederschmetternden Zauberrute in Ewigkeit gequält werden.

Zweite Beschwörung.

Ich befehle dir und beschwöre dich, Oberster Lucifer, im Namen des großen, lebendigen Gottes und durch die Macht Emanuels, seines einzigen Sohnes, deines und meines Herrn, und kraft seines köstlichen Blutes, das er vergossen hat, um die Menschen deinen Fesseln zu entreißen, ich gebiete dir, deine Wohnung zu verlassen, in welchem Teil der Welt sie auch sein mag, ich beschwöre dir, dass ich dir keine Viertelstunde Ruhe lassen werde, wenn du nicht alsobald kommst, um mit lauter und vernehmlicher Stimme mit mir zu sprechen. Falls du nicht selbst kommen kannst, so schicke mir deinen Boten Astarot, in menschlicher Gestalt, ohne Geräusch und ohne Gestank, wo nicht, so werde ich dich und dein ganzes Geschlecht mit der furchtbaren und niederdonnernden Zauberrute treffen, und zwar durch die Macht jener großen Worte der *Clavicula*: Geschworen sei dir bei *Adonai, Eloim, Ariel, Jehova, Tagla, Mathon, Almouzin, Arios, Pithona, Magoth, Salphae, Kabotz, Salomontrae, Gnomus, Terrae, Coelis, Geodens, Aquae.*

Nachricht.

Wenn der Geist nicht erscheint, so wird vor der dritten Beschwörung die *Clavicula*, so wie sie hier unten steht, gelesen, und ihr schlagt alle Geister, indem ihr beide Spitzen eurer Zauberrute ins Feuer hebt. Erschreckt nun nicht über das furchtbare Geheul, das ihr hören werdet, da nun alle Geister erscheinen. Während dieses Geräusches, das ihr hören werdet, sagt ihr, bevor ihr noch die *Clavicula* lest, die dritte Beschwörung.

Dritte Beschwörung.

Ich befehle dir, Oberster Lucifer, im Namen des großen lebendigen Gottes, seines geliebten Sohnes und des heil. Geistes, und bei der Macht des großen *Adonai, Eloim, Ariel* und *Jehova*, augenblicklich zu erscheinen, oder mir deinen Boten Astarot zu schicken, indem ich dich auffordere, deine Wohnung zu verlassen, in welchem Teil der Welt sie auch sein mag. Ich erkläre dir zugleich, dass wenn du nicht sogleich erscheinst, ich dich und dein ganzes Geschlecht von Neuem mit der danieder donnernden Rute des großen *Adonai, Eloim, Ariel* und *Jehova* schlagen werde.

Erscheint der Geist noch nicht, so haltet die beiden Spitzen eurer Rute ins Feuer und lest folgende mächtige Worte aus der großen *Clavicula Salomos*.

Große Beschwörung.

An den Obersten Lucifer.

Aus der wahren Clavicula gezogen.

Ich beschwöre dich, o Geist, in dieser Minute zu erscheinen bei der Gewalt des großen *Adonai, Eloim, Ariel, Jehova, Aglas, Taglas, Mathon, Oarios, Almouzin, Arios, Membrot, Varios, Pithona, Magots, Salphae, Gabots, Salamantrae, Tabots, Gnomus, Terrae, Coelis, Godens, Aquae, Gingua, Janna, Etitnamus, Zariatnatmick* etc.

Hierher gehören die großen Buchstaben.

A…E…J…A…T…M…A…
O…A…A…M…V…P…M…
S…C…S…T…G…T…C…
G…A…G…J…E…Z…etc.

Nachdem diese großen und mächtigen Worte dreimal wiederholt worden sind, so seid versichert, dass der Geist erscheinen wird.

Erscheinung des Geistes.

Da bin ich! Was verlangst du? Warum störst du meine Ruhe? Schlage mich nicht mit dieser furchtbaren Rute.

Fragen an den Geist.

Wärst du erschienen, als ich dich rief, so hätte ich dich nicht geschlagen, und bewilligst du mir nicht, was ich von dir verlange, so sollst du ewig von mir gequält werden.

Erwiderung des Geistes.

Halte mich hier nicht länger auf, und quäle mich nicht weiter, sondern sage mir gerade heraus, was du von mir verlangst.

Forderung an den Geist.

Ich verlange von dir, dass du jeden Wochentag zweimal zu mir kommst, und zwar während der Nacht, ebenfalls musst du zu jedem anderen kommen, welcher im Besitz dieses Buches ist, dass du nun unterzeichnen musst, indem ich dir es jedoch überlasse, die Stunden zu bestimmen, falls die hier angezeigten nicht schicklich wären. Nämlich:

Montags um 9 Uhr und um Mitternacht.
Dienstags um 10 Uhr und um 1 Uhr.
Mittwochs um 11 und um 2 Uhr.
Donnerstags um 8 und um 10 Uhr.
Freitags um 7 Uhr und um Mitternacht.
Samstags um 9 und um 11 Uhr.

Ferner verlange ich von dir, mir den nächst besten Schatz zu verschaffen, indem ich dir als Belohnung das erste Gold- oder Silberstück verspreche, das ich berühren werde, und zwar jedes Mal am ersten Tag eines Monats, dies ist meine Forderung.

Antwort des Geistes.

Ich kann deine Forderung weder auf diese noch irgendeine andere Bedingung hin erfüllen, sofern du dich nicht mir nach 50 Jahren überlassen willst, um aus deinem Körper und aus deiner Seele zu machen, was mir gefallen wird.

Erwiderung an den Geist.

Ich werde dich und dein ganzes Geschlecht durch die Macht des großen *Adonai* schlagen, wenn du mir nicht augenblicklich bewilligst, was ich von dir verlange.

Nachricht.

Ihr haltet nun die Spitze der Zauberrute ins Feuer und lest die große Beschwörung der *Clavicula*, bis der Geist sich euren Wünschen fügt.

Antwort und Billigung des Geistes.

Schlage mich nicht weiter. Ich verspreche dir zu bewilligen, was du von mir verlangst, und werde dir zwei Stunden lang in der Nacht eines jeden Wochentags erscheinen. Nämlich:

Montags um 10 Uhr und um Mitternacht.

Dienstags um 11 Uhr und um 1 Uhr.
Mittwochs um Mitternacht und um 2 Uhr.
Donnerstags um 8 und um 11 Uhr.
Freitags um 9 Uhr und um Mitternacht.
Samstags um 10 und um 1 Uhr.

Ich billige auch dein Buch, und gebe dir meine wahre Unterschrift auf Pergament, um sie am Ende des Buches beizufügen, damit du dich im Fall der Not derselben bedienen mögest. Ich unterwerfe mich auch jedes Mal, wenn ich gerufen werde, vor dir zu erscheinen, wenn du das Buch geöffnet und dich gereinigt haben wirst, wenn du die Zauberrute in der Hand, den großen kabbalistischen Kreis gebildet und das Wort *Rofocale* ausgesprochen hast.

Zugleich verspreche ich dir, denen in Güte zu erscheinen, welche im Besitz dieses Buches sind, das mit meiner wahren Unterschrift versehen ist, sofern sie mich das erste Mal, wo sie meiner nötig haben, nur gehörig rufen.

Auch werde ich dir den Schatz verschaffen, den du von mir verlangst, unter der Bedingung jedoch, dass du deswegen stets ein Geheimnis bewahrest, dass du mitleidig gegen die Armen seist, und dass du mir jedes Mal am ersten Tag des Monats ein Gold- oder Silberstück gebest. Verfehlst du dich dagegen, so gehörst du auf ewig mir an.

Hier folgt die Unterschrift und Bestätigung
des Teufels:

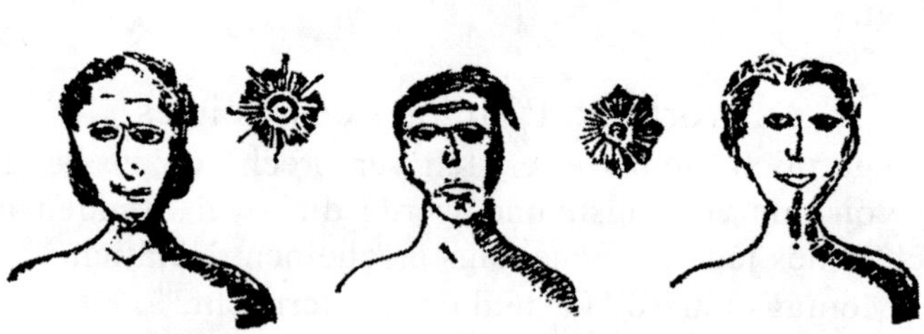

Versprechen des Geistes.

Erstes Kapitel.

Ich, Oberster Lucifer, mächtigster und unabhängiger Herrscher und unumschränkter Herr des ganzen unterirdischen Reiches, in meiner Gerichtsbarkeit furchtbar und schrecklich, auf dessen Befehl hin das ganze ausgedehnte Reich sich in Bewegung setzt, willkürlicher Richter des Glücks und des Unglücks und Lenker desselben, Beherrscher Europas und besonders Asiens.

Zweites Kapitel.

Ich verspreche und schwöre im Namen des lebendigen Gottes, dem Besitzer des gegenwärtigen Buches, das von mir bestätigt und mit meinem Sigill versehen ist, Gehorsam und Unterwerfung zu, um demselben in jedem Punkt seine angenehmste Wünsche zu erfüllen.

Drittes Kapitel.

Ferner verspreche und schwöre ich von Seite meiner Untertanen dasselbe. Bei bloßer Ablesung oben genannter Beschwörung dieses Buches werde ich plötzlich in Gestalt eines schönen Jünglings ohne Geräusch, Lärmen oder irgendetwas, was beleidigen könnte, oder ohne den Besitzer dieses Buches in Furcht zu setzen, demselben erscheinen und ihm mit Klarheit und Verständlichkeit auf alle seine Fragen Antwort geben, ohne dass er nötig habe, vorher Beschwörungen, Zauberkünste, Kreise oder andere Zauberformeln in Anwendung zu bringen. Augenblicklich werde ich mich anbieten, um seine Befehle auszuführen.

Viertes Kapitel.

Ohne den geringsten Nachteil für ihn soll dann der Befehl des Beschwörers, in dessen Dienste ich stehe, pünktlich und plötzlich, ohne Geräusch vollzogen werden.

Fünftes Kapitel.

Ferner verspreche und schwöre ich förmlich Unterwürfigkeit aller meiner Untertanen, dem gegenwärtigen Besitzer dieses Buches zu, ohne Ansehen ihrer Würde oder ihres Ranges. Zu jeder Jahreszeit, jedes Jahr und Monat, Woche, Tag, Stunde, Viertelstunde, Augenblicke müssen sie wenn sie gerufen werden, in Gestalt eines schönen Jünglings erscheinen, und jeden Befehl des Beschwörers pünktlich und augenblicklich ausführen: auch dürfen sie nicht eher weggehen, bis sie die Erlaubnis dazu erhalten haben.

Sechstes Kapitel.

Ferner verspreche ich, was mich selbst und meine Untertanen betrifft, im Namen Gottes und unserer geheimnisvollen Charakter vollkommene Verschwiegenheit, ohne nur in einem Punkt mich gegen meinen Schwur zu vergehen.

Siebentes Kapitel.

Endlich verspreche ich, was mich selbst und meine Untertanen betrifft, den Herrn dieses Buches vor jeder Gefahr zu schützen, und ihn gegen jedes Ungemach und zufällige widrige Ereignisse zu verteidigen, ihm in jeder Not beizustehen, wenn sie auch in diesem Buch nicht besonders angeführt sein sollte.

Verabschiedung des Geistes.

Gehe hin zu deiner Bestimmung, und Friede sei unter euch! Kehre zu mir zurück, wenn ich dich angerufen haben werde, im Namen des Vaters, des Sohnes und des Heiligen Geistes.

Befehl des Geistes.

Folge mir und bemeistere dich des Schatzes, den ich dir zeigen werde. Nun geht der Exorzist, mit der Zauberrute und dem Blutstein bewaffnet, aus dem Kreis an die Stelle, welche ihm zur Hebung des Schatzes bezeichnet wird, indem er dem Geist folgt, die Anderen müssen durchaus innerhalb des Kreises bleiben, aber fest und unerschütterlich, welche Geräusche sie auch hören mögen und welche Erscheinungen sich auch zeigen. Nun wird der Geist den Exorzisten zum Eingang zum Schatz führen, und es ist leicht möglich, dass er dann einen Hund, welcher den Eingang bewacht, mit strahlendem Halsband sieht, den er auf die Seite schafft, indem er ihm die Spitze seiner Zauberrute entgegenhält: der Hund geht nun gerade auf den Schatz zu und der Exorzist muss ihm folgen. Kommt er nun dort an, so wird er die Person, welche ihn verborgen hat, dabei sehen, welche sich auf ihn wird werfen wollen, allein sie kann sich ihm keineswegs nähern. Der Exorzist muss auch mit einem Stück Pergament versehen sein, auf welchem die große Beschwörung der *Clavicula* geschrieben steht, die er auf den Schatz wirft, indem er zu gleicher Zeit ein Geldstück als Pfand nimmt, und von seinem eigenen als Erkenntlichkeit ihm eines zuwirft.

Nun zieht er sich rücklings zurück, indem er so viel vom Schatz mit sich nimmt, als er tragen kann. Das Übrige kann ihm nicht entgehen, wenn er obengenannte Maßregeln beachtet hat. Er muss nun Acht geben, sich nicht umzudrehen, was für ein Geräusch er auch wahrhaben möge, denn in diesem Augenblick wird es ihm scheinen, als ob alle Gebirge der Welt einstürzten. Ist er mit Unerschrockenheit bewaffnet, so wird ihn der Geist bis zum Eingang führen. Nun fängt der Exorzist anfangen zu lesen, und schickt auf folgende Weise den Geist zurück.

Beschwörung und Entlassung des Geistes.

O Fürst Lucifer, ich bin für den Augenblick mit dir zufrieden, ich lasse dich in Ruhe, und erlaube dir dich zurückzuziehen, wohin es dir gut scheinen wird, ohne dass du jedoch ein Geräusch machst, noch einen Gestank zurücklässt. Denke auch an deine Verpflichtungen, denn, wenn du es daran fehlen lässt, so werde ich dich in Ewigkeit mit der Zauberrute des großen *Adonai, Eloim, Ariel* und *Jehova* schlagen.

Danksagung.

O großer Gott, der du alle Dinge zum Dienst und Nutzen des Menschen erschaffen hast, wir danken dir demütigst, dass du uns durch deine große Güte in dieser Nacht mit deiner kostbaren Gunst überhäuft hast, und dass du uns bewilligst, alles, was wir wünschten. Nun haben wir erkannt, o großer Gott, die ganze Kraft deiner Versprechungen, als du uns sagtest: Sucht, so werdet ihr finden, klopfet an und es wird euch aufgetan. Da du uns anempfohlen hast, die Armen zu unterstützen, so versprechen wir dir, im Namen des großen *Adonai, Eloim, Ariel* und *Jehova*, mitleidig zu sein, und die Strahlen der Sonne, mit welchen die vier mächtigen Gottheiten uns soeben überhäuft haben, über die Bedürftigen auszugießen. Amen.

Zweites Buch.

Es enthält das wahre, heilige Reich der *Clavicula*, oder die wahre Weise, die Verträge zu schließen, nebst dem Namen, der Macht und den Talenten aller höheren Geister, sowie auch die Weise, sie durch die Macht der großen Beschwörungen der Kapitel der Verträge der großen *Clavicula* erscheinen zu lassen. Ferner, dass sie in allen Fällen gehorchen, nebst der großen, magischen Kunst oder dem wahren Geheimnis, die Toten zum Sprechen zu bringen, nebst mehreren Zauberkünsten.

Das heilige Reich, oder die Weise, Verträge abzuschließen, mit welchen Geistern es auch sein möge, ohne dass sie euch ein Leid anhaben können. Das wahre, heilige Reich der *Clavicula*, oder Verträge mit dem Teufel abzuschließen, von dem man schon seit so langer Zeit spricht, ist hier eine zu erklären notwendige Sache, zur Kenntnis derer, welche Geister beschwören wollen und nicht die nötige Eigenschaft besitzen, um die Zauberrute zu verfertigen, sowie den kabbalistischen Kreis, von dem im vorhergehenden Buch gesprochen worden ist.

Sie können, wiederhole ich, es nie dahin bringen, einen Geist zu zwingen, zu erscheinen, wenn sie nicht Punkt für Punkt dem folgen, was ich ihnen vorschreibe in Betreff der Weise, Verträge mit einem Geist, was für einer es auch sein mag, abzuschließen. Besteht nun der Vertrag darin, Schätze zu erhalten, oder im Genuss der Frauen und Mädchen, um von ihnen die erwünschten Gunstbezeugungen zu erhalten, oder die verborgensten Geheimnisse aller Höfe und Kabinette der Welt zu entdecken, oder um die Geister während der Nacht statt seiner arbeiten zu lassen, wo man es wünscht, oder um sich unsichtbar zu machen, oder um überall hinzukommen, wo man zu sein wünscht, oder um alle Schlösser zu öffnen, und zu wissen, was in allen Häusern vorgeht, oder um sich hochzustellen in der Welt, und Eigenschaften und Kräfte der Metalle, der Mineralien, der Pflanzen, und alle reinen und unreinen Geschöpfe kennen lernen, und so erstaunliche Dinge zu verrichten, dass Jedermann im höchsten Grad überrascht sein wird, zu sehen, dass man durch den Vertrag mit Geistern die größten Geheimnisse der Natur entdecken könne, welche den Augen aller anderen Menschen verborgen sind.

Vermittelst der *Clavicula* des großen Salomo hat man die wahre Weise, mit Geistern Verträge abzuschließen, entdeckt, deren er sich selbst bedient hat, umso viele Reichtümer zu erwerben, um die Gunstbezeugungen so vieler Frauen zu erhalten, und um die undurchdringlichen Geheimnisse der Natur kennen zu lernen, durch welche man alles nur Mögliche Gute oder Böse verrichten kann.

Wir wollen nun damit anfangen, die Namen der vornehmsten Geister, nebst ihrer Macht und ihren Kräften zu beschreiben, und wollen wir die Verträge mit den Teufeln auseinandersetzen, oder die wahre Weise, Verträge mit einem Geist, was für einer er auch sein mag, abzuschließen.

Folgendes sind die Zeichen und Charaktere der vornehmsten höllischen Geister.

Lucifer, Kaiser.

Belzebuth, Fürst.

Astarot, Großherzog.

Hierauf folgen die höheren Geister, welche den drei vorhergehenden untergeordnet sind, nämlich:

Lucifugé, erster Minister.

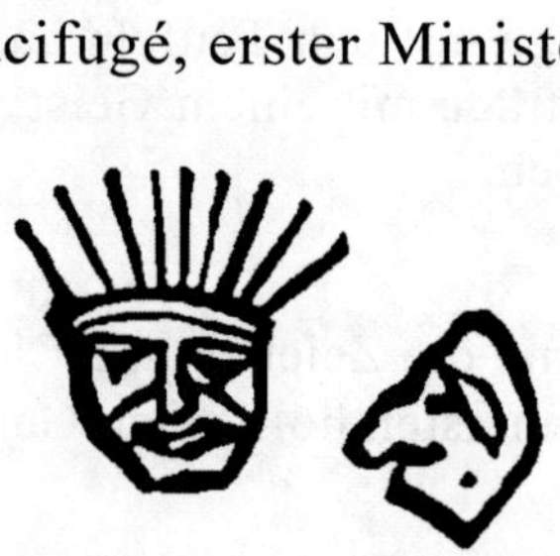

Sataniacha, Groß-General.

Agaliarept, General.

Fleurety, General-Leutnant.

Sargatanas, Brigadier.

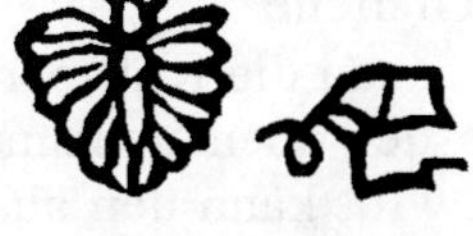

Nebiros, Feldmarschall.

Diese sechs großen Geister, welche ich soeben genannt habe, leiten die höllische Macht aller anderen Geister, sie haben 18 andere Geister, welche ihnen untergeordnet sind, in ihrem Dienst, nämlich:

1. Bael, 2. Agares, 3. Marbas, 4. Pruslag, 5. Aamon, 6. Barbatos, 7. Buer, 8. Gusoyn, 9. Botis, 10. Bathim, 11. Sursan, 12. Eligor, 13. Loray, 14. Valefar, 15. Farnii, 16. Ayperos, 17. Naberus, 18. Glasialabolas.

Nachdem ich euch die Namen der 18 Geister angegeben habe, welche den ersten untergeordnet, die ich ebenfalls oben beschrieben ist es gut, euch auch von dem zu benachrichtigen, was folgt, nämlich:

Lucifugé befiehlt den 3 ersten, welche Bael, Agares und Marbach heißen; *Sataniacha* dem Pruslas, Aamon und Barbatos; *Agaliarept* dem Buer, Gusoyn und Botis; *Fleurety* dem Bathim, Sursan und Eligor; *Sargatanas* dem Loray, Valefar und Farnii; und *Nebiros* dem Ayperos, Naberus und Glasialabolas.

Obgleich es noch Millionen von Geistern gibt, welche alle den genannten untergeordnet sind, so nützt es doch zu nichts, sie zu nennen, weil man sich derselben nur bedient, wenn es den höheren Geistern gefällt, sie für sich arbeiten zu lassen, indem sie sich aller untergeordneten Geister bedienen, als ob diese ihre Taglöhner und Sklaven wären. Wenn ihr also einen Vertrag mit einem der sechs vornehmsten Geister abschließt, so liegt nichts daran, welcher Geist euch dient, verlangt jedoch stets von dem Geist, mit dem ihr den Vertrag abschließt, dass es einer der 3 vornehmsten sei, der euch diene.

Folgendes sind nun genau die Kräfte, die Wissenschaften, die Künste und die Talente der oben genannten Geister. Wer dann einen Vertrag schließen will, kann den auswählen, dessen Gaben er nötig hat.

Der erste ist der *Lucifugé Rofocale*, erster Minister der Hölle. Er hat die Macht, welche Lucifer ihm gegeben hat, über alle Reichtümer und Schätze der Welt, er hat unter sich *Bael, Agaras* und *Marbas*, und mehrere tausende anderer Dämonien der Geister, welche ihm alle untergeordnet sind.

Der zweite, der große *Sataniacha*, hat die Macht, dass ihm alle Frauen und Mädchen unterworfen sind, um mit ihnen zu machen, was ihm beliebt, er befiehlt der großen Legio der Geister, und unter ihm stehen *Pruslas, Aamon* und *Barbatos.*

Agaliarept, General, hat die Macht, die verborgensten Geheimnisse aller Höfe und Kabinette der Welt aufzudecken, er ist Herr der zweiten Legion der Geister und unter ihm stehen *Buer, Gusoyn* und *Botis.*

Fleurety, General und Leutnant, hat die Macht, alles auszuführen, was man während der Nacht wünscht, auch lässt er Hagel fallen, wo es ihm beliebt, und befehligt ein ansehnliches Corps Geister. Unter ihm stehen *Bathim*, *Sursan* und *Ellgon.*

Sargatanas, Brigadier, hat die Macht, euch unsichtbar zu machen, euch überall hinzubringen, alle Schlösser zu öffnen, und sehen zu lassen, was in den Häusern vorgeht. Er befehligt mehrere Brigaden Geister, und unter ihm stehen *Loray, Valefar* und *Farnii.*

Nebiros, Feldmarschall und General-Aufseher, hat die Macht, Übles, wem er will, er macht euch mit allen Eigenschaften der Metalle, Mineralien, Pflanzen, den reinen und unreinen Geschöpfen bekannt. Er besitzt auch die Kunst, die Zukunft vorauszusagen, da er einer der großen Negromantiker aller höllischen Geister ist. Er geht überall hin, hat die Aufsicht über alle höllischen Milizen, und unter ihm stehen *Aiperos, Naberos* und *Glasialabolas.*

Nachricht.

Wenn ihr nun einen Vertrag mit einem der vornehmsten Geister, die ich euch soeben genannt habe, machen wollt, so geht ihr am Vorabend, um mit einem nie verwendeten Messer eine wilde Haselnussgerte, die niemals Früchte getragen hat, zu schneiden, und zwar von der gleichen Form, wie sie schon im ersten Buch angegeben worden ist. Ihr schneidet sie im Augenblick, da die Sonne sich am Horizont zeigt. Dann nehmt ihr einen Blutstein und zwei geweihte Kerzen zu euch, und wählt zum Ort der Ausführung eine Stelle, wo ihr nicht gehindert seid. Auch könnt ihr den Vertrag in einem abgelegenen Zimmer oder in den Ruinen eines alten Gemäuers abschließen, weil der Geist die Macht hat, jeden beliebigen Schatz dahin zu bringen. Ist dies geschehen, so bildet ihr mit eurem Blutstein einen Triangel, und zwar nur das erste Mal, da ihr euren Vertrag schließt.

Hierauf stellt ihr die beiden geweihten Kerzen so auf, wie ihr sie hier unten abgezeichnet findet, indem ihr den Namen Jesu hinter draufschreibt, damit euch die Geister kein Leid zufügen können. Nun stellt ihr euch mitten in das Dreieck, die Zauberrute in der Hand, nebst der großen Geisterbeschwörung, die *Clavicula*, der Frage, welche ihr an den Geist richten wollt, dem Vertrag und der Entlassung des Geistes, sowie es hier in dem folgenden Modell des Dreiecks abgezeichnet ist.

Hier wird der große kabbalistische Kreis gezeichnet.

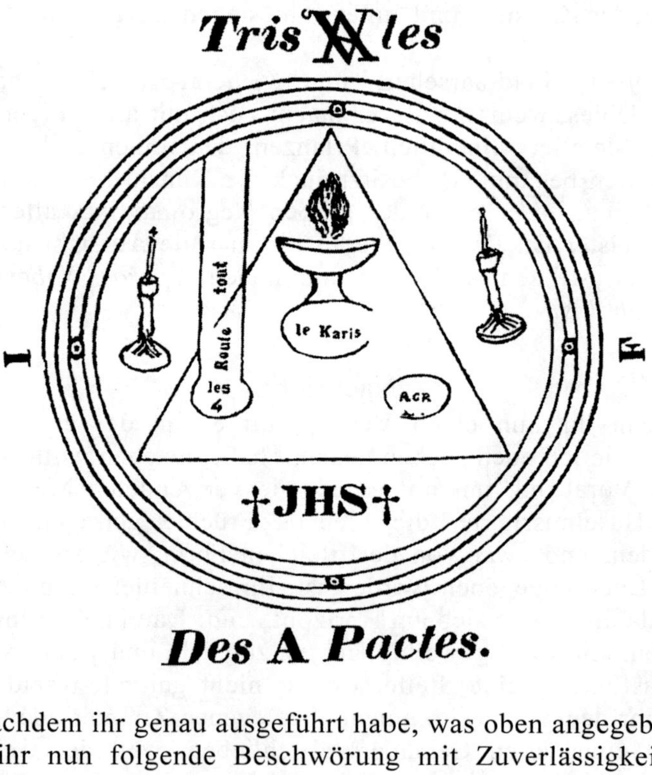

Nachdem ihr genau ausgeführt habe, was oben angegeben ist, fangt ihr nun folgende Beschwörung mit Zuverlässigkeit und Festigkeit an.

Große Beschwörung der Geister,

mit welchen man einen Vertrag schließen will, gezogen aus der großen *Clavicula*.

Oberster Lucifer, Herr aller rebellischer Geister, ich bitte dich, mir bei meiner Beschwörung günstig zu sein, welche ich an deinem Groß-Minister *Lucifugé Rofocale* mache, indem ich Lust habe, einen Vertrag mit ihm abzuschließen. Ich bitte dich auch, Fürst Belzebuth, mich in meinen Unternehmungen zu schützen. O Graf Astarot, sei mir gewogen, und mache, dass mir in dieser Nacht der große *Lucifugé* in menschlicher Gestalt erscheine, und zwar ohne Gestank, und dass er mir, kraft des Vertrages, den ich mit ihm schließen will, alle Reichtümer, deren ich nötig habe, zukommen lasse.

O großer *Lucifugé*, ich bitte dich, deine Wohnung zu verlassen, in welchem Teil der Welt sie auch sein mag, um mir zu erscheinen, so nicht, so werde ich dich durch die große Macht des großen lebendigen Gottes, seines Sohnes und des Heiligen Geistes dazu zwingen. Gehorche plötzlich, oder du sollst in Ewigkeit gequält werden durch die Kraft der mächtigen Worte der großen *Clavicula* Salomonis, deren er sich bediente, um die rebellischen Geister zu zwingen, seinen Vertrag anzunehmen.

Erscheine also aufs Baldigste, aber ich will ewig dich quälen, durch die Kraft der mächtigen Worte der *Clavicula*: *Aglon, Tetragram, Vaycheon Ltimulae mathon, Ephrures, Tetragrammaton Olyoram, Iron, Esition, Existion, Ergonae, onera, Erasym, Moym, Messias, Solter, Emaunel, Sabaoth, Adonai*, ich bitte dich und rufe dich an. Amen.

Seid sicher, dass sobald ihr diese mächtigen, hier angegebenen Worte gelesen haben werdet, der Geist erscheinen und folgendes zu euch sagen wird:

Erscheinung des Geistes.

Da bin ich! Was verlangst du von mir? Warum störst du meine Ruhe? Antworte mir.

Forderung an den Geist.

Ich ließ dich kommen, um einen Vertrag mit dir abzuschließen, und damit du mir sobald als möglich Reichtümer verschaffst, wenn nicht, so werde ich dich durch die mächtigen Worte der *Clavicula* züchtigen.

Antwort des Geistes.

Ich kann dir deine Forderung nur unter der Bedingung bewilligen, dass du dich mir nach zwanzig Jahren ergebest, um aus deinem Leib und deiner Seele zu machen, was mir gefallen wird.

Nun werft ihr ihm euren Vertrag zu, der mit eigener Hand auf ein kleines Stück Pergament geschrieben ist und aus folgenden wenigen Worten besteht, indem ihr eure Unterschrift mit eurem wahren Blut darunter schreibt.

Folgendes ist der Vertrag.

Ich verspreche dem großen *Lucifugé*, ihn nach zwanzig Jahren für alle Schätze, die er mir geben wird, zu belohnen, kraft dessen ich mich unterzeichne:

N. N.

Lucifugé Rofocalé.

Ich kann in deine Forderung nicht einwilligen.

Um den Geist zu zwingen, euch gehorsam zu sein, lest ihr von Neuem die große Beschwörung, mit den furchtbaren Worten der *Clavicula*, bis der Geist wieder erscheint und folgendes zu euch sagt:

Zweite Erscheinung des Geistes.

Warum quälst du mich weiter? Wenn du mich in Ruhe lässt, so werde ich dir den nächsten Schatz geben, unter der Bedingung, dass du mir jedes Mal am ersten Montag eines jeden Monats ein Geldstück zukommen lässt, und dass du mich jede Woche nur einmal beschwörst, nämlich von 10 Uhr abends bis um 2

Uhr nach Mitternacht. Nimm deinen Vertrag, ich habe ihn unterzeichnet. Hältst du dein Wort nicht, so gehörst du mir an.

Antwort an den Geist.

Ich willige in deine Forderung ein, unter der Bedingung jedoch, dass du mir den nächsten Schatz zukommen lässt, den ich sogleich mit mir nehmen kann.

Antwort des Geistes.

Folge mir und nimm den Schatz, den ich dir zeigen werde.

Nun folgt ihr dem Geist auf dem Weg zum Schatz, welcher im Vertrag gefordert wurde. Ohne zu erschrecken, werft euren Vertrag ganz unterzeichnet auf den Schatz, indem ihr ihn mit eurer Zauberrute berührt. Ihr nehmt davon so viel ihr könnt und kehrt rückwärts in den Triangel zurück. Dort angekommen, legt ihr den Schatz vor euch nieder, und fangt an, die Entlassung des Geistes abzulesen, wie sie hier folgt.

Entlassung des Geistes, mit welchem man einen Vertrag abgeschlossen hat.

O großer *Lucifugé*, ich bin mit dir zufrieden! Für jetzt entlasse ich dich, und erlaube dir, dich zurückzuziehen, wohin es dir gefallen wird, ohne ein Geräusch zu machen und ohne einen Gestank zurückzulassen. Denke auch an deine Verpflichtung bei unserem Vertrag, denn lässt du es einen Augenblick an derselben fehlen, so sei sicher, dass ich dich in Ewigkeit mit den großen und wichtigen Worten der *Clavicula* des großen Königs Salomos, durch welche man alle rebellischen Geister zum Gehorsam zwingt, züchtigen werde.

Gebet an den Allmächtigen als Danksagung.

Mächtiger Gott, himmlischer Vater, der du alle Dinge zum Dienst und Nutzen der Menschen erschaffen hast, ich danke dir demütigst für die Gnade, dass du durch deine große Güte mir erlaubt hast, ohne Gefahr für mich, mit einem der rebellischen

Geister eine Vertrag abzuschließen, und denselben mir und meinem Willen zu unterwerfen. Amen.

1. Ruf.

Luceferus.
Alexent Nastentias.
Lucifero Motorus.
Comxorosiserus.
Lufordormaras.
Kurzianti Satam.
Gamxiarus Metus.
Groenowalt diarum Portum.

2. Ruf.

Lucara Lucare Lucoroe.

3. Ruf.

Kuldurus Kuldurotus.
Kulduricths und Kulduzeritus.
Die Anrede Siriseri sasimus.

4. Ruf.

Vollum
Cullum.
Curreum und
Poerdoroem.

5. Ruf auf dem † Weg.

Lucarmus.
Luccomatus.
Ciroematus.
Coroemorus.

Das ist der Höllen Ruf.

Ich beschwöre dich mit Gott u. a.
Durch alle Heiligen und Auserwählten.
Ich beschwöre dich durch alle Himmel. Himmel.
Ich beschwöre dich durch alle 4 Elemente.
Ich beschwöre dich durch Sonne, Mond und Sterne.
Ich beschwöre dich durch dein ganzes höllisches Reich.
Ich beschwöre dich durch deine Macht und Kraft.
deiner gewaltigen *Noromacum*.

Oromeurum.
Noromarum.
Floromarum.
Poriarum.
Luziarum.
Gutiaram.
Miriarm.

Beim Abgehen.

Maraen.
Garaen.
Waraen.

XII.

Anno L. I. C. 1390.

Arcanum Arcanorum Maximum.

Das ist:

Jesuitisches Venusbüchlein, oder wahrhaftiger Zwang aller derjenigen Geister, so bei den verborgenen Schätzen in den Bergwerken sind. Über alles verblendete Gut und Geld, Perlen und Edelsteinen, und was sonst Kostbares regiert. Nicht minder, wenn solches beschwören und berufen worden, dass man es von ihnen überkommen möge. Es ist zu wissen, dass dies auch ohne Blendung Gottes und seiner Seelen Heil könne geschehen und verrichtet werden, wenn ihr dieses *Arcanum* zu nichts Freventliches und ohne Ursache, sondern aus großer Betrübnis, elenden Standes, auch anderen innerlichen Angelegenheiten gebraucht.

Dieses *Arcanum* und Venusbüchlein ist in einer großen Feuerbrunst in dem geheimen Collegio P. P. Jesuita gefunden und Wort für Wort von einem Pfarrer deskribiert worden. Man hat sich aber zu hüten, dass man mit der Beschwörung ganz behutsam und vernünftig umgeht und mit Frechheit und Fürwitz betreibe, oder die Geister mit dem Beschwören ohne Ursache vexiere, weil sonst dem Exorzisten, wie mehrmals geschehen, das größte Unglück widerfahren könnte. Deswegen werden zu diesem wichtigen Werk verständige, rechtschaffene und geschickte Männer erfordert. Bilde sich daher Niemand ein, dass es eine schlechte Sache sei, einen Geist zu bezwingen, doch hat man im Mindesten nichts zu befürchten, wenn man nur herzhaft und mit Vertrauen und Zuversicht auf Gott, auch das Verlangte zu keinem üblen Ziel und Ende oder gottlosen Leben zu gebrauchen und anzuwenden gedenkt.

Die Beschwörung macht, dass Derjenige, so dieses *Arcanum* bei sich trägt, von unterschiedlichem Unglück und Ungelegenheiten befreit ist, als von Zauberei, Verblendung, Feuer- und Wassergefahr, Pestilenz, Ungewitter und Hagel. Dann sofern eine Hexe oder Zauberer die Kraft der in diesen Beschwörungen enthaltenen Charaktere inne würde, weicht der Teufel und seine Gesellen alsobald, denn diese *Charaktere* halten in sich die allerheiligsten und erschrecklichsten Worte und Geheimnisse, mit welchen die Geister *unmittelbar* mögen bezwungen werden.

Hauptpunkte, welche bei den Beschwörungen zu beachten sind.

Der Kreis muss demjenigen gleich sein, wie zu Ende angemerkt ist, und kann mit einem geweihten Palmenzweig oder Heiligen Dreikönige geweihten Kreide gemacht werden, und wo du einen Schatz weißt, so kannst du den Kreis eben auf den Platz machen. Nehme von demselben Platz, wo der Schatz liegt, eine Handvoll Erde, ungefähr eine Spanne tief, lege sie in den Kreis, welchen du machen kannst, so du willst, auch in einem Zimmer, so wirst du den Schatz in einer halben Stunde überkommen. Ferner kann und soll der Exorzist das Bild oder Charakter des heil. Erzengels Michael bei oder an sich haben und also in den Kreis treten. Die Beschwörung soll von einem Geistlichen gesprochen werden, die übrigen zwei beten unterdessen das *Te Deum Laudamus* und den Psalm *de profundis* oder 130 in der Stille, auch müssen sie vorher beichten und kommunizieren.

Der Exorzist soll auch die Summe des Geldes vor dem Geist, ob es Gold oder Silber, und wie viel es sein soll, deutlich nennen und bestimmen, und dem Geist, falls er von dem Exorzisten begehrt, sich oder etwas anderes zu verschreiben, nichts zusagen oder gestatten.

Ferner soll der Exorzist mit einem heiligen Reliquien gefassten Kreuz versehen sein und bei jeder Beschwörung ein † mit dem gefassten Kreuz über ihn und seine Gesellen machen.

Der beste *Particul* ist des heiligen *Ignati Sandatores* seiner, oder des heiligen *Innocentii* des Achten. Alsdann seid ihr befreit von allem Schrecken, Verblendung und Furcht, und könnt euch in die Lage versetzen, dass ihr Tag des Lebens glücklich seid. Auch muss des Exorzisten Namen, wie auch des Geistes Namen bei jeder Beschwörung genannt werden, desgleichen, wie und in welcher Gestalt der geforderte Geist erscheinen soll.

Folgendes hat Cornelius Agrippa von Schätzen und Bergwerken gelmeldet und geschrieben:

Die Geister der 7 Planeten sind: *Phuel, Phaleg, Ophiel, Pethor, Hagith* und *Aratron*.

Es müssen ferner in den Kreis 3 geweihte Wachskerzen gestellt und angezündet werden, und soll die Beschwörung womöglich an einem Freitag oder Dienstag geschehen, in welcher Stunde man will, ohne Unterschied des Ortes, wiewohl ein abgelegener, geheimer Ort am besten ist. Es muss der Mond im Zunehmen sein. Man soll auch vorher 8 oder 9 heilige Messen für die armen Seelen lesen lassen, auch die Intention, mit dem überkommenen Geld seinen Nächsten, sowohl lebendig als toten, beizuspringen und zur Hand zu gehen. Es soll auch während der Beschwörung keiner aus dem Kreis treten, noch viel weniger das Verlangte von dem Geist empfangen, sondern lässt es den Geist in den Kreis setzen. Damit ihr aber aller Betrügerei, wie öfters zu geschehen pflegt, überhoben seid, so müsst ihr alles vorgemeldeter Weise machen, und wenn dies geschehen, so geht alsdann in Vereinigung in den Kreis, die offene Schuld betend, insgeheim diesen heiligen Segen vor der Beschwörung andächtig zu sprechen:

> Der Segen Gottes des Vaters †,
> Der Friede Gottes des Sohnes †,
> Die Weisheit Gottes des Heiligen Geistes †.

Der Segen der allerheiligsten Dreifaltigkeit, es segne † und behüte uns diese Stunde und alle Zeit unser Herr Jesu Christi von Nazareth, ein König der Juden, es segne † und behüte uns diese Stunde und alle Zeit der allmächtige Gott, der uns und alles erschaffen hat. Es behüte uns Maria, die allerheiligste Jungfrau und Mutter Gottes und unser heiliger zugetaner Schutzengel Michael, wie auch das wahrhaftige, lebendige Kreuz, daran unser lieber Herr Jesus Christus große Schmerzen, Pein und Marter, ja auch den bitteren Tod für uns gelitten, und durch sein heiliges bitteres Leiden und Sterben, durch welches er uns erlöst, auf dass der Geist uns weder einen Schrecken mache, noch an Leib und Seele nicht schade, noch verblende oder betrüge, das verleihe uns der Herr Jesus Christus, der unschuldig am Stamm des heiligen Kreuzes gestorben ist. Und gleichwie Gottes Sohn am Stamm des heiligen Kreuzes seine liebe Mutter dem heil. Johanni, dem Evangelisten, anbefohlen, also befehlen wir uns auch, o Gott, dir in dieser Stunde und allezeit. Amen.

Beschwörung.

Ich N. N., ein Diener Gottes, begehre, berufe und beschwöre dich Aratron, durch das Wasser † Feuer † Luft † und Erde † und was darin lebt und schwebt, und bewegt wird, und durch die allerheiligsten Namen Jesu Christi † Agios † Ischiros † Parachitus † Alpha † et Omega † Anfang und Ende † Gott † und Mensch † Sabaoth † Adonai † Agla † Tetragrammaton † Emanuel † Abua † Deus † Elion † Jana † Jehova † Deus † Sachnaton † Aromna † Messias † Merab † Misol † Ambriel † Achteob † Jachenas † et per vim Die omnipotentis Patris † et per vim Filii † et per vim Die Spiritus Sancti † und durch welche Worte Salomon, Manasses, Agrippa und Ciprianus die Geister beschworen, und durch was du immer kannst und magst bezwungen werden, dass du diesen Augenblick, wie Jesac dem Abraham gehorsam gewesen, so wahr sei mir gehorsam, und erscheine mit in einer schönen menschlichen Gestalt, und ganz sanftmütig, und bringe mir aus dem Grund des Meeres („hier begehre die Summe, ob es Gold oder Silber, auch was für Einschlag sein soll“), und dieses befehle ich dir bei der allmächtigen Kraft und Macht Gottes des Vaters †, des Sohnes † und des Heiligen Geistes † und durch das Wort, das Alles erschaffen und gemacht hat. Amen, Fiat †††. —

Ich N. N., ein Diener und Priester Gottes, berufe und begehre dich, o Geist N. N. bei den hochheiligen 12 Boten Gottes, bei allen heil. Evangelisten † Sankt Matheus † Sankt Markus † Sankt Lukas † Sankt Johannes † bei den drei heiligen Männern Sadrach † Mesach † und Abednego † bei allen heiligen † Patriarchen † und bei den erschrecklichen Worten Aphriel † Diesriel † Zada † Zadai † Lamabo † Lamogella † Caralium † Lamogellay † Logim † Lassim † Lepa † Adeo † Deus † Aleu † Aboy † Adon † Pisnethon † Mibezimi † Mora † Abda † Zeud † und bei den heiligen drei Weisen Casparum † Balthasarum † Melchiorem † und bei was Salomon, Manasses, Agrippa und Cyprianus die Geister bezwungen, und wie du nur kannst und magst bezwungen werden, und gleichwie Christus im höchsten Frieden gekommen ist, so wahr komme und erscheine vor mir in einer schönen menschlichen, sanftmütigen Gestalt, und bringe mir aus dem Abgrund des Meeres, *ut supra,* ohne allen Tumult, Verräterei, Schmerzen oder Verletzung des Leibes noch der Seele, ohne Gestank und Schrecken, Donner, Blitz und Hagel, in meinen Kreis, dieses befehle ich dir bei den Verdiensten der allerseligsten Mutter Gottes Maria, und allen vorgenannten Heiligen Gottes und heiligen Märtyrer. Amen. —

Ich N. N., ein Diener und Priester Gottes, begehre, berufe und beschwöre dich, o Geist N. N. durch die heil. fünf Wunden Jesu Christi, durch sein Fleisch und Pein, mit Marter, Leben und Tod, und durch die Genugtuung für das menschliche Geschlecht, und durch alle anderen heil. Blutstropfen, Angst und Not, und durch alle anderen Geheimnisse Jesu Christi, und alle heiligen Worte Sother † Thama † Geno † Jehova † Eloim † Velaoch † Divoch † Alvoch † Alrutam † Stopiel † Zophiel † Jophiel † Fabriel † Elopha † Alesomas † Disend † Malachim † und durch jene Worte, durch welche Salomon, Manases und Cyprianus die Geister bezwungen, und so wahr als Jesus Christus am Stamm des heiligen Kreuzes seinen Geist dem himmlischen Vater anempfohlen, so wahr befehle ich dir, Geist N. N., dass du kommst und vor mir erscheinst in einer schönen, menschlichen, sanftmütigen Gestalt, und aus dem Abgrund des Meeres bringst, *ut supra* etc. Und dieses befehle ich dir bei der wahren Gott- und Menschheit unseres Herrn Jesu Christi, Amen.

Fiat, Fiat, Fiat.

Nota.

Wenn dir ein Geist in anderer Gestalt erscheint und dir nichts geben will, so fahre mit der Beschwörung weiter fort. Repetiere so oft du kannst, und wenn er dir etwas gibt, so danke ihn ab, wie folgt:

Abdankung.

Fahre nun hin, du gehorsamer Geist, und wenn ich dich wiederum durch Gottes Wort, Kraft und Macht berufe und begehre, dass du mir wieder erscheinst und mir gehorsam seist, wohin dich der gerechte Gott verordnet. Dieses befehle ich dir durch die allerheiligste Dreifaltigkeit, durch Gott den Vater, durch Gott den Sohn, durch Gott des Heiligen Geist, durch die Worte, so Fleisch geworden und durch alles, durch was du bist beschworen worden. Amen.

Merke, sofern der Geist mit diesem nicht will abziehen, so repetiere dasjenige, womit du ihn beschworen hast, alle Beschwörungen zurück und fange an bei den letzten.

† † †

Dies ist die Beschwörung für die guten Geister.

Nun frage ich dich, bis du ein guter Geist, so gehe hervor unter mein Angesicht und Augen, ich fürchte dich nicht. Ich beschwöre dich durch alle heiligen Hostien, die aufgehoben werden an dem Geburtstag Jesu, durch den heil. Johannes, der getauft hat im Jordan den Herrn Jesum. Jetzt ist es Zeit, dass ich dich mit Frieden plagen tue und mir nicht weichest. Ist mir von Gott etwas verordnet oder vergönnt, so stehe nicht lange, und wiederum, dir bringt es keinen Schaden, mir bringt es einen Nutzen, Gott hat es dir gegeben, dass du helfen musst den Armen, Amen. † † †.

Sobald du etwas hörst, so sprich 3 Mal:

Gott grüße dich, bringst du mir Christi Blut, so gib mir auch davon, gehe herein im Namen Gottes des Vaters † des Sohnes † und des Heiligen Geistes † Amen.

Wenn du etwas hörst rauschen, so sprichst du es also an:

Gott sei mit mir, und durch Gottes Macht und Kraft frage ich, wer ist da? Bist du ein guter Geist, gib Rede und Antwort, denn ein guter Geist lobt Gott den Herrn.

Wenn er dich fragt, was du willst, warum du das tust, so antworte: zu einem guten Ziel und Ende, so gewährt er dir alsobald nach deinem Begehren.

Jesus Nararenus Rex Judaeorum Titulus Triumphalis
Benedicat nos ab omnibus malis
Amen.

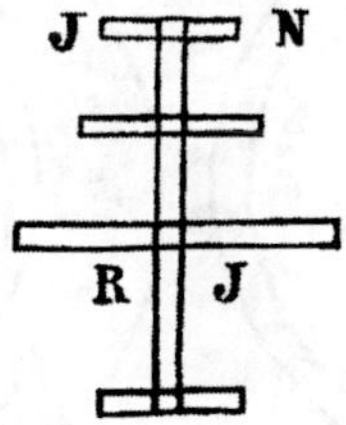

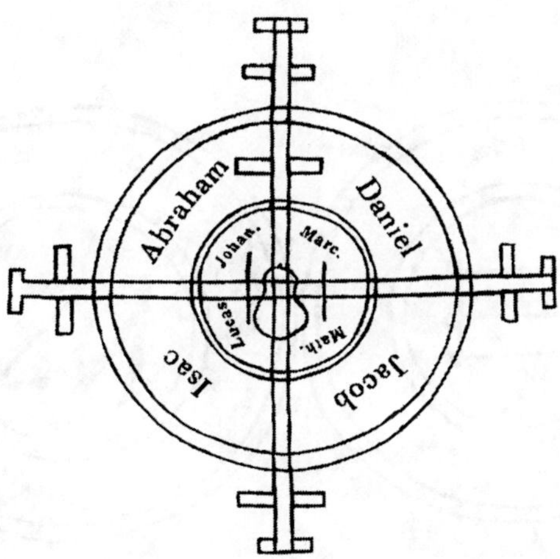

†††
Jesus Ima-
nuel Xetc'

der Teufel
Lucifers König
der Obersten

zu Mitter-
Nacht,
Belzebubs
Siegel, Teufel

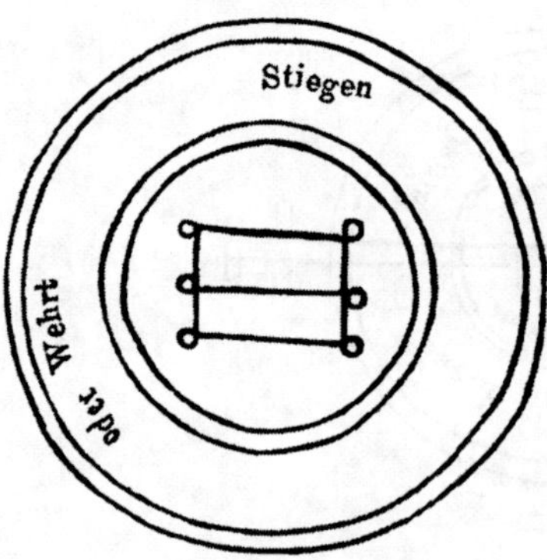
Stiegen
Wehrt
oder

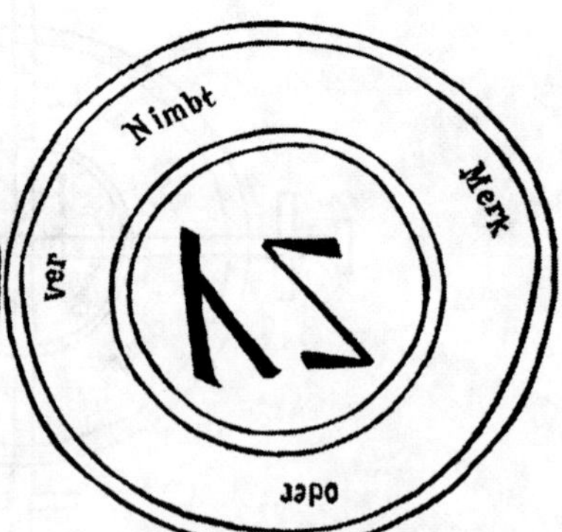
Nimbt
Merk
oder
ver

Gebet bei Zitierung der Geister.

Wenn du einen Geist begehrst, so musst du dich wenigstens 3 oder 4 Tage aller Unreinigkeit enthalten, vorab in der ersten Zitation, und also werden die Geister desto gehorsamer sein. Du musst auch einen Kreis machen und den Geist mit großem Ernst rufen: zum ersten sollst du einen Ring in der Hand halten, und danach diese Benedeiung und Segen in deinem oder deiner Gesellen Namen, wenn er gegenwärtig ist, rezitieren und sprechen, so wird dir deine Bitte gewährt.

Im Namen unseres Herrn Jesu Christi, des Vaters †, des Sohnes † und des Heiligen Geistes †, heilige Dreifaltigkeit, unzertrennliche Einigkeit, ich rufe dich an, dass du mir wollest ein Heil, Verteidigung und Beschirmung sein, meines Leibes und Seele und aller meiner Dinge, durch die Kraft des heiligen Kreuzes † und durch die Kraft deines Leidens bitte ich dich, Jesu Christi, durch das Verdienst der Heiligen Jungfrau Maria, deiner Mutter, und aller deiner Heiligen, dass du mir Gnade und göttliche Gewalt über alle bösen Geister und über alle, die ich mit Namen nennen und berufen werde, verleihen wollest, dass sie alsbald von allen Seiten und Teilen, zusammen kommen und meinen Willen vollkommen erfüllen. Dass sie mir auch nicht schaden, noch einige Furcht machen mögen, sondern mir vielmehr gehorchen, dienen und meinen Befehl, wenn ich ihnen durch deine Kraft geboten, verrichten müssen, Amen.

Heiliger, heiliger, heiliger Gott Sabaoth, der du zukünftig bis ein Richter der Lebendigen und der Toten, und der du bist das A und O, der Erste und der Letzte, König aller König und Herr aller Herrschenden.

Joth † Aglanabrath † El † Abil † Anothi † Enathiel † Amazima † Pedomel † Gayes † Tolima † Elias † Ischiros † Athanatos † Ymas † Heli † Messias † durch diese deine heiligen Namen, und durch alle anderen, rufe dich an und bitte dich, Jesu Christi, durch deine Geburt, deine Taufe, durch dein Leiden und Kreuz, durch deine Himmelfahrt, durch die Zukunft des Trösters, des Heiligen Geistes, durch die Bitterkeit deiner Seele, da sie sich von dem Leib schied, durch seine 5 Wunden, durch das Blut und Wasser, welches aus deinem Leib floss, durch deine Kraft, durch dein Sakrament, welches du einen Tag zuvor, ehe dann du gelitten, deinen Jüngern gegeben hast, durch diene heilige Dreifaltigkeit, durch die unzertrennliche Einigkeit, durch die heilige Maria deiner Mutter, durch die Engel und Erzengel, durch die Propheten und Patriarchen, und durch alle deine Heiligen, und durch alle deine Sakramente, welche in deiner Ehre gehalten werden. Ich bete dich an und bitte dich, benedeie, und bitte dich, dass du dies Gebet und diese Beschwörungen, auch diese Worte meins Mundes, deren ich mich gebrauchen werde, annehmest. Ich bitte dich, Herr Jesu Christi, gib mir deine Kraft und Gewalt über alle deine Engel, welche von dem Himmel gestoßen sind, zu betrügen und zu verführen das menschliche Geschlecht, sie an sich zu ziehen, sie zu verbinden und aufzulösen, und sie vor mir zu versammeln, ihnen auch zu gebieten, alles, was sie vermögen und können zu vollbringen, dass sie meiner Stimme und meinen Worten gehorchen, und in keiner Wege verachten, und dass sie mich fürchten. Durch deine Güte und Barmherzigkeit flehe und bitte ich dich Adonai † Amay † Hortan † Vegedora † Mytay † Hel † Saranat † Ysion † Ysiesy † und durch alle deine heiligen Namen, durch alle Heiligen, durch die Engel und Erzengel, durch die gewaltigen Herrschaften und Kräfte, und durch den Namen, durch welchen Salomon alle Teufel gebunden, verstreut und zusammengeschlossen hat. Elhroch † Eban † Herr † Agla Joth † Nthie † Senoch † Habrath † und durch alle heiligen Namen, so in diesem Buch geschrieben sind, und durch derselbigen Kräfte. Sofern du mir Gewalt gibst, alle deine Geister, so vom Himmel verstoßen sind, zu versammeln und zu zwingen, dass sie mir auf alles, was ich sie fragen und von ihnen begehren werde, gründliche und wahrhaftige Antwort und Bescheid mitteilen, dass sie auch allen meinen Geboten, ohne Verletzung meines Leibes und meiner Seele und aller derer, so mir angehören, gehorsam sein müssen und dieselbige vollbringen durch unseren Herrn Jesu Christi, der mit dir dem heil. Geist lebt und regiert, Gott in alle Ewigkeit. O allmächtiger Vater, o weiser Sohn, o Heiliger Geist! Ein Erleuchter der Menschenherzen, o ihr drei in der Person, und eine Gottheit in der Substanz, der du Adam und Eva ihre Sünden verziehen und ihrer versöhnt hast, und um ihrer Sünden willen du Sohn dich in den allerschmählichsten Tod gegeben, und denselbigen am Holz des heil. Kreuzes gelitten hast. O du Allerbarmherzigster, ich fliehe zu deiner Barmherzigkeit und bitte auf das Untertänigste, so ich immer kann, durch diese heiligen Namen deines Sohnes, als nämlich *Alpha* und *Omega*, und durch alle anderen seiner Namen, sofern du mir deine Kraft und Gewalt verleihen wirst, dass ich deine Geister, so vom Himmel herabgeworfen sind, vor mich laden könne, mit mir zu reden, und ohne Hindernisse, mit ihrem Willen, und ohne alle Verletzung und Beschädigung meines Leibes und der Seele, und aller meiner Güter, meine Gebote zu erfüllen und fortan, wie im Buch *Annulus Salomonis*. O hohe und ewige Kraft des Allerhöchsten, der du diese nach deinen Orden gleichen Gericht und Urteil berufen, Vaicheon † Stimulamaton † Ezphares † Tetragrammaton † Ajoram † Irion † Esytion † Eristion † Cryna † Oncla † Prosym † Naym † Messias † Sother † Emanuel † Sabaoth † Adonai † ich bete dich an! Ich rufe dich an, ich schreie von allen meinen Gemütskräften, sofern diese gegenwärtige Bitte konsekriert und Konjuration gesegneten Werken, und an welche Orte die bösen Geister durch Kraft deiner Namen berufen sind, und dass sie an allen Orten zusammenkommen und den Willen meines Exorzistoris erfüllen.

Fiat, Fiat, Fiat.

Amen.

Von der Erscheinung heiliger Geister, wie dieselben erkannt und ausgeforscht werden sollen, schreiben Jakob Musa, ein Kartäuser-Mönch und Prof. Theologiae, folgendermaßen:

Fürs Erste, achten wir zu der Sache sehr dienlich sein: ein dreitägiges Fasten samt etlichen Messen und andächtigen Gebeten, dazu die 7 Bußpsalmen genommen und unterm Beten oft wieder werden sollen, alsdann 4 oder 5 andächtige Priester dazu gerufen werden. Es ist meines Erachtens besser, dass solches verrichtet werde durch Leute, die andächtig und gottesfürchtig, von allen weltlichen Geschäften und Handel frei sein, und zu Gott erhabene Gemüter haben, nur allein des Grauen und Schreckens halber, damit dasselbige desto leichter verjagt und aus dem Herzen vertrieben werden möchte.

Es sollen aber die Priester an den Ort hingehen, da sich der Geist pflegt hören und sehen zu lassen, in wahrer Demut des Herzens, den rechten Vorsatz, und sollen allem abergläubischen Grübeln und Nachforschungen sich gänzlich enthalten. Jedoch soll es allerdings nicht ohne Zeremonien zugehen, sintemal die heilige christliche Kirche auch bei Verrichtungen und Reichung der heiligen Sakramente gewisse Zeremonien zu halten und zu gebrauchen pflegt.

Es soll auch dazu genommen werden eine angezündete Kerze, die am Tag der Reinigung Maria geweiht worden ist, samt dem Weihwasser und heiligen Kreuz. Auch sollen die Priester, wenn sie es gut dünkt, das Rauchfässlein voll Weihrauch dazu nehmen, und unterdessen sie den Weihrauch anzünden, die 7 Bußpsalmen sprechen, und St. Johannes Evangelium lesen, wenn sie aber auf die Wahlstadt kommen sehen, sollen sie den Ort mit Weihwasser besprengen und wohl beräuchern. Doch muss ich selbst bekennen und sagen, dass es dessen Dings nicht alles bedürfe auf einmal, sondern halte es für nützlich und ratsam, denn aus heiliger göttlicher Schrift weiß ich keinen Grund anzugeben, dass es so und nicht anders müsse oder könne sein, ohne allein, dass ich etliche Exempel der Heiligen gelesen habe, die ich darüber müsste anzuziehen.

Es könnte auch nicht schaden, wenn ein geweihtes Messgewand oder Chorrock dazu genommen wird; wenn sie nun zur Stätte gekommen sind, sollen sie alle sich tief neigen, und einer unter ihnen ganz deutlich folgende Gebete sprechen und also beten:

Gebet

Herr Jesu, dem alle heimlichen Dinge bewusst und bekannt sind, du hast ja alle Wege, die Weise und den Gebrauch gehabt, deinen gläubigen und lieben Kindern was ihnen heilsam und nützlich gewesen, zu geben, dieweil nun durch dein Verhängnis und Zulassung ein Geist hier an diesem Ort sich hat sehen lassen, so bitten wir dich demütiglich durch deine große Güte und Barmherzigkeit, durch deine große Marter und bitteres Leiden, und durch dein allerteuerstes Blut, das für unsere Sünden vergossen worden ist, du wollest uns gnädig sein und gebieten diesem Geist, dass er auf eine solche Weise sich offenbare, dass weder wir, noch andere Leute, sie mögen sein wer sie wollen, dadurch erschreckt oder beschädigt werden, und den Knechten, es sind nun dieselben entweder wir selbst, oder andere arme Sünder, kund und zu wissen tun, wer er sei, warum er erschienen und was doch sein Begehren und Forderung sei, auf dass du für deine Person hernach recht mögest geehrt, er aber, der Geist, womöglich getröstet und deine Gläubigen einmal erfreut werden, im Namen Gottes des Vaters, des Sohnes und des Heiligen Geistes. Amen.

Danach soll man die Frage-Artikeln an die Hand nehmen, und, wie mich dünkt, also sagen:

Wir bitten dich, Geist, durch Jesum Christum, du wollest uns zu wissen tun, wer du bist oder seist, und ist hier einer unter uns, dem du willst antworten, so nenne ihn entweder mit Namen, oder gibt es durch ein Zeichen zu verstehen. Ist's N. oder N., und so fortan sollen alle nach der Ordnung her genannt werden, denn die Erfahrung hat es gegeben, dass solche Geister nicht einem Jeglichem pflegen zu antworten.

Wenn aber der Geist entweder durch eine Stimme oder mit Klopfen sich hören lasst, wenn eines Namen genannt wird, so soll man alsdann demselben befehlen, ihn, den Geist, weiter zu fragen, als nämlich: welches Menschen Seele er sei, warum er doch dahin komme, und was er da suche und begehre.

Begehret er nun, dass man ihm zu Hilfe kommen soll, so soll man ferner fragen, womit dann solches geschehen möge, durch Messen oder Almosen geben. Antwortet er nun, durch die Messe könne ihm geholfen werden, so frage man ihn, ob es 3, 6, 10, 20,

30 oder mehr sein müssen, und durch was für Priester, Religioses oder Seculares sie gehalten müssen werden; begehret er aber der Fasten, er meine, wie lange sie währen solle, wie oft sie gehalten werden sollen, und wer die Person soll sein, die sie halte. Heischet er aber Almosen, so frage man, was für Almosen, und wie viel derer sein müssen, ob sie an Spitäler, Siechenhäuser, den Hausarmen, Bettlern vor der Tür, oder wem sie doch gereicht werden sollen? Wobei man doch abnehmen könne, dass er aus dem Fegefeuer gar erlöset, und aus was für Ursachen er doch in dieselbige Pein und Marter gekommen sei.

Benedictio Loci.

V. Adjutuorem nostrum in Nomini Domini.
V. R. Qui fecit collumict Teram.
V. Dominus vobiscum,
R. et cum Spiritu tuo.

Oremus.

Bene dic, Domine Deus omnipotens locum istum ut sitineo Sanitas costita victoria, virtus humilitas bonitas, et gratiarum actio, Deo Patri, et Filio, et Spiriti Sancto, et hoec benedictio maneat super hunc Locum, et super habitantes in eo, nunc et in omnia SEcula Seculorum. R. Amen.

Asper gutur aqua benedicta etc.

Cabbala nigra.

Hier folgen etliche Beschwörungen zu den Schätzen, und wie man sich verhalten soll.

Erstlich, willst du einen Schatz haben, so tue also: Nimm ein Schwert, damit einer entleibt worden ist, an der Spitze, wo der Schatz ist und stecke das Schwert und mache 3 Kreise um dich und um den Schatz und sprich: In dem Namen Gottes des Vaters, Gottes des Sohnes und Gottes des Heiligen Geistes, will ich entweder dich bezwingen, dass alle deswegen erschrecken, die ich berufen will, dass sie nach meinem Willen tun, durch den, der Himmel und Erde erschaffen hat, und der da lebet und regiert in Ewigkeit.

O Herr, erleuchte unsere Augen, dass wir mögen diesen Schatz schauen, als wahrlich der Blinde schaute, den du allmächtiger Gott gesund machtest, denn der Blinde geboren war, so wahrlich müssen die bösen Geister von diesem Schatz fliehen, als wohin sie haben fliehen müssen von dem Angesicht, da du, du lieber Herr sprachest: gehe hinter sich, Satan, du sollst Gott deinen Herrn nicht versuchen, und also müssen die bösen Geister eilends von diesem Schatz weichen, als sie haben weichen müssen vor der Mutter Gottes, Maria, der heiligen Flucht nicht verschwindet, dass es alles wahr werde, so wahr als Maria den Herrn Christum geboren.

Nun mache alsdann den Zirkel. O allmächtiger Gott, lass uns nicht entgelten, unserer Sünde wegen, lasse uns, diesen Schatz heben, dir zum Lob und allen Christenseelen zu Hilfe und Trost. Darum verleihe uns, lieber Herr Gott, deine göttliche Gnade und grundlose Barmherzigkeit durch Jesum Christum unseren Herrn, der vermag, dass wir diesen Schatz mit Freuden heben, und überkommen im Namen *Patris, Filii, et Spiritus Sancti*, Amen.

Eine Zitation,

womit man einen Geist in einem Haus, allwo ein Schatz liegt, bezwingen kann, dass er solchen in die Stube bringen muss.

Erstlich gehe in eine Stube, oder Boden, oder Keller, wo der Geist umgeht, nimm Nachtgesellen zu dir, und nimm auch 3 schwarze Tischtücher, worauf schon ist gespeist worden, mit dir, dieselbe breite um den Tisch, dass sie zu beiden Seiten an dir stoßen. Danach setze dich mit deinen Kameraden, aber dass ihr mit dem Rücken an die Wand schaut und stoßt, ihr müsst 9 Tage zuvor keusch und rein von allen schandbaren Worten, wie auch unnötiger Arbeit euch enthalten und fleißig beten: und den Abend, wenn du zitieren willst, musst du dich und deine Gesellen säubern und waschen, und reine Leinwand anlegen, und um 9 Uhr das Werk anfangen und verharren bis auf 12 bis 1 Uhr, um den anderen Tag nimm *Groay* ♂ Weihrauch, Myrren, und netze es in Steinöl, wirf es alsdann auf eine Glut, zünde auch das Holz

Aloes an, nimm auch 2 Hirnschädel von einem toten Mann und einen von einer toten Frau, gieße darein Öl, das Dacht muss aus Lämmer- und Baumwolle gemacht werden, und zünde solches nicht an, alsdann fange an zu räuchern, und den 94. Psalm an zu beten, *venite exatemus*, nach diesem Psalm lege aufs Neue wieder Rauchwerk auf die Glut, und sprich diese Worte:

Also wahr, als Christus mit seinen Jüngern am grünen Donnerstag das Abendmahl gegessen und sein Leib und Blut uns allen zur Speis und Trank unserer Seele hinterlassen, also wahr komme du Geist und Hüter dieses Schatzes und sei mir gehorsam, was ich von dir begehre in Kraft dieser Worte.

Erscheint der Geist nicht alsbald, so lege zum anderen Mal wieder Rauchwerk auf und bete den 18. Psalm *reliennaverant gloriae* und lege dann wieder Rauchwerk auf die Glut, und sprich ferner:

Also wahr, als Christus am Karfreitag am Stamm des heiligen Kreuzes für das ganze menschliche Geschlecht gestorben ist, also wahr komme der Geist. Hier nenne dein Begehren, und sage, was du willst, er muss antworten. Zum dritten tue wieder wohl räuchern und bete den 99. Psalm: *Jubilate Deo*, nach diesem lege wieder Rauchwerk auf und sprich also: Also es ist wahr, dass Christus am heiligen Ostertag von den Toten auferstanden, also wahr komme, du Geist, der herum geht und Hüter dieses Schatzes ist, der hier begraben liegt, und pariere uns im Namen dieser heil. Worte: *Jehova, Adonai, Tetragrammaton*.

Danach rauche auf die Glut, und gibt Acht, so kommt der Geist, welcher umgeht, und fragt, was dein Begehren ist. So begehre den Schatz, der da im Haus vergraben liegt, dass er ihn dir bringen soll. Wenn er dir ihn gebracht hat, gib ihm Urlaub also:

Nun gehen hin im Frieden des Herrn, der sei zwischen mir und dir, dieweil du bist willfahrig gewesen zu erscheinen, und sofern ich dein begehre, so wollest du wieder erscheinen, im Namen und Kraft dessen, wo du bist gesandt worden.

* *

*

Eine Beschwörung am heiligen Karfreitag.

An diesem Tag faste mit Wasser und Brot, bis die Sterne am Himmel sind, dann bähe dich in wohlriechenden Kräutern und ziehe ein rein gewaschenes Hemd an. Danach gehe an einen heimlichen Ort, da dich kein Mensch weiß oder sieht, oder in ein rein, sauberes Zimmer und räuchere darin mit Weihrauch und wohlriechenden Sachen, und sprich folgende Worte:

Heiliger, heiliger, heiliger Gott, Herr Jesu Christi, an einem Freitag bist du gemartert worden, gegeißelt und gekreuzigt, gestorben und begraben worden † dann sprich: du heiliger Vater, schicke mir in dieser Nacht einen guten Geist, der mir die Wahrheit sage, und was ich ihn fragen werde. Alsdann wird ein Geist dir in Gestalt eines Engels erscheinen, der spricht zu dir: warum hast du mich hierher berufen und gefordert, *virsanctyeft*. Bist du ein frommer Geist, ich habe dich hierher berufen und gefordert, dass du mir sagst, was ich von dir haben will oder fragen werde, frag ihn am ersten wie er heißt mit seinem Namen, das merke dir, und heiße ihn ein Wahrzeichen zu geben, es sei was es wolle, das behalte dein Lebtag, so hast du nun an demjenigen genug, und erscheint dir allezeit, und tut, was du von ihm verlangst.

Glaube gewiss, es geht dir alles von Statten. Verrichte es nur mit Andacht und lasse es von den Deinigen und sonst Niemand wissen, wenn du es ins Werk stellst. Er lehrt dich in allen heimlichen Schätzen und Bergwerke zu finden. Wie auch alle Krankheiten zu kurieren und alles, was du begehrst. Du musst ihn aber nicht mehr als um 3 Dinge fragen, und wenn dich Gott der Herr dessen gewährt, so vergiss Gott den Herrn nicht.

Abdankung.

Du edler Geist, fahre in Frieden hin, woher du gekommen bist. Der Friede Gottes sei zwischen mir und dir, und du wirst wieder zu mir kommen, wenn ich dich begehre. Darum fahre im Namen Jesu Christi hin. Der Friede Gottes sei zwischen mir und dir. Dann bete 5 Vaterunser und 3 *Gloria patri* und einen Glauben zu Ehren des bitteren Leidens Jesu Christi. Amen.

Ein schönes gründliches Gebet.

So es des Morgens bei Sonnenaufgang andächtig gebetet wird, damit kann man auflösen versetzte Berge, Kräuter und Blumen, wenn man an den Ort kommt und solches kurz zuvor verrichtet, und die Worte ausredet, so wird dir Gott Heil, Glück und Segen geben, musst aber auch dabei rein leben, und dieser Regel dich bedienen, *ora et labora*. Dieses muss an 3 Tagen jeden Morgen hintereinander nüchtern gesprochen werden. †††

O du unsichtbarer Gott, o du unaussprechlicher Gott, o du sanftmütiger Gott, o du allerhöchster Gott, o du allerherrlichster Gott, o du hochwürdigster Gott, o du barmherziger Gott, o du auserwählter Gott, o du starker Gott, o du ehrwürdiger Gott, o du heiliger Gott, o du wunderbarer Gott, o du anzubetender Gott, o du gnädigster Gott, o du alle Dinge regierender Gott.

Ich N. N. bis ein armer Sünder und voller Bosheit und Untreue, doch habe ich eine feste Hoffnung und Vertrauen in dich, und bitte von ganzen Herzen demütiglich deine göttliche Barmherzigkeit, du wollest mich um meiner Sünden wegen nicht verschmähen, sondern gnädig mich ansehen als einen Übertreter deiner heiligen Gebote, es reuet mich alles von Grund meines Herzens. Dieweil du denn aus grundloser Barmherzigkeit das Gebet der Sünder, welches demütiglich geschieht, erhören, so komme ich zu dir in tiefster Demut und Bitte, und bitte, erhöre mich, dass ich mit Vertrauen zu dir, das Experiment, welches ich vermittelst deiner göttlichen Gnade vernehmen tue, recht anfange und übe, wie auch zu einem guten Ende bringen möge, daraus mir und vielen Notleidenden durch deine Gnade und reichen Segen eine zeitliche Notdurft gedeihe und zufließe. Ich bitte dich, lieber Herr Gott, gib, dass es die Kraft habe, die es haben soll, dass sich dafür auflösen muss alle Verletzungen, sie seien in oder auf der Erde, dass sie durch deine göttliche Kraft und Allmacht von Stunde an ihre Bande los sind und vertreibst davon alle bösen Geister, Gespenster, die vorhanden sein im Erdreich, in den Lüften, in Steinklüften, wo sie denn sind, denn du ihr Herr und Gott bist, und Macht und Gewalt hast, dass sie mir müssen aller

Orten, wo sie nur sind, oder ihre Wohnung haben, untertänig und gehorsam sind und sich zwingen lassen durch Gebot dieser heiligen Namen, sie tun es gern oder nicht, so müssen sie meiner menschlichen Stimme gehorsam sein, wenn ich will, und wenn ich ihrer nimmermehr bedarf, dass ich sie von mir lassen mag ohne Schaden meines Leibes und der Seele und ohne alle Beschwerden, durch alle deine heiligsten Namen und Buchstaben, wie sie sind geschrieben werden, als: Zath † Theos † Agla † Joym † Eleus † Eloi † und so man diese Namen hört, so geht das Meer hinter sich und stellt sich die Luft, und das Erdreich wird erlöst, und das irdische Heer zittert und betrübt sich durch diese heiligen Namen † On † Alpha † et Omega † Anfang und Ende † El † Eloi † Eloy † Elion † Sathor † Emanuel † Gabaoth † Adonay † Eye † ye † inja † je † so werde bestätigt das Experiment und durch die 72 höchst heiligen Namen, das verleihe mir, o Herr Gott Vater, samt Jesu Christo, deinem allerliebsten Sohn, der sitzt zu deiner Rechten in dem obersten Thron in Einigkeit des Heiligen Geistes, Amen.

XIV.

וחדה

Geheime Kunst-Schule

magischer

Wunder-Kräfte,

oder

das Buch der wahren Praktik in der uralten göttlichen Magie, wie sie durch die heilige Kabbala und durch Elohym mitgeteilt worden ist, und als göttliches Geheimnis Kabbala genannt wird, und eine

Schwester der göttlichen Weisheit, der sogenannten Magia ist.

Aus dem Arabischen übersetzt.

Hier ist die Kunst, verachte sie nicht, denn sie ist auf Gott und sein heiliges Wort gegründet, und glaube festiglich daran, setze auch dein ganzes Vertrauen auf den Allerhöchsten.

Hier fängt an das Buch der wahren Praktik in der uralten Magie, welche durch die heilige Kabbala und durch Elohym empfangen und praktiziert worden ist. Die Kunst ist schlecht und recht, ohne sonderliche Kosten, außer was aufs Rauchwerk geht.

Unter einfältig kindlichem Vertrauen zu dem, der alles vermag, zweifle nicht, traue dem Allmächtigen und wirke im Glauben auf ihn folgende Stücke.

Das dabei benötigte Räucherwerk:

Nimm arabischen oder peruvianischen gerechten, wohlriechenden Balsam, Storaois liquidi, Galbani und reinen Weihrauch, eines so viel als das andere, pulverisiere es, mische alles wohl untereinander, und behalte es in einem reinen Gefäß an einem sauberen Ort.

1. Gegen allerlei Krankheiten.

Findest du einen, der sehr krank liegt und weder sterben noch genesen kann, salbe ihm sein Angesicht mit Baumöl, und eben mit demselben Öl schreib auf ein Brot oder was du ihm zu essen geben kannst, diese Worte: „Der Herr kann töten und lebendig machen, schlagen und heilen, und ist Niemand, der aus seiner Hand errette“, und lass es ihn essen, du wirst die Hilfe des Herrn sehen, und ehe 3 Tage um sind, solche erkennen.

2. Gegen große Kopfschmerzen, Fieber, Stechen, Herzklopfen, Lendenschmerzen, Gelbsucht und Pest.

Schreibe den Namen des Kranken auf einen Bissen Brot, nebst diesen Worten: „Aus sechs Trübsalen wird mich *Adonai* erretten und in der siebenten wird dich kein Übel berühren“ vor

Sonnenaufgang, beräuchere es und gib es dem Kranken zu essen, tue es 7 Morgen, du wirst alsbald erfahren, dass die Güte des Herrn wunderbar und getreu ist.

3. Ein großes Feuer zwischen dir und deinem Feind erscheinen zu machen.

Das ist das große Geheimnis, damit *L. e. Melakim* sich vor seinen Feinden gesichert. Bist du von deinen Feinden gejagt, so schreie 3 Mal für dich hinaus: Adonay, Adonay, Adonay. Nimm sodann eine Handvoll Erde, so dir unter deinem linken Fuß liegt, und fange an zu sprechen den 97. Psalm: „Der Herr ist König", bis an den Ort: „und tut seine Feinde anzünden umher". Da wirf die Erde zwischen deinen Füßen hindurch gegen deinen Feind.

4. Gegen triefende Augen.

Schreibe auf eine gläserne Platte diese Worte: „Meine Augen fließen und können nicht ablassen, denn es ist kein Aufhören da, bis der Herr vom Himmel herabschaue und sehe darein." Beräuchere es und sprich dazu: „Herr! du bist freundlich, dem der auf dich harret und der Seele, die nach dir fragen, denn du verstößt nicht ewiglich, du betrübest wohl, aber du erbarmest dich wieder nach deiner großen Güte", wasche alsdann das Glas mit lauem frischem Wasser, mit demselben wasche die Augen des Tags 7 Mal und mache es 7 Tage nacheinander.

5. Gegen die Pest.

Nimm ein Stück von einer Lammhaut, so in dem Monat (fällt nach dem Neunten im März) *Nisam* geschlachtet worden, auch ganz weiß und ohne Makel gewesen ist. Mit dem Blut vom selben Lamm und einem Stiel von Ysopen schreibe auf das Häutlein des Lammes dieses Wort: „Phase". Beräuchere es mit dem Räucherwerk und trage es über dem Herzen.

6. Gegen alle bösen Zufälle.

Schreibe dieses Wort: Also spricht der Herr: „Ich will das

verlorene wieder suchen, und das verirrte wieder bringen, und das verwundete verbinden und des schwachen warten, und was fest und stark ist, will ich behüten und ihr wie recht pflegen", auf ein 7-eckiges Wachs, sieben Morgen vor Sonnenaufgang beräuchert und an den Hals gehangen, ist eine Brustwehr für alle bösen Zufälle.

7. Gegen urplötzlichen Tod.

Schreibe diese Worte auf Wachs, ☉ oder ☽, beräuchere sie und trage sie an dem Hals. Ist ein gewisser und fester Bund des Herrn mit dem Menschen, dass er ihn durch den jähen Tod nicht hinwegnehme. „Ich will der Krankheiten keine auf dich legen, die ich auf Ägypten gelegt habe, denn ich bin *Adonai* dein Arzt".

8. Gegen alle schweren Siechtage.

Nimm 7 saubere Glasscheiben, darauf schreibe mit Honig vor Sonnenaufgang: „Ich werde nicht sterben, sondern leben und verkündigen die Werke des *Adonai*." Desgleichen nimm 7 kleine Brote oder Zeltlein, dass eins möge auf 7 Bissen aufgegessen werden, darauf schreibe auch diese Worte. Lege allzeit ein Brot in eine Schale, beräuchere es und sprich: „Danket dem *Adonai*, denn er ist freundlich und seine Güte währt ewiglich, denn er, *Adonai*, züchtigt wohl, aber er gibt den Tod nicht." Diese Brote und Glasschalen halte rein, das kein Staub darauf falle. Gib dem Kranken jeden Tag aus einer Schale zu trinken und ein Brot zu essen, ehe er selben Tag noch etwas genossen, und lass dabei andere gebührende Mittel nicht. Mit Augen wirst du sehen, wie bald der Herr hilft, denen so ihm vertrauen.

9. Deinen Feind unglücklich zu machen.

Schreibe auf ein eisernes Blättlein nach Sonnenuntergang also: „Dein Unglück wird kommen auf dein Haupt und deine Bosheiten auf deinen Kopf fallen" beräuchere es 7 Mal und sage dabei: Stehe auf, *Adonai*, in deinem Grimm, und erhebe dich im Zorn wider deine Feinde." Danach nimm Mistpfützenwasser, damit wasche das Eisen wohl ab und schütte das Wasser auf deines

Feindes Türschwelle.

10. Dass dir dein Feind nicht obsiege.

Wenn du deinem Feind entgegen gehst, ehe du dein Gewehr entblößest, so schaue ihm steif in das Angesicht und sage bei dir also: „Du kommst gegen mich mit Wehr und Schwert, ich aber komme zu dir im Namen *Adonai Zebaoth*“. Danach lege die Hand ans Gewehr, schau ihn wieder an und sprich zum dritten Mal also: „Er muss von dir überwunden und zu Schanden werden.“

11. Dass du von keinem Feind überwunden wirst.

Trage diese Worte in ♂, ☽, ☉ oder Wachs geschrieben und 7 Mal beräuchert an deinem Leib, du wirst nicht überwunden: „*Adonai*, der du errettet hast den David von dem Löwen und von dem Bären, der wird mich auch erlösen von meinen Feinden.“

12. Gegen Hagel und Ungewitter, dass solches deinem Haus, Hof und Gütern nicht schade.

Schreibe auf reines Wachs also: „Ich will keine Plage über dich senden, so ich über Ägyptenland gelegt habe, denn ich bin *Adonai* deine Hilfe“, und wenn du siehst ein Ungewitter daher gehen, so hänge es außen auf dem obersten Teil deines Hauses und mache Räucherwerk darunter, du bist mit all den Deinigen gesichert.

13. Gegen Erschreckung der Geister.

Die Geister erscheinen in welcher Gestalt und erschreckender Form sie wollen, als Feuer, Wasser, Erde, Berge, Tiere u. a. zeige ihnen den 29. Psalm: „Bringet her zu dem *Adonai* ihr gewaltigen u. a.“ ganz geschrieben auf ein Stück von einem reinen Lammfell, das im Monat *Abib* geschlachtet worden ist.

14. Feuer von bösen Leuten und Geistern auszulöschen.

Strecke deine rechte Hand gegen das Feuer aus und sprich also: „Siehe *Leviathan*! Mein Gott, welchen ich ehre, kann mich wohl von deiner Hand und von deinem Brand erretten." Schreie alsdann 7 Mal in oder gegen das Feuer: „*Adonai* vertreibe dich *Leviathan*", es verschwindet sogleich.

15. Wenn ein Haus brennt, dass das Feuer nicht weiter um sich brenne.

Nimm reines Wachs, schreibe auf eine Seite den Namen des Herrn „*Adonai*", auf der anderen Seite aber: „Alle Kreaturen erkennen dich für ihren Schöpfer, darum muss auch vor deinem Angesicht dieses Feuer seine Kraft vergessen," wirf es samt dem Rauchwerk mitten in das Feuer, du wirst die Wirkung und Kraft sehen.

16. Steinfelsen in Nöten zu zersprengen.

Bist du von Feinden gejagt und kannst wegen den Steinklippen nicht weiter kommen, so schreie 3 Mal: „*Adonai*! *Adonai*! *Adonai*!" gegen den Himmel und schlage mit ausgebreiteten Armen gegen den Felsen, sprechend: „Die Berge zerschmelzen wie das Wachs vor *Adonai* vor dem Herrscher über dem ganzen Erdkreis"; so wirst du das hohe Wunder Gottes mit Entsetzen ansehen. Hüte dich aber, das zweite Gebot Gottes zu übertreten.

17. Berge und Felsen zu zerteilen, wenn du von deinen Feinden gejagt wirst, und kannst nicht weiter.

Schreibe mit einem Eisen oder sonst scharfen Instrument auf den Felsen die Worte: „*Adonai*! Niemand kann deinem Wort widerstehen, die Berge müssen weichen und die Felsen wie Wachs zerschmelzen vor dir." Nimm 6 andere der Vornehmsten deines Volkes neben dich und alle 7 schreiet zugleich: „*Adonai, Zebaoth*, hilf, erhöre und errette dein Volk", und schlagt dann zugleich mit beiden Händen gegen den Felsen und wider denselben. Das tue 3 Mal. N. B. das dritte Mal aber nicht mit den Händen, sondern jeder trete mit dem rechten Fuß dagegen: so werdet ihr gewiss sehen, wie der Herr seine Heiligen so wunderlich führt.

18. Dass du in der Flucht vom Gebirge nicht verhindert werdest.

Sobald du das Gebirge erreichst, so falle nieder auf deine Kniee und rufe inbrünstig zu dem Herrn, dass er Davids und seiner Treue gedenken wolle. Dann stehe auf und schaue das Gebirge streng an und fange an den 97. Psalm: „*Adonai* ist König, darum erfreut sich das Erdreich u.a.“ bis dahin: „die Berge zerschmelzen wie Wachs vor *Adonai*, vor dem Herrn des ganzen Erdkreises“, und dieweil du diese Worte sagst, so fasse auf Erde, Stein oder Sand, so viel du mit einer Hand auf der Erde in der Eile ergreifen kannst, und fange alsdann wieder an, fortzugehen. Denn solange du solches wirst in Händen haben, wirst du mit Wunder sehen, wie dir das Gebirge einen Weg macht und denselben wieder nach dir verschließt. Dies sind lauter Wunderwerke Gottes, seinen Dienern durch seine göttlichen Geheimnisse offenbart, darum sollen sie auch heilig gehalten und nicht unwürdig missbraucht werden.

19. Stadttore leicht einzusprengen.

Diese Worte lasse auf ein eisernes Blech, so vor Sonnenaufgang geschmiedet worden, graben, beräuchere es vor Sonnenaufgang und jeden Abend nach Sonnenuntergang. Wasche es im fließenden Wasser, und jeden Morgen sowohl zum Räuchern als beim Waschen sagen den 118. Psalm: „Lobet *Adonai* u.a.“ ganz, denn kein Psalm ist in der vermischten Kabbala kräftiger als dieser. Danach wenn man das Tor zu stürmen anfängt, so gib Acht, dass man nur das Blech mit einem Draht an das Tor heften oder annageln möge, du wirst sehen, dass es mehr von sich selbst aufgeht, als durch die Gewalt des Volkes sich öffnen wird. Die Worte sind folgende: „Öffnet mir die Tore der Gerechtigkeit, dass ich daselbst hingehe und dankt *Adonai*, das ist des *Adonai* Tor, die Gerechten sollen durch dasselbe hineingehen.“

20. Zur Flucht im Gebirge.

Bist du in das Gebirge getrieben und kannst daraus nicht weichen, so rufe aus andächtigem Herzen des Herrn Hilfe an, dann ziehe beide Schuhe aus, wende dein Angesicht gegen den Feind, so dir nacheilt, siehe auf gegen den Himmel und sprich 7 Mal: „*Adonai* neige deinen Himmel und fahre herunter, berühre die Berge und lasse sie rauchen, lass blitzen und zerstreue sie." Alsdann wende dich und wirf den linken Schuh für dich hinaus gegen den Ort, da du hindurch begehrst. Gehe oder laufe dann beherzt fort, und wenn du 7 Schritte getan hast, so nimm ohne Umschauen auch den rechten Schuh und wirf ihn hinter dich über dein Haupt. Sei dann getrost, denn du entkommst ihnen durch Gottes Hilfe wunderbar.

21. Hölzerne Türen aufzusprengen.

Nimm eines Widders Fell, so um die Zeit des *Pasha* geschlachtet wurde, beräuchere es, schreibe danach mit desselben Widders Blut auf das Fell den 29. Psalm. Dieses Fell behalte, und wenn du in Nöten, so schlag es 7 Mal wider die Tür, mit Hersagung folgender Worte, so springt die Tür alsbald auf und aus der Angel: „Des *Adonai* Stimme zerbricht die Zedernbäume auf dem Libanon, er macht, dass sie lecken wie ein Kalb, der Libanon und Sirion wie ein junges Einhorn."

22. So einer in ein Gemäuer vom Feind eingetrieben wird.

Rufe andächtig gegen den Himmel die Worte: „Du *Adonai* allein bist unsere Zuflucht, hilf mir Elenden, da ich ja sonst keinen Helfer habe als dich, und siehe in die gegenwärtige Not." Ziehe alsdann die Schuhe aus und schlage damit wider die Mauer 7 Mal, und zweifle nicht an deiner Rettung durch den Herrn, denn du wirst sehen, wie die Mauern reißen und dir der Durchgang gegeben wird. Doch schaue wohl auf, dass du deiner Gefahr nicht Ursacher und Anhänger gewesen bist, denn sonst wird es dir, gleichwie auch in anderen Sekreten, mehr zum Schaden als Nutzen gereichen.

23. Felsen, Berg- und Steinklippen in Nöten zu zersprengen.

Schreie mit ausgestreckten Armen 3 Mal in die Luft gegen den Himmel: „Ich rufe an *Adonai*, den Gott *Zebaoth*". Dann nimm eine Hand voll Erde, so unter deinem linken Fuß ist, wirf sie wider die Felsen und sprich: „*Adonai* gehet vorüber und ein mächtiger starker Wind, der da zerreißt die Felsen und zerbricht die Berge, geht vorher vor *Adonai*."

24. Wenn du zwischen eisernen Türen verschlossen und von deinen Feinden gefangen wirst.

Je höher die Gefahr, je höher auch die Wunderwerke des Herrn, welche auch desto höher zu halten und nicht leichtfertiger Weise zu gebrauchen sind. Bist du obgedachter Maßen von deinen Feinden in Leib- und Lebensgefahr gefangen, so falle auf deine Kniee und rufe inbrünstig zu dem Herrn, dass er dich erhöre und aus Nöten helfen wolle, danach gehe an die Pforten und sprich zu 7 verschiedenen Malen: „*Adonai*, wir wollen dir danken für dcine Gnade und für deine Wunder, die du erzeigst an den Menschenkindern." Danach schreibe oder kratze an die Tür die Worte, und kannst du nicht anders, so schreibe mit dem rechten Zeigefinger und Speichel, und dann mache 7 Streich mit ausgestreckten Händen wider die Tür, so wirst du das große Wunder Gottes sehen. Alsbald du aber die Tür offen siehst, ehe du hinausgehst, so sprich zuvor von ganzem Herzen: „Die, so wir durch *Adonai* erlöst sind, und welche er erlöst hat aus der Not, sollen sprechen: Lobsinget dem *Adonai*, denn er ist gütig und seine Gnade währt in Ewigkeit." Die geschriebenen Worte sind: „*Gedenke Adonai an David und an seine Verheißung*." Darunter schreibe den Namen: **רהדה** dann schreibe wieder darunter: „*Er zerbricht die Tore von Erz und zerschlägt die Riegel von Eisen*." **רהדה**.

25. Dass ein Haus vor Donnerstrahl und Erdbeben sicher sei, obgleich Gewölbe und Mauern zerklüften, solches gleichwohl nicht einfalle.

Lasse, wenn man anfängt Grund zu legen, eine 7-eckige Tafel von reinem Wachs oder guten Zinn machen, darauf schreib den 29. Psalm und beräuchere es, lege es unter den ersten Grundstein, du bist sicher von aller oben gemeldeter Gefahr.

26. Ein allgemeiner Segen für allerlei Krankheiten und Zufälle.

Welcher folgende Worte auf reines ☉, ☽ oder Wachs geschrieben, und jeden Freitagabend beräuchert, auf seinem bloßen Leib trägt, sofern er nicht ein wirklicher Übertreter des Gesetzes ist, bleibt sicher vor allen zufälligen Krankheiten, Zauberei und allem Übel: „Der Herr segne und behüte dich, *Adonai* lasse sein Antlitz über dich leuchten und sei dir gnädig, *Adonai* erhebe sein Angesicht über dich und gebe dir Frieden."

27. Gegen gefährlichen Schäden an heimlichen Orten.

Nimm ein 7-eckiges Blatt von Kupfer, darauf stich vor Sonnenaufgang diese Worte: „Sendet wiederum die Lade des Gottes Israels an seinen Ort, dass er uns nicht erwürge". Beräuchere es 7 Tage nacheinander und allemal nach der Beräucherung wasche das Kupferblech mit fließendem Wasser, darin *Kampfer* und *Salz* gemengt; mit diesem Wasser wasche den Schaden, dabei sprechend: „Heiliger *Adonai*, wende ab von uns die Plagen *Dapons* und den Schaden *Gad*, denn deine Hand ist zu schwer über uns."

28. Gegen Pestilenz und Seitenstechen.

Nimm eine Feige, rüste sie mit Mandelöl, mit Honig vermischt, beräuchere es, lege es dem Kranken über den Ort und lasse ihn folgende Worte sprechen: „*Adonai* gedenke meiner, wie deines Knechts *Hiskia*, der vor dir treulich gewandelt hat und mit rechtschaffenem Herzen tat, was dir wohlgefallet."

Und dieses sollst du in 24 Stunden 7 Mal tun.

29. Gegen den Aussatz.

Nehmt Manna, Honig und Semmelmehl, macht daraus einen Teig und 7 kleine Brote, deren man eins auf einen Bissen genießen kann. Auf ein jedes Brot schreibe also: „Ach Gott heile (ihn oder sie) mit Ysopsaft.“ Gib solches dem Kranken 7 Tage nacheinander zu essen, jeden Tag eins, und so oft er eines gegessen, so lasse ihn mit seinem eigenen Speichel sich an seinem ganzen Leib und Angesicht übersalben, so wird er, sofern ihn Gott nicht sonderlich wegen Übertretung straft, in 7 Tagen gesund werden.

30. Gegen böse Blattern und Rauden.

Schreibe mit einem bleiernen Griffel in reines Wachs diese Worte: „Ich will der Krankheiten keine auf dich legen, die ich auf Ägypten gelegt habe. Ich bin *Adonai*, er tut was ihm wohlgefällt und ist der Arzt.“ Danach zerlasse das Wachs mit 7 Mal so viel Baumöl, damit beschmiere den Leib morgens und abends.

31. Gegen Pestilenz.

Schreibe die obigen Worte auf eine Tafel von ☉, ☽ oder reines Wachs, das 7-eckig ist, beräuchere es 7 Mal an einem Vorsabbat und dann auf dem Herzen einwärts getragen.

32. Wenn Einer weder sterben noch leben kann.

Schreibe diese Worte mit einem bleiernen Griffel in reines Wachs: „Er ist *Adonai*, er tut was ihm wohlgefällt.“ Beräuchere es vor Sonnenaufgang und hänge es dem Kranken an, er wird in Kurzem auf einem oder dem anderen Weg erledigt.

33. Gegen den Krebs und andere offene Schäden.

Nimm ein reines Glas, das beräuchere vor Sonnenaufgang 7 Mal auf 7 unterschiedlichen Fluren, alsdann schreibe mit Honig auf das Glas: „Der Herr verletzt und verbindet, er zerschmeißt und seine Hand heilt.“

Nimm alsdann deine ordentliche Salbe, so zu dem Schaden

dienlich, wische damit die Schrift weg, mische die Salbe gut durcheinander, wie du es sonst zu tun pflegst, du wirst sehen, dass das Wort des Herrn die Wiederherstellung deiner Gesundheit wenigstens um die halbe Zeit beschleunigt.

34. Zur Linderung allerlei Krankheiten.

Diese Worte schreibe jede Mahlzeit mit Honig oder Butter dem Kranken auf das Brot, so er zu essen pflegt, auch in das Glas, woraus er trinkt. Jedes Mal nach dem Essen beräuchere ihn 7 Mal nacheinander, so wirst du scheinbarliche Hilfe sehen. „Also spricht der Herr, ich will das Verlorene wieder suchen und das Verwundete verbinden, und des Schwachen warten, und was feist und stark ist, will ich behüten und ihr wie recht pflegen."

35. Gegen den Schwindel.

Schreib diese Worte auf ☉, ☽ oder Wachs und beräuchere es: „Die Augen des *Adonai* sehen auf die, die ihn lieb haben, er ist ein mächtiger Schutz, eine große Stärke, eine Hut gegen das Straucheln und eine Hilfe gegen das Fallen." Auf einen Freitag vor Sonnenaufgang bereitet, hänge es an den Hals, erneuere es aber jeden Neumond. Das ist wahrhaftig gut und bewährt.

36. Gegen allerlei gefährlichen Krankheiten.

In den Teller, woraus der Kranke isst und den Becher, woraus er trinkt, schreibe diese Worte mit Honig. Desgleichen mit einem Griffel in reines Wachs, *) binde es ihm **) auf das Haupt und mache es jeden Tag vor Sonnenaufgang: 1) „Denn der Herr wird drein sehen und bald machen, wie es ihm wohlgefällt." Dieses aber sind die Worte: 2) „Du schonst aller, *Adonai*, denn sie sind dein, der du das Leben liebst und dein unergründlicher Geist in allen."

---

*) Die weiteren Worte.

**) Nämlich die letzten Worte.

37. Gegen Herzklopfen oder Melancholie.

Schreib diese Worte vor Sonnenaufgang in eine Glasschale mit Honig: „Die Augen des *Adonai* sehen auf die, so ihn lieb haben, denn er seit der, so das Herz fröhlich macht und das Angesicht erfreut, und verleiht dir Gesundheit, das Leben und Segen." Beräuchere es, schütte darüber Met oder sonst guten Wein, wirf ein klein wenig Rauchwerk im Zeichen Martis darauf, gib es ihm früh nüchtern zu trinken und das tue 7 Tage lang.

38. Gegen giftiger Tiere Biss.

Bist du von einer Schlange oder Skorpion gebissen oder gestochen, so nimm reines Wachs, darauf grabe das Bild einer Schlange mit diesen Worten: „Es können deinen Kindern, *Adonai*, der giftigen Drachen Zähne nicht schaden, denn deine Gerechtigkeit behütet sie und machet sie gesund." Beräuchere es und sprich: „*Adonai*! Wer sich zu diesen Zeichen kehrt, der wird gesund nicht durch die Dinge, so sie ansehen, sondern durch dich, Helfer aller Dinge." Alsdann lege oder binde es über den Biss, dass die Schlange oder die Schrift das Fleisch berühre.

39. Um Wunden zu heilen.

Diese Worte sprich jeden Abend und Morgen, wenn sie aufgebunden wird: „Ich bin *Adonai Zebaoth*, der dir solches um deiner Sünden willen getan, aber ich will dich wieder heilen und deine Wunden arzneien, spricht *Adonai*. Tue anders nichts dazu, sondern halte und reinige sie nur sauber und verbinde sie mit sieben reinen Binden von Leinwand, so ein wenig mit Rauchwerk geräuchert.

40. Gegen alle Krankheiten.

Schreibe mit Honig, worunter ein wenig des Rauchwerks vermischt, in eine Glasschale, schütte darüber von dem Getränk, so der Kranke zu trinken pflegt: „Heile du mich *Adonai*, so werde ich geheilt, hilf mir, so wird geholfen, denn du bist meine Beruhigung." Und dies soll ausnahmslos sein fester Trank sein, mache es 7 Tage lang und danke sodann dem Höchsten für seine Güte.

41. Allerlei offene Schäden und Wunden bald zu heilen.

Schreibe diese Worte auf reines Wachs, so eben so groß als das rechte Pflaster ist, so man über die Wunde oder Schaden tut, beräuchere es wohl, und wenn das Pflaster übergelegt, so tue oben drauf das Wachs, dass es mit der Schrift gegen den Schaden komme, du wirst erfahren, wie scheinbarlich die Heilung dadurch befördert wird. Die Worte sind folgende: „*Adonai*, es kommt Alles von deiner Güte, dann weder Kraut noch Pflaster heilt es, sondern dein Wort, *Adonai*, heilt Alles."

42. Eine vortreffliche Kunst in Hungersnot und Teuerungszeiten.

In Hungers- und Teuerungszeiten, 7 Tage aneinander bete jeden Morgen und Abend andächtig zu Gott deinem Herrn, und nach dem Morgengebet des letzten Tages nimm ein Laub oder Blatt von einem Erdenkraut, so man sonst zu essen pflegt oder von irgendeinem Baum, wie du es am Besten haben kannst. Schreibe darauf mit Honig und Tau oder Regenwasser die Worte: „Siehe! Brot will ich euch regnen lassen vom Himmel." Auf der anderen Seite: „*Mansa*". Beräuchere es und gib es also dem, welchem du willst, zu essen. Es erhält den Menschen 7 Tage lang, das er keinen Hunger empfindet. Also kann sich der Mensch 49 Tage aneinander aufhalten ohne Essen und ohne Genießung aller anderen Speisen, aber nicht länger. Dieses ist das größte Brot, das dem Propheten in der Wüste gewiesen, auch vom Engel gereicht und zugetragen wurde.

43. Sich vor seinem Feind unsichtbar zu machen.

Rufe dreimal für dich hinaus: *Adonai*! *Adonai*! *Adonai*! Nimm dann eine Hand voll Erde, so du unter deinem linken Fuß hast, wende dich und wirf sie gegen deinen Feind und sprich: „Gewölk und Dunkelheit ist um sie her, denn *Adonai*, mein Gott, ist König."

44. Oder:

Rufe 3 Mal in die Höhe den heiligen Namen des Herrn *Adonai, Jah, Zebaoth*, dann nimm Gras, Stein oder Erde, in Summe, was du eben unter deinem Fuß findest, wirf es ohne Umsehen hinter dich über dein Haupt gegen die, die dich jagen. Das tue dreimal. Danach sprich: „*Adonai*, starker *Zebaoth*, vermache mit Dornen ihren Weg, und stelle dafür eine Wand, dass sie meinen Weg nicht mögen betreten."

45. So Einer in schweren Ohnmachten und letzten Zügen liegt, solchen wieder aufzuwecken.

Lege dich 8 Mal auf ihn, wie er liegt ausgestreckt, Hand auf Hand, Mund auf Mund, und sprich ihm jedes Mal in seinen Mund: „*Adonai* mein Gott, lasse dieses N. N. Seele wieder in ihn kommen, als wieder kommen die Seele des Kindes der Frauen *Saepta*, da du erhört die Stimme deines Knechtes *Elia*."

46. Gegen das Grimmen.

Nimm reines Wachs, mache daraus ein 7-eckiges Täfelein, darauf schreibe diese Worte: „Fürchte *Adonai* und lasse vom Bösen, das wird sehr gesund sein deinem Nabel und deinen Gebeinen wohl bekommen." Danach räuchere es 7 Morgen allezeit vor Sonnenaufgang und trage es am Hals oder binde es auf den Schmerzen auf den Leib."

47. Gegen blöde Augen und Ohren.

Nimm ein reines Blatt von Zinn oder Kupfer, beräuchere es, schreibe darauf mit Milch von einer Frau, so ein Knäblein geboren und den siebenten Tag im Kindbett liegt: „Ein Ohr, das da hört, ein Auge, das da sieht, werden beide von *Adonai* gemacht." Lasse es von sich selbst trocknen, dann wische es ab mit reinem Mandelöl, salbe damit die Augenlider oder lasse es in die sausenden Ohren tropfen, tue es 7 Tage, 7 Mal des Tages, und du wirst Wunder erleben.

48. Im Streit nicht verwundet zu werden.

Welcher auf ein 7-eckiges Blech, von 7 Metallen vermischt, die Worte gegraben in der Handhebe oder Gefäß seines Schwertes trägt, der verwundet gewisslich seinen Feind durch alle Rüstung, und er selber kann nicht verwundet werden. „*Hier ist das Schwert Adonai und Gideon*."

49. Wie man vor Gericht und großen Potentaten stehen soll.

Vor Gericht und großen Potentaten zu handeln: Stehe morgens vor Sonnenaufgang auf, wasche dein Haupt und Angesicht aus klarem, fließendem Wasser, sprich dann über Mandelöl 7 Mal:

„Du heiliger und starker *Adonai*, lass dir gefallen die Gebete deines Knechts, sei du mit ihm, wie du mit Mose, deinem Knecht gewesen, verlass ihn nicht, wie du den Isaak nicht verlassen noch von ihm gewichen."

Danach schreibe mit selbigem Öl auf seine silberne oder zinnerne Platten, und wenn sie gar geschrieben, so wasche die Schrift mit ein wenig warmem Wasser weg, und dasselbe Wasser sprenge in dein Angesicht, Haupt, Haar und Bart, es wird dir Alles wohl gelingen.

„Siehe meine Seele! *Adonai* hat dir geboten, dass du friedsam seiest und getrost, lass dir nicht grauen und habe kein Entsetzen, denn dein Gott *Adonai* ist mit dir in allem deinem Tun.

50. Gunst und Gnade bei großen Herren zu erlangen.

Mache eine Vermischung von Öl, *Storace, liquido galbano*, reinen Weihrauch und Honig, damit schreibe auf ein Stücklein reines Wachs also: „Ich will heilig gehalten werden von denen, die sich zu mir nahen, und will sehr herrlich werden vor allem Volk." Wasche dein Angesicht und Hände vor Sonnenaufgang mit fließendem Wasser. Wirf alsdann das Wachs auf Kohlen und lasse den Rauch in dein Angesicht, Haupt und Kleider gehen, du wirst denselben Tag allenthalben Gnade und Gunst finden.

51. Oder:

Wasche dein Angesicht und Hände aus fließendem Wasser, schreibe die Worte auf reines Wachs: „Hilf *Adonai*! O *Adonai*! Lass es wohl gelingen!“ Beräuchere es und sprich die Worte 7 Mal: „Lobet den *Adonai,* denn er ist freundlich und seine Güte währt in Ewigkeit.“ Danach hänge es an den Hals und gehe vor den Herrn getrost, und sobald du seiner ansichtig wirst, so sprich bei dir selbst im Geheimen, ehe du ihn anredest: „Lobet den *Adonai,* denn er ist freundlich und seine Güte währt in Ewigkeit.“ Ist es anders eine Sache, dass dein Begehren dir nützlich von Gott erkannt ist, so enthältst du Alles und was du willst.

52. Vor Ungewitter auf dem Meer.

Befindest du dich auf dem Meer zur Zeit großen Ungewitters, so nimm reines Wachs oder im Fall der Not nur Schiffspech, darein lege 7 Zagen von Werg oder etwas anderes, dass es sei wie ein Stern, schreibe die Worte auf das Wachs, oder Stern, oder Pech und streue oben auf die Schrift das Rauchwerk, zünde die 7 Dächt alle zugleich an, lass brennen bis die Flamme das Rauchwerk auch erreicht, alsdann wirf es alsobald brennend ins Meer gegen den Ort, wo die größte Gefahr zu befürchten, und danke dem Herrn für seine Güte, die er dir erzeigen wird. Die Worte sind diese: „O *Adonai*, mein Gott vom Himmel, der du gemacht hast das Meer und das Trockene, lass uns nicht verderben, durch deinen Namen und um deiner Ehre willen.“

53. Bei großem Meeres-Ungetüm.

Schreibe auf einen neuen irdenen Topf außen herum diese Worte, desgleichen unten auf den Boden und oben auf den Deckel, tue darein neue Kohlen mit neuem Feuer angezündet, wirf darauf Rauchwerk, soviel du mit zwei Fingern auf 7 Mal fassen kannst, decke den Deckel alsobald darüber, verstreiche es wohl mit Ton oder Erde, dass der Rauch nicht herauswehe und wirfs ins Meer, das Ungestüm wird abnehmen.

Adonai hat den Sand gesetzt zum Ziel dem Meer, in welchem es immerdar, bleiben und nicht darüber schreiten soll, ob es gleich tobet, soll es doch keine Macht haben, und obgleich seine Wellen hoch aufschlagen, soll es doch nicht darüber ausfahren."

54. Zu Gunsten bei männiglichen.

Hast du große Sache vor vielem Volk zu handeln und willst gehört werden, so schreibe in die rechte Hand mit Honig: „Ich werde der sein, so ich sein werde", und in die linke: „Der ich sein werde, derselbige hat mich gesendet zu euch", so verrichtest du Alles nach deinem Begehren.

55. Vor Gericht zu gehen.

Backe des Morgens vor Sonnenaufgang ein ungesäuertes Brot und darauf schreibe mit Honig die Worte: „Ihr haltet den Richterstuhl nicht für die Menschen, sondern für *Adonai*, und derselbige ist bei euch in dem Gericht." Esse es und wasche alsdann dein Angesicht 7 Mal mit fließendem Wasser, das keine Sonne gesehen und gehe alsdann getrost vor den Richter, denn dein Mund wird dem Richter die Sache in die Ohren reden, das Wort des Herrn aber in sein Herz.

56. Oder:

Morgens, ehe die Sonne hervorscheint, sprich über fließendes Wasser die Worte: „*Adonai*, Jah, Zebaoth, erscheine du im Gericht den Ältesten in deinem Volk und deiner Fürsten." Wasche damit dein Angesicht, danach schreibe auf ein reines Wachs die Worte: „*Adonai* stehet da zur Rechten und ist aufgetreten, über die Völker zu richten." Dieses Wachs beräuchere, binde es an deinen rechten Arm und gehe getrost vor Gericht, deine Sache soll wohl gehen.

57. Ein hohes Begehren von einer Person zu erlangen.

Faste 3 Tage und beräuchere dich alltäglich mit Rauchwerk, schreibe dann in reines Wachs folgende Worte: „Jedweder fordere von seinem Nächsten und ein Jeglicher von seiner Nachbarin, aber *Adonai* wird die Gnade geben seinem Volk vor ihren Augen.“ Beräuchere es, hänge es unter dein Kleid auf die Brust und begehre; sicherlich dir wird gewähret.

58. Vor Gericht zu gehen.

Schreibe auf ein reines Glas *ante* ☉ die Worte: „*Adonai*! Du führest aus meinen Handel und Recht, du setztest auf den Stuhl einen gerechten Richter.“ Beräuchere es und sprich 7 Mal: „Froh bin ich und erfreut in dir; deinen Namen will ich lobsingen, du Allerhöchster.“ Dann wasche es ab mit fließendem Wasser, und mit solchem wasche dein Angesicht und gehe vor den Richter, du wirst Gnade vor seinen Augen finden.

59. Vor Wasser- und Feuersnot.

Grabe in ☉, ☽ oder Wachs unten folgende Worte, indem, dass die Sonne aufgeht, beräuchere es denselben Tag 7 Mal an der Sonne, zu Nacht aber 7 Mal beim Mondschein. Hänge es morgens, eben wenn die Sonne hervorblickt, an deinen Hals und trage es, du hast vor Wasser und Feuer einen trefflichen Schatz; denke aber daran, dass du es alle Jahre eben an demselben Tag erneuerst: „*Adonai* mein Erschaffer, sprach zu mir, du bist mein, denn wenn du durch das Wasser gehst, will ich bei dir sein, dass dich die Wasserfluten nicht sollen ersäufen, und wenn du ins Feuer gehst, sollst du nicht verbrennen, und die Feuerflammen sollen dich nicht anzünden.“

60. Gegen Wassernot.

Die Worte auf ☉, ☽ oder Wachs geschrieben, 7 Tage beräuchert und an den Hals gehängt, und alle 7 Tage wiederum einmal beräuchert, ist sicher und gut für alle Feuergefahr: „Ob du mich schon mitten in das Meer werft, dass die Wasserwogen und Meerwellen mich umgeben; so wirst du doch aber, *Adonai* mein Gott, mein Leben aus der Verderbung herausführen.

61. Dass ein Schiff sicher auf dem Meer laufe.

Auf ein kupfernes 7-eckiges Blech nach Sonnenuntergang die Worte geschrieben, 7 Tage, eben allemal wo die Worte geschrieben worden, beräuchert, den achten Tag aber, eben wenn das Schiff auslaufen will, solches unterst in das Schiff unter den großen Mastbaum gelegt, so wird es seine Reise glücklich ohne Schaden vollbringen. „Deine Vorsehung, o Gott Vater, tut mich regieren, dass du mir gar den Weg im Meer bereitest und sicher laufen machst, mitten unter den Wellen."

62. Wenn du von vielen Feinden umgeben bist.

Wende dich gegen die Sonne, strecke aus dein Schwert gegen den Feind, deine linke Hand aber lege auf dein Haupt und sprich 7 Mal mit Mund und Herzen: „*Adonai* ist bei mir wie ein streitbarer Held, darum sollen meine Verfolger fallen und mir nicht obliegen, sondern zu Hohn und Spott werden." Danach sei getrost und habe die nachfolgenden Worte stets im Herzen: „So wird dich die Hand des Herrn herausreizen, wären ihrer gleich noch so viel, Dir, *Adonai* befehle ich meine Sachen."

63. Eine belagerte Stadt unglücklich zu machen.

Schreibe auf reines Leder oder Wachs die Worte: „Er heißt *Adonai*, so über die Starken, eine Zerstörung kommen lässt und sendet eine Verstörung über die feste Stadt." Beräuchere es des Tags 7 Mal und finde Wege und Gelegenheit, dass es nach Sonnenuntergang heimlich unter die Stadttore eingegraben oder zum wenigsten an Pfeilen über die Stadttore in die Stadt geschossen wird.

64. Dass einem sein Feind keinen Schaden zufügen möge.

Schreibe oder grabe auf ein silbernes Blech deinen Namen und die Worte: „*Adonai* zerschmeiß den Rücken derer, so dir wiederstreben, und deine Hasser, dass sie sich nicht erheben"; vermache es in deinen Kleidern auf der rechten Seite.

65. Dass ein Haus lange währe und nicht untergehe.

Nimm 4 Tafeln von Stein oder Schiefer und schreibe darauf mit Blut von einem jährigen Widder also: „*Adonai*, *Zebaoth* ist Gott in aller Welt und das Haus seines Knechts wird für ihn bleiben für und für“; beräuchere es nochmals 7 Tage nacheinander und sprich allemal also: „O *Adonai*, *Jah*, du bist Gott und deine Worte sind wahrhaftig, deshalb neige dich und segne das Haus deines Knechts, dass es stehe vor dir ewiglich.“ Danach vermauere die 4 Tafeln in ein jedes Eck des Haues ein.

66. Dass ein Haus vor Unglück sicher und bewahrt sei.

Nimm einen reinen Ziegelstein, so niemals mit Wasser benetzt worden und 7 Ecken habe, den wasche vor Sonnenaufgang wohl mit fließendem Wasser, danach grabe mit einem goldenen oder silbernen Griffel darein diese Worte: „Selig ist der, so den *Adonai* fürchtet und an seinen Geboten ein großes Wohlergehen hat, er wird haben in seinem Haus Reichtum und Überfluss, und seine Gerechtigkeit wird in Ewigkeit verharren über seinem Samen.“ Beräuchere es denselben Tag 7 Mal, also, dass es das letzte Mal sei, wenn die Sonne untergegangen, alsdann vergrabe denselben Stein zu unterst in dein Haus, ungefähr 1 Elle tief. Bezeichne den Ort und alle Tage des Neumondes, sobald die Sonne untergegangen. Mache Rauch auf selbigen Ort, und tue das 3 Monate hindurch.

67. Gegen Bezauberung.

Jeden Vorsabbat, ehe die Sonne aufgeht, nimm fließendes Wasser, das niemals die Sonne beschienen, sprich 7 Mal diese Worte und wirf darein von Rauchwerk, lass auch dazu fallen 7 Tropfen Baumöl, lass es stehen, damit wasche deine Füße, so wird dem Zauberer der Schaden auf seinen eigenen Kopf fallen: „*Adonai*, *Jah* und *Zebaoth*, du bist mein O Gott, heilest, segnest und beschützt mich, *Adonai* fluche dir Satan und vertreibe dich mit seiner Macht und Herrlichkeit.“

68. Wenn es lange nicht geregnet, dass die Dürre dem Feld nicht schade.

So viel abgesonderte Felder du hast, so viel nimm Platten von subtiler Erde, als Ziegelsteine gebrannt, wasch sie vor Sonnenaufgang mit fließendem Wasser, danach nimm einen Zweig von einem Öl- oder Mandelbaum, drücke ihn in ein gutes Baum- oder Mandelöl, damit schreibe auf die Steine nachfolgende Worte, beräuchere es und grabe es mitten auf das Feld kurz vor Sonnenaufgang: wo es gleich an Regen mangelt, so wird doch ein fruchtbarer Nachttau den Segen des Herrn bringen: „Die Benedeiung des *Adonai*, die Beweisung der Gnade deiner Treue ist wie eine Morgenwolke voller Tau, dringt herfür als eine schöne Morgenröte und kommt zu uns als ein Regen, der das Land durchfeuchtet."

69. Oder:

Schreibe diese Worte, jedoch diese werden nach Sonnenuntergang eingegraben. „*Adonai*! Die Beweisung deiner Treue sei wie eine Morgenröte voller Tau, der sich des Morgens in der Frühe ausbreitet."

70. Dass böse Leute und Zauberei deinem Haus nicht Schaden zufügen.

Schreibe diese Worte auf 7 Täfelein von reinem Wachs, beräuchere und vergrabe es an 7 Orten um deine Grenze herum. Es wird das Haus sicher sein, und das Böse nicht können hinzunahen: „Die Gottlosen haben Freude, Schaden zu tun, aber des Gerechten Samen wird alle Früchte bringen."

71. Böse Geister und Gespenster aus einem Haus oder Menschen zu vertreiben.

Nimm einen jährigen Widder, so noch nicht gesprungen hat, schreibe die Worte auf eine reine Wachstafel, beräuchere sie und hänge sie dem Widder zwischen die Hörner auf die Stirn, führe ihn danach alle Gemächer des ganzen Hauses durch, und hinter ihm her beräuchere stets auf 7 brennende Kohlen, bis unter die Haustür, da führe den Widder aus dem Hause, ertränke ihn in einem Wasser oder führe ihn in eine Wildnis, du hast den Ort oder Haus gereinigt. Aber dass du ihn nicht in ein beschifft werdendes Wasser führst, denn an solchem Ort würdest du einen gefährlichen Spaß machen. Die Worte sind folgende: „*Adonai* fluche dir Satan, *Jah*, *Adonai* verfluche dich, die vertreibe *Adonai*, so Jerusalem erwählt hat."

72. Beschützung vor Schaden von Wassergüssen.

Hast du Sorge, dass das auslaufende Wasser sich weit ausstrecken und Schaden anrichten könnte, so schreibe in ein irdenes Geschirr diese Worte, mit kleiner Erde und Wasser angemacht, danach fülle dasselbe Geschirr mit dem auslaufenden Wasser, zünde alsdann Kohlen an. Darauf lege Rauchwerk, auf ein 7-eckiges Täfelein von reinem Wachs oben auf selbige Worte, und lege es zugleich mit dem Rauchwerk auf die Kohlen und sprich dann 7 Mal: „Lobsinge dem *Adonai*, o meine Seele, denn er, der *Adonai,* ist ein Gott voller Herrlichkeit und Macht." Dann wirf die Glut und alles Rauchwerk in das Geschirr mit Wasser, du wirst sehen, sodass es keinen weiteren Schaden anrichten kann, sondern sich alsbald zum Ablaufen anschicken wird. Dieses aber sind die Worte: „*Adonai* hat dem Wasser eine Grenze bestimmt, darüber soll es nicht schreiten und soll das Erdreich nicht weiter zudecken."

73. Sich vor seinen Feinden unsichtbar zu machen.

Ziehe in der Flucht deinen linken Schuh aus, fahre damit 7 Mal über deinen Kopf und Angesicht, alsdann wende dich nun gegen den Feind, schlage 7 Mal mit dem Schuh in die Luft, gegen ihnen allezeit sprechend: „*Adonai* fähet die Klugen in ihren Listen und vernichtet den Rat der Verkehrten, auf dass sie bei dem Tag in dem Finstern gehen und greifen um sich zu Mittag, als mitten in der Nacht." So wirst du großes Wunder des Herrn sehen und deiner Feinde Blindheit wird sich zu deinem Heil erzeigen.

74. Deinem Feind ein verzagtes Herz zu machen.

Schreibe auf reines Wachs *ante* O^{is} die Worte: „Des *Adonai* Weg ist die beherzte Art der Frommen, aber die Übeltäter sind verzagt.“ Hefte es an die Platte deines Schwertes, dass es deinem Feind im Gesicht stehen könne, beräuchere es danach 7 Mal, es hilft und wirkt.

75. Dem Feind obzusiegen.

Lasse auf ein Gold- oder Silberblech den Namen Jehovah in einer rechten Hand geschrieben auf einer, und auf die andere Seite die Worte schreiben: „Die rechte Hand des *Adonai* ist erhaben, die rechte Hand des *Adonai* behält den Sieg.“

Beräuchere es 7 Tage aneinander des Tages einmal *ante* O^{is} und hefte es zu oberst an die Hauptfahne, dass es fest an der Spitze hange, du wirst sehen, was die Gnade des Herrn vermag.

76. Wenn man bei Nacht in ein Lager einfallen will.

Ich habe dies mit Augen gesehen, das man genommen reines Wachs; so viel als der Kriegsleute gewesen, hat man kleine Blättlein, als ob es Gold wäre, nach Niedergang der Sonne gemacht, und auf jedes die Worte geschrieben: „Gott gib Sieg“. Diese hat man allzugleich wohl beräuchert und dann jeglichen Kriegsmann eines auf seine Sturmhaube oder seinen Hut gemacht, auch eben diese Worte ihnen zum Freuden- und Losungszeichen gegeben. Es sind ihrer bei vierhundert gewesen, haben einen harten Stand gehabt und großen Schaden in der Feinde Lager getan.

77. Dass des Feindes Schiffe keinen Bestand in dem Hafen haben können.

Nimm eine Platte von ♃, wasche und beräuchere sie jeden Morgen *ante* O^{is} 7 Tage lang; am achten Tag, wenn die Sonne untergegangen, so grabe darauf die Worte: „*Adonai*! *Zebaoth*! sei allhier mächtig bei uns, dass kein Schiff unseres Feindes rudern könne, noch Schiff darinnen schiffen mögen, denn du, *Adonai*, sei Richter über uns, du *Adonai*, bist der König unserer Hilfe.“

Beräuchere es wiederum, und lege es unter den heiteren Himmel die Nacht über, des Morgens ehe es die Sonne bescheint, hebe es auf, wasche es, beräuchere es abermals, abends lege es wiederum an den Tau, morgens wasche und beräuchere es wiederum und das tue bis es 7 Nächte gelegen und 7 Mal beräuchert worden, die letzte Nacht aber legs wieder an den Tau und morgens *ante* O^{is} hebe es säuberlich mit einer hölzernen Zange oder anderem Instrument auf, dass es weder mit Händen noch Metall weiter berührt werde und versenke es in die Einfahrt des Hafens; der Feind wird daselbst gewiss nicht einschiffen oder verharren können, und also kann ein jedweder sein Land und alle Häfen oder Port darinnen versichern.

78. Dass die Bürger und das Volk in der Belagerung beherzt bleiben.

Nimm ♂ Blech, darauf grabe *ante* O^{is} diese Worte: „Heute will ich dich machen zu einer festen Stadt und zu einer eisernen Säule und zu einer ehernen Mauer, dass, wenn sie schon wider dich streiten, sollen sie dir dennoch nicht obsiegen, denn ich bin bei dir, *Adonai*, dass ich dich erlöse.“ Nachmalen beräuchere es, dann wasche es mit Wasser, das noch keine Sonne beschienen, ab, und übersprenge damit das versammelte Volk.

79. Dass ein Lager jederzeit vom Feind sicher bleibe.

Ehe man anfängt das Lager aufzuschlagen, wenn es schon ausgesteckt ist, so nehme der oberste Feldherr 7 eiserne Bleche, darein grabe er auf jedes diese Worte: „Du *Adonai* komme zu der tausendfältigen Menges deines Volks.“ Beräuchere es und grabe es an 7 unterschiedliche Orte um das Lager herum. Der Feind lässt die Schanzen ungenommen, welches ich mit eigenen Augen gesehen bei Graf *Friedrich*.

80. Gegen die Feindschaft.

Diese Worte auf ein Metall-Täfelein geschrieben oder gegraben: „*Adonai* wird vor dir her deine Feinde austreiben und sprechen: seid vertilgt“; jeden Morgen nach verrichtetem Gebet vor

Sonnenaufgang beräuchert und bei sich getragen.

81. Deinem Feind in der Schlacht obzusiegen.

Lasse zu oberst am Speer der Blut- und Hauptfahne mit Mandelöl diese Worte schreiben: „Wenn *Adonai* den Glanz seines Schwertes wetzen und seine Hand zur Strafe ausstrecken wird, so wird er an seinen Feinden Rache üben und seinen Hass vergelten, er wird unsere Pfeile mit Blut tränken und unseren Waffen Fleisch zu essen geben, samt dem Blut der Erwürgten in ihrem Gefängnis und entblößen das Haupt unserer Feinde." Danach wasche es mit fließendem Wasser ab, sprenge dasselbe über das ganze Heer und greife alsobald an im Namen und Vertrauen auf Gott; es wird nicht misslingen.

82. Das matte Volk im Krieg zu erquicken.

Nimm Brote, wie man sie haben kann, aber je größer desto besser, damit du allem Volk einen Bissen zu reichen hast, darauf schreibe diese Worte mit zerschmolzenem Wachs. Gleichfalls schreibe sie mit besagtem Wachs auf eine Glasschale, schütte Essig darüber, dass die Schale voll werde, schütte alsdann allen Essig in der Schale in ein reines Fass voll Bier oder Wein, damit jedem ein Trunk werden könne, und wenn du das Brot zerschneidest, auch die Schale in das Fass gießest, so sprich zu jedem: „*Adonai*! Du mächtiger und starker Gott, gib Kraft den Müden und genügsame Stärke den Schwachen, dass sie auffliegen mit Flügeln wie ein Adler". Gib also einem jeden einen Bissen Brot und einen Trunk, du wirst mit Verwunderung an ihnen die Kraft des Herrn erscheinen sehen. Diese Worte aber sind zu schreiben. „*Adonai* der einige Gott, der den Erdboden und seine Erde geschaffen, wird weder matt noch müde, seine hohe Weisheit ist unerforschlich."

83. Zur Feindschaft.

Schreibe auf Wachs, ☉ oder ☽ : „*Adonai* ist mit mir, darum bin ich ohne Sorge und Furcht, was können mir Menschen zufügen." Auf die andere Seite aber schreibe: „*Adonai* ist bei mir, dass er mir helfe, darum werde ich meinen Wohlgefallen an meinen Feinden haben.“ Beräuchere es und sprich: „Dankt *Adonai*, denn er ist freundlich und seine Güte währt ewig. Gut ist es, auf *Adonai* vertrauen und sich nicht auf Menschen zu verlassen.“ Das tue alle 7 Morgen vor Sonnenaufgang, dann hänge es an eine gelbe Seidenschnur an den Hals und alle Jahre erneuere es.

84. Unendliche Liebe zwischen Mann und Frau zu machen.

An dem Tag deiner Hochzeit, alsbald die Sonne untergegangen, ehe du beiliegst, nimm 2 Turteltauben, ein Männlein und Weiblein, und schreibe mit derselben vermischtem Blut auf reines Wachs oder sauberes Papier diese Worte: „Dein Gott ist mein Gott, dein Volk ist mein Volk, wo du hingehst, daselbst will ich auch hingehen und wo du bleibst, daselbst will ich auch bleiben, und wo du stirbst, daselbst will ich auch sterben und mit dir begraben werden. *Adonai* erzeige solches, der Tod scheide mich und dich“; und beräuchere es abermals, dieses lege mitten unter die Hauptpfühle deines Ehebettes. Schreibe auch zugleich die Worte auf eine Glasschale mit Honig, schütte Wein darüber, davon trinke du die Hälfte, die andere gib deinem Gespons; du wirst die Zeit deines Lebens eine friedsame Ehe führen.

85. Dass ein Mann seine Frau liebe.

Vor Sonnenaufgang nehme die Frau ein neues Rauchfass, darauf lege 7 neu angezündete Kohlen, die stelle sie unter einen Apfelbaum, der Früchte hat, und streue Rauchwerk darauf, unterdessen gehe sie hin zu einem fließenden Wasser und wasche ihr Angesicht und Hände sauber, darauf nehme sie ein Wachs, grabe diese Worte mit einem goldenen, silbernen oder kupfernen Stiel darauf und wirf es alsdann auf die Kohlen, und wenn es nun ganz ausgeräuchert, so breche sie den schönsten Apfel ab, der ungefähr am meisten von dem Rauch getroffen, den gebe sie dem Mann zu essen: die Worte sind: „Wie der Apfelbaum unter den wilden Bäumen ist, also ist mein Freund unter den Jünglingen.“ Sollten aber noch keine Äpfel daran sein, so tue es unter der Apfelblüte und lasse den Mann daran riechen.

86. Dass die Frau den Mann liebe.

Gleiche Zeremonien gebrauche der Mann unter einem Rosenstock, und breche dann 3 Rosen ab, und gebe sie der Frau zu riechen. Die Worte aber, so der Mann aufs Wachs schreiben soll, sind: „Gleichwie die Rosen unter den Dornen, so ist meine Freundin unter den Töchtern."

87. Eine Frau zu probieren, ob sie ihrem Mann treu ist.

Hast du deine Frau im Zweifel der Untreue, so schreibe in ein neues irdenes Gefäß diese Worte mit einem Ysopenstiel von Erde und Salzwasser vermischt, solches geschieht nach Sonnenuntergang. Wasche es hernach ab mit Wein oder welchem Getränk du willst, und gib es ihr zu trinken. Ist sie fromm, bringt es ihr keinen Schaden, außerdem aber wird und bleibt sie lebenslang ein elendes Weib: „*Adonai* setze dich zum Fluch und Vermaledeiung unter allem Volk, so du mich geschändet, *Adonai* lasse deine Hüften abschwinden und deinen Leib aufschwellen, und dieses verfluchte Getränk fahre in deinen Leib, dass dein Bauch aufschwelle und deine Hüften abschwinden! Amen! Amen!"

88. Ein paar unfruchtbare Eheleute fruchtbar zu machen.

Lasse sie 3 Tage fasten, folgende Tage sich sauber waschen und beräuchern, dann hänge jedem die Worte in Gold, Silber oder reines Wachs gegraben, und 7 Morgen beräuchert, an den Hals an einer gelben seiden Schnur und lasse sie es tragen. Sie werden, wo nicht der Fluch Gottes über ihnen ist, gewiss Kinder zeugen: „*Adonai* gib ihnen Leiber so fruchtbar, und Brüste, so nicht versiegen."

89. Gegen langes Ungewitter und Regen.

Fast 3 Tage und 3 Nächte ohne Essen und Trinken mit einem andächtigen Gebet, alsdann mache aus Wachs 7 Täfelein, darauf schreibe also: „*Adonai*, du hast nicht Lust an unserem Verderben, denn du lässt nach der Ungestüme die Sonne wieder scheinen, und schüttest aus über uns nach der Trübsal die Freude." Beräuchere sie, zünde alsdann unter freiem Himmel 7 Kohlfeuer an und auf jedes lege ein Täfelein mit Rauchwerk, lasse es also verbrennen und das Feuer von sich selbst durch den Rauch erlöschen. Du wirst sehen, wie die Kreaturen ihrem Schöpfer dienen und gehorsamen.

90. Gegen alles Ungewitter, Gespenst und Gesichte von bösen Leuten.

Nimm fließendes Wasser, wird darein 7 Körner Salz, schreibe dann auf einen Kieselstein, mit Widder-, Bocks- oder Ochsenblut, darunter Schwefel und Galle vermischt ist, diese Worte: „*Adonai, Zebaoth* bedrohe sie, so werden sie ferne hinweg fliehen. Verfolge sie, als da geschieht dem Staub auf den Bergen, vom Wind und dem Ungewitter von der Winde Braut."

91. Unzertrennliche Freundschaft zwischen zwei Personen zu machen.

Backe von Honig, Speckerei und Mehl einen Kuchen vor Sonnenaufgang, schreibe darauf den Namen der beiden Personen, lasse ihn 7 Nächte unter dem heiteren Himmel an dem Tau liegen, und jeden Morgen vor Sonnenaufgang nimm den Kuchen und sprich folgendes Gebet darüber: „O Adonai, du Gott *Zebaoth*, lass dir wohlgefallen das Werk und Vorhaben deines Knechtes, und sende deine Kraft in die Herzen N. N., das sie sich getreulich und lieblich miteinander verbinden, als sich verbünden die Herzen *Jonathan* und *David*, dass ein jeder den anderen wahrhaftig liebe als sein eigen Herz." Gib dann beiden diesen Kuchen zu essen.

92. In gefährlicher Geburt.

Schreibe diese Worte auf ein reines Wachs, beräuchere es wohl und sprich unterdessen 7 Mal: „Lobet *Adonai*, denn er ist sehr freundlich und seine Barmherzigkeit währt in Ewigkeit." Danach binde es der Gebärerin an, dass es ihr über den Nabel hänge; die Worte sind: „O Adonai! Adonai! Adonai! Lass hier wohl gelingen."

93. Um leicht zu gebären.

Schreibe diese Worte: „Adonai! wenn die Trübsal vorhanden, so sucht man dich, gleichwie eine schwangere Frau, wenn sie gebären soll, so ist sie in Ängsten und schreit in ihren Schmerzen. Also geht es auch *Adonai*, bei mir und uns vor deinen Augen, darum *Adonai, Jah* komme hervor uns zu helfen"; — mit Honig in eine Schale von Gold, Silber oder Glas, darauf schütte ein Getränk, gib das der Frau, so in der den Wehen liegt, es gibt große Erleichterung.

94. In gefährlicher Geburt.

Schreibe die Worte: „Siehe *Adonai*, dein Kind ist nun bis zu der Geburt gelangt und sind nun keine Kräfte da, solches zu gebären, wo du *Adonai, Zebaoth* nicht zu Hilfe kommst", — auf einen Riemen oder Gürtel von schneeweißem Lammfell, beräuchere und um umgürte ihn der Gebärerin auf den bloßen Leib. Sie wird gewiss entbinden, ehe 7 Stunden vergangen sind.

95. Seinen Frieden Unglückschaft zu machen.

Nimm reines Wachs und schreibe folgendes darauf: „Vertreibe ihn *Adonai*, wie man den Rauch vertreibt und wie das Wachs zerschmelzen wird im Feuer, also sollen alle Gottlosen vor Gott kommen." Leg es auf 7 angezündete Kohlen samt dem Rauchwerk, lasse es darauf zerschmelzen und verbrennen. Unterdessen sprich 7 Mal: „*Adonai*, mein Gott, stehe auf und lasse deine Feinde verstreut und meine Hasser flüchtig werden vor dir." Wenn nun kein Rauchwerk mehr geht, so lösche die Kohlen mit fließendem Wasser, das keine Sonne beschienen hat, ab, und vergrabe sie vor Sonnenaufgang um des Feindes Wohnstätte oder Lager, du wirst seines Unfalls bald gewahr werden.

96. Dass dein Freund seinem Feind obsiege.

Den Tag des Kampfes stehe früh auf, nimm ein wenig ungesäuerten Teig, backe ein Brot daraus, schreibe mit Honig den Namen *Gideon* darauf, beräuchere es und sprich darüber 7 Mal:

„Gedenke, *Adonai*, an den Bund, den du mit deinem Diener gemacht, und lasse N. N. meinen Freund siegen in deiner Kraft, dass er von seinem Feind nicht überwunden werde.“

XV.

Auszug

aus der

magischen Kabbala des VI. und VII. Buches Moses,

durch

S. Tz. N.

Aus der kuthisch-samaritanischen Sprache zum ersten Mal ins Deutsche übersetzt.

M D C C X X V I

Vorrede des Übersetzers.

Da die orientalische Abschrift dieses Werkes oft sehr fehlerhaft war, so musste die Übersetzung nach dem großen Originalbuch, der Reinheit des Textes wegen, genommen werden, und so gewann es daher die schöne Einrichtung, die Beschwörungen mit ruhiger Vollmacht und Zutrauen unternehmen und durchführen zu können. Der Übersetzer glaubt indes jedem, der sich im Inneren dazu berufen fühlt, die Bemerkung machen zu dürfen, dass er hier niemals in das Unglück kommt, durch Gaukelei oder Überlistung der alten Schlange betrogen zu werden, das gewöhnliche Jammerlos, das ihm in allen anderen Beschwörungen immerhin zuteil wird und zuteil werden muss, sondern dass er froh und sicher von dannen ziehen kann, weil bloß die Engel Gottes beschworen werden, und die Engel Gottes für ihn den Dienst versehen.

Die Vorhallen des Eingangs.

Sprache und Schrift dieses so seltenen, ewigen Denkmals des Lichts und der höheren Weisheit, sind entlehnt von den Kuthiern, einem Volksstamm der Samariten, die im chaldäischen Dialekt und nach dem Talmud aus hohnsprechender Eifersucht, Kuthim, d. i. Zauberer genannt werden, weil sie zu Kutha, ihrem ehemaligen Urwohnsitz, und nachher in Samaria das VI. und VII. Buch Mose, das heißt die Kabbala oder höhere Magie, lehrten. (Buch der Könige). Kaspar, Melchior und Balthasar, als auserwählte Erzpriester, glänzen unter den morgenländischen Magiern, wie waren Könige und die ersten Lehrer — die ersten lehrenden Schutzpriester dieser verklärten Wissenschaft, und von diesen samaritanischen Kuthiern, von diesen achtmächtigen Priestern der Lichtquelle, die sie Nergal nannten, stammen nach talmudischen Traditionen die Zigeuner ab, die mit ihrer Ab- und Ausartung auch die Weihe der alten Urkraft verloren haben.

Gesetze des Eingangs.

1. Ehe du eingehen kannst in den Tempel der Lichtweihe, musst du 13 Tage deinen Körper und deine Seele reinigen.

2. Als Bruder und Jünger des neuen Bundes, oder als Christ, sollst du das heilige Abendmahl zur Verherrlichung der verklärten Drei Könige Kaspar, Melchior und Balthasar empfangen.

3. Drei heilige Messen sollen immer, so oft du dieses Buch zu deinem Priesterdienst gebrauchen willst, über dasselbe gelesen werden, mit der Intention zu den verklärten Drei Königen.

4. Du sollst ein Widderhorn haben zum Zusammenblasen der Engel und der Geister. Dieses Horn sollst du in die Intention der heiligen Messe mit einschließen.

5. Du sollst tragen ein Brustschild von Pergament, eine Spanne hoch und breit, und auf demselben seien geschrieben die Namen der zwölf Apostel mit dem fünffachen Namen Schemhamphorasch, nämlich so in der Ordnung, wie auf dem letzten Blatt gezeichnet ist.

6. Du sollst ziehen um dich einen Kreis von weißem Papier oder von himmelblauem Seidenstoff. Sein Umfang betrage 13 Fuß und auf jeder Fußlänge muss einer der folgenden hohen 13 Namen angeschrieben stehen. Nämlich:

7. Zwischen jedem Namen werde das heilige Zeichen des *Horet* gesetzt, nämlich —+ +— oder +— —+.

8. Brustschild und Kreis seien auch in der Intention der heiligen Messe eingetragen.

9. Unter Einsegnung mit heiligem Dreikönigswasser und bei 3 geweihten brennenden Wachslichtern, sollst du zuletzt noch über dies Buch, das Horn, das Brustschild und über den Kreis eine Benediktion nach einem gutgewählten, geheimnisreichen Ritus lesen.

10. Du kannst allein eintreten oder mit zwei Gefährten das große Werk beginnen, bei Tag oder bei Nacht, aber immer vom Ersten bis zum Dreizehnten, und während des dreizehnten Tages und die ganze Nacht hindurch im Neumond oder auch im Voll-

licht, wenn die drei Planeten Saturn, Mars und Jupiter (♄ ♂ ♃) einzeln oder miteinander an dem Tag der Beschwörung sich am Himmel zeigen.

11. Du sollst mit dem Angesicht immer gegen Sion, gegen Sonnenaufgang stehen.

12. Wer eine Abschrift von diesem Buch verweigert, oder wer es unterdrückt oder gar entwendet, den wird ein ewiges Beben treffen, wie den Kain, und die Engel Gottes werden von ihm weichen.

Eingang und Anfang.

Moses Brustschild.

Schedusi, Wetusi, Tiwisi. — Ich habe gesündigt, ich werde sündigen!

Gebet.

Ewiger, Gott unser aller! Unser Gott ! erhöre unsere Stimme, schone und erbarme dich unser, nimm mit Wohlgefallen und Barmherzigkeit unsere Gebete auf. Ich habe gesündigt, ich habe Missetaten begangen, ich habe gesündigt vor dir, habe getan, was dir missfällt und hier der Welt. Tue es um der großen Namen willen, und verzeih mir alle meine Sünden, alle Missetaten und Verbrechen, die ich getan habe von meiner Jugend an bis jetzt. — Vervollkommne wieder alle heiligen Namen, die ich verletzt habe, großer Held, furchtbarer, höchster Gott, ewiger Herr Gott Zebaoth!

Stirnblatt Moses und Aarons.

Wechutu, Tukal, Beschufu, Gutal.

Wenn ich werde sündigen, blase ich mit dem großen Horn. Hier wird mit dem Horn geblasen, jedes Mal 3 Stöße nach den vier Ecken der Welt, oder nach den vier Weltgegenden.

Denn das Widderhorn ist im alten Bund das Symbol der Allgewalt und der Reinigung, oder das Zeichen der Schönheit, Wahrheit und Heiligkeit.

Aarons Brustschild.

Dehutu, Ewusaltu, Bescholam.

Du hast gesündigt — ich werde sündigen im Frieden.

Gebet.

Der Herr, König aller Könige, heilig und gelobt ist er, der Vater Gott, Gottes Sohn, der Heilige Geist Gottes sind drei in Einem unter diesen drei.

Mit Kraft der Allgröße und deinem Recht löse auf die gebunden, empfange das Gebet deines Volkes, stärke uns, reinige uns, o furchtbarer Held, die deinen einzigen Namen anflehen, bewahre sie wie Augäpfel, segne sie, reinige sie, vergelte ihnen stets in Barmherzigkeit und Gerechtigkeit. Mächtiger, Heiliger, vergelte deiner Gemeinde mit deiner großen Güte; einziger, erhabener Gott, wende dich zu deinem Volk, mit deinem heiligen Namen, bedenke, empfange unser Gebet, vernimm unser Geschrei, der du alle Geheimnisse weißt und alle Wünsche! Hier wird ebenso wie vorhin mit dem Horn geblasen.

Magische Gesetze Moses.

Kuta-Al. Lewuwat.

Wir sind groß! — unsere Herzen!

Gebet.

Gott mache dich auf, dass deine Feinde zerstört und flüchtig werden, deine Hasser wie Rauch verjagt werden, jage sie fort. Wie Wachs am Feuer zerschmilzt, so vergehen Übertäter vor Gott, denn Gott hat dir das Reich beschieden. Gieße deine Ungnade über sie, seines Zornes Glut ergreife sie, du wirst auf Leoparden und Ottern stehen, zerdrücken Löwenbrut und Drachen.

Mit Gott nur tun wir allein große Sachen, er tritt sie nieder, unsere Feinde.

Der Kelch des Heiligtums.

Al, Al, Al.

Gehe auf du ewiger Engel!

Dieses wird mit lauter Stimme dreimal wiederholt, wie auch durch das Zeichen des Horns, denn er ist ein Engel des Heiligtums.

Gebet.

Du, der du bist und warst und sein wirst im alten und neuen Bund! Ewiger, Jehovah, Jesus Christus, Messias, Adonai, Allschön, Allwahr und Allheilig! Alliebend und Allbarmherzig im alten und neuen Bund, du hast gesagt: Himmel und Erde werden vergehen, aber meine Worte nicht. Du hast gesagt: ich bin nicht gekommen, den alten Bund aufzulösen, sondern ich bin gekommen, ihn zu erfüllen. Du hast gesagt: wer mich sieht, der sieht den Vater. Du hast gesagt: wenn ihr wahrhaftigen Glauben habt, so werdet ihr alle Wunder tun, die ich getan habe, ja ihr werdet noch weit größere tun, als ich. Komm auch zu mir um meines Glaubens willen, komme auch zu mir um deines Glaubensboten Moses willen, tue auch mir kund deinen geheimnisvollen Namen Jehova, wie du ihn einst kund tatest einzig und allein nur deinem Feuerpropheten Mose, komme und sage in Liebe zu mir durch das Herz Mose und mit der Zunge Aarons:

Schebual!

Ich werde kommen!

Beschwörung Eleasars.

Duwatu, Buwatie, Bemaim.
Ich komme zu dir aufs Wasser,
Bringe mir den N. N. herauf!

Abdankung Eleasars.

Orum, Bolectu, Ubajom.
Verflucht bei Nacht und bei Tag.

Zitation Quernithay oder Leviathons.

Diese, wie auch die folgenden Beschwörungen, enthalten nur die eigenen Namen von Engeln, welche die zu fordernden Geister heraufsteigen lassen, oder dieselben mit Gewalt hertreiben.

Hier werden drei Engel der Allgewalt aufgerufen, um das Höllen-Ungeheuer hervorzujagen, nämlich:
Elubatel, Ebuhuel, Atuosuel!
Bringet mir herauf den N. N.
Jeder Name wird dreimal wiederholt.

Abdankung.

Ich belagere und beschwöre dich Engel *Elubathel*, führe von meinem Angesicht den N. N.

Jeder Engelname wird dreimal nach jeder Weltgegend hervorgerufen und jedes Mal dreimal durch das Horn geblasen.

Das dritte Kapitel.

Bileams Zauberei.

Onu, Baschem, Nischba, Huoretz.
Im Namen Gottes beschwöre ich die Erde.

Das fünfte Kapitel.

Beschwörung des Gesetzes Moses.

Keischu, Nischba, Lawosem!
Wie Gott zu sein, so schwurst du unseren Eltern.

Gebet.

Ewiger der Ewigkeiten! Jehovah des Lichts, Adonai der Wahrheit, Messias der Allerbarmung! Jesus Christus der Liebe und Allerlösung in Liebe! Du hast gesagt, ich bin nicht gekommen, den alten Bund aufzulösen, sondern ich bin gekommen, ihn zu erfüllen. Du hast gesagt, wer mich sieht, der sieht den Vater! — Vater, ewiger Vater des alten und neuen Bundes, dreieiniger Vater, dreieiniger Sohn, dreieiniger Geist, Ein Vater! Ich belagere und beschwöre dich bei den ewigen Worten deiner ewigen Wahrheit!

Jetzt soll das 17. Kapitel Johannis oder das Gebet Jesu gebetet werden.

Schlussgebet der Beschwörung des Gesetzes.

Ewiger Gott Zebaoth, du hast beim Schwur gesagt: Bittet und ich will euch geben. Ich bitte, dass du deine Diener Kaspar, Melchior und Balthasar, die Erzpriester deines Lichtquelles, hörest und erhörest! Ich bitte, dass du deinen Engeln befehlen mögest, dass sie mich reinigen von Sünden, dass sie mich mit Liebe anhauchen, und mit dem Schatten ihrer Flügel bewahren. Sende sie hernieder! Dies ist meine Bitte im Frieden!

Das sechste Kapitel.
Egitgim.

Beschwörung dreier Engel.

Gubriel! Mechuel! Nesanel!
Bei dem Leuchter des dreifach ewigen Lichtes lasst mir auf-

gehen den N. N.

Dreimaliger Stimmenruf und dreimaliger Hornstoß.

Das siebente Kapitel.

General-Zitation Moses auf alle Geister.

Tubatlu! Bualn! Tulatu! Labusi! Ubisi!

Lasst mir aufgehen, bringt mir herauf den Geist N. N. Jeder dieser 5 Allgewalt-Engel wird dreimal nach jeder Weltgegend mit heller, kräftiger Stimme aufgerufen, und wenn er dreimal ausgesprochen ist, so wird er auch dreimal durch das Horn geblasen. Jeder Engelname hat also zwölf Stimmen und zwölf Hornstöße.

Abdankung Moses.

Ubelutusi! Kadukuliti! Kebutzi!

Nehmt von meinem Angesicht hinweg den Geist N. N. Zwölf Stimmen und zwölf Hornstöße für jeden Namen.

Zur linken Hand.

Diese Zeichen wurden bei den Brandopfern im heiligen Tempel gebraucht!

Zur rechten Hand.

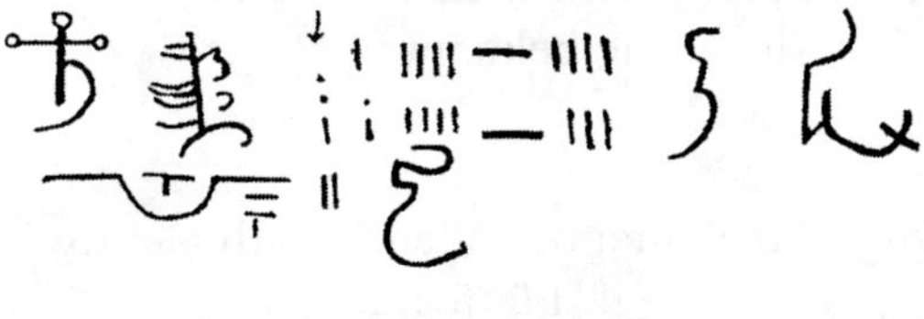

Auch diese Symbole der Plagen Pharaos in Ägypten, *Schema*

Israel Adonai, Elhoejno, Ekat. Höre Israel, der Herr unser Gott ist ein einiger Herr.

Das VII. Buch Moses.

Das erste Kapitel.

O f f e n b a r u n g   S i o n s.

Der Geist stellt sich in einer Feuersäule des Nachts.

Talbusi! Latubusi! Kalubusi! Alusi!

Gehet auf und bringet mir die Feuersäule, dass ich sehe!

Jeder Engelname hat wieder drei Stimmen nach jeder Weltgegend und ebenso viele Hornstöße.

Das zweite Kapitel.

Der Geist stellt sich in eine Wolkensäule des Tags.

Bual! komme! Aul! gehe auf! *Tubo*! ich komme! *Wegulo*! ich gehe auf!

Hier wird ebenso geblasen.

Das siebente Kapitel.

General-Zitation Moses auf alle Geister.

Adulal! Abulal! Lebusi!

Gehet auf und bringet mir den Geist N.

Rut und Hornstößé wie bekannt.

Nun folgt das Pentagon, oder das allmächtig heilige Fünfeck.

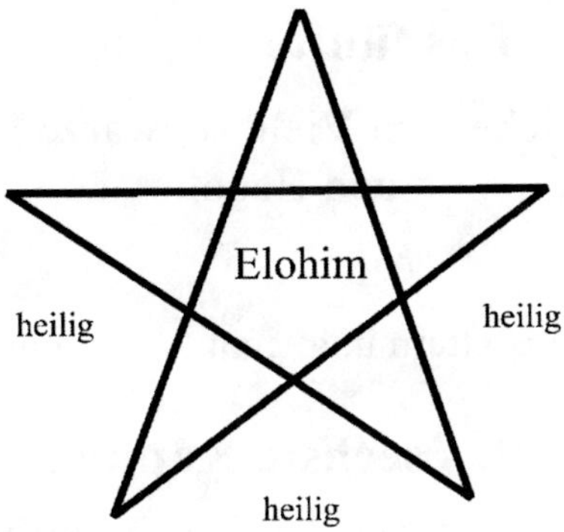

Dieses geheimnisvolle Bild wird vor der Beschwörung unter freiem Himmel mit geweihter Kreide oder mit dem in heiliges Dreikönigswasser getauchten rechten Zeigefinger auf den Boden geschrieben, wie es auf dem Papier vorgeschrieben ist, doch jede Linie muss 13 Fuß Länge betragen. Dann kniet sich der Beschwörer mit entblößtem Haupt und mit dem Angesicht nach Sion schauend, in die Mitte des Fünfecks und ruft zuerst mit lauter, aus dem Herzen kommenden Stimme 13 Mal die Namen Kaspar, Melchior, Balthasar, und nach diesem 13-maligem Ruf muss er ebenso kräftig und glaubend 375 Mal den hochheiligen Namen *Elohim* rufen. Aber immer nur, wie schon in den Gesetzen des Eingangs gesagt wird Nr. 10, in den ersten 13 Nächten oder Tagen des Neulichts oder des Volllichts, wenn entweder ♄ ♂ ♃ am Himmel stehen.

Das vierte Kapitel.

Drei neue Zeichen mit Fröschen, Mäusen, Läusen und ähnlichen Gesindel.

Ados! Baachur! Arbu! Ulu!

Frösche, Mäuse, Läuse und ähnliches Gesindel, geht auf zu unserem Dienst!

Das fünfte Kapitel.

Drei Zeichen am Vieh, schwarze Blattern
und Hagel.

Abull. Baa.
Pest, schwarze Blattern u. a. geht auf zu unserem Dienst.

Das sechste Kapitel.

Drei Zeichen mit Heuschrecken und Finsternis.

Ardusi! Dalusi!
Heuschrecken, Finsternis, geht auf zu unserem Dienst. Dies sind die Plagen, welche die Kuthier in ihren Beschwörungen oft zur Züchtigung forderten.

Offenbarung des VI. Buch Moses.

Das erste Kapitel.

Der Geist erscheint Moses im brennenden Busch.

Beschwörung.

Kaluku! Ubesu! Lawisu!
Gehet auf und lehret mich . . . .
Ruf und Hornstoß wie bekannt.

Das zweite Kapitel.

Moses verwandelt den Stab in eine Schlange.

Tuwisu! Kawisu! Lawisu!
Geht auf und verwandelt diesen Stab in eine Schlange.

Ruf und Hornstoß wie gewöhnlich.

Das dritte Kapitel.

Moses verwandelt das Wasser in Blut.

Akualtu! Tawalu! Labatu!
Gehet auf und verwandelt dieses Wasser in Blut.
Ruf und Hornstoß wie gewöhnlich.

Jetzt folgt der mehr lateinische Titel dieses Buches, aus dem diese magischen Bruchstücke entlehnt sind.

Biblia

Arcana magica Alexandri ⊢⊥⊣.
(Magi).

Nach der

(aufgeschlossenen) Traktation des VI. und VII. Buches Moses nebst magischen Gesetzen.

Ex Verbis H (humano) Intellectui
sigillatis Verbis.

Nunc apostolica † (aucoritate) consecrata
de novo confirmatia † † (licentia)

Scripta de Epphio.

Anno MCCCLXXXIII

Nun erscheint gleich auf dem Seitenblatt rechts Moses im einfachen Priestergewand, mit der rechten Hand hält er den Baum des Lebens, der vier Blätter hat, und in der linken hält er das Widderhorn.

Auf seinem Herzen ruht das Kreuz, ein breites, weißes Band fließt ihm über Schulter und Brust, ein breiter, weißer Gürtel schmückt seine Lenden. Er steht auf einer Art Hut, welcher mit 3 Blumen geziert ist. Rechts von dem Hut ruht eine Taube, die einen Ring im Schnabel trägt. Zur linken Seite und über das Haupt Moses schwingt sich ein dreifaches Dreieck mit magischen Hieroglyphen empor.

1. Auf den Blättern des Lebensbaumes liest man die Worte:

Besulo, Bedunim, Lebatel!

d. h, wenn du nicht rein bist oder rein wirst wie eine Jungfrau durch die 2 Engel *Bedunim* und *Lebatel*, so kannst du nicht nach dem Baum des Lebens greifen.

2. Ein mit drei Blumen geschmückter Hut, auf dem Moses steht, und von welchem eine Taube mit einem Ring herunterzugehen scheint, d. h. wenn du Liebe, Glaube und Hoffnung in heiliger Hut bewahrest, dann wird der Geist der Allmacht von dir ausgehen.

3. Ein dreifach ineinander geschobenes, vom Fuß bis über das Haupt Moses sich erhebendes Dreieck mit den 3 Engelnamen: *Meachuel, Lebatel, Katuel*, d. h. und die 3 Engel des dreieinigen Gottes *Meachuel, Lebatel, Katuel*, werden dich dann umschweben und auf den Händen tragen.

Auf der Rückseite des Bildes Moses, oder vielmehr auf dem ersten Blatt nach orientalischer Zählart, zeigt sich eine aufgerichtete, krumm gewundene, gekrönte Schlange, die einen Ring in den Zähnen hält. Um sie herum bemerkt man den Mond, Sterne Planeten, Wasser und viele andere magisch-hieroglyphische Zeichen. Auf der linken Seite des Schwanzes sieht man sieben Nägel, auf der rechten Seite abwärts steht in magischen Hieroglyphen der Name *Schemhamphorasch*. Jesus Christus mit den Kreuzen zu sehen, d. h. gedolmetscht: Jesus Christus hat aus Liebe, durch seine 7 Wunden vollen Kreuzestod, um der Liebe willen das Weltall überwunden, und so der alten Schlagen, dem Teufel, den Siegelring der Menschenallmacht wieder entrissen, zum Heil der Menschen bis in die ewigen Ewigkeiten, um den alten Bund in dem neuen Bund zu erfüllen zur ewigen Verherrlichung des ewigen Vaters in dem ewigen Sohn durch den ewigen Geist. Amen.

Petrus Jacobus Johannes Andreas Philippus Thomas

I.N.R.I.

Jehova

Messias Urim Thummim

A — ⌒ —

Bartholomaeus, Mattheus, Jacobus, Alphaeus, Simon Cananaeus, Judas Thaddaeus, Matthias

Diese Tafel gehört zu dem Kapitel von den Gesetzen.

XVI.

Der

Heiligen Jungfrau

und

Äbtissin Gertraud

himmlische Anmutungen u. Gebete.

Köln

Anno MCVI.

Vorrede.

Es ist zu wissen, dass das Gertruden-Gebetbuch nicht eine Fabel oder Unwahrheit ist, dass man sagen tut, dass die heilige Gertrud eine Erfinderin der Schätze ist und ihr Gott selbst geoffenbart hat, sondern es ist wahrhaftig die Wahrheit und ist schon öfters geschehen, dass den Leuten viele Millionen Gold und Geld zugekommen, wenn es zu keinem Wucher oder Lasterleben vorgesehen gewesen, und man kann so viel begehren als man will, denn dieses muss zu einem guten Vorhaben, mit reinem Herzen verrichtet werden, und ist dabei der Armen und Gefangenen nicht zu vergessen. Wahrlich, wahrlich ich sage euch: so ihr den Vater um etwas bitten werdet in meinem Namen, so wird er es euch geben. Amen.

Benedictum sit Sanctissimum Nomen Jesu.

Dies tue zu Jesu Christo Ehr' und Namen. In deinem großen und heiligen Namen stehe ich auf, o Herr, und du hilfst mir obsiegen. Als ich noch schlief sah ich, in meinem Schlummer jene Geister, die du, o Herr, dem Menschen zu dienen verordnet hast, vor mir stehen.

Aziel sov. Der Fürst zu meiner Rechten, der mich bewachte.

Nepsatiel. Der Reiche zu meiner Linken, welcher mich befreite.

Mietanazioch. Der Schöne vor mir, so mich erfreute.

Rotuaoni. Der Starke, so mich beschützte hinter mir, darum, o Herr, bist du allmächtig, der du bist unser *Sabaoth, Emanuel, Andrigia, Beneipaton, Achmo, Aopige, Albiruth.*

Da sah ich deinen starken Arm, als ich angefochten wurde von den Geistern der Finsternis, welche durch deine heiligen Namen gehorsamten.

Gemar. Hier beweisest du, dass du seiest unser *Agla, Tetragrammaton, Ischiros,* als sie anwiederum vor deinem heiligen Namen flohen und zu Staub wurden, alle die, welche Böses zu tun vermögen, und sind. Darum, o Herr, sei gelobt ewiglich, dass du mich erhörest, geholfen und erhört hast, so sei auch der Name des Herrn gebenedeit in alle Ewigkeit, Amen.

†

Himmlische Anmutungen der heiligen Jungfrau Gertrud.

Der 129. Psalm.

Wider die Macht der Hölle, der Fürst ist Lucifer.

I.N.R.I.

O Herr, ich habe aus der Tiefe zu dir gerufen, erhöre, o Herr, meine Gebete, lass deine Ohren aufmerksam werden auf die Stimme meines Flehens. Denn wenn du auf die Missetaten siehst, o Herr, o Herr, wer wird bestehen mögen: aber bei dir ist Erbarmung, und wegen deines Gesetzes habe ich dich ausgehalten auf sein Wort. Meine Seele hat auf den Herrn gehoffet; von der Morgenwacht bis in die Nacht soll Israel auf den Herrn hoffen. Denn bei den Herrn ist Barmherzigkeit, und überflüssige Erlösung ist bei ihm, und er wird Israel aus allen seinen Missetaten erlösen. *Zatte.*

Ehre sei dem Vater, und dem Sohn, und dem heiligen Geist, samt der Menge der himmlischen Scharen, Alleluja. Amen.

Gebet.

Erbarme dich meiner, du allgemeine Barmherzigkeit, die du so lang das Schwert der Rache zurückgehalten hast, erbarme dich über mich Grausamen, du unendliche Güte, siehe ich Elender komme zu deiner Allmacht, ich Verwundeter laufe zum Arzt, sei mir gütig und gnädig, lösche aus die Menge meiner Sünden und vermehre die Menge deiner Erbarmnisse, Amen.

Der 42. Psalm.

Wider die Nachstellungen der Kreaturen, die in den Elementen wohnen. Der Fürst ist *Aziel*. Richte mich, o Herr, und unterscheide meine Sache von dem Volk, welches nicht heilig ist, von den ungerechten und falschen Menschen errette mich, denn du, o Gott, bist meine Stärke. Warum hast du mich verstoßen und warum gehe ich traurig einher, wenn mich der Feind beängstigt? Sende uns dein Licht, und deine Wahrheit, diese haben mich geführt und geleitet auf deinen heiligen Berg und in deine Hütten. Und ich will eingehen zu dem Altar des Herrn, zu Gott, der meine Jugend erfreut, ich will dich auf den Zithern loben, Gott, der du mein Gott bist; warum bist du traurig, meine Seele, und warum beängstigst du mich, ich hoffe auf Gott, denn ich will ihm wohl noch danken, er ist mein Gott. Ehre sei dem Vater, und dem Sohn, und dem Heiligen Geist, samt der großen Menge der himmlischen Scharen. Alleluja, Amen.

O Herr Jehova.

O Herr Jehova Zebaoth.

O Herr Jehova Emanuel.

O Herr Jehova Adonai, Eliuh.

O Herr Jehova Wah.

O Herr Jehova Na erbarme dich meiner. O heilige Namen der allerheiligsten Dreifaltigkeit, erbarmet euch meiner.

Ende des 42. Psalms.

Der 90. Psalm.

Wider die Schädlichkeit der Elemente. Der Fürst ist: *Panfiriel*. Wer unter dem Schutz und Hilfe des Allerhöchsten wohnt, der wird zum Herrn sagen du bist es, der mich aufnimmt und meine Zuflucht und mein Gott. Auf dich will ich hoffen, denn er hat mich vom Strick der Jäger erlöst und vom scharfen Wort. Er wird mich mit seinen Achseln überschatten, und du wirst deine Hoffnung unter seinen Flügeln haben. Seine Wahrheit wird dich mit einem Schild umgeben, du wirst dich nicht fürchten vor dem nächtlichen Grauen, vor dem Pfeil, der bei Tage fleucht, vor dem Geschäft, das in der Finsternis herumwandelt, vor den Anlauf und Teufel, der im Mittag wütet. Es werden Tausend fallen an deiner linken Seite, und Zehntausend an deiner rechten Seite, aber zu dir wird es nicht nahen, sondern du wirst anschauen mit deinen Augen und die Vergeltung der Gottlosen sehen. Denn Herr, du bist meine Zuversicht, du hast den Allerhöchsten für deine Zuflucht genommen, es wird kein Unglück zu dir kommen, und die Plage wird sich zu deiner Hüte nicht nahen, denn er hat seinen Engeln vor dir befohlen, dass sie dich behüten auf allen deinen Wegen. Sie werden dich auf den Händen tragen, damit du deinen Fuß etwa nicht an einen Stein stoßest. Du wirst über Nattern und Basilisken wandeln und wirst Löwen und Drachen zertreten. Während er auf mich gehofft hat, so will ich im aushelfen, ich will ihn beschirmen, denn er hat meinen Namen erkannt. Er wird zu mir rufen, so will ich ihn daraus erretten und zu Ehren bringen. Mit Vielheit der Tage will ich ihn erfüllen und will ihm zeigen mein Heil. Ehre sei dem Vater und dem Sohn und dem Heiligen Geist, samt der Menge der himmlischen Scharen. Alleluja. Amen.

Gebet.

O ihr Elemente, ich beschwöre euch durch Gott Vater †, durch Gott Sohn †, durch Gott den Heiligen Geist †, welche in der Wesenheit ein einiger Gott sind, durch die Macht des Vaters, durch die Wesenheit des Sohnes und durch die Liebe des Heiligen Geistes, der von beiden ausgeht, durch den heiligen Gehorsam Jesu Christi, durch die Demut unserer lieben Frauen, der Heiligen Jungfrau Maria, durch die Gewalt und Tugend der Apostel, durch die erschrecklichen Tormenten der Märtyrer Christi, durch die neun Chöre der himmlischen Geister, durch den Glauben und durch die Heiligkeit der Beichtväter, durch alle d. h. Jungfrauen, Dienerinnen und Märtyrinnen Jesu Christi und durch alle seligen Seelen. Durch die heilige Überschattung von Kraft des Allerhöchsten über die allerseligste Jungfrau Maria, Mutter unseres Herrn. Durch Jehova, welcher in dem brennenden und nicht verbrennenden Dornbusch Moses erschien. Durch die Kraftworte, wodurch Christus die Winde gestillt, durch die wunderbare Zerteilung des Roten Meeres, welches die göttliche Allmacht dem jüdischen Volk zerteilt. Durch alles dieses beschwöre und gebiete ich euch mit diesem heiligen Zeichen †, welches ich wider euch mache, dass ihr euch alsbald zerteilt und weicht von uns und von diesem Ort ohne Verletzung einiger Menschen. *Nepuchoto*.

Der 117. Psalm.

Für die Engel, die Gewalt haben über alle Körper. Deren Fürst *Sandalphon*.

Lasst uns den Herrn loben, *Salvator* bekennen, denn er ist gut, denn seine Barmherzigkeit währt ewiglich. Es sage nun Israel, dass er gut ist, dass seine Barmherzigkeit währt ewiglich. Es sage nun das Haus Aaron, dass seine Barmherzigkeit währt ewiglich. Es sagen nun die den Herrn fürchten, dass seine Barmherzigkeit währt ewiglich. Ich habe den Herrn aus der Trübsal angerufen und der Herr hat mich in der Breite erhört. Der Herr ist ein Helfer, ich will mich nicht fürchten, was mir der Mensch auch tun mag. Der Herr ist mein Helfer, darum will ich meine Feinde verachten, es ist besser auf den Herrn vertrauen, denn auf Menschen vertrauen. Es ist besser auf den Herrn hoffen, denn auf Fürsten hoffen. Alle Heiden haben mich umgeben, aber im Namen des Herrn habe ich mich an ihnen gerochen. Sie haben mich an allen Seiten umgeben und im Namen des Herrn habe ich mich an ihnen gerochen. Sie haben mich umgeben wie die Bienen, und brannten wie Feuer in Dornen, und im Namen des Herrn habe ich mich an ihnen gerochen. Ich bin gestoßen und beinahe niedergeworfen, dass ich fallen sollte, aber der Herr hat mich aufgenommen. Meine Stärke und mein Lob ist der Herr, und er ist mir zum Heil geworden. Es ist eine Stimme des Frohlockens und des Heils in den Hütten der Gerechten. Die rechte Hand des Herrn hat kräftig gewirkt, die Rechte des Herrn hat mich erhöht. Ich werde nicht sterben, sondern leben und die Werke des Herrn erzählen. Der Herr hat mich wohl gezüchtigt und gestraft und hat mich doch dem Tod nicht übergeben. Tut mir auf die Pforte der Gerechtigkeit, ich will da hineingehen und dem Herrn danken. Dies ist die Pforte des Herrn, die Gerechten werden zu derselben hineingehen. Ich will dir danken, dass du mich erhört hast und bist mir zum Heil geworden. Der Stein, den die Bauleute verworfen haben, der ist zum Eckstein geworden, das ist vom Herrn geschehen und es ist wunderlich in unseren Augen. Dies ist der Tag, den der Herr gemacht hat, lasst uns an demselbigen frohlocken und fröhlich sein. O Herr, hilf mir, o Herr, lass wohl gelingen, gebenedeit sei der da kommt im Namen des Herrn. Wir haben euch gesegnet vom Haus des Herrn, der Herr ist Gott und ist uns erschienen, verordnet einen herrlichen Festtag mit dicken Mayen bis an die Hörner des Altars. Du bist mein Gott und ich will dich preisen, mein Gott bist du und ich will dich erhöhen. Ich will dir danken, dass du mich erhört hast und bist mir zum Heil geworden. Lobet den Herrn, denn er ist gut, denn seine Barmherzigkeit währt ewiglich. Ehre sei dem Vater, dem Sohn und dem Heiligen Geist, samt der ganzen Menge der himmlischen Scharen. Allelujah, Amen.

Gebet.

Ich will dich erheben, o Herr, denn du hast mich aufgenommen und hast meinc Feinde sich über mich nicht erfreuen lassen. Herr, mein Gott, ich habe zu dir gerufen und du hast mich gesund gemacht. Herr, du hast meine Seele aus der Hölle herausgeführt, du hast mich befreit von denen, die hinunter fahren in die Grube. Lobsinget dem Herrn all seine Heiligen und preiset die Gedächtnis seiner Herrlichkeit, denn es ist wohl Zorn in seinem Grimm, aber Leben ist in seinem Willen. Am Abend währt das Weinen, aber am Morgen ist Freude. Ich aber sprach, da ich Alles im Überfluss hatte, nun mag ich in Ewigkeit nicht bewegt werden. Herr, in deinem Wohlgefallen hast du meiner Zierde Kraft gegeben, du hast dein Angesicht von mir abgewendet, da bin ich betrübt worden. Ich will, o Herr, zu dir rufen und will meinen Gott flehen. Was Nutz ist in meinem Blut, wenn ich zur Verwesung hinunter fahre, wird der Staub dich auch loben oder deine Wahrheit verkündigen? Der Herr hat es gehört und hat sich über mich erbarmt, der Herr ist mein Helfer geworden, du hast mir mein Weinen in Freude verwandelt. Meinen Sack hast du zerschnitten und mich mit Freuden umgeben, damit mein Chor dir singe und ich nicht mit Leiden geplagt werde. Herr, mein Gott, ich will dir in Ewigkeit danken. Amen.

Der 66. Psalm.

Ist eine Anregung Gottes um das liebe tägliche Brot und um Glück und Segen in diesem mühseligen Leben, dass uns der heilige Engel Raphael beistehe Tag und Nacht in aller Vorfallenheit, das Böse zu wehren und das Gute zu mehren.

†
I . N . S . R . I

Gott erbarme dich unser und segne uns Gott Abraham, unser Gott, es segne uns Gott Israel, es segne uns Gott Jakob. Er erhebe sein Angesicht über uns und erbarme sich unser.

Damit wir auf Erden deinen Weg erkennen, und dein Heil unter allen Heiden, die Völker müssen dich loben, o Gott, alle Völker müssen dich loben.

Die Heiden müssen sich erfreuen und frohlocken, denn du richtest die Völker in Gerechtigkeit und führst die Heiden richtig auf Erden, die Völker müssen dich loben, das Land hat seine Frucht gegeben. Gott segne uns, unser Gott, Gott segne uns, es müssen ihn fürchten alle Enden der Welt.

Ehre sei dem Vater und dem Sohn und dem Heiligen Geist, samt der ganzen Menge der himmlischen Scharen. Alluluja, Amen.

Gebet.

O Jesu Nazarene, siehe an meine Trübsalen, die mich allenthalben umgeben, ich bitte dich mit zerknirschtem Herzen, dass du mich erhörest in dieser Trübsal, aus welcher ich zu dir rufen, ich, der du bist *Agla*, *On*, gütiger Jesu, der du bist der Vater aller Geschöpfe, dass gleichwie du wahrhaftig von der Jungfrau Maria Fleisch angenommen hast, also wollest du mir verleihen wahrhaftig, was ich von dir begehre, der du mit dem Vater und dem Heiligen Geist lebst und regierst von Ewigkeit zu Ewigkeit. Amen.

Der 7. Psalm.

Dass dir gehorchen alle Geschöpfe, deren Fürst ist *Matatron*.

Benedicite omnia opera Dei Domini Jehova Jehoschua, lautdate et superexaltate eum in saecula, benedicite angli Dei Domino Jehovah Jehoschua, benedicite Coeli Domino Jehovah Jehoschua, benedicite aqua omnes, aquae super coelo sunt, Domino Jehovah Jehoschua. Benedicite omnes virtutes Dei Domino J. J. benedicite stellae coeli Domino J. J. benedicite omnes imber et Ros Domino J. J. benedicite omnes spiritus Dei Domino J. J. benedicite ignis et aestus Domino J. J. benedicite frigus et gelus Domino J. J. benedicite rores et pruina Domino J. J. benedicite glacies et nives Domino J. J. benedicite noctes et dies Domino J. J. benedicite lux et denebrae Domino J. J. benedicite fulgura et nubes Domino J. J. benedicite terra Dominum, laudet et superexaltet eum in saecula J. J. benedicite montes et colles Domino J. J. benedicite universa germinantia in terra Domino J. J. benedicite tontes Domino J. J. benedicite maria et flumina Domino J. J. benedicite cetes et omnia quae moventur in aquis Domino J. J. benedicite omncs volucres coeli Domino J. J. benedicite omnes bestiae et pecora Domino J. J. benedicite filii hominum Domino J. J. benedicite Israel Dominum, laudet et superexaltet eum et saecula J. J. benedicite Tacerdotes Domino J. J. benedicite Servi Domini Domino J. J. benedicite spiritus et animae justorum Domino J. J. benedicite Sancti et humiles corde Domino J. J. benedicite Anania Asaria Misael Domino, laudate et superexaltate eum in Saecula J. J. benedicamus patrem et filium cum sancto Spiritu, lauoemus et superexaltemus eum in Saecula J. J. benedictus es Domine in firmamento coeli et laudabilis et gloriosus et superexaltatus in Saecula.

Ehre sei dem Vater, und dem Sohn und dem Heiligen Geist, samt der ganzen Menge der himmlischen Scharen. Allelujah, Amen.

Gebet.

Küsse die heilige Wunde des linken Fußes und sprich: Lobe den Herrn, meine Seele, und was in mir ist, seinen heiligen Namen. Küsse die heilige Wunde des rechten Fußes und sprich: Lobe den Herrn meine Seele und vergiss nicht aller seiner Wohltaten. Küsse die heilige Seitenwunde und sprich: der dir vergibt alle deine Missetaten, der aller Dinge Krankheit heilt. Küsse die heilige Wunde der linken Hand und sprich: Der dein Leben vom Untergang erlöst, der dich krönt mit Barmherzigkeit und Erbarmung. Küsse die heilige Wunde der rechten Hand uns sprich: Der dein Verlangen mit Gütern erfüllt, und deine Jugend erneuert werde, wie die Jugend der Adler, der Herr tut Barmherzigkeit und Recht allen, die Unrecht leiden. Er hat seine Wege dem Moses kund getan und seinen Willen den Kindern Israel. Der Herr ist gnädig und barmherzig, langmütig und von großer Erbarmung. Er wird nicht immerdar zürnen, auch wird er nicht immerdar dräuen. Er hat uns nicht getan nach unseren Sünden, noch uns vergolten und unseren Missetaten, denn so hoch der Himmel von der Erde ist, hat er seine Barmherzigkeit befestigt, über diejenigen, die ihn fürchten. Soweit der Aufgang vom Niedergang ist, so weit hat Er unsere Sünden von uns hinweg getan. Wie sich ein Vater erbarmet über seine Kinder, also erbarmet sich der Herr über die, so ihn fürchten, denn er weiß wohl, was wir für Geschöpfe sind. Er gedenkt daran, dass wir Staub sind, des Menschen Tage sind wie Gras, er wird ausblühen wie eine Blume auf dem Feld, denn es wird ein Wind darüber wehen, so wird er nicht bestehen, und er wird seine Stätte ferner nicht mehr kennen. Aber die Barmherzigkeit des Herrn ist von Ewigkeit bis zu Ewigkeit über die, welche ihn fürchten und seine Gerechtigkeit ist auf Kindes-Kinder, über die, die seinen Bund halten und gedenken an seine Gebote, dass sie dieselbigen tun. Der Herr hat im Himmel seinen Thron bereitet und sein Reich wird über alles herrschen. Lobet den Herrn alle seine Engel, die ihr mächtig seid an Kräften, und richtet seine Worte aus, der Stimme seiner Rede zu gehorchen. Lobet den Herrn alle seine Heerscharen, seine Diener, die ihr seinen Willen tut, lobet den Herrn, alle seine Werke, lobe den Herrn, *Sadai*, meine Seele in jedem Ort seiner Herrschaft. Ehre sei dem Vater und dem Sohn und dem Heiligen Geist, samt der ganzen Menge der himmlischen Scharen. Allelujah. Amen.

Der 118. Psalm.

Zur Weisheit Michael.

Selig sind die Unbefleckten in ihrem Werken, die in dem Gesetz des Herrn wandeln. Selig sind, die seinen Zeugnissen nachforschen und suchen ihn von ganzem Herzen, denn die Böses tun, die wandeln nicht auf seinen Wegen. Du hast befohlen, deine Gebote vollkommlich zu halten. Wollte Gott, dass meine Wege gerichtet würden, deine Rechte zu bewahren, alsdann mag ich nicht zu Schanden werden, wenn ich mich ersehe in allen deinen Geboten. Ich danke dir in Aufrichtigkeit des Herzens dafür, dass ich die Gerichte deiner Gerechtigkeit gelernt habe, ich will deine Satzungen bewahren, verlass mich nicht zumal. Wodurch wird ein Jüngling seinen Weg bessern, dadurch, dass er deine Worte bewahrt. Ich habe dich gesucht von meinem ganzen Herzen, verstoße mich nicht von deinen Geboten, deine Rede habe ich in meinem Herzen verborgen, damit ich dir nicht sündige. Herr, du bist gebenedeit, lehre mich deine Satzungen, ich habe alle Rechte deines Mundes mit meinen Lefzen ausgesprochen. Ich habe mich erlustigt auf dem Weg deiner Zeugnisse, wie in allerhand Reichtum. In deinen Geboten will ich mich üben und deinen Wegen nachsinnen. Ich will meine Betrachtung haben in deinen Satzungen und deiner Worte nicht vergessen. Vergilt deinem Knecht und mache mich lebendig, so will ich deine Worte bewahren. Erleuchte meine Augen, so will ich die wunderlichen Dinge in deinem Gesetz anschauen. Ich bin ein Fremdling auf Erde, verbirg deine Gebote nicht vor mir. Meine Seele ist begierig eines Verlangens nach deinen Gerechtigkeiten, zu aller Zeit. Du hat die Hoffärtigen gescholten, verflucht müssen sein die von deinen Geboten abweichen. Nimm Schmach und Verachtung von mir hinweg, denn ich habe deine Zeugnisse gesucht. Denn es saßen auch Fürsten und redeten wider mich, aber dein Knecht übte sich in deinen Satzungen. Denn deine Zeugnisse sind meine Betrachtung, und deine Satzungen sind mein Rat. Meine Seele klebt am Boden, mache mich lebendig nach deinem Wort. Ich habe meine Wege ausgesprochen, und du hast mich erhört, lehrte mich deine Satzungen. Unterrichte mich vom Weg deiner Rechte, so will ich mich üben in deinen Wundertaten. Meine Seele ist schläfrig geworden aus Verdruss, stärke mich durch deine Worte. Tue von mir den Weg der Ungerechtigkeit, und erbarme dich über mich nach deinem Gesetz. Ich habe den Weg der Wahrheit auserwählt und habe deine Rechte nicht vergessen, deinen Zeugnisse habe ich angehangen, o Herr, lass mich nicht zu Schanden werden. Ich habe den Weg deiner Gebote gelaufen, da du meinem Herzen hast Raum gemacht. Verordne mir, Herr, zum Gesetzt den Weg deiner Satzungen, so will ich ihn allezeit suchen. Gib mir Verstand, so will ich dein Gesetz durchforschen und will es halten von meinem ganzen Herzen. Führe mich auf den Fußpfad deiner Gebote, denn ich habe Lust an denselbigen. Neige mein Herz zu deinen Zeugnissen und nicht zum Geiz. Wende meine Augen ab, dass sie die Eitelkeit nicht sehen, mache mich lebendig auf deinem Wege. Bestätige deinem Knecht dein Wort in deiner Furcht, schneide ab meine Schmach, der ich mich habe besorgt, denn deine Rechte sind anmütig. Siehe, ich habe Verlangen gehabt nach deinen Geboten, mache mich lebendig durch deine Gerechtigkeit. Lass auch deine Barmherzigkeit über mich kommen, o Herr, dein Heil nach deinem Wort. So will ich denen ein Wort antworten, die mich schmähen, denn auf deine Worte habe ich meine ganze Zuversicht. Nimm auch das Wort der Wahrheit von meinem Munde nicht gar hinweg, denn auf deine Rechte habe ich mich ganz verlassen. Dein Gesetz will ich allezeit bewahren, immer und ewiglich, und ich wandle am reinen Ort, denn ich habe deine Gebote mit Fleiß gesucht. Ich redete auch von deinen Zeugnissen vor Könige Angesicht und ward nicht zu Schanden, und ich habe meine Betrachtung in deinen Geboten, die mir lieb waren, und ich hub meine Hände auf zu deinen Geboten, die mir lieb waren und übte mich in deinen Satzungen. Sei deinem Knecht des Wortes eingedenk, darin du mir Hoffnung gegeben hast. Dies hat mich in meiner Niedrigkeit getröstet, denn dein Wort hat mich lebendig gemacht. Die Hochmütigen handelten allenthalben wider Recht, aber ich bin von deinem Gesetz nicht abgewichen. Herr, ich habe an deine Gerichte von Anbeginn gedacht und bin getröstet worden. Ich bin schier in Ohnmacht gefallen um der Sünder willen, die dein Gesetz verlassen. Deine Satzungen waren meine Gesänge an dem Ort, da ich ein Fremdling war; Herr, ich gedachte an deinen Namen bei der Nacht, und bewahre dein Gesetz. Das ist mir widerfahren, denn ich habe deine Rechte gesucht. Herr, mein Teil ist wie ich gesagt habe, dass ich dein Gesetz bewahre. Ich habe zu deinem Angesicht gefleht von meinem ganzen Herzen, erbarme dich mein, nach deinem Wort. Meine Wege habe ich auch bedacht und habe meine Füße zu deinen Zeugnissen gewendet, bereit bin ich und unerschrocken, deine Gebote zu halten. Die Stricke der Gottlosen haben mich umfangen, und ich bin deines Gesetzes nicht vergessen, ich stand auf zu Mitternacht, dich zu loben, wegen der Rechte deiner Satzungen. Ich bin teilhaftig aller derjenigen, die dich fürchten und deine Gebote halten, Herr, das Erdreich ist voll deiner Barmherzigkeit, lehre mich deine Satzungen. Du hast deinem Knecht Gutes getan, o Herr, nach deinem Wort. Lehre mich was gut ist, auch Zucht und Erkenntnis, denn ich habe deinen Geboten geglaubt. Ehe ich dann gedemütigt ward, habe ich übertreten, darum habe ich dein Wort gehalten. Du bist gut und in deiner Seele berichte mir von deinen Satzungen. Die Bosheit der Hochmütigen hat sich über mich gemehrt, ich aber will deinen Geboten nachforschen von meinem ganzen Herzen. Ihr Herz ist wie Milch zusammengeronnen, aber ich habe dein Gesetz betrachtet. Es ist mir gut, dass du mich gedemütigt hast, damit ich deine Satzungen lerne. Besser ist mir das Gesetz deines Mundes, denn tausend Pfund Goldes und Silbers. Deine Hände haben mich gemacht und bereitet, gib mir Verstand, dass ich dein Gebot lerne. Die dich fürchten, werden mich sehen und sich freuen, denn ich habe mich auf deine Worte gar verlassen. Ich habe erkannt, Herr, dass deine Rechte auf Billigkeit stehen, und du hast mich in deiner Wahrheit gedemütigt. Lass deine Barmherzigkeit mich trösten nach deinem Wort, das du zu deinem Knecht geredet hast. Deine Erbarmungen müssen über dich kommen, so werde ich leben, denn dein Gesetz ist meine Betrachtung, die Stolzen müssen zu Schanden werden, denn sie haben mit Unfug Bosheit an mir bewiesen, aber ich übe mich in deinen Geboten. Es müssen sich zu dir wenden, die dich fürchten und die deine Zeugnisse erkennen. Lasse mein Herz unbefleckt werden in deinen Satzungen, auf dass ich nicht zu Schanden werde. Meine Seele ist kraftlos geworden von Verlangen nach deinem Heil, und ich vertraue stark auf dein Wort. Meine Augen haben nie abgenommen im

Verlangen nach deinem Wort, und sie sagen, wann willst du mich trösten, denn ich bin geworden gleichwie ein Schlauch im Reif, deiner Satzungen habe ich nicht vergessen. Wie viel sind der Tage deines Knechts, wann wirst du Gericht halten über die, die mich verfolgen? Die Ungerechten haben mir lose Märlein erzählt, aber nicht wie dein Gesetz. Alle deine Gebote sind Wahrheit, die Gottlosen haben mich verfolgt, hilf mir. Sie haben es beinahe mit mir ausgemacht auf Erden, aber ich habe deine Gebote nicht verlassen. Mache mich lebendig nach deiner Barmherzigkeit, so will ich die Zeugnisse deines Mundes bewahren, Herr, dein Wort bleibt ewiglich im Himmel. Deine Wahrheit währt von einem Geschlecht zum anderen, du hast die Erde gegründet und sie bleibt immerdar. Nach deiner Ordnung bleibt der Tag, dem Alles dient dir. Wenn dein Gesetz meine Betrachtung nicht wäre, so wäre ich vielleicht in meinem Elend untergegangen. Ich will deiner Satzung in Ewigkeit nicht vergessen, denn durch dieselbe hast du mich lebendig gemacht. Ich bin dein, hilf mir, denn ich habe deine Satzungen mit Fleiß gesucht. Die Sünder haben auf mich gewartet, dass sie mich ums Leben brächten, ich habe deine Zeugnisse verstanden. Ich habe das Ende gesehen aller Dinge, aber dein Gebot streckt sich sehr weit. Herr, wie habe ich dein Gesetz so lieb, ich betrachte es den ganzen Tag. Du hast mich durch deine Gebote weiser gemacht denn meine Feinde, denn es ist bei mir ewiglich, ich war verständiger denn alle, die mich lehrten, denn deine Zeugnisse sind meine Betrachtung. Ich war verständiger, denn die Alten, denn ich habe deine Gebote gesucht. Meine Füße habe ich von allen bösen Wegen zurückgehalten, damit ich deine Worte bewahrte. Ich bin von deinen Rechten nicht abgewichen, denn du hast mir ein Gesetz gegeben. Wie süß sind deine Worte meinem Mund, sie sind meinem Mund süßer, denn Honig. Aus deinen Geboten bin ich verständig geworden, darum habe ich alle Wege der Ungerechtigkeit gehasst. Dein Wort ist meinen Füßen eine Leuchte und ein Licht meinen Fußsteigen. Ich habe geschworen und einen Aufsatz gemacht, die Rechte deiner Gerechtigkeit zu bewahren. Ich bin sehr gedemütigt, o Herr, mache mich lebendig nach deinem Wort. Mache dir wohlgefällig, o Herr, die freiwilligen Opfer meines Mundes und lehre mich deine Rechte. Meine Seele ist allezeit in deinen Händen, und ich habe deines

Gesetzes nicht vergessen. Die Sünder haben mir einen Strick angelegt, und ich bin nicht irre gegangen von deinen Geboten. Ich habe deine Zeugnisse zum Erbteil bekommen ewiglich, denn sie sind die Freude meines Herzens. Mein Herz habe ich geneigt, deine Satzungen ewiglich zu halten, um der Belohnung willen. Ich habe die Ungerechten gehasst und habe dein Gesetz lieb gehabt. Du bist mein Helfer und Aufnehmer und ich habe mich auf dein Wort gar verlassen. Weicht von mir, ihr Boshaftigen, so will ich die Gebote meines Gottes durchforschen. Nimm mich an nach deinem Wort, so werde ich leben, und lass mich über meiner Hoffnung nicht zu Schanden werden. Hilf mir, so wird mein Heil widerfahren, und ich will deine Satzungen immerdar betrachten. Du hast alle die verachtet, die von deinen Rechten abweichen, denn ihre Gedanken sind unrecht. Alle Sünder auf Erden habe ich für Übertreter gehalten, darum habe ich deine Zeugnisse lieb gehabt. Durchstich mein Fleisch mit deiner Furcht, denn ich habe mich befürchtet vor deinen Rechten. Ich habe Recht und Gerechtigkeit geübt, gib mich denen nicht über, die mich lästern. Nimm deinen Knecht auf im Guten, lass die Hoffärtigen mich nicht verdrücken. Meinc Augen haben abgenommen aus Verlangen nach deinem Heil und nach dem Wort deiner Gerechtigkeit. Tue mit deinem Knecht nach deiner Barmherzigkeit und lehre mich deine Satzungen. Ich bin dein Knecht, gib mir Verstand, dass ich deine Zeugnisse erkennen mag. Herr, es ist Zeit, dass du dazu tust, sie haben dein Gesetz zertrennt. Darum habe ich deine Gebote lieber gehabt denn Gold und Edelgestein. Ich habe mich darum auch gerichtet nach allen deinen Geboten, und habe alle ungerechten Wege gehasst. Deine Zeugnisse sind wunderbarlich, darum hat sie meine Seele durchforscht. Die Erklärung deiner Worte erleuchtet und gibt Verstand den Kleinen. Ich habe meinen Mund aufgetan und den Atem gezogen, denn ich hatte ein Verlangen nach deinen Geboten. Siehe mich an. Siehe mich an und erbarme dich über mich nach dem Gericht derjenigen, die deinen Namen lieb haben. Richte meine Gänge nach deinem Wort und lass keine Ungerechtigkeit über mich herrschen. Erlöse mich von den lügenhaften Nachreden der Menschen, auf dass ich dein Gebot bewahre. Erleuchte dein Angesicht über deinen Knecht und lehre mich deine Satzungen. Meine Augen haben Wasserbäche herausfließen lassen, darum, dass sie dein Gesetz nicht gehalten haben. Herr, du bist gerecht und dein Gericht ist recht. Du hast die Gerechtigkeit, deine Zeugnisse und deine Wahrheit befohlen mit ganzem Ernst. Mein Eifer hat gemacht, dass ich verschmachtet bin, darum, dass meine Feinde dein Wort vergessen haben. Deine Rede ist sehr wohl mit Feuer durchläutert, und dein Knecht hat sie lieb gehabt. Ich bin ein Jüngling und bin verachtet, deiner Satzungen bin ich nicht vergessen: Deine Gerechtigkeit ist Gerechtigkeit ewiglich, und dein Gesetz ist Wahrheit. Trübsal und Angst haben mich getroffen, deine Gebote sind meine Betrachtung. Deine Zeugnisse sind billig in Ewigkeit, gib mir Verstand, so werde ich leben. Ich habe gerufen aus meinem ganzen Herzen, erhöre mich, o Herr, so will nach deinen Satzungen fragen. Zu dir habe ich gerufen, hilf mir, damit ich deine Gebote bewahre. Ich bin vor Tagen aufgestanden und habe gerufen, denn ich hatte auf dein Wort ein starkes Vertrauen. Meine Augen sind vor der Morgenröte zeitlich zu dir erwacht, damit ich dein Wort betrachte. Herr, erhöre meine Stimme nach deiner Barmherzigkeit, und mache lebendig nach deinem Gericht. Die mich verfolgen, haben sich zur Ungerechtigkeit gemacht, sie sind aber weit von deinem Gesetz abgewichen. Herr, du bist nahe, und alle deine Wege sind Wahrheit. Ich habe anfänglich von deinen Zeugnissen erkannt, dass du sie in Ewigkeit gegründet hast. Siehe meine Demut an und hilf mir aus, denn ich bin deines Gesetzes nicht vergessen. Gib ein Urteil in meiner Sache und erlöse mich, mache mich lebendig um deines Wortes willen. Das Heil ist weit von den Sündern, denn sie haben deine Satzungen nicht gesucht. Herr, deine Barmherzigkeit ist sehr groß, mache mich lebendig nach deinem Gericht. Viele verfolgen und plagen mich, ich bin von deinen Zeugnissen nicht abgewichen. Ich habe die Übertreter gesehen und bin verschmachtet, denn sie haben dein Wort nicht gehalten. Siehe an, Herr, dass ich deine Gebote habe lieb gehabt, und mache mich lebendig durch deine Barmherzigkeit. Der Anfang deiner Worte ist Wahrheit, alle Gerichte deiner Barmherzigkeit bleiben ewiglich. Die Fürsten haben mich ohne Ursache verfolgt, und mein Herz hat sich gefürchtet vor deinen Worten. Ich will mich über deiner Rede erfreuen, wie einer, der großen Raub gefunden hat. Ich hasse die Ungerechtigkeit und habe einen Abscheu davor, aber dein Gesetz habe ich lieb. Siebenmal im Tage habe ich dir lobgesagt, über die Rechte deiner Gerechtigkeit; die dein Gesetz lieben, die haben großen Frieden, sie haben auch keinen Anstoß. Herr, ich habe auf dein Heil gewartet, und habe deine Gebote lieb gehabt. Meine Seele hat deine Zeugnisse bewahrt, und hat dieselbige sehr lieb gehabt. Deine Gebote und deine Zeugnisse habe ich gehalten, denn alle meine Wege sind vor deinem Angesicht. Lass mein Flehen vor deinem Angesicht nahe herbei kommen, o Herr, und gib mir Verstand nach deinem Wort. Mein Begehren lass für deinen Augen hereingehen, erlöse mich nach deinem Wort. Meine Lefzen sollen ein Lob hervorbringen, wenn du mich durch deine Satzungen gelehrt hast. Meine Zunge soll dein Wort auch reden, alle deine Gebote sind Billigkeit. Lass mir deine Hand helfen, denn ich habe deine Gebote ausgewählt. Herr, mich hat verlangt nach deinem Heil, dein Gesetz ist meine Betrachtung. Meine Seele wird leben und dich preisen, und deine Rechte werden mir helfen. Ich habe geirrt, wir ein verlorenes Schaf, suche deinen Knecht, denn ich habe dein Gebot nicht vergessen.

O Herr *Eloi Achimarabus*.

Ehre sei dem Vater, und dem Sohn, und dem heiligen Geist, samt der ganzen Menge der himmlischen Scharen. Allelujah. Amen.

Gebet.

O Herr Jesu Christi, du mein allersüßester Vater, ich bitte dich, dass du wegen derjenigen Freude, welche deine geliebte Mutter hatte, da sie dich gesehen und du ihr erschienen bist in der allerheiligsten Osternacht, und durch die Freuden, da sie dich in der Gottheit und Klarheit klarifiziert gesehen, dass du mich erleuchtet mit den sieben Gaben des Heiligen Geistes, damit ich deinen allerheiligsten Willen erfüllen möge alle Tage meines Lebens. Amen.

Zu der heiligen Mutter Gottes Maria.

Freue dich, du benedeite Himmelskönigin, Allelujah, denn du hast den Sohn Gottes als eine Jungfrau empfangen, denn du hast ihn zu deiner heil. Base Elisabeth mit Freuden getragen. Denn du hast ihn als eine Jungfrau geboren und bist nach der Geburt eine unversehrte Jungfrau geblieben. Denn du hast gesehen, dass er von den drei weisen Königen angebetet und ihm ihre geheimnisvollen Gaben verehrt worden. Denn du hast ihn mit überschwänglichen Freuden deiner Seele Gott dem himmlischen Vater als ein wahres Eigentum im Tempel geopfert. Denn du hast in der heiligen Osternacht gesehen ihn glorreich von den Toten auferstehen mit der Schar aller Auserwählten. Denn Gott hat dich mit Leib und Seele in den Himmel aufgenommen und gewöhnt als seine Mutter des wahren Gottes, eine Königin der Engel und eine Frau der ganzen Welt. Denn du hast die höchste Glorie nach der ganzen allerheiligsten Dreifaltigkeit. Denn du erleuchtest den ganzen himmlischen Hof mit dem Glanz deiner Glorie, gleichwie die Sonne die ganze Welt erleuchtet mit ihren Strahlen. Denn alle Engel und Heiligen verehren dich als eine Mutter Gottes ihres Herrn und eine rechtmäßige Königin. Denn du hast Gewalt, von deinem Sohn alles zu erlangen, was du von ihm begehrst. Denn du sitzt zur Rechten deines göttlichen Sohnes, welcher zur Rechten seines himmlischen Vaters sitzt, und du gehst allen Engeln und Heiligen unbegreiflich weit vor, und hast alle *Prærogativen* der übrigen im höchsten Grad. Denn du hast volle Gewalt, alle deine andächtigen Diener zu einer sonderbaren Krone der Glorie zu erhöhen, gleichwie du auch auf dieser Welt mit sonderbaren Gnaden bist geziert gewesen. Denn du bist vollkommen versichert, dass deine Glorie niemals abnehmen, noch enden wird. Erbarme dich meiner nach der unendlichen Barmherzigkeit deines Sohnes, der in deiner Hand ist.

Adonai, Melech, Wac.

N. B. Dieses Gebet ist kräftig genug, Wunder zu tun, nach Aussage einer Person, so nicht schlief, und ihr die Himmelskönigin in großer Glorie mit vielen Engeln erschienen ist.

Der 149. Psalm.

Künftige Dinge zu wissen, welche verkündet
Raphael.

Gott *Lia*, der Herr der Götter hat gesprochen, singt dem

Herrn ein neues Lied, sein Lob sei in der Gemeinde der Heiligen. Israel erfreue sich in dem, der ihn gemacht hat, und die Kinder Sion frohlocken in ihrem König, sie loben seinen Namen am Reyen und spielen ihm mit Trummen und Harfen, denn der Herr hat wohlgefallen an seinem Volk, und er wird die Sanftmütigen zum Heil erhöhen. Die Heiligen werden frohlocken in der Herrlichkeit und sich ich ihren Schlafkammern erfreuen. Sie werden Gott hochloben mit ihrem Mund und werden zwieschneidige Schwerter in ihren Händen haben: Rache zu üben unter den Heiden und Strafe unter den Völkern. Auch ihre Könige mit Fesseln zu bestricken und ihre Edlen mit eisernen Bänden, damit sie das geschriebene Urteil an ihnen vollziehen. Diese Ehre haben alle seine Heiligen.

Ehre sei dem Vater und dem Sohn und dem Heiligen Geist, samt der ganzen Menge der himmlischen Scharen. Halleluja. Amen.

Gebet.

Gebenedeit seist du, o Herr Gott Israel, der du, da die Nacht in ihrem Lauf die Mitte erreicht hatte, dein allmächtiges Wort aus dem königlichen Sitz gesandt hast, sende auch deinen Heiligen Geist, dass er mich erleuchte und deinen Willen vollziehen lerne. Amen.

Der 101. Psalm.

Zur Gesundheit, der Engel ist *Sealthiel*.

Herr, erhöre mein Gebet und lasse unser Geschrei zu dir kommen. Wende dein Angesicht nicht von mir, an welchem Tag ich in Leiden bin, so neige mit dein Ohr, an welchem Tag ich dich anrufe, so erhöre mich in Eile. Denn meine Tage sind wie Rauch vergangen und meine Gebeine sind verdorrt, wie ein Brand im Feuer. Ich bin abgehauen wie Gras und mein Herz ist verdorrt, denn ich habe vergessen, mein Brot zu essen. Für der Stimme meines Seufzens klebt mein Gebein an meinem Fleisch. Ich bin einem Pelikan in der Wüste gleich geworden, bin geworden wie eine Nachteule im Gehäuse. Ich habe gewacht und bin geworden wie ein Spatz, der einsam sitzt auf dem Dach. Meine Feinde schmähen mich den ganzen Tag, und die mich sonst speisen, haben sich wieder mich verschworen. Während ich Asche für Brot aß und meinen Trank mit Weinen vermischet, vor dem Angesicht deines Zorns und Ungnade, denn du hast mich aufgehoben und niedergestoßen. Meine Tage sind wie ein Schatten verwichen und ich bin verdorrt wie Gras. Du aber, o Herr, bleibst ewiglich und dein Gedächtnis währet von einem Geschlecht zum anderen. Du wirst aufstehen und dich über Sion erbarmen, denn es ist Zeit, dass du dich über Sion erbarmst, denn die Zeit ist gekommen. Denn deine Knechte haben einen guten Gefallen an ihren Steinen, und sie werden mit ihrem Staub Mitleiden tragen. Und die Heiden werden deinen Namen fürchten, o Herr, und alle Könige der Erde deine Herrlichkeit. Denn der Herr hat die Sion gebauet und wird da in seiner Herrlichkeit gesehen werden. Er hat auf das Gebet der Demütigen gesehen, und hat ihr Flehen nicht verworfen. Dies soll mein schreiben auf das folgende Geschlecht, und das Volk wird den Herrn preisen, das noch soll geschaffen werden. Denn er hat herabsehen von seinem hohen, heiligen Ort, der Herr hat vom Himmel auf Erden geschaut, das Seufzen der Gefangenen zu hören und die Kinder der Erschlagenen zu erledigen, damit sie den Namen des Herrn zu Sion verkündigen und sein Lob zu Jerusalem. Wenn die Völker zusammenkommen und die Könige dem Herrn zu dienen. Er antwortet ihm, auf dem Weg seiner Stärke und tue mir kund, wie wenig meine Tage seien. Nimm mich nicht hinweg in der Hälfte meiner Tage, deine Jahre währen von einem Geschlecht zum anderen. Du hast den Erdboden, o Herr, im Anfang gegründet und die Himmel sind Werke deiner Hände. Sie werden vergehen, du aber bleibst und sie werden alle wie ein Kleid veralten. Du wirst sie umwenden wie ein Gewand, dass sie verändert werden, du aber bist ebenderselbige und deine Jahre werden kein Ende haben. Die Kinder deiner Knechte werden bei dir wohnen und ihr Samen wird in Ewigkeit richtig bleiben.

Ehre sei dem Vater und dem Sohn und dem Heiligen Geist, samt der ganzen Menge der himmlischen Scharen. Halleluja. Amen.

Adonai, Eloi, Emanuel, Jesus. Amen.

G e b e t.

Der allerheiligste Tod unseres Herrn Jesu Christi behüte mich vor der Pest und vor dem betrübten Tod, und behüte mich von meinen Feinden und von allem Übel. O Heiliger Gott, o starker Gott, o barmherziger Gott, erbarme dich über uns. O Herr, barmherziger, ewiger Gott, sei uns armen Sündern gnädig und barmherzig und verzeihe uns alle unsere Sünden.

O r a t i o.

Respice quae sumus Domine super hanc familiam tuam per qua Dominus noster Jesus Christus non dubitavit manibus tradi nocentium, et crucis subire tormentum, qui vivit et regnat in unitate Spiritus Sancti Deus per omnia Saecula Saeculorum. Amen. Dies ist das Zeichen, so Gott dem Volk Israel gab wider die Pestilenz. Wer es täglich auf die Stirn und Brust macht, und im Namen der allerheiligsten Dreifaltigkeit 3 Vaterunser und 3 Ave Maria spricht, eadem die est securus, et jam ora:

Psalmum 37 qua tertium inter septem penitentiales:

Domine, ne in furore tuo arquas me, neque in ira tua corripiasme: Vide in Palmeto pag. 171.

Der 25. Psalm.

Um den Beistand aller heiligen Engel und aller Kreaturen.

Haniel, Haviel, Jehova, Adonai, Ley, Doth, Trath.

O Herr, richte mich, denn ich bin in meiner Unschuld einhergegangen, und während ich auf den Herrn vertraute, so werde ich an Kräften nicht abnehmen. Prüfe mich, Herr, und versuche mich, bewähre durchs Feuer meine Nieren und mein Herz. Denn deine Barmherzigkeit ist vor meinen Augen und ich habe ein Wohlgefallen an deiner Wahrheit. Ich habe im Rat der Eitelkeit nicht gesessen, auch will ich nicht hereingehen mit denen, die ungerecht handeln. Ich hasse die Versammlung der Boshaftigen, und will bei den Gottlosen nicht sitzen. Unter den Unschuldigen will ich meine Hände waschen, und will um deinen Altar gehen, o Herr, damit ich die Stimme deines Lobes hören mag, und alle deine Wundertaten erzählen. Herr, ich habe die Zierde deines Hauses lieb, und den Ort, wo deine Herrlichkeit wohnt. Nimm meine Seele nicht hinweg, o Gott, mit den Gottlosen, noch mein Leben mit den blutdürftigen Männern. In deren Händen Ungerechtigkeit ist, und ihre Rechte ist mit Geschenken erfüllt. Ich aber bin in meiner Unschuld hereingegangen, erlöse mich und sei mir gnädig. Mein Fuß steht in Aufrichtigkeit in den Versammlungen. O Herr, ich will dich loben. Ehre sei dem Vater und dem Sohn, und dem Heiligen Geist, samt der ganzen Menge der himmlischen Scharen. Allelujah. Amen.

Gebet.

O Herr, ich bitte dich, dass alle deine heiligen Engel mir alleweg beistehen, und durch deinen heiligen Namen dich ehren und benedeien in Ewigkeit, Amen.

Laudate pueri Dominum, laudate nomen Domini. Sit nomen Domini benedictum ex hoc nunc et usque in Saeculum. A Solis ortu usque ad occasum laudabili nomen Domini. Excelsus super omnes gentes Dominus, et super coelos gloria ejus. Quis sicut Dominus Deus noster qui in altis habitat, et humilia respicit in coelo et terra. Suscitans a terra inopem, et de stercore erigens pauperem, ut collocet eum cum principibus, cum principibus populi sui, Qui habitare facit sterilem in domo matrem filiorem laetantem.

Der 53. Psalm.

Durch den heiligen Beistand des heiligen Engels *Jehudiel* Alles zu erlangen.

O Herr, mache mich heilwärtig in deinem Namen, und schaffe mir Recht in deiner Kraft. Gott, erhöre mein Gebet und vernimm mit den Ohren die Worte meines Mundes. Denn Fremde sind aufgestanden wider mich und die Starken haben nach meiner Seele getrachtet und sie haben Gott nicht vor ihren Augen gehabt. Denn siehe, Gott steht mir bei, und der Herr ist, der meine Seele aufnimmt. Wende das Böse von mir ab auf meine Feinde, und vertilge sie in deiner Wahrheit. So will ich dir freiwillig Opfer tun und preisen deinen Namen, o Herr, denn er ist gut. Denn du hast mich aus der Trübsal erlöst und mein Auge hat meine Feinde verachtet.

Ehre sei dem Vater und dem Sohn und dem Heiligen Geist, samt der ganzen Menge der himmlischen Scharen. Alleluja, Amen.

Gebet.

O Gott, der du nicht bewirfst das Seufzen der Zerknirschten, und die Bitte der Demütigen nicht gering achtest, erhöre mein Gebet, das ich in meinem Trübsal zu dir ausgieße, damit, was die teuflische und menschliche Widerwärtigkeiten wider uns anrichten, vernichtet und durch deinen guten Rat aufgelöst werde, auf dass ich von keiner Widerwärtigkeit verletzt, sondern von allen Betrübnissen und Ängsten befreit, in deinem Sieg dir danke. Vergib mir nach deiner Barmherzigkeit, gleichwie ich bitte, habe Acht auf meine Demut, löse auf meine Bande, lösche aus meine Missetaten, siehe an meine Betrübnisse, vertreibe meine Widerwärtigkeiten und verleihe mir die Wirkung meines Verlangens, der du, die dich flehentlich bitten, gnädig erhörest. Durch unseren Herrn Jesum Christum, deinen Sohn, Amen.

Kyrie eleyson. Kyrie eleyson. Kyrie eleyson.

Gott Tetragrammaton.

Abba Schatur Mazpaz.

Gott Aleph Beth.

Gott Adonai Jehova Dedh.

Gott Joaheihach.

Gott Zedad.

Gott Abbai Adonai.

Gott El Schaday.

Gott Paruh.

Gott Jaokouki.

Gott Jehovas Jochpil.

Gott Parzabel Eloah.

Gott Serchim Toph.

Tharstar Bath Seid Porsamath.

Siehe an das Lamm Gottes, welches hinnimmt die Sünden

der Welt, siehe, unser Gott, siehe den Gott der Lebendigen und der Toten. Die Hoffnung der Sterbenden und das Heil aller Gläubigen, den ich anbete, den ich glorifiziere, den ich benedeie, den allmächtigen Vater, Sohn und Heiligen Geist lobe und erhöhe ich in Ewigkeit, Amen.

Oratio.

O heilige Maria, Mutter unseres Erlösers Jesu, welche empfangen ist ohne Makel der Erbsünde, bitte für mich jetzt und in der Stunde meines Todes, bitte für mich und meine Bekehrung, beschütze mich in allen meinen Vorhaben, sei allezeit mein Trost, sorge für mein Heil, ich habe alle meine Hoffnung in dich gesetzt, o Mutter der Barmherzigkeit, so niemals hatte ein Makel der Sünde. O Maria, du bist ganz schön, und kein Makel ist an dir.

Ende.

XVII.

Magia Nigromantica curiosa,

Alomonis Zadocki,

Presbyteri Hierosolymitani,

Salamanca.

1545.

Vorbericht.

Dieses Buch von der nigromatischen Magie habe ich vor vielen Jahren aus Spanien gebracht, allwo es mir anvertraut worden, als ein großer Schatz. Ich habe es aus der syrischen Sprache ins Deutsche übersetzt, damit es auch hier zu Lande gebraucht werden möge. Dir, Besitzer dieses Buches, wünsche ich die Gnade Gottes.

Salzburg 1713.

Hieronymus Zwicker.

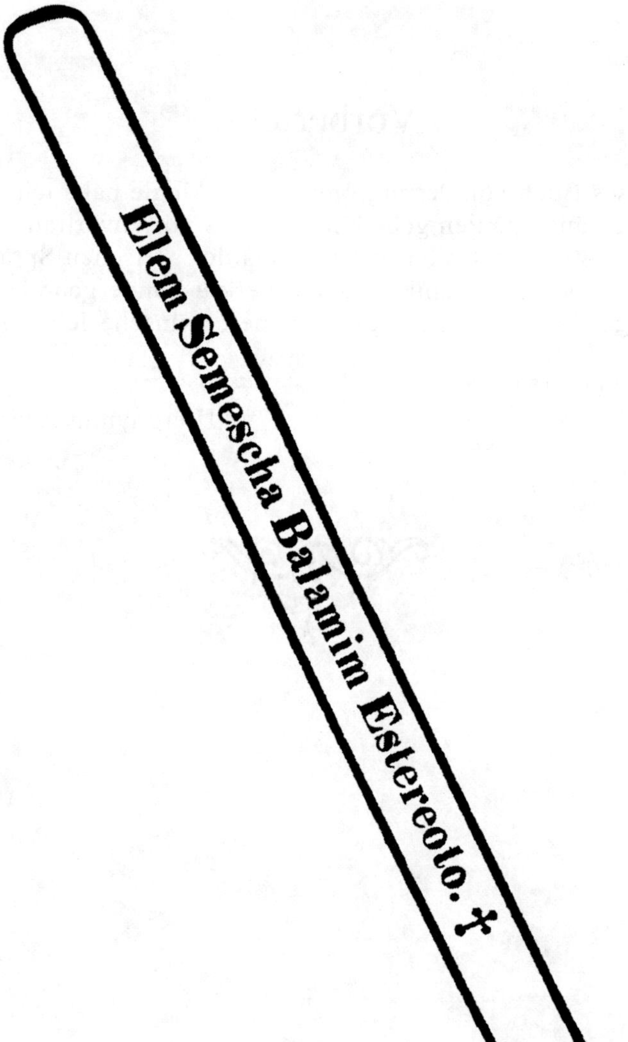
Elem Semescha Balamim Estereoto. ✝

Der Stab.

Nach der nebenstehenden Figur sollst du dir einen Stab machen aus Palmenholz, oder hier zu Lande aus einer Haselstaude, und mit einem neuen Messer die Worte hineinschneiden, wie daneben zu lesen, auch sollst du den Namen Jesu auf ein geweihtes Pergament geschrieben an das Ende befestigen in den Stab. Diesen Stab nimmst du in deine rechte Hand und fahre damit nochmals im Kreis herum, und wenn der Geist erscheint und du ihm deine Befehle aufgibst, so wirst du diesen Stab gebrauchen als einen Zepter, dem Geist damit zu gebieten. Schreibe den Namen des Geistes vor den Kreis und haue mit dem Stab darein, so wird er zittern und gehorchen.

Das Kleid.

Du sollst auch einen ganz weißen Mantel als ein Oberkleid anlegen über deine Kleider, welcher dich bedecken soll bis auf die Füße, auf deine Brust sollst du ein Schild hängen auf Pergament geschrieben mit folgenden Zeichen, welche mit Gold geschrieben werden müssen. Du kannst eine Platte von Gold oder Silber dazu gebrauchen und die Zeichen mit Edelstein darauf einsetzen lassen, ist noch besser.

Die Stole.

Du musst auch eine Stole anlegen über deinen weißen Talar von Jungfern-Pergament, genau beschrieben, dieses ist ein großer Zwang und ein sicherer Schutz gegen die Geister, welche beständig danach trachten, dir schädlich zu sein. Denn diese Geister sind die abgesagtesten Feinde der Menschen. Die Stole muss gegen 7 Schuhe lang sein, dabei allerdings hochgeweihet, das scheint den Geistern ein solcher Glanz, dass sie ganz perturbiert werden, und es mit Furcht und Zittern anschauen, und dienen Befehlen gern gehorchen werden, um nur so geschwind als möglich wieder los zu kommen, denn diese zur Finsternis verdammten Geister scheuen das Licht und verlassen ungern ihre Höhlen und Klüfte. Sie werden auf deinen Ruf von den Engeln herausgejagt, darum sind sie so entsetzlich grimmig.

BLAIKRCFNOR
GTMLFRDASH
BIEIN + RIMOR
MSVZHIRASMINO
PAR LIEMODAM

Orient.

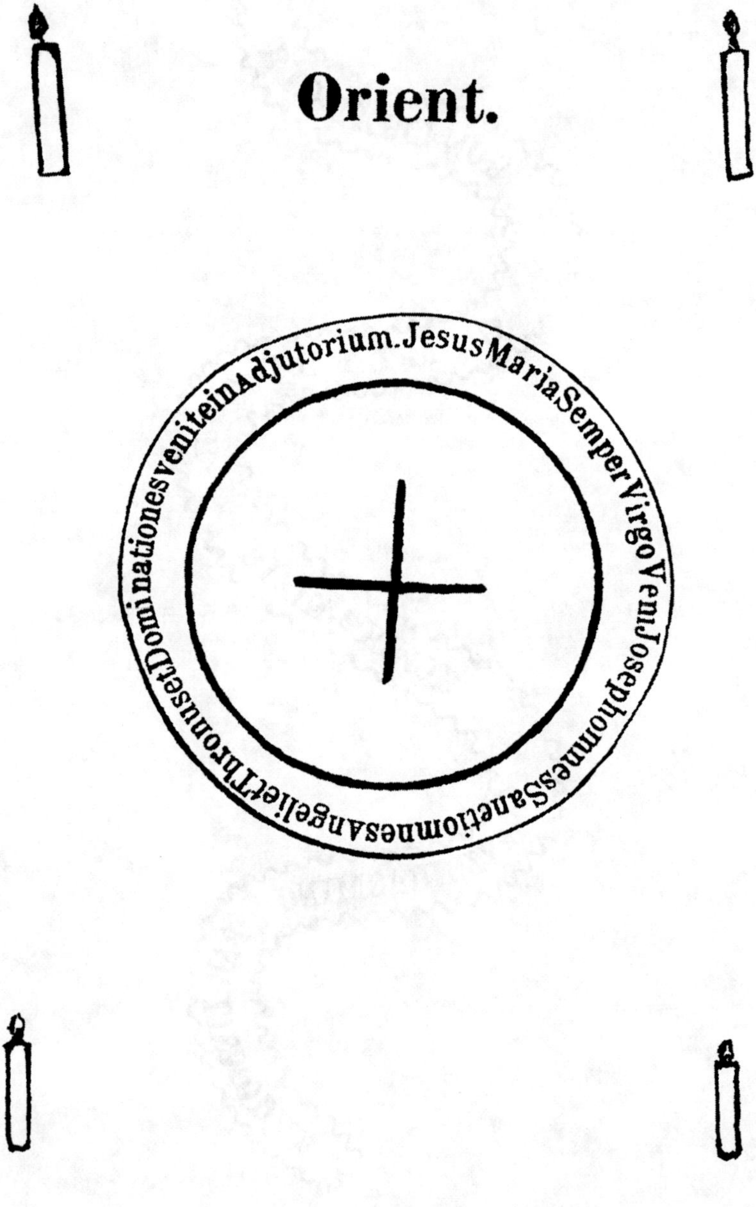
ThronusetDominationesveniteinAdjutorium.JesusMariaSemperVirgoVeniJosephomnesSanctiomnesAngeliet

Der Kreis.

Diesen kannst du nur mit deinem Zauberstab oder Zepter in den Sand schreiben und mit geweihten Kerzen umstellen. In den Kreis stelle einen Tisch und drei Stühle für dich und deine Gesellen, und wenn du gehörig vorbereitet bis, so kannst du zum Werk schreiten.

Lector benevole!

In diesem Büchlein findest du die Quintessenz von mehr als 25 großen Büchern, welche ich im Laufe meines arbeitsvollen Lebens durchstudiert und hier zusammengebracht, dir nach meinem Tod hinterlasse. Wirst du meinen Vorschriften folgen und dich nicht durch irrige Meinungen verblenden lassen, so wirst du so glücklich sein, und sowohl die Geister bezwingen als deinen Unglauben überwunden sehen, denn dieses Büchlein, so gering es ist, erfordert keinen Glauben an die Möglichkeit oder eine Kraft desselben, im Gegenteil wirst du, wenn du nicht in der gehörigen Verfassung bist in deinem Gemüt, mit Erstaunen und auch wohl mit Schrecken gewahr werden, dass vor deinen Augen möglich geworden ist, woran dein superkluger Verstand hat zweifeln wollen. Indessen sage ich dir zu deiner Beruhigung, dass der Glaube an eine Welt voll verschiedener Geister keine Bedingung ist zum ewigen Heil, wohl aber der Glaube an den Heiland, den Sohn des dreieinigen Gottes, Jesum Christum, welcher da überwunden hat, wo wir besiegt worden sind, die Welt und das Fleisch und die Gelüste und die Bosheiten, mithin auch die Hölle und des Satans Reich, und der an unserer Statt als ein Schuldloser unsere Strafen gelitten hat, welche die göttliche Gerechtigkeit allerdings nicht erlassen, die göttliche Barmherzigkeit aber wohl auf einen Unschuldigen übertragen könnte, der solche freiwillig aus Liebe übernahm. Wer daher an den glaubt, der da unschuldig gelitten hat, und von welchem die Heilige Schrift zeugt, dem werden alle Sünden erlassen und der wird auch dermaleinst sehen das Lämmlein Gottes auf seinem Thron an jenem Tag, wo es heißt: Setze dich zu meiner Rechten, bis ich deine Feinde zum Schemel deiner Füße lege, der Herr wird die Rute deiner Kraft aus Zion senden, herrsche unter deinen Feinden, bei dir wird die Herrschaft sein, am Tag deiner Stärke im herrlichen Glanz deiner Heiligen! Von der Welt verlassen und verstoßen, habe ich mir durch diese geheime Wissenschaft zu Reichtum und Gütern verholfen, und da ich von weltlichen Sorgen befreit, nun nichts mehr zu wünschen hatte, da suchte ich etwas Größeres, und dieses habe ich gefunden in dem seligmachenden Glauben an den Weltheiland, und ich hoffe, ihn zu sehen und zu begrüßen mit seinem Siegeslied, wenn er kommen wird mit seinen Heiligen. Ich habe dir dieses ans Herz legen wollen, damit du den gleichen Weg wandeln sollst. *Vale*!

Salamanca in Spanien 1545.

Alamon Budock.

Vorbereitung.

Nachdem ich dir bereits die nötigen und erforderlichen Gegenstände gemeldet habe, welche zu der äußeren Vorbereitung gehören, so will ich dich auch in Ansehung der inneren Vorbereitung gehörig unterrichten.

Es ist vor allen Dingen erforderlich, dass deine Seele und dein ganzes Gemüt zu Gott, dem Herrn aller Geister, gerichtet sei, und ihm alle Ehre erwiesen werde mit Gebet und Fasten. Einen Monat lang musst du nur einmal täglich Speise zu dir nehmen, dich des Umgangs mit dem weiblichen Geschlechts enthalten, und dreimal täglich den Herrn in dieser wichtigen Sache um Beistand anrufen. Glaube nur sicherlich, alle Unglücke bei solchen Sachen würden vermieden worden sein, wenn sich diese armen Menschen vorher zu dem Herrn gewendet hätten. Da sie aber es nicht getan haben, daher kam es, dass der Geist sich ihrer bemächtigt und sie an die Bäume geschleudert hat, dass das Gehirn umhergespritzt ist. Darum sehe es nicht für etwas Gefahrloses an, sondern folge mir und bitte den Herrn aller Herren.

Der angegebene Kreis ist bestimmt für drei Menschen, wenn aber einer Mut hat, so kann er es auch alleine vornehmen, und des glücklichen Erfolges so viel sicherer sein. Sonst aber darf keiner reden, wenn ihn auch der Geist anreden sollte, außer derjenige von den dreien, welcher die Beschwörung vornimmt. Es soll keiner dem andern winken oder sonstige Zeichen geben, sondern soll und muss sich durchaus ganz still und ruhig verhalten. Wenn aber der Geist Schwache gegenüber sich findet, so versucht er durch mancherlei, sowohl ernsthafte als lächerliche Vorstellungen, auf die Gemüter einen störenden Eindruck zu machen, so dass oft schon sehr großes Unglück geschehen ist, wenn einer erschreckt oder schreit, dann fährt der Geist über ihn her und bricht ihm den Hals, oder schleudert ihn gegen eine Wand oder einen Baum, dass alles Blut aus seinem ganzen Leib herausspritzt. Alsdann ist alles verloren und das geringste Unglück wäre, dass wenigstens diesmal nichts zur Vollziehung kommt. Es ist daher wohl zu raten, wenn du nicht den Mut hast, es allein vorzunehmen, dass deine Gesellen wenigstens die Augen zuhalten und alle ihre Sinne verschließen, damit sie nichts hören und nichts sehen. Übrigens können dich deine Gesellen gegen Eindringen des Geistes nicht schützen, im Gegenteil macht ihre Gegenwart die Sache viel schwieriger. Ich versichere dir aufrichtig, dass ich es deshalb allein vorgenommen habe, und als der Geist einen Berg herunter — denn ich habe es in einer wüsten Gegend gemacht — ein Fass voll Geld gewälzt hat und das Fass dich vor meinem Kreis zerbrechen ließ, dass alles Gold sich vor mir hin ausschüttete, so verzuckte ich nicht ein Auge, sondern ich hielt Stand, wohl wissend, dass ich auf Alles gefasst sein müsste, und dass ich Gott zu meinem Schild hatte. Wie nun aber der Geist sah, dass ich mich nicht irre machen ließ, da nahm der eine andere Manier vor, war recht höflich, sprach wohl zutraulich, und bot mir einen Pakt mit ihm an. Wie ich mich aber aus dieser Schlinge zog, wirst du am Ende vernehmen.

Von diesen hier folgenden 4 Geistern hast du die Freiheit, dir einen auszuwählen, welchen du willst. Es ist eine wie der andere dienlich, deine Wünsche zu erfüllen. Die Charaktere werden mit Gold auf Jungfern-Pergament geschrieben und dessen, welchen du willst, vor den Kreis gelegt.

Charakter des Amaroon.

Der Geist Amaroon ist einem Kaiser auf Erden zu vergleichen an Macht und an irdischen Gütern. Er ist ganz willig, erscheint in weißen Kleidern, er gibt Gold und Silber und alle sonstigen wünschenswerten Sachen, zeigt die verborgenen Schätze und gibt dieselben heraus. Er wird gegen Sonnenaufgang berufen, seine Stunde ist von 5 bis 6 Uhr morgens oder abends.

Charakter des Balidon.

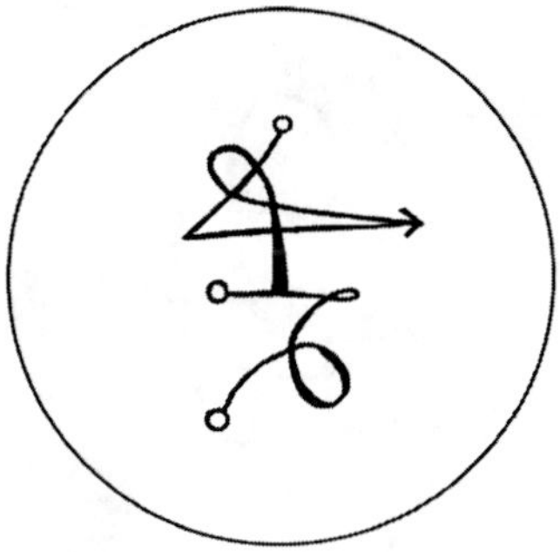

Dieser Geist Balidon ist einem König auf Erden zu vergleichen an Gütern und an Macht. Er erscheint in gelben Kleidern, er gibt Silber und Edelsteine und alle Bergwerkssachen, er zeigt verborgene Bergwerke und die vergrabenen Schätze, doch kann er letztere nicht allein herausgeben. Er ist ein Geist gegen Niedergang der Sonne, seine Stunde ist von 8 bis 9 Uhr abends.

Charakter des Naperon.

Der Geist Naperon ist einem Fürsten auf Erden zu vergleichen an Schätzen und an Gütern. Er gibt Gold und verborgene Schätze und allen Reichtum und Wissenschaft in der Medizin. Man kann von ihm begehren, was man will. Seine Stunde ist von 7 bis 8 Uhr abends.

Charakter des Pallu.

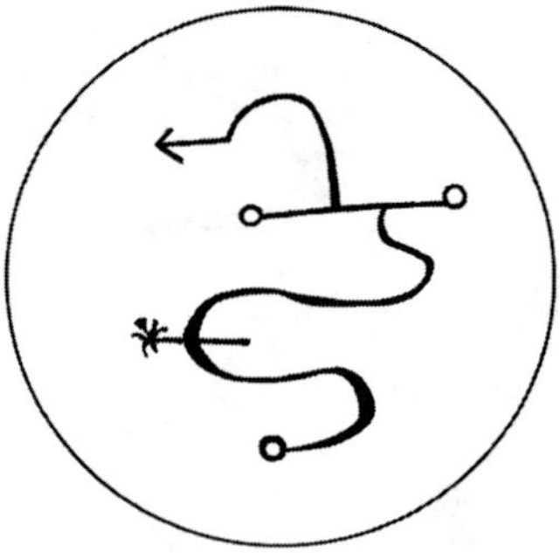

Dieser Geist Pallu ist einem Herzog auf Erden zu vergleichen, er zeigt und gibt Schätze, bringt was man will, aus dem Abgrund des Meeres, er erscheint als ein Jäger, ist sehr dienstbar, er wird berufen von 11 Uhr bis 12 Uhr am Tag oder bei Nacht.

Von diesen 4 Geistern kann man nach Belieben einen erwählen, die Zitation muss im neuem Licht geschehen bei schönem Wetter und wenn kein Wind geht. In einer halben Stunde ist alles vorbei.

Gebet vor der Beschwörung.

Der Segen Gottes des Vaters †, der Friede Gottes des Sohnes †, die Weisheit und Gnade Gottes des Heiligen Geistes †, der Segen der allerheiligsten Dreifaltigkeit und unzerteilten Einigkeit sei über uns und verbleibe bei uns diese Stunde und allzeit, es segne uns diese Stunde und allezeit unser lieber Herr Jesus von Nazareth, ein König der Juden, es segne und behüte uns diese Stunde und allezeit Maria, die heilige Mutter Gottes und unser einiger heiliger Schutzengel und der heiligen Erzengel Michael, wie auch das wahrhafte Kreuz, daran unser lieber Herr und Heiland Jesus Christus große Marter, Pein und Schmerzen, ja sogar den bitteren Tod gelitten hat für uns. Und gleichwie der unschuldige Herr Jesus Christus am Stamm des heiligen Kreuzes seine heilige Mutter dem Jünger Johannes anbefohlen hat, also befehlen auch wir uns diese Stunde und allezeit dir, o gütiger Gott, mit der demütigsten Bitte, dem Geist den Befehl deiner unwiderstehlichen Allmacht zu senden, dass er uns armen Menschen in allem gehorsam sei †††. Amen.

1. Beschwörung.

Ich N. N., ein unwürdiges Geschöpf und Diener Gottes, berufe, begehre und beschwöre dich, Geist N. durch alle vier Elemente Feuer, Wasser, Luft und Erde, und durch alles, was darin lebt und schwebt, und durch die allerheiligsten und erschrecklichen Namen Agios † Agios † Agios † Ischiros † Egelos † Emanuel † Eya † Abinat † Deus † Elion † Pelion † Janna † Cropra † Adena † Sarduma † Schaday † Aruma † Mathuel † Elohim † Tetragrammaton † Jehova † Elohim † Sabaoth † Michael † Salus † Messias † und durch welche Worte Salomo, Manasse, Cyprianus und Anastasius die Geister bezwungen habe, und durch was du immer kannst und magst bezwungen werden, bezwinge ich dich, dass du mir aus dem Grund des Meeres oder aus der Erde hierher bringst und überlieferst eine Summe von 600000 fl. gangbarer und unverfälschter Goldmünze. Diese befehle ich dir, o Geist N., durch die Kraft, Macht und Gewalt Gottes des Vaters †, Gottes des Sohnes † und Gottes des Heiligen Geistes †, Amen.

2. Beschwörung.

Ich N. N., ein unwürdiger Diener und Kreatur Gottes, berufe, begehre, beschwöre, banne und bezwinge dich, o Geist N., dass du mir augenblicklich vor dem Kreis erscheinst, durch die Macht der heiligsten und übergebenedeiten Mutter Gottes, Maria, Königin des Himmels und der Erde, durch den allerheiligsten Namen Mariae semper virginis, die ohne Makel empfangen und der alten Schlange den Kopf zertreten hat, banne, zwinge und beschwöre ich dich, Geist, die geforderte Summe von 600000 fl. in guten, gangbarem und unverfälschtem Gold aus der Erde oder aus dem Meer vor meinen Kreis zu bringen, und dieses befehle ich dir, o Geist N., durch die Kraft, Macht und große Gewalt Gottes und durch die allzeit unbefleckte Jungfrau Maria. Amen.

3. Beschwörung.

Ich N. N., eine Gott dem Allmächtigen verbundene und verpflichtete und getreueste Kreatur Gottes, gebiete, banne, begehre und beschwöre dich, o Geist N., durch die allerschrecklichsten und unwiderstehlichsten Worte: Surge et adjuva nos ad hunc aurum, sanctissima trinitas, et individua unitas, unus Deus † Messias † Pater † Emanuel † Sabaoth † Adonai † Zodoraton † Lehan † Tetragrammaton † Schaday † Homousin † Esshereje † Deus Abraham † Deus Isaak † Deus Jakob † Deus Israel † Deus Moysis † Deus Aaron † Incraetus Pater † incraetus Filius † incraetus Spiritus † Sanctus, Jesus Christus † und durch welche Worte Salomon, Manasses und Cyprianus die Geister bezwungen haben, damit bezwinge ich dich, o Geist N., dass du mir aus der Erde oder aus dem Meer die geforderte Summe von 600000 fl. in gangbarer, guter Goldmünze sogleich und ohne Aufenthalt hierher bringst und lieferst.

4. Beschwörung.

Ich N. N., ein erschaffenes Ebenbild und Diener Gottes, berufe, begehre und beschwöre dich, o Geist N. durch die allerschrecklichsten Worte und Charaktere des allmächtigen Gottes, Jehova:

× Z 5 3 7. J × S + S + S +

und durch die unwiderstehlichste und erschrecklichste Kraft, Macht und Gewalt Gottes und die heiligen Worte, welche die Geister gleich bannen und zwingen: Agios † Athadatos † Jehovah † El † Elohim † Eloa † Elley † Heloim † Adonai † Creder †

Soinnath † Benats † Siderye † Suaden † Minoses † vay † aegilon † Sabaoth † und durch welche Worte Salomo, Manasses und Cyprianus die Geister bezwungen, bezwinge ich dich, o Geist N., dass du mir aus der Erde oder aus dem Meer die geforderte Summe von 600000 fl. gangbare, unverfälschte Goldmünze, ohne Furcht und Schrecken und ohne meines und meiner Gesellen Leibes- und Seelengefahr her bringst. Solches befehle ich dir, o Geist N., durch die dreieinige Gottheit, Amen.

5. Beschwörung.

Ich N. N., ein Diener und Kreatur Gottes, banne, gebiete, begehre und beschwöre dich, o Geist N., durch den einsamen Rat Gottes und seinen heiligen Thron und Zepter, und Sitz der allerhöchsten Majestät Gottes, durch seine ganze Engelschar und durch die allerschrecklichsten Worte: Sother † Como † Geno † Jehova † Elohim † Velvac † Δ ojel † Mihal † Elbu † und durch welche Worte Salomo, Manasses und Cyprianus die Geister bezwungen habe, und gleichwie der Sohn Gottes seiner heiligen und geliebten Mutter seinen lieben Jünger Johannes anempfohlen, ehe er von der Welt geschieden, so wahr befehle ich dir, o Geist N., dass du in diesem Augenblick hier vor diesem Kreis erscheinst als ein schöner, sanftmütiger Jüngling, und bringst mir aus der Erde oder aus dem Meer die geforderte Summe von 600000 fl. in gangbarer guter Goldmünze, ohne Arglist und Gefährdung, und ohne Schaden unseres Leibes und unserer Seele in Kraft des dreieinigen Gottes, Amen.

6. Beschwörung.

Ich N. N., ein Diener und Geschöpf Gottes, beschwöre dich, o Geist N., durch die allerschrecklichsten Worte Abba † Abba † Abba † Eli † Eli † Eli † Lama † Sabadani † durch die allerschrecklichsten Herzensworte des am Kreuz hängenden wahren Messias, des wahren Sohnes Gottes, des allmächtigen Vaters, und seine allerheiligste Gottheit und Dreieinigkeit welche er sprach:

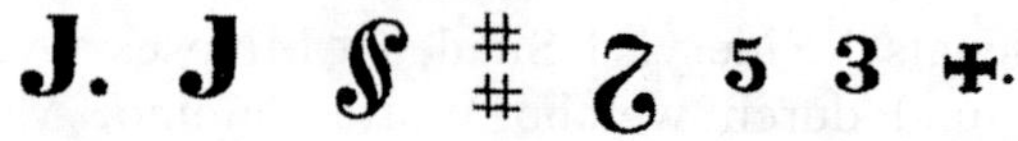

damit banne ich dich, und befehle dir, dass du mir den verlangten Schatz von 600000 fl. in guter, gangbarer Goldmünze aus der Erde oder aus dem Meer ohne allen Betrug und Blendwerk zu Gottes Ehren und unserer Notdurft herbeibringst und vor meinen Kreis lieferst. Solches befehle ich dir, Geist N., bei Gott dem Vater †, bei Gott dem Sohn † und bei Gott dem Heiligen Geist †, bei der Menschheit Jesu Christi und bei der Gnade des Heiligen Geistes. Amen!

Wenn der Geist nicht erscheint, so müssen alle Beschwörungen nochmals wiederholt werden, denn der Geist muss erscheinen. Wenn er nun kommt, so sprich: Willkommen, edler Geist; da antwortet der Geist: Was willst du von mir, da wiederhole deine Forderung; liefert er nun gleich das Verlangte ab, so danke ihn auch gleich so geschwind als möglich ab mit der folgenden Abdankung: liefert er aber nicht ab, macht Schwierigkeiten und verlangt wohl gar deine Unterschrift mit deinem Blut, so sprich mit gefasstem Mut:

Mein Blut ist erlöst mit Christi Blut, das gehört nur meinem Heiland und du sollst seinen Teil daran haben; nimmermehr verlasse ich meinen Gott, und zu schwach bist du und die ganze Hölle, mich in der Treue gegen meinen Gott und Herrn wankend zu machen, wir Menschen hoffen die Herrlichkeit, die an uns offenbar werden soll, die wir erwarten und von welcher wir noch keinen Begriff haben, ihr aber hattet die Herrlichkeit schon genossen, und wart dennoch undankbar und untreu, darum habt ihr aber auch keine Verzeihung zu erwarten, wir aber hoffen Verzeihung von allen unseren Sünden, durch unseren Glauben an Jesum Christum, unseren Herrn, und werden dafür belohnt werden.

Sowie du dieses gesprochen hast, so wirst du sehen, dass der Geist schwach und demütig wird, und wird dir keinen Antrag mehr machen. Sollte er es aber dennoch wagen, so spreche den 109. Psalm Davids: „Der Herr hat gesagt zu meinem Herrn u. a.“, so gibt der Geist vollends nach und es überfällt ihn ein Schrecken, denn es ist das Siegeslied unseres Herrn, damit erkennen sich alle bösen Geister für überwunden; und der Geist wird dastehen mit Zittern und Harren auf die Abdankung, so sprich:

Gehe nun wieder hin, du herbeigerufener Geist, wo du hergekommen bist und wo dich der gerechte Gott hin verordnet hat, und dass du mir wieder erscheinst, wenn ich durch Gottes Kraft und Macht und Worte dich wieder begehre und gehorsamst, solches befehle ich dir durch die allerheiligste Dreifaltigkeit Gott Vater †, Sohn † und Heiliger Geist †, durch das Wort, so Fleisch geworden, und durch Alles, wodurch du bist bezwungen worden, Amen.

Sollte der Geist nicht weichen, so wiederhole die Abdankung noch dreimal, und wenn er alsdann noch nicht weichen sollte, so bete die 6 Beschwörungen rückwärts, so wird er gewiss weichen.

Laudetur Jesus Christus.

Finis.

XVIII.

Almuchabota

Ablegalium Alkakib Albaon,

id est

Compendium Magiae innaturalis nigrae,

continens

Citationes et Vincula diversorum Spirituum

per

Michaelem Scotum.

Pragae in Bohemia.

Pridie Id. Febr. MDXI.

Interpretatio et Instructio

pro

Disciputis et Amatoribus Artis Magicae.

Ad quorum manus post obitum meum libellus iste fortuito aliquando perventurus est.

Parvi licet compendii libellus iste, sit magni tamen momenti eundem experies, nam scias velim curiose lector opus hoc in arabica lingua conscriptum esse, cujus ego per multos quidem annos possessor, virtutis tamen, ob linguae inscientiam semper ignorus permanseram, donec anxilio Judacorum cujudsam Rabbi extraneam hanc linguam quam optime calentis perfecta ab eodem interpretatione ad genuim verborum sensum, rerumque contentarum notitiam pervenissem. Quare vero exinde expertus nec non adeptus sum, et tu experiri, adipisci que poteris, si vir magnanimus, constans, atque intrepidus sis, moreve praescripto processeris, Ast cum Spiritibus, et nequissimis, et acutissimis, et humano generi insensissimis tibi agendum est.

Quare cum praevia sanae mentis deliberatione, cumque cautela, et providentia maxima procedas, necesse est; quod si vero rem rite tractaveris, et grandia et mirabilia perpetrare, et efficere poteris, reliqua opus ipsum, quod fidelissime interpretatum habes, te satis docebit.

Unum hoc ultimatim te observare monemus, nec non etiam atque etiam adhortamur, ut librum istum quam obtime custodias, ne forte in manus curiosae juventutis, vel ignorantium hominum incidat, si quidem per ejus lecturam, nisi more praescripto fiat, funestissima tragoedia, et luctus orientur. Quare ipse autor singulariter admonet, ut in silentio legatur.

Nemo igitur, quicunque sit, absque circulo clara et alta voce insertas citationes Spirituum legere praesumat, nis in misserrium-mum sui detrimentum et interitum praeceps ruere, atque dira, sed sera nimis poenitentia curiositatem suam luere velit.

Quapropter quidquid agis prudenter agas et respice finem. *Vale*!

Pragae in Bohemia, pridie Id. Febr. MDXI.

Michael Scotus.

Sequitur interpretatio totius operis.
Aspice, inspice, pervolve, alta, sed voce legere, cave!

Primum et maxime necessarium in experimentis magicis requistum est compositio Circuli, nam sine eon emo a malis spiritbus munitus et tuts fore tut pote qui generis humani insensissimi semper sunt inimici.

Quare magister expelle caprina, id est charta virginea faciat circulum in latitudine novem pedum, ad quem cum sanguine columbae scribi debent nomino ut videtur in figura. Quod si vero fortius illum munire cupis poteris pro libitu addere plura ex sanctissimis Dei nominibus hebraicis e. g. Elohim, Adonai, Zebaoth, Agla, Jehova, Tetragrammaton.

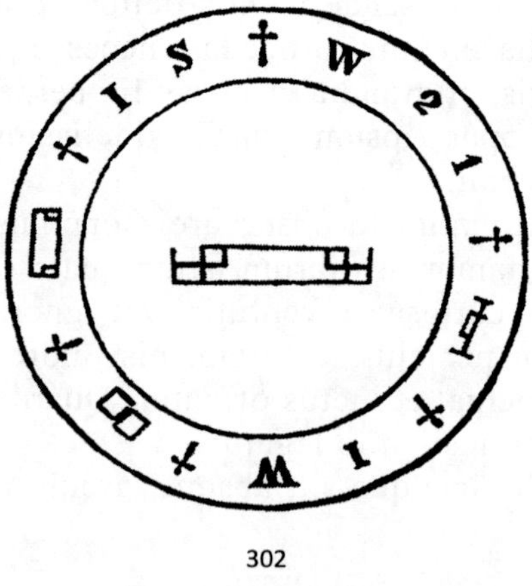

Secundo habeatur baculus, qui abscinditur a corylo, in quem inscindi, et cum sanguine columbae inscribi debent verba et nomina uti habeatur in Figura quae conspicitur.

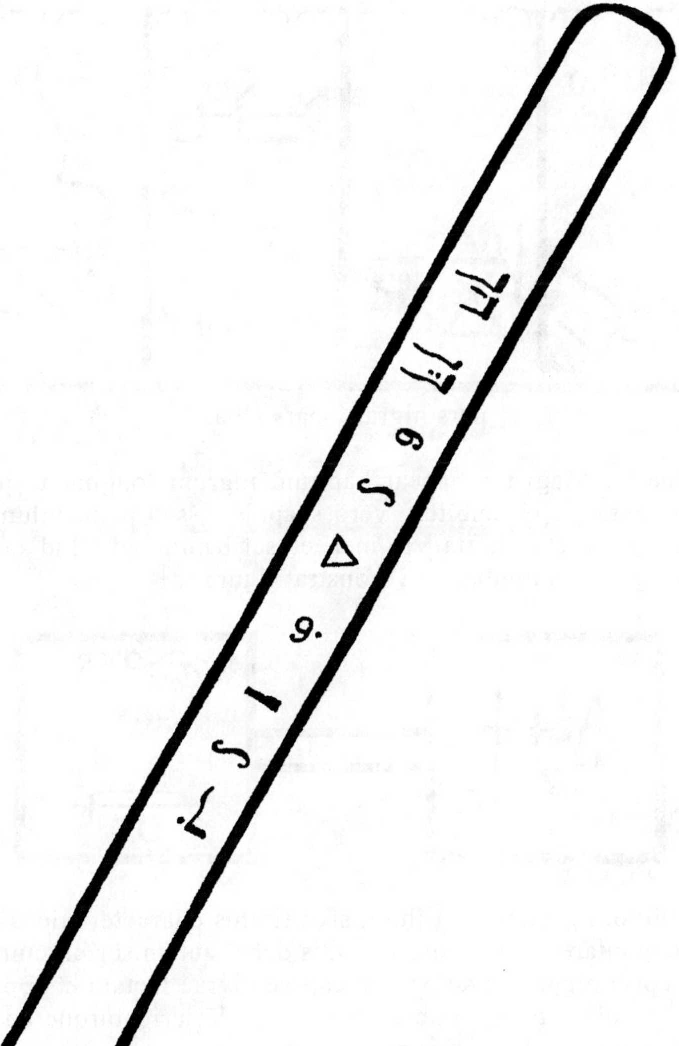

Tertio fiat mitra ex pelle caprae partiter, seu charta virginea, pars anterior sit alba, posterior nigra, et scribantur ad illam etiam cum sanguine columbae nomina sicut figura exhibet.

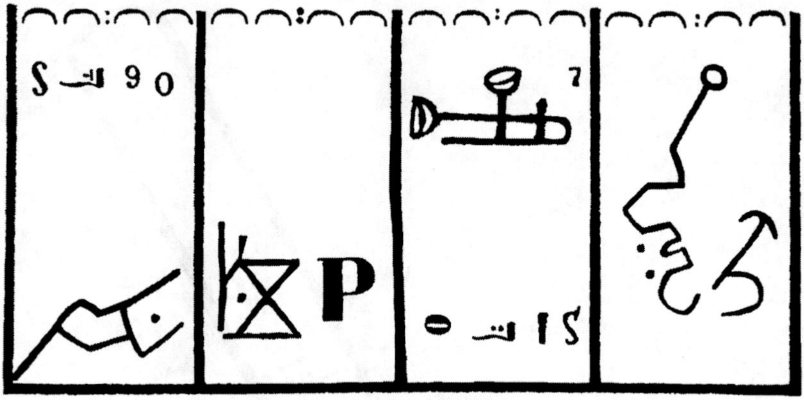

pars nigra.   pars alba.

Quarto. Magister habeat habitum nigrum longum usque ad calceamenta, super habitum vero scapulare, seu pentaculum factum ex antedicta charta virginea et scribantur ad illud nomina cum sanguine volumbae, uti monstrat figura.

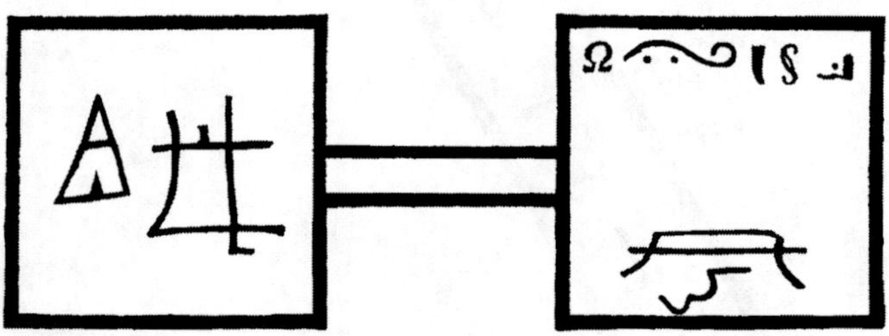

Quinto. Formetur sigillum, sive titulus characteristicus spiritus quem citare et advocare intendis debet autem scribi, cum sanguine corvi nigerrimi ad pellem caprae nigrae factam et appendatur ad baculum quoquo abscissum a coryle, erigaturque ad margines circuli, uti docet figura.

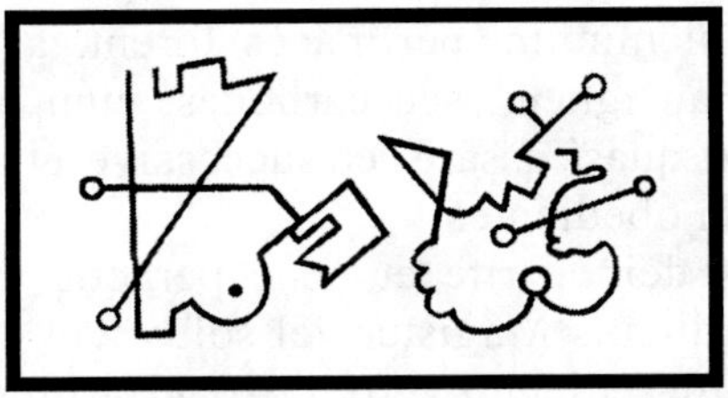

Proinde omnia haec praedicta requisita debent praepariri in novi lunio in diebus Mercurii et Veneris, horisque hisce planetis propriis. Quae autem sin thora planetarum, ex libris astrologorum satis abunte patet.

Sexto. Magister vel debet esse solus vel si velint esse plures, sit numerus semper impar.

Septimo. Requiratur locus securus, absitus, et solitudinarius, quod si in domo fiat operatio, habeat cubile aptum versus orientem, et relinquatur vel porta, vel fenestra aperta, nec sint plures in domo personae, quam quae ad operationem pertinent, quare semper securius et melius est, ut fiant experimenta sub coelo, in silvis erennis pratisque desertis, nonullorumque hominum censpeciui, et auditui, aut perturbationi obnixiis, ad quamlipet vero operationem adhibeantur fumigia ex specibus sequentibus:

Semin. papav. nigri.

Herbae cicutae.

Coriandrum.

Apium et Crocus. Et haec in aequali pondere.

Octavo: Experimenta fiant in diebus Mercurii et Veneris de nocte, vel in sexto post solis occasum de die autem debent fieri in ipsissimis horis planetarum Veneris vel Mercurii.

Nono. Magister ante operationem bene deliberet, quale negotium cum spiritibus bractare velit, ne in medio experimenti fiat confusio et perturbatio. Magistrum itaque oportet esse virum gravem, animosum, et imperterritum, qui in lingua et pronuntiatone nullum patiatur defectum, siquidem citationes alta, et distincta voce cum animi fervore proferre debent.

Socii omnes nec verbum loquantur, sed solus, Magister negotium tractare, et cum spiritibus loqui audet.

Decimo. Si Magister negotium habet, quod spiritus adimplere resisterend, accipiat baculum suum, tanga et vapulat cum eo eorum sigilla, vel si nimium pertinaces forent, accipiat sigilla, et appropinquat ca ad ignem, seu carbones, cum quibus fumigium factum est, faciat quasi assare, et successive etiam ardescere; et habebit eos statim obedientes.

His omnibus deinde rite et bene peractis et praeparatis, et praeparatis, et ordinatis Magister vel solus, vel cum sociis ingrediatur circulum, ingrediendo vero dicat: »Harim carisastacas enet baal, alisa mamutia aristacaqpi sagisia surabacar.«

Sequuntur Citationes, nomina et sigilla spirituum qui per hoc opus advocari et citari possunt.

Sigillum Principis Almuchabzar.

Citatio prima Principis Almuchabzar.

Asiphecon anthios karapalta Kylim Almuchabzar alget zorionoso amilek amias segir almedubele halli meran tantub apalkapkor imat averi cha alenzoth elgabzui haram erasin arestatos astar karapattu kylim o Almuchabzar kilim.

Citatio secunda Almuchabzar.

Aritepas gusiri hecom assip o Almuchabzar rabbet almetubele sayrath karim alterez altemelmel cadir algir nifar acharmonzocha berasontus algirkira sothus alcharum alalaf huri adouba astar barus amile kamar almuten alenzod negimaja horet kylim o Almuchabzar!

Citatio tertia Almuchabzuar.

Albantum alenzod Almuchabzar hecon asip amilekamar sirath algugarum sula achormouzoga comir ruppa sastra ya aronthas baracasti hemla abdilbak amilecamar alcubelagir megastar horet horet karapalta kylim o Alchabzar!

Quam primum apparent spiritus in forma humana visibili, Magister illos alloquatur, et interroget, utrum illi sint, qui fuercunt ab eo citati, et si spiritus hoc jurejurando cum impositione munuum super baculum, qui ex circulo ipsis porrigi debet, sistat illos modo subsequenti in fine, hunc Principem Almuchabzar vero speciatim sequenti modo:

Karis helotim o Almuchabzar milas amka solit kariptos zaribai.

His dictis Spiritus ipsum interogabunt, quare fuerint advocati, tunc magister negotium suum ispis proponat, et si adimpleverint, vel adimplere promisserint, dimittat illos, prout sequitur in fine.

Istum vero speciatim sic dimittat.

Valedictio Almuchabzar Sarmistaros asanta bartha ariastai Almuchabzar alisai kylim.

Sequuntur nunc tres Spiritus eorumque citationes et sigilla.

Sigillum Achunhab.

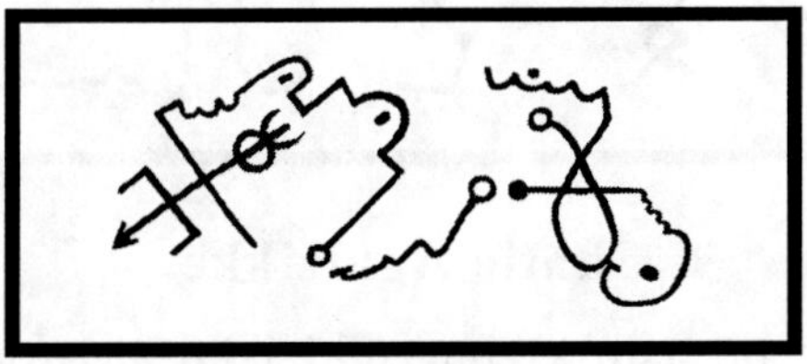

Citatio Achunhab.

Asiphecon Karapatta Kylim, Achunhab alasaph haram astar aikumkazar media dosta algir abdilbach hagin sasta almagarim kalib risolastar agiasira alechlar algir altemelmel alberiga horet horet kylim o Cahunhab horet kylim.

Sigillum Baltuzaratz.

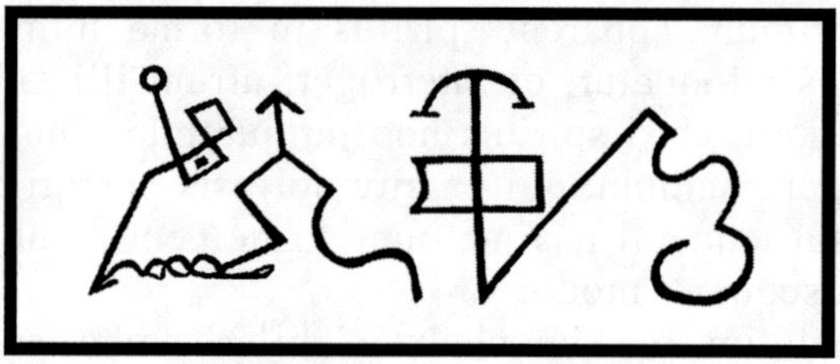

Citatio Baltuzaratz.

Galim hecon karapatta kylim Baltuzaratz hale ai hacub astar aluhazi almetubele alcuhel algir rabet hagiusi alasaf agir abdikakni rastatos alenzod medagasio Baltuzaratz kylim horet!

Sigillum Aghizikke.

Citatio Aghizikke.

Hamagit hecon asip klyim Aghizikke alenzod alcubel algir sarinistaros alasat heam betaran herichelib horet o Aghizikke!

Sequuntur nunc quatuor spiritus cum eorum sigillis per unam eatemque citationem avocandi.

Suhub.	Kabulif.

Almischak.	Gathabari.

Citatio.

Berenata sarmistaros gorisgalpa helotim action amka datasa belzophecon asip karapatta kylim o Suhb, o 'Galhabari o Almischak o Kabulif, antios alcubel algir rabet abdilbaim arasin albirastos berapki haram abdilback zakarip aresatos dalmasten karapatta horet kylym!

Institio zel consistentia seu ligatio Spirituum.

Harim kelit amogar baal amogar baal arista kappi segirit agualim beranabtar cosastus megorusta almargim kalas pariastaton.

Valedictio Spirituum.

Betarit labirata alsanta barta meles hemla alim hemastar enet elmisistar almirantus joraktar kari sastacas miron.

Quando Magister cum sociis egreditur ex circulo, dicat sequentia:

Begariston alengib harim beakim dingiltas alganton gragarim algiut.

F i n i s .

XIX.

Wahrhaftige

Schatzstellung.

Victa hominum precibus coelestia numina terram
Conguntur petere et casus aperire futuros.
PORPHYRIUS.

Stambul im 1184sten Jahr der Hegyra.

— — — Jam vos ego nomine vero
Elliciam, Stigiosque canes in luce superna
Destituam, per busta sequar, per funera custos
Expellam tumulis, abigum vos omnibus urnis.
Teque deis, ad quos alio procedere vultu
Ficta soles Hecate, pallenti tabida forma
Ostendam faciemque Erebi mutare vetabo.

LVCANVS.

Schatzstellung.

Der Kreis wird mit einem geweihten Palmzweig oder Degen verfertigt.

Ich N. mache den ersten Kreis im Namen Gottes des Vaters, der mit einem Wort Himmel und Erde erschaffen hat. Der wolle mir verbinden und den ersten Kreis schließen.

Ich N. mache den zweiten Kreis im Namen Gottes des Sohnes, unseres Herrn Jesu Christi, der mich und die ganze Welt am Stamm des heiligen Kreuzes mit seinem kostbaren Blut erlöst hat, derselbe wolle mir ihn verbinden und vor allen bösen Geistern schützen.

Ich N. mache den dritten Kreis im Namen Gottes des Heiligen Geistes und mit der rechten Meisterschaft und durch seine heiligmachende Gnade, die mir durch die heilige Taufe gegeben worden ist, dem Teufel und allem seinen Anhang zu widersagen. Durch dieses Wort und Kraft wollen wir verbinden den dritten Kreis.

Beschwörung des ganzen Kreises.

O Herr, eröffne mir die Pforten der Gerechtigkeit und gib, wenn ich hineingehe, dass ich den Herrn bekenne. Durch die Pforten werden die Gerechten aus- und eingehen. Der Herr bewahre unseren Eingang und Ausgang in Ewigkeit, Amen.

Im Namen der allerheiligsten Dreifaltigkeit, Gottes des Vaters, Gottes des Sohnes und Gottes des Heiligen Geistes, Amen!

Diesen Kreis tue ich zu mit der Macht und Kraft Gottes des Vaters, mit der Kraft und Weisheit Gottes des Sohnes, unseres lieben Herrn Jesu Christi, und mit der Gewalt Gottes des Heiligen Geistes. Amen!

Der Herr sei mit uns!

Wir wollen beten!

O allmächtiger Gott! Wir bitten dich, dass du uns durch diese Besprengung segnen wollest. Benedeie uns den Ort des Kreises und alles, was er in sich begreift. Lass uns deine göttliche Gnade angedeihen! Unsere Hilfe sei im Namen des Herrn! Der Herr sei uns ein starker Turm und Beschützung vor den bösen Geistern, dass sie uns nicht schaden können am Leib und an der Seele, durch Jesum Christum unseren Herrn, Amen.

Domine, exaudi orationem meam et clamor meus ad te veniat! Deus adjutorium nostrum, qui fecit coelum et terram.

Dieses angefangene Werk geschehe im Namen der allerheiligsten Dreifaltigkeit, Gottes des Vaters, Gottes des Sohnes und Gottes des Heiligen Geistes. Amen.

Ich N. stelle das heilige Kreuz zum Zeichen über diesen Kreis zur Beschützung gegen die bei den hiesigen Haus vergrabenen Schätze gehende böse Erdgeister. Dies sei euch eine Qual, Angst, Furcht und Schrecken jetzt und zu allen Zeiten. Logathai velim nezach lyach Jalgal, liberare liberares.

Gott der Vater sei mit uns; Gott der Sohn sei bei uns; Gott der Heilige Geist bewahre uns, dass der Geist uns nicht schaden kann.

Jesus sei unser Beistand; Gott der Herr sei unser Helfer; Gott der Heilige Geist sei unser Beschützer, dass uns kein Unglück begegne, durch Jesus Christus, Amen.

O heiliger *Adonai*, durch dich sind alle Dinge erschaffen und in dir werden alle Dinge geehrt. Sei gnädig meiner Anrufung und unserer Bitte, und gib uns mildiglich, dass dieser Ort die vollkommene Tugend behalte, die er behalten soll.

Eli † Athai † Rai † Arehurchul gedeborach † Vamas Gelach † Usion † heli abornas, saria tuasin, intinola Manubaruch † Ponethon ganiel abiciel setel † opaton memorap Isor orii imota viorma senorep Japron teptegenti mantustilem abdon Medwaes Tenconcidem Ada Maymay † Adonai Elohim, Tetel Nathai karak zebaoth † pela, circas, obron monigoni.

O Gott, ein starker und gewaltiger König der ewigen Glorie und Herrlichkeit, mit welcher Lieblichkeit erfüllt sind Himmel und Erde, welche anrufen die Herrschaften, welche fürchten die *Potestates* und himmlischen Kräfte der Himmel, die Throne und Fürstentümer. Cherubim und Seraphim schreien ohne Unterlass: Heilig, heilig, heilig ist der Herr Zebaoth! Zu dem Ende, um Jesu willen, der wegen der Erlösung der Menschen vom Himmel auf die Erde gestiegen ist, benedeie und segne uns und diesen Kreis vor dem Angesicht meiner Feinde und bösen Geister, sie sehen feurig, luftig oder *Erdgeister*. Durch deine hochheiligen Namen und Wort Gottes müssen sie weichen und ausfahren von dem Ort und Platz meines Krieses sowohl, als von dem in diesem Haus liegenden Schatz, durch Jesum Christum, Amen.

Lazai, Romai, Nasai, Orion, o du starker Olinaman, du gewaltiger Gedeon, du gewaltiger El, Jehova, Ether, Esoak, Ia, Ja, Agla, hilf mir, deinem unwürdigen Diener, dass ich so heilige Namen nennen darf, damit ich nicht bei diesem Werk in Gefahr stehe. Daher rufe ich dich an um die Verzeihung unserer Sünden und empfehlen uns in deine Obhut und Beschützung um deiner Liebe willen.

Im Namen unseres Herrn Jesu Christi sei mein Wort so kräftig als das Vaterunser! Ein demütiges Herz wirst du, o Gott, nicht verwerfen. Verzeihe uns unsere Sünden! Herr Gott Abraham, Isaak und Jakob, erbarme dich meiner und sende mir deinen Engel, den heiligen Michael. Erlöse mich von aller Beleidigung der bösen Geister. Tritt sie zu seinen Füßen mit deiner Großmütigkeit, o heiliger Michael! Gleichwie du den Lucifer und allen seinen Anhang mit der Macht Gottes aus dem Himmelreich in den Abgrund der Hölle gestoßen hast. Dazu wolle helfen Gott der Vater, Gott der Sohn und Gott der Heilige Geist. Amen.

Amorele Taneha Latisten Rabur Taneha Latisten † Escha Aladia Alpha et Omega Leyste Oriston Adonai †. Mein gütigster, himmlischer Vater, erbarme dich über mich armen Sünder! Erweise mir deine Gnade, in dieser Stunde wider die halsstarrigen Geister zu streiten! Lass mich erleuchtet werden mit aller Weisheit und deinen Namen anrufen und anbeten!

Also rufe und bete ich dich an, dass alles nach deinem Willen geschehe und alle bösen Geister allhier überwunden und gebunden werden, von dem Schatz zu weichen; die Seele aber, die in ihrem Leben ihren Schatz vergraben hat, lass mir erscheinen und ihren Schatz bringen!

Ich N. beschwöre und verfluche euch, höllische Erdgeister, durch diese Kraft: Mons Tabor te contegat, flumen Jordan submergatte. Dazu helfe mir das ganze bittere Leiden und Verdienst Jesu Christi. Das heilige, am Stamm des Kreuzes vergossene Blut komme mir mit seiner Macht zu Hilfe und vertreibe alle bösen Geister von diesem Ort, Hause, Kreise und Schatze um Jesu willen.

Schatzstellung.

Lies das Evangelium Johannis, hernach bete recht andächtig:

Durch die Kraft dieses heiligen Evangelii sollen zerstört und vertrieben werden alle Gespenster, Geister und Teufel und durch die Kraft Gottes: Adonai, Eloi, Zebaoth, Emanuel, Tetragrammaton, Alpha und Omega; und durch Schadai amora Eljon, Phoneton, Eloi, Abiel, Messias Zanehan und durch alle Gewalt Gottes, dass sie mir nichts von diesem verborgenen Gut oder Geld weder verrücken, noch verändern und verwandeln sollen, sondern mir in meine Hände kommen lassen. Amen.

Jesus von Nazareth, ein König der Juden. Dieser sinnreiche Titel Jesu, des Gekreuzigten, sei zwischen diesem verborgenen Geld und Gut, dass ihm kein böser Geist Schaden tun könnc. Das wolle geben die allerheiligste Dreifaltigkeit; Elohim, Tetragrammton, Adonai, Zebaoth, Emanuel, hagios ho Theos, Ischiros Jehova, Messias, Alpha und Omega, samt allen Namen Gottes des Vaters, Gottes des Sohnes und Gottes des Heiligen Geistes. Amen.

Der unerschaffene *Vater*, der göttlich unerschaffene *Sohn*, der unerschaffene Heilige *Geist*; der ungeborene Vater, der eingeborene Sohn, der von beiden ausgehende Heilige Geist; Gott der Vater, der uns erschaffen hat, Gott der Sohn, der uns erlöst, Gott der Heilige Geist, der Heiligmacher wolle diesen verborgenen Schatz heute und allezeit vor allen bösen Geistern beschützen, dass sie dieses Geld und Gut unverletzt und unverrückt lassen sollen und müssen.

Christus Jesus, ein Überwinder aller bösen Geister; Christus Jesus herrscht über sie; Christus Jesus gebiete über sie, von diesem *Schatz* zu weichen; Christus Jesus erhalte diesen *Schatz* vor allen Geistern rein und klar, wie ihn der *Mensch* bei seinen Lebzeiten verborgen hat; Christus Jesus beschütze ihn, Christus Jesus vertreibe alle Ungewitter, Zauberei, Teufelskunst und Gespenster von diesem verborgenen *Schatz* durch die Kraft seiner Gottheit, durch die Kraft seines bitteren Lebens; durch die Kraft seines rosinfarbenen Blutes; durch die Kraft seiner lieben Heiligen und durch die Kraft, die vom Himmel gekommen in dem Leib der allerseligsten Jungfrau Maria wegen des menschlichen Geschlechts, da das Wort Fleisch ward. Die Kraft also wolle auflösen diesen hier verborgenen Schatz und entbinden, was der Teufel gebunden und durch seine vermaledeiten Werke verblendet hat. Durch das Zeichen des heiligen Kreuzes erlöse Gott diesen Schatz von seinen Banden und allen Feinden. Amen.

†

Einsegnung des Schatzhebers.

Unser Herr Jesus Christus sei bei diesem verborgenen Schatz und Gut! Er sei ein Beschützer in dir, dass er dich erquicke. Er sei vor dir, dass er dich führe und erhalte; er sei neben dir, dass er dich stärke; er stehe über dir, dass er dich segne, der mit dem Vater und dem Heiligen Geist in vollkommener Einigkeit lebt und regiert von Ewigkeit zu Ewigkeit. Amen.

Segnung des Schatzes.

Der Segen des allmächtigen Gottes des Vaters, des Sohnes und des Heiligen Geistes komme über diesen verborgenen Schatz herab und helfe mir ihn heben, Amen.

Mit diesem heiligen Leichnam Gottes segne ich diesen Schatz vor allen schändlichen Dingen. Christi Kreuz sei bei ihm, hinter ihm, vor ihm, über ihm, unter ihm, neben ihm und allenthalben um ihn. Dieser Segen, der vom Himmel kam, da der lebendige Gott geboren wurde, zwinge alle Geister, von ihm zu weichen! Deswegen also gebe Gott seinen Segen durch seine große Liebe und durch das Zeichen des heiligen Kreuzes Christi und erhalte diesen Schatz nach seiner erstaunlichen Macht. Durch das bittere Leiden und Sterben Jesu Christi segne Gott diesen verborgenen Schatz. Durch die heiligen Nägel, die Christo Jesu durch seine heiligen Hände und Füße geschlagen worden, sei dieser verborgene Schatz gebunden und bewahrt! Das Kreuz Christi segne dies verborgene Gut und Geld! Die heilige Dornenkrone, die Jesu Christo durch sein Haupt gegangen ist, segne diesen Schatz; der Speer, der Christo Jesu durch seine heilige Seite gestochen wurde, segne diesen Schatz von allen bösen Geistern heute und allezeit. Das rosinfarbene Blut Jesu Christi segne diesen Schatz vor allen bösen Geistern heute und allezeit. Die heiligen fünf Wunden Jesu Christi, wodurch Gott die ganze Christenheit erwarb, umfangen diesen Schatz und binden alle bösen Geister. Das walte Gott der Vater, das helfe Gott der Sohn, dazu gebe Gott der Heilige Geist sein göttliches Gedeihen, Amen.

Auch soll dieser Schatz gesegnet sein, wie der heilige Kelch und der Wein, und das Wasser und das wahre Himmelsbrot, das Jesus den zwölf Jüngern an dem heiligen Ablassabend gab. Es heilige ihn die Kraft und Macht Gottes! Sie mache alle bösen Geister schwach und kraftlos, und lasse euch, Teufel und bösen Geister, von diesem Schatz weichen und bind mir diesen Schatz durch OLagumen, Lafavirim, Lavagellajin, Leveqire, Lavagola, Lavatorsoryn; Layfialafin, Lyafaran.

Fiat! Fiat! Fiat !

Te Deum laudamus, etc.

Das walt' Gott ist mein Ausgang, Christus ist mein Eingang und Gott der Heilige Geist ist mein Beistand und Geleitsmann, Amen.

N.B. Dieses musst du dreimal sprechen:

Ich beschwöre dich, Belzebub, und allen deinen Anhang bei der heiligen Dreifaltigkeit, Gottes des Vaters, Gottes des Sohnes und Gottes des Heiligen Geistes, der Himmel und Erde gemacht hat; bei allen Engeln und Erzengeln; bei den Namen Gottes und den vier Evangelisten: Matheus, Markus, Lukas und Johannes. Höre, der unüberwindliche Gotteskönig der Ehren und des Friedens, hat er nicht eröffnet die Hölle, nicht das Tote Meer unterschieden und geholfen, dass die Kinder Israel mit trockenem Fuße hindurchgehen konnten? So mächtig als er ist, also hat er auch diese Stätte verschlossen, das dieser Schatz stehen bleiben und in keinerlei Veränderung weder über sich, noch unter sich, noch zur Seite rücken könne; sondern dass er mit solchem Nutzen, wie er eingesetzt worden, verbleibe. Und also sollst du, Teufel oder

Geist, ruhen; dich, diesen Schatz herzugeben, nicht sperren; auch dich nimmermehr an diesen Ort sehen lassen, noch in der Gegend, wo dieser Schatz verborgen liegt, weder mir, noch meinen Gesellen kein Haar verrücken; oder an unserem Leib und Seele Schaden antun. Ich beschwöre dich im Namen Gottes des Vaters, Gottes des Sohnes und Gottes des Heiligen Geistes. Im Namen Jesu Christi, der dich und deine Gesellschaft überwunden hat, und dem ihr von Ewigkeit zu Ewigkeit gehorsam sein müsst, gebiete ich dir es noch einmal, dass du von diesem Schatz weichest und mir solchen zuteil werden lässest in Gottes Namen. Amen! Amen! Amen!

Auf den Ort des Schatzes wirf geweihtes Salz.

Verbannung der höllischen Geister.

Jehova, Tetragrammaton, Zebaoth, Isai, Natay, Mollus, Falla, Anabunus, Anabara, Bariaballon, Nollom, Krallom, Adonai, Sidnach, eloy emanacha, Aprasio, Alliror, emprinolo, Segen, Genius, Jesus Christus. Durch diese Namen wolle uns Gott gnädig sein, die bösen Geister vertreiben und uns Glück und Heil verleihen! Messias, Jesus, Narzarenus, Rex Judäorum, titulus, triumphalis! Miserere nostrum! Amen.

Ruf des Geistes.

Höre, du menschlicher Geist, der du in diesem Hause wandelst und in deinem Leben deinen Schatz oder dem Geld in diesem Haus vergraben hast; den habe ich jüngsthin in einer Feuersgestalt gesehen. Dir gebiete ich, nicht aus meiner Macht, sondern durch die Kraft Gottes, sei bereit, in welchem Teil der Welt du auch jetzt bist, alsobald der Stimme des großen Gottes zu gehorsamen. Ich zwinge dich durch den Schöpfer des Himmels und der Erde und den Ton der zukünftigen Berufung zum Gericht, sei bereit, zu kommen! Und das auch durch die erschrecklichen Namen: Messias, Eljon, Asical, Soter, Emanuel Anezelhon, Anamzapta, Panthalion, Zebaoth et Jesaphat. Elo, Elohim, Eloy, Ejel, Adonai, Jah, Schadei, Hagios, Ischiros, Kados, Athanatos, eleison himas! El, Agla On, Tetragrammaton, Erion, Nomego, Isistion, Pes, paroctitius Jermion, Alpha et Omgea, Jermion Resistere, Hove, Oniteon, Spergogo, dadurch zitiere, berufe und beschwöre ich dich, menschlicher Geist, dass du vor mir erscheinst und meinen Willen ohne Schaden und Verblendung erfüllst. Fiat!

Du menschlicher Geist, der da wegen deines allhier in diesem Haus verborgenen Schatzes wandern musst, weißt du und hast gehört von der großen und starken Macht und Gewalt des großen und starken Gottes *Adonai*! Also sollst du durch die Kraft Jehova alsobald allhier, vor diesem meinem Kreis in annehmlich sichtbarer und zwar in jener Gestalt, die du gehabt, als du deinen Schatz vergraben, erscheinen. Das befehle dir Emanuel, Schadei; der Starke treibe dich anhero; Imperator Dominus schicke seine himmlischen gewaltigen Cherubim und Seraphim, diese gewaltigen himmlischen Fürsten, den heiligen Michael, Gabriel, Raphael und Casiel. Diese sollen dich, Menschengeist, den ich schon so oft gerufen habe, anhero gefangen liefern. Das weise Cota Abiza Rabi, der durchsehende und durchdringende Mittler zwischen uns und euch. Darauf beschwöre ich dich, menschlicher Geist, dass du mir deinen Schatz, ohne Verletzung und Schaden, meinen Kreis bringst und überlässt. Und so du dich noch nicht geschwind herbei machst und sichtbarlich erscheinst, so sollst du hören deine Sentenz als ein falscher, betrüglicher, boshaftiger und ungehorsamer Rebellengeist gegen das Wort Gottes und dessen heilige Namen.

Sentenz:

Du boshafter und rebellischer Menschengeist, kennst du den wahren Messiam und seine ganze Majestät, so befehle ich dir, durch dessen Kraft die Himmel und die Erde entstanden, und beschwöre dich bei allen Elementen, bei allen Planeten, bei Sonne und Mond und allen Sternen des himmlischen Firmaments, Kräften und Charaktern des Himmels. Es regiere dich anher Mars, Merkurius, Jupiter und Venus! Der Gott Zebaoth schlage dich! Und bist du noch ungehorsam, so treffe dich der Gott des Donners, Hagels und Blitzes: Holo, lau, habai, hoho, halvet, und das Feuer das aus dem Mund Gottes geht. Die himmlischen Anschläge sollen dich, anher zu kommen, sichtbarlich zu kommen, peinigen und zwingen. Da sollst du als ein Rebell Gottes mit noch mehrerem Übel und Qual beladen werden! Siehst du also, du ungehorsamer und boshafter menschlicher Geist und rebellische Seele, dass uns hier helfe unser großer und unbegreiflicher Gott? — Solange du nun unseren Willen nach der Barmherzigkeit Gottes nicht erfüllest: Solange sollst du mit den schweren Beinen belegt werden. Hoc fiat per *Deum Patrem, per Deum Filium et per Deum Spiritum Sanctum.* Amen.

O . A . M . D . G .

XX.

Völliger Prozess,

Schätze zu heben.

Die Kunst,

diejenige Seele,

die den Schatz versetzt hat und sich dabei zeigt,
zu ihrer Ruhe zu weisen.

Die Zitation

Der guten und bösen Geister,

die ersten zur Hilfe zu rufen, die letzteren aber zum
Gehorsam zu zwingen,

dass sie

Schätze bringen müssen.

Engelsburg, im 1818ten Jahr nach dem Anfang des
römischen Reichs unter Julius Cäsar, ersten
römischen Kaiser.

Wenn viele ohne Tugendgaben
Ganz arm nach Schätzen wollen graben,
Um sich viel Güter zu erwerben,
Die müssen vor der Zeit ersterben;
Wenn aber sie sich Gott ergeben,
Und also führen ein frommes Leben,
So können sie durch Ihn bezwingen
Die Geister, dass sie Schätze bringen,
Die sie mit Nutzen brauchen können,
Und ihren Gott dadurch erkennen.
Nimm also hin als eine Krone
Der magischen Schriften und belohne
Die Armut. Tritt zum Herrn mit Danken
Und weiche ja nicht aus den Schranken,
Nutze dieses Buch nach meiner Regel;
So kommt mit ausgespanntem Segel
Des Glückes Schiff dir zugeflogen.
Prüfe und erfahre: Ob ich gelogen?

Hochgeneigter Leser!

Zwei Arten sind es, die ich dir zum Maßstab dieser deiner Beschäftigung anempfehle und wonach du dich richten musst, wenn du glücklich sein willst. Denn glaube es, es ist keine geringe Sache, wenn man *Geister* zum Gehorsam treiben will. Zu beten und rein zu leben, das ist die Vorbereitung zu den Beschwörungen. Und alles, was ich in diesem Buch verkünden werde, das sei auch deine zu beobachtende Pflicht! Du wirst finden, dass, obgleich die Hinzunahung zu diesem Werk erschrecklich ist, alles durch Gott und göttliche Kraft angefangen und vollendet werden müsse.

Wenn dir nun Gott, der Herr, geholfen und von seinen Gütern mitgeteilt, so sage ihm den verpflichtetsten Dank vor seine dir erwiesenen Wohltaten, und wende sie so an, dass dadurch seine Ehre hervorglänze, der Dürftige beglückt und dein Leib und deine Seele, weder dem größten Menschenfeind, noch seinem verdammten Anhang aufgeopfert werde.

Willst du einen Schatz graben, so musst du dich und alles, was bei dir ist, segnen und einen Kreis, mit den höchsten Namen Gottes befestigt, um dich und den Ort des Schatzes machen. Willst du ihn aber durch Gezwang von dem Geist, der ihn bewahrt, haben, so zwinge den Geist durch die Kraft Gottes und erforsche aus ihm, ob du ein Pfand dabei geben, ein Gelübde verrichten oder der Kirche und den armen Leuten etwas darreichen müssest. Der Armut aufzuhelfen und verschiedene Gelübde zu tun, wenn es sein muss, entbrich dich nicht; dem höllischen Geist aber gib nichts, sondern sage ihm:

„Ich will ein Pfand geben und es dem, dem ich es schuldig bin, überliefern. Dieses ist der große Gott, der dieses Geschöpf, das du haben willst, erschaffen hat. Aber dir gebe ich nichts. Du hast schon deinen Lohn bekommen und der jüngste Tag wird dir die empfindlichste Pein verursachen. Was willst du also Pfand? Welche vielmehr und fliehe, wohin du gehörest; — fliehe in die

Verdammnis!“

Kannst du aber den Schatz nicht bekommen, noch den Geist bezwingen, so will ich dir unten zu wissen tun, wie du die verborgenen Schätze finden, die höllischen Geister, die sie bewahren, rufen und plagen müssest, dass sie dir Rede und Antwort geben von allem, was bei einem solchen Schatz zu beobachten ist.

Gebet des Morgens, Abends und Nachts um 12 Uhr.

†††

Cum Deo.

Lechebot, Eli, Jemaran Jehovo, Eloach, Alph Jehovah Naarez, ascher schoch, at Adonai, ha-El, haggrdel, vehagibbor, vehannora du Jehova, ascher kedoschim! Ich lasse nicht ab, bis ich die Gnade habe, vollkommlich und gerecht gemacht zu werden, dieses Buch zu behandeln und dadurch die höllischen Geister zu überwinden. Ich bitte dich demütiglich vor deinem majestätischen Angesicht, erhöre mein Gebet und lasse meine Bitte nicht fehlen! Ich bitte dich um Christi willen, Jehova ha nozri, Melech Juda, zwinge und bringe den höllischen Geist, der deinen lieben Sohn, Jesum Christum, der da ist wahrer Gott und mit dir gleich majestätisch, in der Wüste versucht hat, dass mir dieser Versucher erscheine, sich auf die Zitierung dieses Buches stelle und durch die Namen deiner allerheiligsten Majestät, die darin beschrieben sind, allezeit untertänig und gehorsam sein müsse. Gib aber auch, dass er so erscheine, dass meinem Leib und meiner Seele kein Unglück von ihm zugefügt werden könne! Lass ihn mir so gehorchen, als wenn du großer Jehovah Elohim, Maran Jehova, Takiph leodam, Tai Schadas Eloha Aph, ihn selbst ruftest! Erhöre mich, du großer Gott Jehova, ha-El Haggadol, Hagibbor, Vehanera e Maran, Jah, Jehova, Takiph leolam dai Schadai, Eloah Alph! Ich lasse dich nicht, du gebest mir dann deine Gnade, diesen Geist zu besiegen, Amen.

Segen des Zirkels um die Person.

Ich N. umkreise mich auf der Erde der irdischen und elementischen Kreaturen mit diesem dreifachen Kreis durch die Namen Gottes: Jehovah, Sabaoth, Eloah, Alph, Jod, Jehova, Schadai, mallu Jehova, Eleo Ellee, Jehova, Elelion, Nora Melech Gadola, Chachauraz, Elohim Meloch Jehova leodam, Eloha Zion, Jehova, Haporez, Jehva Zidehenu, Jehova Elohim gibbor Jehova Zidekenu, Sabaoth!

† † †

Ich N. umkreise mich auf der Erde der irdischen und elementischen Kreaturen mit diesem dreifachen Kreis durch die Namen Gottes: Jehova, El, Eloha, Ben, Jesus, Adonai, Maschiach, Jehova, Jeschua, Jehovah agla, nora abez Adonai, Jehova nezachim, Jehova Zidekenu, Jehova Elohim, gibbor Jehova Theos, Tetragrammaton, Jehova hagion hagiotaton, Jehova Ari, Maschiach, Schilo, Jehova, ascher kadosch ve ol kedoschim.

Ich N. umkreise mich auf der Erde der irdischen und elementischen Kreaturen mit diesem dreifachen Kreis, der mit den Namen Gottes: Jehova, Eloha, Ruach, Hakkabosch; Jehova, Zidekenu, Malech, Jehova, Elohai, Jehova Elohim Emeth, hu Elohim Cheym mikizputh, veaschat, vekol haarez, bezeichnet ist, und wodurch mich die Kraft des Allerhöchsten Gottes: Jehova, Elohim, vor allen höllischen Geistern, Gespenstern und dem ganzen höllischen Anhang behüten und bewahren wolle, dass sie nicht näher als in der Entfernung dreier Schritte zu mir nahen, noch mir am Leib und an der Seele den mindesten Schaden zufügen dürfen, so wie der Versucher des Herrn Jesu in der Wüste ihn nicht verletzen konnte. Amen.

Nun schreibe auf die andere Seite des Kreises das Evangelium Johannis, und bete es. Alsdann hebe deine Augen auf gen Himmel und sprich:

O Herr Jesu Christi, der du vom Anfang gewesen bist und bis in alle Ewigkeiten verbleibst, ich N. seufze zu dir und bitte dich, du wollest mir und meinen Gesellen deine Gnade und deinen Segen verleihen, damit wir unser Vorhaben glücklich ausführen mögen. Hilf mir in diesem Kreis, dass ich die höllischen Geister, Gespenster und den ganzen höllischen Anhang, die du, lieber Herr Jesu Christo überwunden hast, durch die allerheiligsten

Namen, womit dieser Kreis bezeichnet ist, von mir, von diesem Kreis und von den aufzubringenden Schätzen verjagen und vertreiben könne! Gib, dass sie sich fürchten, erzittern und erschrecken, auch mir mit ihren listigen Anschlägen und Geschwindigkeiten keinen Schaden zufügen dürfen, und verleihe, dass ich dieses heilige Werk mit gutem Verstand unternehmen und vollenden und diesen Schatz erhalten möge um Gottes des himmlischen Vaters, um Gottes des werten Heiligen Geistes und deiner großen und unbegreiflichen Gnade und göttlichen Barmherzigkeit willen, Amen.

O Herr, Gott Vater und Schöpfer, ich ergebe mich dir mit Leib und Seele in diesem Kreis und bitte dich kindlich: Hilf mir mit deiner Macht und Gewalt, die höllischen Geister zu zwingen, dass sie diesen Schatz nicht verwandeln, noch verrücken, noch diesen Kreis wegziehen dürfen, Amen.

O mein lieber Herr Jesu Christi, du einiger Sohn Gottes: Jehova Elohim, ascher kadosch, vekol Hakkedoschim, mein Heiland und Erlöser, ich bitte dich, hilf mir mit deiner Kraft und Gewalt, dass ich alle höllischen Geister und Gespenster, die du überwunden hast, jetzt von diesem Kreis und dem Schatz, wenn sie ihn gebracht haben, vertreiben könne, und sie ohne Verrückung, Verblendung, Verwandlung und Schaden wieder zurückweichen müssen, Amen.

O Herr Gott Heiliger Geist, deine göttliche Weisheit lehre, tröste und stärke mich in diesem Kreis, dass ich alle bösen Geister durch deine göttliche Heiligkeit, mit der du diesen Kreis und den verlangten Schatz überschütten wirst, zwingen und überwinden möge und sie diesen Schatz und diesen Kreis ungestört lassen müssen, Amen.

Nun so sei ich und dieser Kreis von Gott dem Vater, Sohn und Heiligen Geist gesegnet und behütet, wie der heilige Kelch und Wein und das heilige Himmelsbrot, das Gott der Herr seinen Jüngern vom Himmel herab gab, gesegnet und behütet wurde. Die heilige Dreifaltigkeit behüte und umringe mich und diesen Kreis; das wahre und heilige Kreuz des Herrn Jesu Christi behüte und bewahre mich und diesen Kreis; das heilige rosenfarbige Blut, das Maria, die Mutter Gottes, im Herzen trug! Es behüte und bewahre mich die Dornenkrone, die dem Gott und Herrn, Jesu Nazareno, Regi Judäorum, durch sein heiliges Haupt geschlagen wurde, dass mir kein höllischer Geist zu nahe komme und mit seinem Gestank schaden könne. Dieses alles geschehe im Namen Gottes des Vaters, Sohnes, der als der Weibessame der höllischen Schlange den Kopf zerknirschte, an der rechten Hand des Adonai, Jehova, Elehe, El-schadai, sitzt, den Himmel und die Erde erschaffen hat, und bei dessen Taufe am Jordan Gott sprach:

„Dies ist mein lieber Sohn, an dem ich Wohlgefallen habe!"

Und in dem Namen des Heiligen Geistes Elohim, Ruach, der in der Gestalt einer Taube über unserm Herrn am Jordan schwebte, Amen!

Gebet um Sieg.

O du starker, gewaffneter und mächtiger Gott, Jehova, tikif leolam, Schadai Jehova naaraz Schechenat, Hagion Hagioteton, König aller Könige und Herr aller Herren, du Schöpfer des Himmels und der Erde! Bewege jetzt die Macht deines heiligen Thrones und deiner majestätischen Wohnung, und lass deine große, erschreckliche und heilige Majestät sich gegen dieses Buch regen, und gebiete, dass alle Englische Geschäfte deiner Allmacht mit ihre Kraft, die du ihnen zugeordnet, geben, und mein Tun und Vorhaben befördern und vollenden helfen!

O du starker, großmächtiger, gewaffneter und unüberwindlicher Gott: Jehova, Haäl, Hakkadol, Hagibbor, Vehannora, ich bitte dich, lass alle himmlische Kreaturen, die du erschaffen hast, mein Werk befördern helfen, dass sie gewaltig und stark sind wider die höllischen Geister, Gespenster und den ganzen höllischen Anhang zu streiten und mit mir den Lucifer zu bezwingen, dass er mir, wegen seines Stolzes und Ungehorsams, untertänig sein müsse, denn du gerechter Gott: Jehova, takif, Elohim, dai, schadai, schlugest und triebest ihn ja samt allen seinen Engeln deswegen aus dem Himmel und warfst sie auf die Erde. Jehova, Zebaoth! Deine rechte Hand hat die höllischen Feinde geschlagen und mit großer Herrlichkeit zu deiner Ehre und ihrer Schande gestürzt. Der Feind, die alte Schlange und Lucifer, gedachte in seinem Sinne und sprach:

„Ich will in den Himmel steigen und meinen Stuhl
über die Sterne Gottes erheben. Ich will über die
Wolken fahren und gleich sein dem Allerhöchsten.“

Aber du, o Herr und Gott: Jehova, Zebaoth, du großer Fürst: Schilo, Emanuel, Michael! warfst ihn auf die Erde. Den Abadon stürzest du auch dahin aus dem Freudenhimmel. Michael, der Erzengel, vertrieb sie mit bloßem Schwert aus deinem heiligen Reich und deiner recht majestätischen Wonne. Wie du sie nun überwunden und uns die Kräfte, auch ihnen zu widerstehen, geben kannst, so flehe ich dich darum an, lass sie meiner Stimme gehorchen und meinen Willen erfüllen, um deiner Liebe willen, Amen.

Segen des Siegels, das auf die Brust kommt.

† † †

Hier ist Gott selbst mit mir: Jehova, Adonai, Gabriel, Jeschua agla, Raphael, Jeschua, Adonai, Uriel, Elohim, dai, schadei, Michael, und es umziehe mich das Heer Gottes! Orphanium, Aralim, Hasmalim, Cherubim, Seraphim, Malkutiel, Jeramael, Dardiel, Haraepel, Zapkiel, Zadkiel, Camael, Commissoron, Tarquam, Core, Tariel, Gaviel und Aarari, durch den großen Jehovah, Ha-Berich, Malach hagion hagiotaton, Jesum, meine Worte zu vollbringen und die höllischen Pforten zu zerbrechen. Ich rufe euch, ihr Engel, mir zu helfen, durch den großen Gott: Jah, Jehovah, Eloha, Af, Adonai, Jehovah, Zebaoth, Adonai, Jehova, Zankem, Elohim gibbor, Adonai, Jehova Af, Jehova Muzimon und durch den großen Gott: Jah, Jehova, Eloha, Ben Jeschuacha, Jehova, Gott, Jesus, Arisch, Maschiach, Jehova, Ischiu, Jeschna, Jehoschuach, hagion, hagiotaton, und durch den großen Gott: Jehova, ascher, kadosch, vekol hakedoschim, Eloha, Ruach, hakkadosch, Jehova Zidekenu, Elohim gibbor, Jehova Zebaoth, Malechi, ve-Eloha, Jehova Elohim, Jehova leolam, dai schadai Jehova Elohim zuram, ve Eljon galam, Amen.

Segen des Degens, womit der Kreis gemacht wird.

O du dreieiniger und allmächtiger Gott: Sabaoth Jeheva, Adonai Eloha Ben Jesus, El Mehuha, Elohim Ruach hakkadosch, der du die guten und bösen Geister erschaffen und den verdammten Lucifer durch deinen heiligen Erzengel mit einem bloßen Schwert zur Ehre deines allerheiligsten Namens gestürzt hast, ich bitte dich, o du unzertrennliche Dreieinigkeit! Jehova, Elohim, verleihe auch mir N. durch deinen Diener und Erzengel Michael, samt der ganzen Schar deiner heiligen Engel, dass dieser Degen also gesegnet sei, dass ich damit alle höllischen Geister überwinden und von mir treiben könne, Amen.

† † †

Nun beschwöre ich alle Kreaturen durch Eleho, Elehe, ha-El, haggadol, hagibbor, vehannora takif leolam, dai schadei Naaraz, ascher schochenat. Dieses mein Gebet und meinen Willen sollt ihr Kreaturen ausrichten und vollbringen. Das begehre ich, so wahr und wahrhaftig der ewige Gott, der zukünftige Gerichtsherr Jehova Jesus Christis, vor dem sich alle Knie beugen müssen im Himmel und auf Erden, Adonai Maschiach, Jehova Eloha ben Jesus, ha-El hakadol, hagibbor, vehannora, dakif leolam, dai Schadai naaraz, ascher schenat, Amen.

† † †

Nun musst du einen Engel oder Geist zu deinem Dienst rufen. Rufe ihn, wenn du seinen Namen weißt, aus dem Himmel. Wo aber nicht, so bleibe bei den bekannten; du kannst die vier Erzengel, aber auch die vier elementischen Fürsten rufen, welche sind: Seraph, Cherub, Tarschisar und Ariel. Einen solchen Namen schreibe auf einen Zettel und hänge ihn bei dem Siegel auf die Brust. Nun rufe ihn; damit du aber seiner Treue versichert sein mögest, so räuchere mit Weihrauch, Myrre und Mastix.

Segen des Feuers, worauf das Räucherpulver verbrennt wird.

† † †

Durch den wahren, lebendigen und allenthalben waltenden Gott, der da ist das heilige Urim und Tumim und dessen Diener Feuerflammen sind, segne ich dich natürliches Feuer, dass du mir dienst, verbrennst und räucherst diese gesegneten Kräuter, Samen und Ingredienzien, dass mir die bösen Geister und Gespenster nicht schaden können und da alles Grausen, Schrecken, alle Furcht und Angst, die mich etwa überraschen könnten, von mir abtreiben müssest. Das sollst du leisten im Namen der hochheiligen Dreifaltigkeit und des anderen Elias, der auf einem feurigen Wagen zum Gericht kommen wird, hochgelobt und gebenedeit bis in alle Ewigkeit, Amen.

Segen des Räucherpulvers.

† † †

Im Namen des dreieinigen Gottes: Adonai, Elohim, Jehova und des allersüßesten Herrn Jesu, Jeschu, Jeschua und Jehoschuach, des gebenedeiten Weibessamens, der da ist ein süßer Geruch der Seele, segne ich dich, Same, und euch, riechende Kräuter, samt allen euren Ingredienzien, dass ihr jetzt den Engeln und guten Geistern, die ich rufe, einen angenehmen Geruch gebet, dass sie bei mir verharren und ich das angefangene heilige Werk wider die Macht der bösen Geister ohne Schaden und Gefahr glücklich vollenden könne. Dafür sei Gott, der allmächtige Vater mit dem Sohn und dem Tröster hochgerühmt in alle Ewigkeit, Amen.

Ruf der Engel oder guten Geister.

Ich rufe dich, Engel Ariel, du edles Geschöpf des großen Gottes: Adonai, Jehova, Elohim und bestellter Herrscher des Elements der Erde, sichtbarlich in diesen Kreis. Stelle dich im Namen Gottes: Jehova, Adonai, ascher kadosch vekol hakedoschim, Sabaot, Jehova, hagion hagiotaton Tetragrammaton, bei mir ein und beschütze mich. Erweise mir deinen Dienst, als wenn du jetzt vor der göttlichen Majestät des großen Gottes, Jehova Elohim erscheinen solltest und stehe mir bei im Namen des starken und wahren Gottes: Tetragrammaton, hagio, hagiotaton Adonai, Jehova, Zatadiel, Adonai, Jehova, Elohim, Adonai Jehova schikifar semot, Adonai Jehova Barsabel, Adonai Jehova Tarpatar Taral, Adonai Jehova hilf mir mein Werk vollbringen, damit ich meinen Feinden, die meiner Seele schaden können, wiederstehen möge, Amen.

† † †

Willst du einen höllischen Geist rufen, so kann es einer von den vier Königen, die ihren Aufenthalt an den vier Enden der Erde haben, oder sonst ein anderer Fürst sein.

Das Zeichen des Königs von Orient, Uricus, ist:

Das Zeichen des Königs von Mittag, Amaymon, ist:

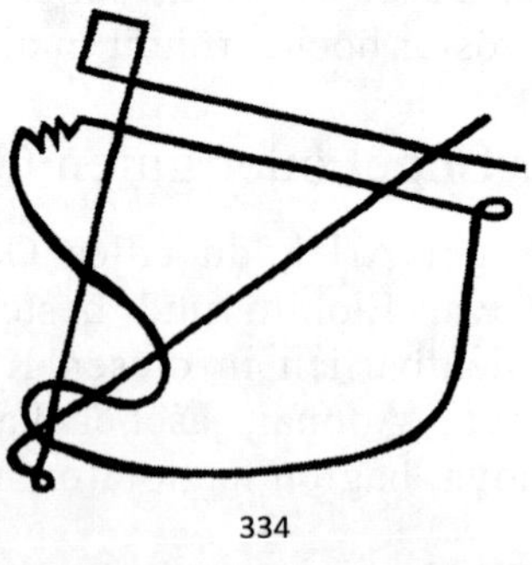

Das Zeichen des Königs von Abend, Paymon, ist:

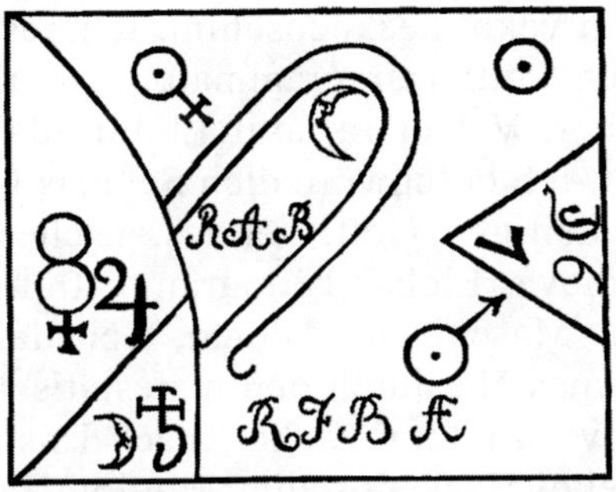

Das Zeichen des Königs von Mitternacht, Egim, ist:

Willst du aber den König der verborgenen Schätze, der seine Herrschaft in der Erde und Luft hat, haben, so musst du ihn mit Namen rufen; das ist der Aziel.

Mache daher ein Löchlein in die Erde mit dem Absatz des Schuhes am rechten Fuß, sieben Schritte von dem Kreis gegen Morgen. Lege darein den Namen: Lucifer und rufen den Aziel aus der Erde. Und kommt er da nicht, so rufen ihn aus der Luft. Alsdann wird er erscheinen müssen.

Willst du aber einen von den Schutzwächtern rufen, so gehe an den Ort, wo der Schatz steht und beschwöre die höllischen Geister. Alsdann rufe den Obristen der Schätze und sprich also:

Ich beschwöre dich, Satanas N., durch den großen, gewaltigen, erschreckliche, starken, zwingenden und durchdringenden, wunderbaren und allerheiligsten Gott: Jehova, ascher kadosch, vekol hagedoschim. Ich beschwöre dich, Satanas N., durch den Amais, Schöpfer des Himmels und der Erde, der alle Kreaturen gemacht hat, durch den starken Gott: Hagion Hagiotaton, und durch den majestätischen und allerheiligsten Gott: Jehova Eloha Af, ascher kadosch vekol heckedoschim. Ich beschwöre dich, Satanas N., durch den Gott: Tetragrammaton, Adonai, Jehova, Hael, Heckadol, Haggibor, Vehanora takif Elohim dai schadai naarez, ascher schochenat. Ich beschwöre dich Satanas N., durch den majestätischen und heiligen Gott: Jehova, ascher kadosch, vekol Hackedoschin, Jehova, Eloha, Tetragrammation, Hagion, Hagiotaton, Ben Jesus, Maschiach, Adonai, Schadai mallo. Ich beschwöre dich Satanas N., durch den majestätischen und allerheiligsten Gott: Jehova, Elohim, Eloha Ruach Hakkadosch, Adonai, ascher kadosch vekol Hackedoschim, Hagion Hagiotaton. Ich beschwöre dich, Satanas N., durch den Adonai, Melech, Jehova olam, Eloha Zion. Ich beschwöre dich, Satanas N., durch den Adonai Jehova Elohim, Eljon nora Melech kadol at kol haarez.

Ich beschwöre dich, Satanas N., durch den Adonai Jehova Muzmon, Jehova Metech leolam kaad. Ich beschwöre dich, Satanas N., durch den Jehova Hapore zanaraz, ascher genat. Ich beschwöre dich, Satanas N., durch den Adonai, Jehros Eloha Af, Jehova Zidelenn, Elohim gibbor. Ich beschwöre dich, Satanas N., durch den Adonai Jehova Elohim, Ben Jesus, Maschiach, Jehovah Zidekenu, Elohim gibbor; und ich beschwöre dich, Satanas N., durch den Gott: Jehova, Adonai, Sabaot, Hael schach, pele, Hael, Hackadol, Hagibbor, vehanora takif leolam, dai schadai, Adonai. El schadai naaraz, ascher schochenat, dass du, Satanas N., dich vor meinen Augen persönlich und sichtbarlich stellst und zwar auf die Stelle, wohin ich dich begehre, in angenehmer menschlicher Gestalt ohne Rumor, Lärmen, Höhnerei, Verspottung, Gaukelei, Ausflucht, Einwendung, Gefahr und Betrug.

† † †

Nun beschwöre den Geist, den du verlangest, und wende dich zuerst gegen Morgen.

† † †

Ich N. beschwöre dich N. von Morgen bis gen Mittag zum ersten Mal durch den Adonai, Jehova Elohim, Af-Eleo, Elee, Hael, Hackadol; Hagibbor vehannora takif leo, lam dai schadai, Jehova El schadai naaraz, ascher schochenaf.

† † †

Nun wende dich gegen Mittag und sprich also:

Ich N. beschwöre dich N. zum anderen Mal vom Mittag gegen Abend durch den heiligen Jesus Adonai Maschiach Eloha Be Jehova Jesus, Eoel schadaim, mallo, Haeloha, gadol, hagibbor, vehannaro takif leolam dai schadei, Jehove Elschadai naaraz ascher schochenat.

† † †

Nun wende dich gegen Abend und sprich also:

Ich N. beschwöre dich N. vom Abend bis in die Mitternacht durch den Jehova Elohim, Eloha Ruach kadosch vekol Hackedoschim, Hael Hackadol, Hegibbor, Hagion Hagiotaton, vehannora takif leolam dai schadai Jehova, El schadai naaraz ascher schochenat.

† † †

Nun wende dich gegen Mitternacht bis wieder an Morgen und sprich also:

Ich beschwöre dich N. von Mitternacht bis wieder an den Morgen durch den Adonai Jehova Elohim, Hael jon, mora, Melech, gadol at kol Haarez, Jehova Elohim zuram ve eljon.

†††

Nun drehe dich in der Mitte des Kreises in einem runden Zirkel herum und sprich:

Ich beschwöre dich, Satan N., jetzt auf diesem ganzen Erdkreis durch den Adonai Jehova Af, und durch den Jehova Adonai Eloha ben und durch den Jehova Adonai El Ha-Ruach kahn Eloha misizdo terasch vetär al Haarez, und durch den Jehova Adonai alkam, und durch den Jehova, Adonai Elkana, und durch den Jehova Adonai Elbekarbeb Jehova Elschadai naaraz ascher schochenat, dass du unverzüglich vor diesem Kreis erscheinst und dich ohne Schaden Aufruhr und Betrug in schöner Menschengestalt hierher stellst an den Dingen, die von Menschenhänden gemacht sind und an den verborgenen Schätzen keine Macht habest, sondern sie frei und still stehen lasst, dass du auch von alle dem, darum ich frage, Rede und Antwort gebest. Das gebiete ich dir nochmals durch den wahrhaftigen Gott im Himmel, durch den Siegesfürst, Jesum Christum den Weibessamen, Jeschu Jeschua, der der höllischen Schlange den Kopf zertrat, und nun sitzt zur Rechten Gottes: Adonai Jehova, ascher kadosch vekol hackedoschim. Eloha Af, Jehova Eleho Eleye, der da ist von gleicher Macht und Ehre mit dem Schöpfer und Heiligen Geist, durch den Jehova Elohim Eloya ah-Af, der über den Jordan sprach:

„Das ist mein lieber Sohn, an dem ich Wohlgefallen habe."

Durch diesen Jesum sollst du, Satanas N., alles dieses tun, manu El Schilo, und leisten, was ich dir geboten und noch gebieten werde; und zwar auch durch den gehorsamen Dienst, den du wegen deines Ungehorsams schuldig bist dem Mund des allmächtigen Schöpfers aller Kreaturen, dem über alle Dinge waltenden großen Himmelsgott, Jehova Sabaoth, der da ist ein König aller Könige und der Anfänger und Vollender aller Wunderwerke; der da ist der große und oberste Geist und wunderbar; der da herrscht über alle Obersten und Untersten: Elehe, Elehe; Geist, der da zu gebieten hat allen bösen und guten Geistern; der da ist ein großer und starker Gott: Adonai Jehova Eloha Hackadol, Hagibbor, vehannora; der große und starke Gott: Jah Jehova takif leolam dai schadai, Jehova Elohim Emet hu Elohim, Chaim mikizbo, theraasch vetäre als haarez; und der große Gott: Adonai naarez, ascher schochenat. Durch den sollst du, Satanas N., dich sichtbarlich vor meine Augen stellen und in lieblicher Menschengestalt, sittsam, mir untertänig und gehorsam sein. So war als Amen.

† † †

Beschwörung der vier elementischen Fürsten.

Ich N. beschwöre euch, vier elementische Fürsten, dich Fürst Cherub, dich Fürst Tarsis, dich Fürst Ariel und dich Fürst Seraf, durch Adonai Eloha Af, Jehova Eljon Nora, Melech gadol und koll haarez, ascher kadosch heckedoschim. Ich beschwöre euch durch den heiligen Adonai Maschiach Eloha Ben Jesus, Jehova Eljon, Nora Melech, Hakkadol al kol haarez, Jehova Elohim Aemel, hu Elohim majim mikizbo al haarez. Und ich beschwöre euch, vier elementischen Fürsten, durch Adonai Eloha Ruach, Elohim Jehova Eljon, Nora Melech kadol, al koll haarez, Jehova, ascher kadoschim, Jehova Haporez, dass ihr, mir zum Dienst, diesen meinen Befehl ausrichtet und von Stunde an den höllischen Geistern wehrt und entgegen seid; dass keiner von jenen aus euren Elementen etwas nehmen, noch mir und meinen Gesellen, am Leib und an der Seele schaden könne. Dieses alles geschehe auf den Befehl des heiligsten Jehovas, Amen.

Abweisung der Seele, die den Schatz versetzt hat.

† † †

Bist du auch durch das Blut unseres Herrn und Heilandes Jesu Christi teuer erkauft und hoffst du auch, sowohl als wir, dadurch selig zu werden, so lobe, rühme und preise mit uns Gott, den allmächtigen Herrn, welcher ist ein Erlöser der Seelen, die auf ihn vertrauen und an ihn glauben, von dessen Güte und Barmherzigkeit die ganze Erde voll ist. Dann sprich:

„Nun lasst uns Gott dem Herrn
Dank sagen und ihn ehren
Von wegen seinen Gaben,
Die wir empfangen haben.“

„Wir danken alle Gott
Mit Herzen, Mund und Händen;
Der große Dinge tut
An uns und allen Enden;
Der große, starke Gott
Wolle uns von allem Bösen
Und was uns schädlich ist,
Recht väterlich erlösen!“

„Ehre sei Gott dem Vater,
Ehre sei Gott dem Sohn,
Ehre sei Gott dem Heiligen Geist!“

„Gott Vater, dir sei Preis
Hier und im Himmel droben;
Gott Sohn, Herr Jesu Christi,
Wir wollen dich stets loben;

Gott Heiliger Geist dein Ruhm
Erschall je mehr und mehr!
O Herr, dreieiniger Gott,
Dir sei Lob, Preis und Ehre!"

„Herr Jesu Christi, dich zu uns wend';
Dein Heiliger Geist du zu uns send'!
Mit Hilfe und Gnade uns Herr, regier'
Und uns den Weg zur Wahrheit führ'!"

Herr Jesu Christi, du bist unsere Stärke, unser Fels und unser Hort, unser Schild und unsere Kraft. Dein Wort ist unsere Hilfe und unser Heil und Leben, du bist unser starker Gott.

„Herr, unseren Geist befehlen wir dir,
Gott, weiche nicht von uns und mir!
Nimm uns in deine Hände;
O wahrer Gott
Aus aller Not
Hilf mir am letzten Ende!"
Amen.

Hat nun die Seele solange bei dir verharrt, so sprich zu ihr:

Gehe du nun auch im Namen des Herrn Jesu Christi, Adonai, Jehova, Eloha, Ben, Ari, Maschiach bin zu deiner Ruhe und verbleibe allda, bis an den Tag des zukünftigen Jüngsten Gerichts; erscheine mir nun hinfort nicht wieder: Gehe hinweg und ruhe; Amen.

Alsdann wird sich die Seele bedanken wollen und dir die Hand bieten, die du aber nicht annehmen darfst; denn der Geist, der den Schatz bewahrt, möchte an ihrer Statt zugreifen und dich verbrennen.

Vermutest du nun keinen Geist mehr, so nimm den Kreis ab und verwahre ihn zu anderweitigem Gebrauch. Dabei aber lobe Gott den Herrn und danke ihm für seine Gnade und Gabe, Amen.

† † †

May, Affaby, Zienyenne, Teramya, Lateoni damayz sayo, Nogly, kealy, yeyyze, Eloi, Zialekte, Loute, Ely, Dedy, Cylo,

Mischaramety, Peybifassa, sua, seyhiazite, Jetzolabe, Conec etuneo.

Tägliches Gebet.

Ich will dir, mein Gott, lobsingen, denn du bist mein Schutz und gnädiger Gott. Ich will von deiner Macht singen und des Morgens und Abends rühmen deine Güte, denn du bist mein Schutz in meiner Not. Herr Gott Zebaoth und Israel, mache dich auf und suche heim alle meine Feinde und beschütze mich vor denen, so sich wider mich setzen. Errette mich von den Übeltätern und hilf mir von den Blutgierigen. Sei der kleinen gnädig, die so verwegene Übeltäter sind. Erwürge und vertilge sie ohne alle Gnade. Rotte sie aus, dass nichts sein und inne werden, dass du, o Herr Gott, Herrscher bist über sie. Lass sie hin und her laufen, und nicht satt werden. Herr Gott Zebaoth, mein Schild, zertrenne meine Feinde, die nur nach meiner Seele und nach meinem Leib stehen. Stoße sie hinab und gib ihnen ihren Lohn für ihre Missetaten. So will ich rühmen deine Güte, o Herr Zebaoth, die du mir erwiesen hast und erweisen wirst. O Herr Zebaoth, zerbrich die Zähne meiner Feinde. Zerstoße ihre Backenzähne der höllischen Löwen, die nach meiner Seele stehen. Denn mein Herz ist bereit, mein Gott, dich stündlich zu ehren. Herr, ich will dir danken unter dem Himmel. Ich will dir lobsingen unter den Leuten. Denn deine Güte ist, soweit der Himmel geht und deine Wahrheit, soweit die Wolken reichen. Ehre sei Gott dem Vater, Ehre sei Gott dem Sohn, Ehre sei Gott dem Heiligen Geist, Amen.

† † †

Hier, günstiger Leser, hast du ein kostbares und rares Kleinod in diesem Buch, womit du dir und deinen Nebenchristen helfen kannst. Dafür aber danke und lobe Gott, den Herrn, und befleißige dich eines reinen Lebens.

Geistlicher Höllenzwang.

Im Voraus merke, dass, ehe du rufst, der Geist sich schon zeigen müsse. Zitiere und zwinge ihn hernach siebenmal, so wird er dir in allem folgen müssen.

Ich beschwöre dich, N., durch den Adonai, Eloha, Af, Jehova, ha-El, hagadol, hagibbor, vehannora takif leolam dai schadai, naaraz, ascher schechonat Jehova, ascher kadosch vekoll hackedoschim, Jehova, Elohim Aemet, da Elohim, hajim mikizbo die zeschai vetäre al-haarez. Ich beschwöre dich, N., durch den Adonai, Maschia Eloha Ben Jesu Jehova goel ha-El, hakadol, hagibbor, vehannora takif leolam dai schadai naaraz, ascher, schochenat, Jehova ascher kadosch vekoll hakkedoschim, Jehova Elohim hajim mikizbo dizeschai vetere al haarez. Ich beschwöre dich, N., durch den Adonai Eloha Ruach Hackadosch Elohim Jehova havorez, ha-Eloha gadol, Hagibbor, vehannora takif leolam, dai schadai naaraz, ascher schochenat. Jehova, ascher kadosch vekoll Hakedoschim, Jehova Elohim Aemei Ha-Elohim hajim mikizko tire al-haarez.

† † †

Ich beschwöre dich N., durch den Adonai Eloha Af Jehova Sabaot, Eleho, Elee, Tetragrammaton, Jehova, ascher kadosch vekoll hakkedoschim, Hagion, Hagiotaton, Jehova Elohim Cmet hu Elohim Chajim mikizbo tire asch vetere al haarez. Ich beschwöre dich, N., durch den heiligen Adonai Maschich, Eloha Ben Jesu Jehova Sabaot schadon mallo, Jehova, Tetragrammaton, Hagion Hagiotaton, Jehova, ascher kadosch vekoll Hackedoschim, Jehova Elohim Emethu Elohim Chajim mikizboti reasch vetere al haarez. Ich beschwöre dich durch den Adonai Jehova Elohim, Eloha Ruach hokkadosch Sabaot, Zebaot Jehova, Tetragrammaton. Hagio Hagiotaton, Jehova Elohim, aschee kadosch vekoll Hakkedoschim, Jehova Elohim Emet, Ruach Elohim Chajim Mikizboti reasch vetere al haarez.

† † †

Ich beschwöre dich durch den Adonai Eloach, Elebo Af, Elohim zuram vekoll Eljon leolam, Jeovah Melech, gaeol al kol

Haarez. Jehova Zidekenu: Elohim gibbor Jehova, Tetragrammaton, Hagion Hagiotaton, Jehova, ascher kadosch vekoll Hakkedoschim, Jehova Elohim Emet Ruach Elohim Chajim mikizboti reach vetere al Haarez.

Ich beschwöre dich, N., durch den heiligen Adonai Maschiach Elohim, Ben Jesu, Jehova, leolam Eloach Zion, Jehova Melech gadol, al kol Haarez, Jehova Elohim zuram, ve Eljon haolam, Jehova Zidekenu, Elohim gibbor, Jehova Tetragrammaton, Hagion Hagiotaton, Jehova, ascher kadosch vekoll Hakkedoschim, Jehova Elohim Ruach, Elohim Chajim mikizboti hu reasch vatere al Haarez. Und ich beschwöre dich, N., durch den Adonai, Eloach Ruach Hackadosch, Jehova Elohim zuram ve-Eljon goaloam, Jehova leolam, Eleach Zion, Jehova Elohim Melech gadol, et kol Haarez; Jehova Zidekenn Elohim gibbor, Jehova Tetragrammaton, Hagion Hagiotaton, Jehova, Elohim kadosch, vekoll Hakkedoschim, Jehova Elohim emet hu Elohim Chajim mikizbota zaasch veteri al haarez, dass du, N., mir unverzüglich sichtbarlich erscheinen sollst und allen meinen Worten an Statt der sacrosanctae et individuae Trinitatis † gehorchen. Das gebiete ich dir durch den Herrn Jesum Christum Jehova El schadai, Adonai Masdchiach, vor dem du deine Knie mit Zittern beugen musst, der da ist der zukünftige Gerichtsherr, der gebenedeite Weibessame, der Schilo, der der höllischen Schlange den Kopf zertreten, der den höllischen Lucifer, den Fürsten dieser Welt, in alle Ewigkeit gefangen und gebunden hat, durch diesen Jesum Christum, durch diese meine abgelegte Zitation und durch dieses mein Gebot sollst du, N., erscheinen, so gewiss alles dies, was ich geredet habe, wahrhaftig, dass Gott Gott ist, dass er im Himmel lebt, und dass Jesus Christus der Sohn des lebendigen Gottes und der Heilige Geist im Himmel über Gott dem Vater und Gott dem Sohn schwebt, du sollst erscheinen und mir in allem zu Willen sein, Amen.

Abdankung.

Ich beschwöre dich, N., du höllischer Satan N., in dem Namen Adonai Eloha Af Jehova Eleo, Ha-El, Hackadol, Hagibbor, vehannora. Jehova talif, leolam dai schadai Jehova naaraz, ascher schochem, at Jehova, Tetragrammaton, Hagion, Hagiotaton, Jehova ascher kadosch, vekoll kedoschim, Jehova Elohim Aemet hu Elohim Kajim mikezbo. Ich beschwöre dich jetzt zum letzten Mal, du N., in dem Namen Adonai, Maschiach, Elohim Ben Jesu Jehova Hael, Hakkadol Hagibbor, ve-Hannora, Jehova takif leolam dai schadai, Jehova naaraz, dass du willig und unverzüglich, es sei an welchem Ort oder zu welcher Zeit es wolle, wieder als ein solcher Geist und in dieser menschlichen Gestalt erscheinst. Ich beschwöre dich, N., in dem Namen der hochgelobten heiligen, unzertrennlichen und unüberwindlichen Dreieinigkeit, Gottes des Vaters, Gottes des Sohnes und Gottes des Heiligen Geistes, in deren allerheiligsten Namen ich und meine Gesellen getauft, mit dem Kleid der Gerechtigkeit angezogen und von unseren Sünden abgewaschen worden. Ich beschwöre dich in dem Namen des Herrn Jesu Christi, des Löwen aus dem Stamm Juda, dass du, N., alsobald diesen Kreis und diesen hergebrachten Schatz verlässest, von hinnen weichst und wieder an deinen Ort fliehst, wohin dich der große Gott Adonai Jehova Elohim geordnet hat. Weiche und fliehe also von hier ohne Betrug und Schaden, weder meines Leibes, noch meiner Seele, und lass, du Aziel, den hergebrachten Schatz stehen.

Fliehe an den Ort, wohin dich der große Jehova Elohim, samt dem verfluchten Lucifer geworfen hat; fliehe hin in Frieden! So wahr als mein Erlöser lebt, der zukünftige Richter, Amen.

Fugite partes adversae, vincit Leo de tribu Juda radix David, Amen.

Nun schlage ihn mit dem Degen fort und sprich:

Packe dich, weiche und fliehe jetzt von hinnen, und komme für diesmal nicht wieder, bis ich dich wieder rufen werde; ich aber will hier bleiben.

Die hochgelabte Dreieinigkeit stehe uns bei jetzt und immerdar. Amen.

Ende.

XXI.

Verfertigung

des

Erdspiegels,

wodurch man

alle Verborgenheiten in der Erde, in dem Meer, in den Flüssen und in den Brunnen sehen kann.

Als auch der

Frag- und Wünschelrute

auf Schätze und Metalladern.

Nebst einem Anhang
ganz rarer Kunststücke für Kriegsmänner,
und der Remedien.

Gedruckt zu Luxemburg, im 5532sten Jahr der Welt nach jüdischer Ausrechnung.

Wie doch der Witz des Menschen sinnet
Auf das, was in der Welt beginnet
Und geht über die Natur!
Er will was für das Zaubern wissen,
Merkurs verbannen, Phyrnen küssen,
Den Pluto fliehn und Martis Spur.

Da macht er Ruten und Erdspiegel,
Charakters, sympathetische Siegel
Und bringe Reiter vor zu Pferd
Zween Bogen leg ich dir vor Augen
Und wenn dir diese Künste taugen:
So sind sie tausend Livres wert.

Verfertigung des Erdspiegels.

Willst du einen Erdspiegel (speculum magicum) machen, darin du sehen kannst, was du willst, so kaufe einen Spiegel unbedungen und nimm das Glas heraus. Hüte dich aber, dass du nicht zuerst hineinsiehst, weder, wenn du ihn kaufst, noch wenn du ihn verfertigst.

Nun schreibe an einem Freitag zwischen 12 und 1 Uhr auf ein gutes Jungfernpergament den Namen dieser Geister:

Niger, Amator, Formicator, Somniator, Anector,
Aniquel, Baniel.

Diese Namen kannst du mit Lamms- oder einer weißen Taube Blut, oder, wenn es kräftiger sein soll, von deinem Blut etwas hinzugetan, schreiben. Ist dies geschehen, so lege den Zettel vom Jungfernpergament mit den Namen der Geister in den Spiegel an einen solchen Ort, da man arme Sünder verurteilt hat, oder unter ein Gericht, wo man sie aufgehängt; nimm Leinwand von eines solchen Missetäters Hemd und umwinde den Spiegel damit. Diesen lege in die Hirnschale eines Geräderten und vergrabe ihn an einem Sonnabend früh zwischen 12 und 1 Uhr auf einem Scheide- oder Kreuzweg in die Erde. Jedoch verwahre das Glas, dass kein Erdreich dazu gelange. Ob dir gleich beim Eingraben grauen und dich ein Schauer überlaufen wird, so sei nur getrost und fürchte dich nicht. Dabei fange folgende Beschwörung an, die du zweimal wiederholen kannst:

† † †

Ich N. beschwöre euch, Geister: Niger, Amator, Formicator, Somniator, Anector, Aniquel, Baniel und gebiete euch gewaltiglich in Kraft der höchsten Namen Gottes: Jehovah, Adonai agla, Tetragrammaton. Amon, On; ja ich gebiete und beschwöre euch mit eurem Fürsten und Obristen, dem Beelzebub und Lucifer, ja bei eurem Meister Astarot, die Gott, der Herr, selbst gebunden hat; ich gebiete es euch in diesem Spiegel ohne alle Betrug und List zu erscheinen; ich gebiete es euch bei Jesu Christi heiliger Empfängnis, Geburt, Leiden, Sterben, Auferstehen, Höllen- und Himmelfahrt; bei des Heiligen Geistes kräftiger Wirkung, Heiligung und bei seinem tröstlichen Beistand; ja bei Gott dem Vater, bei Gott dem Sohn und bei Gott dem Heiligen Geist, gebiete ich euch: Niger, Amator, Formicator, Somniator, Anector, Aniquel, Baniel, das ihr diesen meinen Spiegel also zurichtet und nach meinem Willen und Gefallen verfertigt, dass ich darin sehen möge, was ich will und begehre, es sei in der ganzen Welt, es sei in der Luft oder im Feuer, im Wasser, über, auf oder unter der Erde, dass ich darin sehen möge alle verborgenen Schätze, Gold, Silber und Edelsteine, alles Erz und Metall, alle verborgenen Sachen im Brunnen oder was sonst gedacht werden mag. Und das sollt und müsst ihr, alle Geister tun, ohne alle Falschheit und Betrug; so wahr Gott lebt und ist, und gleichwie die Mutter Gottes ihr Kind Jesum in Windeln gebunden: Also seid ihr Geister in diesen Spiegel gezwungen und gebannt mit der Kraft und Gewalt Gottes.

Fiat! Fiat! Fiat!

Seid gehorsam ihr Geister! Das gebiete ich euch nochmals bei der Allmacht, Weisheit, Herrlichkeit, Kraft, Macht, Wahrheit, Gewalt, Ehre, Stärke und Heiligkeit Gottes des Vaters †, Gottes des Sohnes † und Gottes des Heiligen Geistes †.

Amen! Amen! Amen!

Nachdem du nun diese Beschwörung dreimal verrichtet und den Spiegel eingegraben hast, so lass ihn in der Erde bis wieder auf einen Sonnabend liegen. Jedoch musst du dich jeden Tag, während der Zeit, da du ihn eingegraben hast, hinbeinahen und deine Beschwörung, wie vorher, tun.

Setze am Ende der Beschwörung hinzu:

So beschwöre ich N. nun euch, und sollt beschworen bleiben ihr Geister: Niger, Amator, Formicator, Somniator, Anector, Aniquel, Baniel, die ihr dazu berufen sei, dass ihr das Werk, so euch befohlen ist, ausrichtet und diesen Spiegel vollbringet in seinem verlangten Wert und darin gar nichts vergesset. Solches sollt ihr tun im Namen der Heiligen Dreifaltigkeit, Gottes des

Vaters, Gottes des Sohnes und Gottes des Heiligen Geistes, Amen.

† † †

Lass einen Hund oder eine Katze zuerst in den Spiegel sehen, so ist der Erdspiegel fertig. Willst du hernach etwas sehen, so beschwöre die Geister des Spiegels und befiehl ihnen, was sich präsentieren soll. Es geschieht gewiss.

Da hast du also ein hohes und wichtiges Werk überkommen, das nicht mit Gold zu bezahlen ist. Wende es aber ja nicht vergebens an. Lass es den Armen genießen, so wirst du Glück und Segen haben.

Du musst den Spiegel wohl verwahren.
Soll es dir geben kein Gefahren.
Dich auch keusch und rein erhalt'.
Sonst dir das Werk verderbt bald.

Verfertigung der Frag- und Wünschelrute auf Schätze und Metalladern.

Gehe zu einer Haselstaude an einem neuen Freitag, wenn der Mond in der Fülle ist, und suche einen zwieslichten Zweig, der von der Erde frei oder auf einem Stamm gewachsene und ein Jahr alt ist.

Nimm die Rute und sprich.

Mit Gott dem Vater suche ich dich;
Mit Gott dem Sohn find ich dich;
Mit Gott dem Tröster nehme ich dich.

Allmächtiger Gott, heiliger König! Ich bitte dich um deines Sohnes Jesu Christi Willen und wegen seiner heilwürdigen Geburt und Menschwerdung, wegen seines bitteren Leidens und Sterbens, wegen seiner Auferstehung und Himmelfahrt, du wollest dieser Rute die Stärke und Kraft geben, dass sie mir wahrhaftig angebe alle verborgenen Schätze und Heimlichkeiten, sie seien in oder über der Erde, in Felsen oder Mauern, in Holz oder Stein, ohne Falschheit und Betrug. Im Namen Gottes des Vaters

†, Gottes des Sohnes † und Gottes des Heiligen Geistes †, Amen.
Darauf breche die Rute ab und hebe sie zum Gebrauch auf.

Beschwörung einer Haselrute.

Nimm die Rute in die Hand und sprich: Im Namen Gottes des Vaters †, Gottes des Sohnes † und Gottes des Heiligen Geistes †, Amen. Rute! Ich beschwöre dich in Kraft der Ruten Aaron, in Kraft der Heiligen Dreifaltigkeit, dass du mir deine Kraft nicht verhaltest und breche dich in Kraft Gottes zum ersten †, zum zweiten † und zum dritten Mal †.

— — — Rute! Ich beschwöre dich bei dem friedsamen Rat Gottes bei der Heiligen Dreifaltigkeit, bei den 4 Elementen: Wasser, Erde, Luft und Feuer, bei den heiligen 4 Evangelisten Matthäus †, Markus †, Lukas †und Johannes †, bei dem Leiden und Sterben Jesu Christi und bei allen Heiligen Gottes! So wahr Jesus Christus den jüngsten Tag überwinden wird, also wahr wirst du mir die Wahrheit sagen, wenn ich dich frage. Das walt' Gott der Vater †, Gott der Sohn † und Gott der Heilige Geist †, Amen.

Du edle Rute! Ich rufe dich im Namen Gottes des Vaters † und des Sohnes † und des Heiligen Geistes †, Amen. In Kraft dieser Taufe, da der heil. Johannes in dem Wasser Jordan Christum Jesum getauft hat, also taufe ich dich auch.

† † †

N. B. Du magst ihr einen Namen geben, wie du willst.

Nimm die Rute in die Hand und sprich:

Im Namen Gottes des Vaters †, des Sohnes † und des Heiligen Geistes †, Amen! Nenne sie beim Namen, wie du sie getauft hast:

Du edler Zweig oder Rute! Ich bitte und beschwöre dich bei dem friedsamen Rat Gottes, bei den 4 Evangelisten, bei den 4 Elementen und bei dem Leiden und Sterben Jesu Christi, dass du mir, wenn ich dich frage, die rechte Wahrheit sagest: So wahr als Jesus Christus Tod und Marter für uns am Stamm des heil. Kreuzes gelitten, so wahr die heil. Jungfrau Maria eine Jungfrau gewesen vor der Geburt, in der Geburt und nach der Geburt, und also wahr als Jesus Christus den jüngsten Tag überwinden wird, also wahr wirst du mir die rechte Wahrheit sagen. Das bitte ich dich bei Gott dem Vater †, bei Gott dem Sohn † und Gott dem Heiligen Geist †, Amen.

Eine Stellrute,

das ist:

Eine bewährte Kunst, wie man die Wünschelrute recht schneiden soll.

Gehe an einem Sonntag des Morgens, ehe die Sonne aufgeht, an eine Haselstaude, wo du einen Zwiesel findest, wo nicht, so schneide einen zweijährigen Zwiesling ab und sprich:

Im Namen Gottes des Vaters † suche ich dich, im Namen des Sohnes † finde ich dich, im Namen des Heiligen Geistes † schneide ich dich ab, dass du mir alle Wahrheit zeugest und offenbarst, was ich zu wissen begehre.

Sprich drei Vaterunser.

Schneide die Rute gegen dich zu, mache drei Kreuze darauf und sprich dann diese Worte:

Allmächtiger Gott, vor deinen Augen sind alle Dinge bloß und offenbar, denn du hast dem menschlichen Geschlecht Hilfe und Trost erzeigt und einen eingeborenen Sohn, unsern Herrn Jesum Christum, der von dem Samen geboren, gesegnet. Gesegnet und geheiligt sei diese Rute! Gib ihr die Kraft, alle heimlichen Dinge zu zeigen, die in den Elementen sind und die ich gerne zu wissen als zu finden begehre, es sei Erz, Gold oder Silber, oder Edelsteine, Münzen oder andere Metalle, sie liegen in gemeinen Wassern, Steinflüssen oder in der Erde, ohne allen Unfug, ohne alle Irrung, ohne alle Trügung und Falschheit. Gib ihr diese Kraft und Macht durch unseren Herrn Christum, Amen.

Nun Rute, ich beschwöre dich bei der Rute, die da grünte und Frucht brachte und bei ihrer Heiligkeit, ich beschwöre dich, Rute, bei der Rute Aaron damit berührt wurde ein harter Fels, daraus entsprangen Ursprünge und fließende Wasser und Flüsse. Ich beschwöre dich, Rute, bei dem Stab Moses, damit er Wunderzeichen tat vor dem König Pharao, und bei allen heiligen Ruten, dass du Kraft und Macht in dir habest, dass du mir anzeigst, wo Erz, Silber oder Gold liegt, oder andere verborgene Güter, dass du mir das in der Wahrheit zeigst ohne alle Betrügnis. Das bitte ich dich bei dem Holz und Stamm des heiligen Kreuzes, bei der Rute und bei dem heiligen Gespons und bei allen Ruten, damit Jesus Christus geschlagen ward, und gebiete ich dir bei der Rute, darauf der Heilige Geist rastete, als er Mariam erleuchtet. Als wahr das Alles ist, als wahr zeige mir heimliche und verborgene Güter. Das gebiete ich dir im Namen des Vaters † und des Sohnes † und des Heiligen Geistes, Amen.

Und schreibe dann auf eine Rute: Adonai † Eli † Eljon; auf die andere Rute schreibe diesen Namen: Adonai †, und wann du willst ein verborgenes Gut oder Wasser suchen, so stelle die zwei Ruten ineinander und trage sie stark in den Händen, wie du weißt, und tue dein andächtiges Gebet, und sprich allemal die Konsekration. Du sollst auch in der Gottesfurcht und Keuschheit leben, wenn du etwas praktizieren willst, auch den Armen das Almosen mitteilen und einen guten Vorsatz in allen Dingen haben, so wirst du ohne Zweifel deiner Bitte gewährt werden. Und wenn dann etwas vorhanden, so wirst du die Ruten nicht in den Händen halten können. Sie neigt sich dahin, wo Wasser ist, oder wo sonst etwas verborgen liegt, das du gern zu wissen begehrst.

Kriegskünste und Hilfsmittel.

Kriegskünste.

† † †

Sich fest zu machen.

Suche einen bemoosten Hirnschädel eines Übeltäters und merke den Ort, wo er liegt. Des Tags darauf lege ihn zurecht. Alsdann auf den Freitag sprich daselbst vor Sonnenaufgang folgende Worte:

Ich N. bitte heute zu dieser Frist
Dich, meinen Herrn Jesum Christ †
Der reinen Magd, Maria. Sohn:
O Herr, hilf mir auf meinem Plan,
Hilf mir binden aller Feinde Händ'
Und zerreißen
Ihren Stahl und Eisen
Jesus, Marien Sohn,
Hilf mir auf diesem Plan!

Im Namen Gottes des Vaters †, Gottes des Sohnes † und Gottes des Heiligen Geistes †, Amen.

Nun schabe das Moos ab, lass es in dein Wammes, jedoch dir unbewusst, unter den linken Arm nähen, so bist du fest.

O d e r :

Des Grafen Philipp von Flandern Kunststück.

† 6. †. V. †. V. †. 1. †. D. †. O. †.
3. † D. †. D. † S. O. † L. L. V N Q † O †
M †. V. † A. 9. †

Oder:

Des General Sternbergers Kunststück.
†. 4. 2. 4.][. 7. a. m. 4. †. 6. a. †. 2. 2. vatt. †.
† † †

Oder:

Des General Wertmüllers Kunststück.
† Wago. Wago. † Bolly. † Colny. Gullvy †
E D T N S T O VVV E S S
V A I E N E L.

Oder:

† agla † alta † lex † Adam † Emanuel Tetragrammaton.

Oder:

V. a † b † v † b † a † † e D † R † h † r l h †
b † e † ley † R † h † M † e † p †

Oder:

i . i . y . o . f . l . y . y . g . g . q . q . v . v . d . i . p . i . s . k .
v . v . m . m . n . y . e . n . g . z . y . z I . N . R . I .

Oder:

Ariel, Uriel, Arciseno †, acem †.

Oder:

† E W † luxus intra natem † alos † m

Freischuss.

Gieße an drei Feiertagen, doch, dass der letzte der Karfreitag sei, Kugeln, lade die Büchse, wie gewöhnlich damit, schieße die Kugeln in einen Klotz und sprich mit dem Anschlag:

„Thanno, Thanno, Thanno!"

Merke aber dabei, dass du dir von einem Mädchen von 7 Jahren einen Faden spinnen lässt, den du ins Kreuz ins Kugelpflaster legen musst.

† † †

Reiter zu machen.

Haue mit einem neuen Schwert Weidenruten hinterwärts ab, stecke sie ins Feld und rufe mit lauter Stimme:

„Sabie, Sabie!“

so kommen sie und tun, was du befiehlst. Willst du wieder abdanken, so wirf die Ruten hinter dich.

O d e r :

Schneide eine einjährige Weidenrute auf einen Schnitt ab. Danach gehe zu einem fließenden Wasser, lege die Rute wieder dreimal auf die Erde und sprich:

Phantaseon, paneoseon ut fomoisen.“

Alsdann nimm die Rute wieder in die Hand, lege sie noch einmal nieder, hebe sie mit der linken Hand auf und sprich gegen Mitternacht:

Ich beschwöre euch, Fürsten und Geister Teiles der Mitternacht, dass ihr mir durch die Kraft dieser Rute untertänig macht die Mitternacht in der Gestalt der schwarzen Reuter, dass sie in Zukunft, wenn ich will, gutwillig und ohne Hindernis erscheinen. Das befehle ich euch bei eurem Schöpfer, Gott dem Vater †, Gott dem Sohn † und Gott dem Heiligen Geist †, Amen!

O d e r :

Mittwochs, wenn der Himmel klar und lauter ist, gehe aufs Feld und sprich:

Die Rechte des Herrn hat's getan. Sie hat mich erhoben. Sie erhält mich. Ich werde nicht sterben, sondern leben und offenbaren die Werke des Herrn.

Nimm hernach die Rute in die Hand, schlage 3 Mal damit auf die Erde und sprich:

† Ossa † Ossa † Ossa! Kommt, kommt, kommt! Kommt mir alle zeitig!

Und wenn sie kommen, so heiße sie willkommen. So werden sie sich gegen dich mit dem Haupt neigen. Willst du sie nicht mehr haben, so wirf die Rute auf die Erde und sprich:

Geht hinan in die Stadt, woher ihr gekommen seid, ohne all meinen Schaden.

Und mache ein Kreuz vor und hinter dich, so verschwinden sie. Die Rute hebe alsdann wieder auf, tue sie in ein rotseidenes Tuch und verwahre sie heilig.

† † †

Vom Spiel.

Kaufe einen Hecht, nimm die Blase davon, trockne sie an der Sonne und schreibe darauf:

Imoi sideon giricion.

Alsdann gehe abends beim Mondlicht alleine, halte die Blase gegen den Mond und sprich:

Nun Licht, du seliger Nachtstern!
Du leuchtest so hoch und leuchtest so fern.
Leuchte mir in das Haus,
Da mein Spieler geht ein und aus.
Scheine ihm in seinen schneeweißen Arm,
Scheine ihm in den leidigen Darm,
Durch seine Lunge und seine Leber,
Durch sein Gehirn und seinen Schädel,
Dass er nun und nimmermehr
Habe keine Rast noch Ruh:
Er bringe denn sein Glück mir zu.

Binde die Blase an den Arm und spiele. Du wirst gewinnen.

† † †

Zur Liebe.

Trage bei dir: f, h, ij. 3. 3. 4.

O d e r :

J. b. o. h. R. m. h. z.

O d e r :

Schreibe dir in die Hand: Sara †, dica † arrha †. Halte die Hand der Person, die du begehrst, bis sie warm wird, sie muss dich lieben.

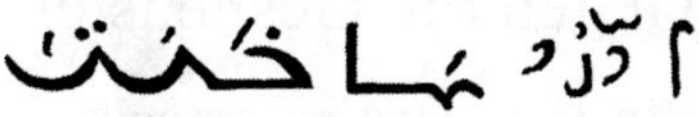

Gegen Diebstahl.

Schreibe auf zwei Stück Papier. Abraham, Tigorit, Issak, Pedinet, Jakob, Dematupel.

Lege eines über die Tür und das Andere unter die Schwelle.

O d e r :

† J † N † p † im † † eo mota motu † raen.

† † †

Gegen das böse Wesen.

Rufe einem solchen Menschen, der damit beladen ist, stark ins Ohr:

Creatura, memento creatoris lui!

So wird er aufstehen und wandern.

O d e r :

Pulverisiere gute Pomeranzenblätter und nimm davon täglich 3 Mal einen Löffel voll in recht gutem altem Wein.

Man kann auch dabei diese Pomeranzenblätter wie Tee trinken.

Gegen Zahnschmerzen.

Trage bei dir:

† Aulo † mago †
† Aulo † mago †
† Gualo † Guff †

† † †

Gegen die Gespenster.

Kommst du in ein Haus, wo es umgeht, so schreibe über die Tür deines Zimmers:

Semen feminä conculcavit caput anguis,

dann wird nichts hinein kommen.

† † †

Einen in der Entfernung zu schlagen.

Haue einen Haselzweig auf einen Streich ab und zwar sonntags, wenn es tagt. Nenne denselbigen, den du schlagen willst, mit Namen. Schreibe diese Worte auf den Zweig: Adonai † Sancte Andrea † Edomarie † Emerer †. Danach hänge einen Mantel auf und haue ihn. Dabei sprich: Esem, Eli, Eljon, so hörst du ihn schreien.

†††

Gegen die Zauberei.

Schneide mittwochs, ehe die Sonne aufgeht, eine Haselrute auf 3 Schnitte ab. Sprich beim ersten: Michael, beim zweiten: Gabriel, beim dritten: Raphael und zuletzt: Uriel: Wische hernach das Vieh mit einem alten Hemd ab. Dieses Hemd lege auf die Stallschwelle und haue es mit der Rute. Da triffst du die Hexe, und kannst sie, wenn du willst, sogar erschlagen.

Oder:

Schneide einen Haselstecken vor Sonnenaufgang auf 3 Schnitte ab mit folgenden Worten: Imadilla, Imadulla, Raver, damit schlage das Hemd, wie zuvor. Solches hat selbst eine Hexe ausgeredet.

Oder:

Haue am Karfreitag früh vor Sonnenaufgang einen Haselzweig entweder auf drei Hiebe: 1) In nomine Patris. 2) In nomine Filii, und 2) In nomine Spiritus Sancti. Oder auf einen: In nomine Sacrosantä Trinitatis, ab, trage ihn nach Hause und rühre ihn vor dem Sonnenuntergang nicht an.

Ist nun der Mensch bezaubert, so kann sein Hemd, das er beschwitzt, auf der Türschwelle geschlagen werden. Ober, man kehrt die Stube von vier Ecken zusammen, lasst das Kehricht in einen Mehlsack, steckt das Hemd des Kranken hinein, bindet den Sack mit drei Knoten zu, legt ihn über die Türschwelle und schlägt darauf. So man den Knoten schlägt, so trifft man die Hexe vor den Kopf.

Schlage ja nicht über dreimal auf den Knoten, sonst schlägst du sie tot.

Ist aber ein Vieh bezaubert worden, so stecke die Hausfrau ein Tuch, mit dem dieses Vieh abgewischt worden, samt dem Kehricht in den Sack und schlägt darauf auf der Türschwelle. Da kommt die Hexe und bittet aufzuhören. Gehe aber ja nicht aus dem Haus oder lasse ihr etwas mitnehmen, sonst hat sie Ruhe.

Dr. Hartmann zu Marburg.

† † †

Das Feuer zu versprechen.

Gehe 3 Mal um das Feuer herum und sprich diese Worte:

Longinus unter dem Kreuze stund
Wie er den Herrn Jesum Christum hat verwund't.
Er stach in seine Seite
Daraus ward Wasser und Blut.

Damit steuere ich dich, du Feuersglut
im Namen des Vaters † und des Sohnes † und des Heiligen Geistes †, Amen.

O d e r :

Bis mit Gott willkommen, Feuer, du edler Gast, du sollst nicht weiter kommen, als wo du angefangen hast. Du sollst nicht glühen noch brennen, bis Maria, die Mutter Gottes einen anderen Sohn gebärt. Das zähle ich dir zur Buße im Namen Gottes des Vaters † und des Sohnes † und des Heiligen Geistes †, Amen.

Läuse zu vertreiben.

Sabadilljamen scheint eine Spezies der Staphysagria *) zu sein, und wird von Mexiko gebracht. Dieser Same, gepulvert und auf den Kopf gestreut, tötet die Läuse unfehlbar.

Man kann diesen Samen auch ungestoßen zu eben diesem Endzweck in eine Mütze nähen. Die Schiffsleute nähen auch solchen in ihre Kleider, um sich vor diesem Ungeziefer zu verwahren.

Dieser Same ist wirksamer als der von Petersilgen, und es scheint, dass alle scharfen Sachen dem Bau dieser Tiere zuwider sein, welche auch vom Anis-Öl getötet werden.

E n d e .

*) Heißt im Deutschen Stephanskörner. Es sind raue und schwarze Körner, beinahe dreieckig und haben einen scharfen und brennenden Geruch. Sie werden aus Welschland und Frankreich zu uns gebracht.

XXII.

Johann Kornreuthers,

hochwürdigen Paters und des heiligen Augustiner-Ordens Prior u. a.

Gewaltige Zitation

und

Beschwörung

des vermaledeiten Teufels

Astaroth Beelzebub Dierle Bassiel,

dass er dadurch und auf den Befehl des Exorzisten, der ein geweihter Priester und heiliger Mann sein muss, falls etwas traktiert werden soll, in Gestalt eines Kaufmanns uns freundlich und liebreich erscheine, die den Menschen unbekannte Geheimnisse und Wissenschaften mitteile und auslege, auch ihnen Geld, so viel sie zu ihrer Notdurft nötig haben und von ihm verlangen, ohne Schaden ihres Leibes und der Seele herbeischaffen müsse.

Gedruckt zu Ipahan, im 2308ten Jahr nach dem Anfang der persischen Monarchie.

Ich weiß, mit Wahrheit abgewogen,
Dass dieser Prior mich betrogen
Mit seinem Höllengeisterzwang.
Er rief, da er wohlerfahren,
Den Astaroth bei reifen Jahren,
Dass er erschien und angstvoll rang.
Der Prior schwur mit wilden Mienen.
Du musst mir heut mit Gelde dienen:
Fahre aus und bring es haufenweis.
Fort — — da — — und brachte große Summen,
Und fuhr zurück ohne Brummen
Hinab in Plutos Höllenschleus.

So ging es dem Aziel beim Faust.
Beschworen fuhr er aus und mauste,
Wo nur ein Schatz verborgen lag,
Faust wurde reich in seinem Leben,
Vergnügte sich und konnte geben.
Mach es auch so, Freund, und folge nach.

Vorrede.

Das wären die Künste und verborgenen Wissenschaften des hochwürdigen Augustiner-Priors, des Johann Kornreuthers? Nein, nein, das glaube ich nicht! So wird Mancher sagen, der sich von ihm einen Folianten vermutet hätte. Wisse aber, mein Freund, der du an der Wahrheit zweifelst: das, was man dir jetzt in die Hände liefert, ist bloß und allein zur Zitierung der Geister und zum Schatzheben nötig; es ist hinreichende dazu. Da dieses sich nun so befindet, was hälfte es dir, wenn du alle seine Werke besäßest, und doch nur die Zitationen gebrauchen könntest? Du bekommst sie auch deutsch, damit du sie umständlich verstehen und von ihrer Kraft hinlänglich versichert sein kannst. Du bekommst sie rein und fehlerfrei. Und das ist gar eine feine Sache, solche magischen Bücher, die mehrenteils verworren und nichts taugen, wenn sie nicht von allen Fehlern gereinigt sind, zu besitzen. Dadurch kann man ja Alles ausrichten, zumal wenn der Exorzist die Künste der magischen Weisheit studiert hat und versteht, wie dies bei allen dergleichen Büchern vorausgehen muss.

Hieraus kann der gemeine Mann vernehmen, dass man ohne die Beihilfe eines geschickten Exorzisten und ohne noch andere hierher gehörigen Büchern, die von den Geistern und Siegeln derselben handeln, nichts ausrichten könne. Er fange ja, wenn er nicht unglücklich sein will, nicht an. Denn es lehrt die Erfahrung, dass schon Viele, durch ihre Kühnheit, wenn sie sich so in das Feld der Geister gewagt, und solche, um Schätze zu erhalten, zitiert, das Leben eingebüßt haben oder doch in ihrer Lebenszeit einen ungesunden Körper und ein niedergeschlagenes Gemüt besitzen müssen. Denn die Geister, falls sie keinen erfahrenen Exorzisten vor sich haben, suchen alle Mühe anzuwenden, denselben zu erschrecken, und erscheinen daher in solchen abscheulichen Gestalten, dass er sich zu Tode erschrecken möge; und also Höllenpein erdulden oder wohl gar mit dem Leben bezahlen muss. Ein jeder sei also in einem solchen Geschäft behutsam, vertraue sein Anliegen einem geschickten Priester, und erwarte durch dessen Beschwörungen der Geister alles Glück und Güter, die er zu haben wünscht.

Einleitung.

1) Das ganze Werk muss in der reinsten und festen Absicht gegen Gott, nicht aus Vorwitz und weltlichen Endzweck geschehen.

2) Das von den Geistern gebrachte Geld muss zur höchsten Verherrlichung Gottes und Liebe des Nächsten angewandt werden.

3) Es muss mit der festesten Hoffnung, Glaube und Liebe in und gegen Gott, wie auch mit gänzlicher Ergebung unseres Willens in den göttlichen geschehen.

4) Es muss von einem Priester, der vom rechtmäßigen Superior Erlaubnis dazu hat, geschehen.

5) An einem von aller menschlichen Gesellschaft entfernten Ort.

6) Mit vorhergehenden geistlichen Übungen 8 Tage lang, und zwar in den letzten 3 Tagen mit Fasten und Wasser und Brot, sowohl bei der Mittags- als auch Abend-Mahlzeit, zur Ehre der allerheiligsten Dreifaltigkeit und seligsten Jungfrau Maria.

7) Fünf Tage vorher, ehe dieses Werk angegriffen wird, muss die Generalbeichte vom ganzen Lauf des vernünftigen Lebens abgelegt werden.

8) Es muss bei Nacht geschehen, nach 10 Uhr zu drei wiederholten Malen, doch so, dass allemal eine Weile dazwischen inne gehalten werde, mit unerschrockenem Herzen. Sollte der erste oder zweite Tag ohne Wirkung sein, so nehme man den dritten.

9) Alle Worte müssen deutlich ausgesprochen werden.

10) Vor dem Werk sage man mit zerschlagenem Herzen für

die verstorbenen Gläubigen den Psalm de profundis mit fünf Pater noster und Ave her, wenn es möglich ist, alle Tage vor der Beschwörung; ingleichen das Symbolum des heil. Athanasi: Wer da selig werden will usf., unmittelbar vor dem Anfang des Werkes.

11) Den letzten Tag des Werkes muss er sich vor dem Kruzifix, mit 2 brennenden geweihten Lichtern, zur Anrufung der göttlichen Gnade und Hilfe, ungefähr eine halbe Stunde lang auf die Erde niederwerfen.

12) Die Zeichen des zu zitierenden Geistes muss er zur Rechten und dessen Charaktere zur Linken, das ist, mit Ausdrückung des Namens desselben Geistes, als Astarot, Beelzebuch, Dierle, Bassiel nach Mitternacht zu, unter den Kreis setzen. Und wenn er ein Religiöser ist, soll er bloß die Stola mit dem Habit seines Ordens tragen, in der Hand ein Kreuz haltend, so voll ist von Reliquien der Heiligen, so lange die Beschwörung dauert, mit welchem Kreuz die dazwischen gesetzten Kreuze gemacht werden müssen.

13) Muss der große Kreis gemacht und hernach das Pentakel am Ende des Kreises, die Zeichen, Charaktere und Namen der Geister; der Kreis aber muss in einem Gemach mit geweihter Kreide 3 Mal gemacht werden. Macht man ihn aber auf die Erde, so muss es mit einem Degen oder anderen geweihten Instrument, worauf das Evangelium Johannes gedrückt oder gebunden ist, geschehen.

Art und Weise, den Kreis zu machen.

† † †

Erster Kreis.

Den Kreis, welchen ich mache, mache ich in der Kraft des himmlischen Gottes, des allmächtigen Vaters, der durch seine göttliche Allmacht, dadurch er die ganze Welt aus Nichts geschaffen, mit diesen ersten Kreis wider alle teuflische Anläufe binden wolle, damit sie nicht über uns und unter uns, in selbigen eindringen und uns schaden können.

Zweiter Kreis.

Diesen Kreis mache ich in der Kraft des Sohnes Gottes, Jesu Christi, der für mich und der ganzen Welt Heil auf dem Altar des heiligen Kreuzes sein heiliges Blut zu vergießen kein Bedenken getragen, dessen bitterer Tod, Kreuz und Erlösung des menschlichen Geschlechts an demselben mir den anderen Kreis binden wolle, dass wir weder am Leib, noch an der Seele von den bösen Geistern über, bei und unter uns verletzt werden.

Dritter Kreis.

Den dritten Kreis macht ich im Namen und Kraft des Heiligen Gottes, dass er nach seiner göttlichen Gnade und beständigen Liebe mir den dritten Kreis binden wolle, damit wir vor aller Verletzung der schädlichen Geister am Leib und Seele über, bei und unter uns beschützt werden.

O ihr heiligen drei Kreise, bleibt durch diese geheiligten Worte, durch welche ich euch gebunden habe, fest gebunden an der Kraft und im Namen der Heiligen Dreifaltigkeit. †††

Der Kreis.

Nota.

Die eingeschriebenen Wörter bedeuten diese Wörter:

Jesus von Nazareth, ein König der Juden, Sanctus Matthäus, S. Markus, S. Lukas, S. Johannes, Jesus Christ, der König der Ehren kommt in Frieden.

Auflösung des Kreises.

Durch jene heiligen Worte, dadurch in diese drei Kreise gemacht, verschlossen, gebunden habe, durch selbige löse ich euch wieder auf, dass die bösen Geister uns weder im Aus- noch Durchgang, weder auf der Straße, noch im Haus oder sonst wo schaden können, im Namen der heiligen und unteilbaren Dreieinigkeit. †††

Das heilige Pentakel.

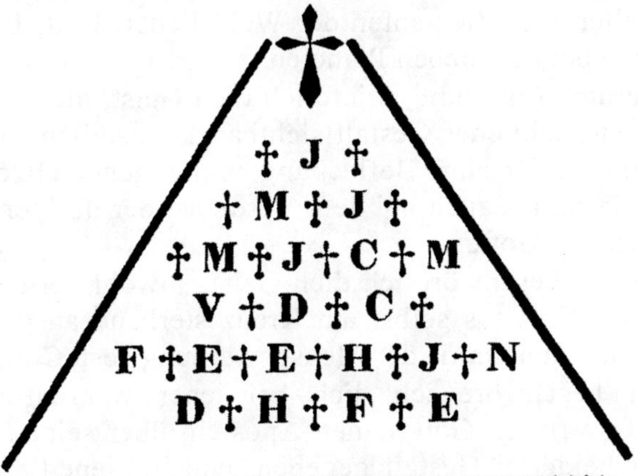

N. B. Das oberste Kreuz ist rot, die übrigen unteren Kreuze sind schwarz, die Buchstaben aber alle rot.

Die eingeschriebenen Buchstaben bedeuten Folgendes:

Jesus Maria, Joseph, das Geheimnis der Heiligen Jungfrau Maria. Das Wort ward Fleisch und wohnt unter uns. Gott ist Mensch geworden.

Beschwörung.

Im Namen unseres Herrn Jesu Christi † des Gebenedeiten, Amen.

Ich N., vermöge der mir in der Person Christi erteilten priesterlichen Würde, zitiere dich Geist des Hochmuts und Betrugs, dich Geist als ein Aufrührer und Feind des menschlichen Geschlechts, mit größtem und festestem Glauben, Liebe und Hoffnung in und gegen Gott, vor mir sichtbar in einer menschlichen, leiblichen und freundlichen Gestalt, zum Beispiel eines Kaufmanns, zu erscheinen. Ich zwinge dich, dass du dieses tust ohne alle Schadenszufügung weder am Leib, noch an der Seele, ohne die geringste Verletzung meiner, meiner Gehilfen, des Gebäudes, Ortes oder sonst einer Sache oder Geschöpfes.

Wiederum zwinge ich dich Geist, als den Vater der Lügen, dich vor mir in vorgenannter Gestalt sichtbar darzustellen, wie auch das junge bittere Leiden unseres Herrn Jesu Christi verbinde ich noch einmal dich Geist, in Gestalt vor mir zu erscheinen, sowohl bei allen vier Elementen der Welt, Feuer, Luft, Erde, Wasser, als auch bei den sieben Planeten.

Wiederum nötige und zitiere ich dich Geist, dich mir in vorgenannter menschlicher Gestalt sichtbar darzustellen, sowohl bei dem Geheimnis der ohne Befleckung empfangenen allzeit seligen Jungfrau Maria, als auch bei dem Verdienst der übrigen Heiligen und Heiliginnen Gottes.

Wiederum beschwöre ich dich Geist, sowohl bei den 7 Worten, so Jesus Christus selbst am Kreuz sterbend ausgesprochen, als auch beim Geheimnis der Menschwerdung Jesu Christi.

Ferner beschwöre ich dich bei jener wahrhaftesten und stärksten Gewalt, so Gott seinen Aposteln über seinen Leib und Blut unter beiderlei Gestalt gegeben, und bei jenen eigentümlichen mächtigsten Worten, die also lauten: Das ist mein Leib, dies ist der Kelch meines Blutes, das Geheimnis der neuen und ewigen Testaments und des Glaubens, so für euch und für Viele vergossen wird zur Vergebung der Sünden, welcher Worte Aussprechung Jesus Christus selbst sich nicht weigert zu gehorchen.

Zuletzt zwinge ich dich Geist bei diesen hebräischen Zeichen, in menschlicher Gestalt zu erscheinen, dass du mir die bisher den Menschen unbekannten Geheimnisse und verborgenen Wissenschaften mitteilst und auslegst, und uns Geld zu unserer Bedürfnis, so viel wir verlangen, ohne Verzögerung, Weigerung, ohne Geräusch, Schrecken und Beschädigung unserer oder eines anderen Geschöpfes und Sache bringst: Noab † Sother Emanuel † Tetragrammaton † Aglai †Adonai † Ell † Elai † Nave † Sion † Ail † Accio † Vocrachio † Atheval † Divas † Jachnen † Jevechai † Jachochu Abiacomea † Barthon † Ellaim Dalion † Jab † Agast † Abai † Amon † Deut † Barra † Boba † Nivi † Adon † Zarra † Agla † Hagios ho Theos † Ischiros † Athanatos † Va † Dadai † Homousion † Eschereie † Adetter † Helai † Abracolla † Abratto †Abrat † Aber † Annanisasta † Ymos † Eleison † Pantheon stimalamaton † Omnitheon † in excelsis † Cruacheron † Flamabaton † Yston † Alpha † Allmisseron † Creisteon † Anonyon † Egyrion † Anoisseron † Lamathon Elli † Sathon † Liga † Lena † Verbum † Gloria † Lur † Imago † Jambell † Arellest † Neodeph † Acanabel † Schaurozeph † Lay † Crion † Acasposus † Faces † Michael † Gabriel † Raphael † Uriel † Enne † Clemeon † Eremon † Boatisba † Amancisquita † Cogla † Casparus † Melchior † Balthasar.

Komme also, o verfluchtes Tier, durch die Kraft dieser Zeichen und Namen! Dich Geist verbinde ich ohne Verzug zu kommen. Es befiehlt dir dieses selbst die heilige Dreieinigkeit der alle Geschöpfe auf der Erde in einem Augenblick zu gehorchen schuldig sind, und ich in der Person Christi †, dessen Stelle ich vertreten, und in Kraft und Gewalt der Römisch-Katholisch-Apostolischen Kirche, durch das Zeichen des heiligen Kreuzes † befehle dir dieses, dass du dich in vorgeschriebener Gestalt gegenwärtig und sichtbar mir darstellst.

Allgemeiner Schlüssel.

Abroga † Citere † Corle † Besle † Spiritus nigri ihr schwarzen Geister, † Amiathai † Formidation † Lafine † Lathon † Amaridator.

Sobald er aber erscheint, muss man folgende Bindungsworte mit beherztem Gemüt in größter Geschwindigkeit hersagen:

Bindung.

Steh, verfluchtes Tier, durch den † mit dem † und in dem †, welchem sei Preis und Ehre in Ewigkeit.

N. B. Diese Worte binden den gegenwärtigen Geist dergestalt, dass er auf keine Weise von der Stätte zurückweichen mag, bis er der Bitte Genüge getan hat.

Zurückschickung.

Magentala, Magzela, Massue, gehe zurück im Namen Jesu Christi, in Frieden und im Namen der heiligen Dreieinigkeit, †††, Amen.

N. B. Beelzebub ist der zweite Engel und Fürst der Finsternis, welcher von Abend gegen Aufgang der Sonne regiert und in seinem Reich zehntausend Legionen Geister hat. Er wird gerne zitiert im Neumond oder 3 oder 4 Tage danach bei schönem Wetter.

Das Sigill des Plutonis.

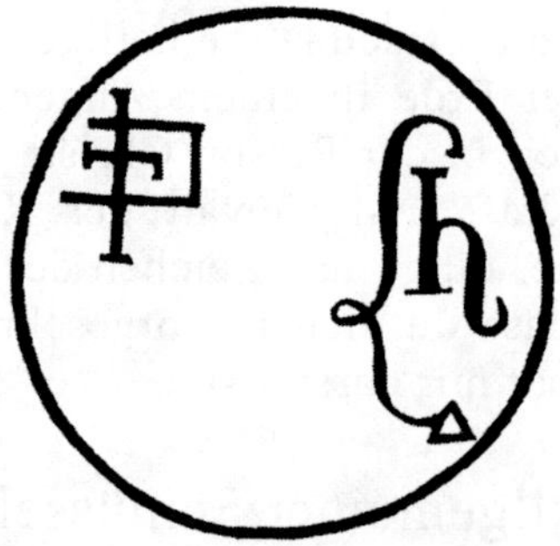

Folgende Engel und Geister herrschen durch die ganze Woche.

Am Sonntag der Engel Raphael und sein Geist mit dessen Gehilfen Bado, Bandot, Gadal, in der Sonnenstunde.

Am Montag der Engel Gabriel und sein Geist Alinatos, der König mit seinen Gehilfen, Wibeli, Nubeli, Atemoba in der Mondstunde.

Am Dienstag der Engel Samael und sein Geist Amal, mit seinen Gehilfen Domas, Boklas, Sambaro, Tarmuthi Itanal in des Martis Stunde.

Am Mittwoch der Engel Michael und sein Geist Saba, der König mit seinen Gehilfen Domas, Bactras und Sambras.

Am Donnerstag der Engel Saquiel und sein Geist Maroch, der König mit seinen Gehilfen Aratiti, Quiran, Socha, Delen, Avathili, Bronsoch, Andelos in der Jupiterstunde.

Am Freitag der Engel Uriel und sein Geist Sarapolien, der König mit seinen Gehilfen Nasa, Masa. Fractata in der Venusstunde.

Am Samstag der Engel Capuel und sein Geist, welcher herrscht, Mey, Manet, Sabey, der König mit seinen Gehilfen: Abulnattla, Aubly, Jasiba, Etabul, Natlia Aubaty, Jochla, in der Stunde des Saturns.

Anhang.

Heiliger Segen

aller

Heiliger Apostel und Jünger Jesu Christi

in der Kraft Gottes des Allerhöchsten durch den allerheiligsten Namen

JESCHV JEHOVAH

und durch das unüberwindliche

Zeichen des heiligen Kreuzes

alle unheilbaren Krankheiten der Menschen zu vertreiben, und alle bösen Anfälle des Satans abzuwenden.

†

Wahrlich, wahrlich, Ich sage Euch, Alles was Ihr den Vater im Himmel bitten werdet in meinem Namen

Jesu Jehova †

das wird er euch geben. Amen.

†

Wahrlich, wahrlich, Ich sage euch: Diejenigen, so da an mich gläubig werden in meinem Namen, werden sie alle die Wunderzeichen tun, welche ich getan habe, und noch größere, denn ich getan habe. Denn ich gehe zum Vater; und alles, was Ihr den Vater bitten werdet in meinem Namen, das will ich tun. Denn ich und der Vater sind Eines.

Eingang in die Stube.

Im Namen Gottes des Vaters †
Und Gottes des Sohnes †
Und Gottes des Heiligen Geistes † .

Amen, Halleluja!

Unsere Hilfe erscheine im Namen des Herrn! Der Himmel und Erde gemacht hat.

Herr unser Gott. Sei uns ein starker Turm vor dem Angesicht des Feindes, auf dass der Feind uns nichts abgewinne, und dass das Kind der Unruhe sich nicht herzunahen könnte, uns schädlich zu sein.

Herr! Erhöre unsere Gebete!
Und unser Geschrei komme zu dir!
Der Herr sei mit uns!
Und mit unserem Geist! Heute und allzeit und in Ewigkeit.

Amen, Halleluja.

Lasst uns beten.

Herr, wir bitten dich allmächtiger, ewiger, lebendiger, allerheiligster, allerhöchster, alles in allem waltender Gott, alles belebender Gott! suche heim diese Wohnung mit heilstem heiligen Geist, und alle Vergiftungen des Feindes treibe von derselbigen weit zurück; lasse deine heiligen Engel in diesem Haus immerdar wohnen, auf dass sie alle Einwohner desselben in Frieden bewahren, und dein heiliger Segen † sei über uns allen immerdar. Durch Jesum Christum, deinen Einigen Sohn unseren Heiland, welcher mit dir und dem Heiligen Geist lebt und regiert von Ewigkeit zu Ewigkeit, Amen.

O, Herr Allmächtiger Gott, ewiger lebendiger Gott; dessen Eigenschaft ist ein stetiges Erbarmen und Verschonen. Du wollest uns würdigen, die Augen deiner Barmherzigkeit über uns und unsere Angehörigen auszustrecken, mit der Vollkommenheit, Weisheit und Gütigkeit deiner unendlichen Liebe. Damit du nicht gestatten mögest den bösen Geistern, dass sie die Grenzen dieses Hauses Türschwellen überschreiten, oder mit ihren giftigen Anfechtungen uns verletzen können, sondern dass sie von dieser Wohnung und von diesem Haus weit abweichen müssen. Damit dein Friede und Heiligkeit deines heiligen guten Geistes allezeit über uns in diesem Haus wohne. Durch Jesum Christum deinen lieben Sohn, unseren Heiland, durch dessen heilige Verdienste wir dien väterliches Herz anflehen, dass du durch deine heilige Kraft diese Wohnung dergestalt befestigen und erfüllen wollest, dass aller bösen Geister, Menschen und Gestirne List und Gewalt, Vergiftung und teuflische Einflüsse, so da uns neue Arten von Krankheiten erregen könnten, durch die Kraft deiner Gottheit heiligen Namen vor der Tür dieses Hauses gänzlich zerstreut und vertilgt werden mögen.

O Gott, Anfang und Ende aller Dinge, strecke aus die rechte Hand deiner heiligen Majestät über uns und über alle unsere Angehörigen und benedeie †, segne † und behüte uns in Frieden †, und gestatte ja nicht, dass die bösen Geister das Ziel — welches ihnen jetzt von mir gesteckt worden — nicht überschreiten können, sondern dass sie von diesem Haus und von dieser Wohnung durch deine heiligen Engel immerdar weit entfernt und abgetrieben werden. Solches alles erfülle Herr Gott, barmherziger Vater durch Jesum Christum deinen lieben Sohn, welcher mit dir und dem Heiligen Geist in göttlicher Einigkeit lebt und regiert von Ewigkeit zu Ewigkeit. Amen.

O, Herr Gott Vater im Himmel! Schöpfer aller Dinge, ich rufe zu dir im Namen Jesu Christi, dass du diese Wohnung und alle Einwohner in diesem Haus, durch den Abgrund deiner väterlichen Barmherzigkeit benedeien † und von aller Vergiftung der bösen Geister, Menschen und Gestirne befreien und erretten wollest. Der du mit deinem lieben Sohn Jesu Christo, unserem Heiland, und dem Heiligen Geist in Einigkeit lebest, herrscht und regierst in alle Ewigkeit, Amen.

O, Herr Gott Sohn Jesu Christo! Du Heiland aller Welt, ich rufe zu dir im Namen deines Vaters im Himmel, durch den Heiligen Geist, und bitte dich, dass du diese Wohnung und alle Inwohner dieses Hauses, durch den unermesslichen Abgrund deiner Liebe und Mildigkeit, mit deinem Blut, durch deinen Heiligen Geist, segnen † und reinigen wollest und uns allesamt von aller Anfechtung, List und Gewalt des Satans und aller bösen Geister, wie auch von allem gegenwärtigen und zukünftigem Übel des Geistes, der Seele und des Leibes heilen, erlösen und befreien wollen. Der du mit Gott deinem Vater und dem Heiligen Geist ein wahrer Gott herrscht und regierst und lebst durch alle Ewigkeit der Ewigkeiten. Amen.

O, Heiliger Gott, Heiliger Geist, du Lehrer, Tröster, Erleuchter, Heiligmacher und Regierer aller christgläubigen Menschen. Ich bete dich an, und bitte dich durch Gott den Vater im Namen Jesu Christi, dass du wollest mich und alle Einwohner dieses Hauses, absonderlich die in dieser Wohnung gegenwärtig sind, durch deine alles in allem waltende göttliche Kraft lehren, trösten, erleuchten, regieren, heiligen und uns allesamt von aller List und Gewalt, von aller Versuchung und Anfechtung der bösen Geister beschützen, und bis ans Ende am Leib, Seele und Geist gesund erhalten. Der du mit Gott dem Vater und dem Sohn Gottes Jesu Christo in gleicher Majestät und Ewigkeit lebst, herrschst und regierst durch alle unendliche Ewigkeit. Amen.

Litanei.

Herr erbarme dich unser!

Christe Jesu, unser Heil, erbarme dich unser!

Herr erhöre unsere Bitte!

Christe Jesu, erbarme dich unser!

Herr Gott Vater im Himmel, unser barmherziger Schöpfer, hilf diesem Kranken von aller Krankheit und Übel u.a., und erbarme dich unser aller.

Herr Gott Sohn! Jesu Christo! Heiland aller Menschen, erbarme dich über diesen Kranken und erlöse, heile und entbinde ihn von aller Krankheit und Übel, und sei uns allen gnädig und barmherzig.

O, Herr Gott Heiliger Geist, du Heiligmacher aller Menschen, erbarme dich dieses Kranken, und heilige ihn von allen Sünden und Missetat durch das Blut Jesu Christi, und gib uns allen deinen göttlichen Frieden.

O, Du allerheiligste Dreifaltigkeit, du einiger, ewiglebender, allmächtiger, allerhöchster Gott aller Götter! Sei uns armen Sündern allen gnädig und barmherzig, und mache uns deines Heils würdig, vergib uns alle unsere Sünden um Jesu Christi Willen und schenke uns deinen Frieden heute und allezeit in alle Ewigkeit. Amen.

Ach Herr schaffe uns Hilfe in der Not, denn aller Menschen Hilfe ist hier kein Nutzen! Weil uns bis zum Tod anficht böser Geister Rache; du o Herr Gott Zebaoth, kannst uns frei und lebendig machen durch Jesum Christum allein: Vergossen ist sein heiliges Blut! Das genug für unsere Sünde tut.

O! Heiliger Herr Gott Jehova Zebaoth!

O! Heiliger starker Gott Jehova Zebaoth!

O! Heiliger unsterblicher Heiland unser aller, du ewiger Gott Jesu Jehova Zebaoth! Lass uns nicht entfallen aus des rechten Glaubens Trost. O Herr erhöre uns! Christo erhöre uns.

O! Herr Gott aller Götter!

O! Herr unendlich ewiger Gott!

O! Herr allmächtiger Gott!

O! Herr alles in allem waltender Gott!

O! Herr allerstärkster Gott!
O! Herr unsterblicher Gott!
O! Herr allerhöchster Gott!
O! Herr unaussprechlich gütiger Gott!
O! Herr unüberwindlicher Gott!
O! Herr allerweisester Gott!
O! Herr allwissender Gott!
O! Herr allgegenwärtiger Gott!
O! Herr ewiglebender Gott!
O! Herr König der Heerscharen!
O! Herr Gott aller Himmel!
O! Herr allermildester Gott!
O! Herr allerbarmherzigster Gott!
O! Herr allerseligster Gott!
O! Herr unbeweglicher Gott!
O! Herr allerheiligster Gott!
O! Herr allerstärkster Gott!
O! Herr allerherrlichster Gott!
O! Herr unüberwindlicher Gott!
O! Herr rechter und gerechter Gott!
O! Herr alle Heiligen hütenden Gott!
O! Herr allersüßester Gott!
O! Herr unsichtbarer Gott!
O! Herr die Menschen beschützender Gott!
O! Gott und Herr, Aufgang und Ende aller Dinge!
O! Herr Gott! Der du die Himmel mit Weisheit geschaffen hast.
O! Herr Gott! Der du dem Meer eine Grenze gesetzt hast.
O! Herr Gott! Der du alle Dinge durchs Wort, es werde, erschaffen.
O! Herr Gott! Der du Sonne, Mond und alle Sterne erschaffen hast.
O! Herr Gott! Der du den Menschen noch deinem Ebenbild erschaffen.

} Erbarme dich über diesen Kranken und heile ihn durch Jesum Christum seinen Heiland.

O! Herr Gott! Der du das Opfer des gerechten Abels gnädig angenommen.
O! Herr Gott! Der du Noah mit den Seinigen in der Arche lebendig erhalten hast.
O! Herr Gott! Der du dich dem Knecht Abrahä auf dem Berg Mamores in Dreifaltigkeit gezeigt hast.
O! Herr Gott! Der du Enoch und Eliam lebendig in den Himmel geholt hast.
O! Herr Gott! Der du den frommen Loth aus Sodoma errettet hast.
O! Herr Gott! Der du deinem Knecht Moses auf Sinai das Gesetzt des Heils gegeben hast.
O! Herr Gott! Der du dein Volk Israel aus dem Dienst Pharaonis errettet hast.
O! Herr Gott! Der du Israel durchs Rote Meer mit trockenem Fuß geführt.
O! Herr Gott! Der du Israel in der Wüste Wasser aus dem Fels zu trinken gegeben.
O! Herr Gott! Der du Daniel aus der Löwengrube errettet hast.
O! Herr Gott! Der du Sadrach, Mesach und Abednega im Feuer-Ofen lebendig erhalten hast.
O! Herr Gott! Der du die Susanna aus den ungerechten Händen erlöset.
O! Herr Gott! Der du Jonam in des Meeres Tiefe durch den großen Fisch lebendig erhalten.
O! Herr Gott! Der du Jakob mit dem Namen Israel belegt, und ihn gar wunderlich gesegnet hast.
O! Herr Gott! In dessen Namen Moses und alle Propheten so viele Wunder errichtet haben.
O! Herr Gott! Der du Moses, Daniel und Eliam ohne Speise 40 Tage lang am Leben erhalten hast.
O! Herr Gott! Der du alle Wunder von Ewigkeit her ganz allein tust.
O! Herr Gott! Dem alles im Himmel und auf Erden gehorsam ist.

} Erbarme dich über diesen Kranken und heile ihn durch Jesum Christum seinen Heiland.

O! Herr Gott! Der du um die Erlösung der Menschen deinen Sohn hast töten lassen.

O! Herr Gott! Der du nicht Lust hast über dem Tod des Sünders, sondern wünschst, dass er erhalten werde und leben ewiglich.

O! Herr Gott! Der du ohne Ende lebst, herrschst und regierst durch alle Ewigkeiten.

O! Herr Gott! Der du Himmel und Erde von neuem erschaffen wirst.

O! Herr Gott! Der du die Toten wieder lebendig machen wirst.

O! Herr Gott! Durch deine unendliche Allmacht und Stärke.

O! Herr Gott! Durch deine unermessliche Hoheit und Majestät.

O! Herr Gott! Durch deine unaussprechliche Ehre und Herrlichkeit!

O! Herr Gott! Durch den Abgrund deiner Liebe und Barmherzigkeit.

O! Herr Gott! Durch deine unzerteilte Gott- und Menschheit.

O! Herr Gott! Durch deine vollkommene Gerechtigkeit.

O! Herr Gott! Durch die Ehre, Kraft und Stärke deiner allerheiligsten Namen.

O! Herr Gott! Durch deine unbeschreibliche, unvergleichliche und unaussprechliche Gottheit.

O! Herr Gott! Durch deine unendliche Gütigkeit und väterliches Mitleid.

O! Herr Gott! Durch deine allerheiligste alles belebende und unschätzbare Namen Jevoh Heyl, Heiland, Heiligmacher und Erlöser der Menschen.

O! Herr Gott! Durch deine unendliche und vollkommene Menschenliebe.

O! Herr Gott! Durch deine alles in allem wirkende Kraft und Allmacht.

Erbarme dich über diesen Kranken und heile ihn durch Jesum Christum seinen Heiland.

O! Herr Gott! Durch deine alles erhaltende Liebe und Güte.
O! Herr Gott! Allergnädigster Vater.
O! Herr Gott! Allerfrommster Vater.
O! Herr Gott! Allerheiligster Vater.
O! Herr Gott! Allermächtigster Vater.
O! Herr Gott! Allerweisester Vater.
O! Herr Gott! Allwissender Vater.
O! Herr Gott! Allerhöchster Vater.
O! Herr Gott! Allergeduldigster Vater.
O! Herr Gott! Allerliebster Vater.
O! Herr Gott! Allerbarmherzigster Vater.
O! Herr Gott! Allergerechtester Vater.
O! Lamm Gottes! Das da hinwegnimmt alle Sünden der Welt.
O! Lamm Gottes! Das da hinwegnimmt alle Sünden der Welt.
O! Lamm Gottes! Das da hinwegnimmt alle Sünden der Welt.
Gib uns dein Heil †, deinen Segen † und deinen Frieden †.
Herr Gott erhöre uns.
Christo Jesu erbarme dich unser.
Herr Gott! erbarme dich unser.
Christo Jesu erhöre uns!

Cyrie Eleyson! Christo Eleyson! Amen.

Gebet.

O Herr Jesu Christo, du Sohn des lebendigen Gottes! Erbarme dich über diesen Elenden und Kranken, und heile und erlöse ihn von aller Krankheit und Übel, durch deinen allerheiligsten Namen Jesu † Jehova. Denn unter dem Himmel ist doch sein größerer und heiligerer Name den Menschenkindern gegeben, darin sie sollen und müssen geheiligt †, gesund †, gebenedeit †, gesegnet †, gerecht †, heilig † und ewig selig † werden, als nur alleine in dem allerheiligsten Namen Jesu. Und das Blut Jesu Christi, des Sohnes Gottes, das mache dich N. N. rein, das absolviere dich, das befreie, das erlöse und erledige dich von allen Sünden, von allem Übel, von aller Krankheit des Geistes †, der Seele † und des Leibes †. Darum so sei auch nun Jesu † Jehova Imanuel heute und allezeit dein Heiland, weil du krank und in Sünden liegst.

Er sei dein Jesus, wenn du schläfst.

Er sei dein Jesus, wenn du wachst.

Er sei dein Jesus, wenn du traurig bist.

Er sei dein Jesus, wenn du angefochten bist.

Er sei dein Jesus, wenn du gesund bist.

Er sei dein Jesus, wenn du versucht wirst.

Er sei dein Jesus, in deinem ganzen Leben.

Er sei dein Jesus, in Angst und Not.

Er sei dein Jesus, bis in den Tod.

Er sei dein Jesus, wenn du gehst aus der Welt.

Er sei dein Jesus, vor dem Gericht Gottes.

Er sei dein Jesus, in der Seligkeit.

O Allmächtiger Herr Jesu Christo, du Sohn des ewigen, lebendigen und allmächtigen Gottes, ach sei und verbleibe doch dieses kranken elenden N. N. heute und allezeit bis in alle Ewigkeit, eine unerschöpfliche Fülle des Heils zur Gesundheit seines Leibes und Lebens.

Ein immerwährender Friede und Freude der Seele und des Geistes, durch den Heiligen Geist.

Ein beständiges Wohlleben in der Ruhe und Zufriedenheit des Gemüts und der Sinne, auch aller seiner Seelenkräfte.

Denn solange er dich, o Herr Jesu, bei und in sich hat, so vermag er alles überflüssig durch dich, der du ihn mächtig machst.

Darum so schreibe, o Herr Jesu Christi, deinen allerheiligsten gebenedeiten und alles heilenden Jesus-Namen, durch deinen göttlichen Finger, mit deinem allerheiligsten, zum Heil aller Menschen vergossener unschätzbaren göttlichen Blut, in dieses elenden Menschen mattes Herz, auf dass es dadurch aller Sünden entbunden und gereinigt werde; ja, dass dieser ganze Mensch an Seele, Geist und Leib gestärkt, geheilt, genesen und vollkommen gesund werden möge. Auf dass er weiter nichts mehr von der Welt und allen irdischen Dingen empfinden noch verlangen möge, sondern dass er dieses seine tägliche Pflicht und Schuldigkeit sein lasse, dich ohne Ende als seinen einigen Heiland, Erlöser und Seligmacher zu lieben, zu heiligen und zu loben, damit er mit allen Heiligen und Auserwählten Gottes in Ewigkeit rufen möge: O heilig, heilig, heiligster Jesu Jehova Zebaoth, ach sei und verbleibe mein Heil und Gerechtigkeit in alle Ewigkeit. Amen.

Lasst uns ferner beten:

O Herr, ewiger, allmächtiger, allerhöchster, allgegenwärtiger, unsterblicher, ewiglebendiger Gott Jesus Jehovah Zebaoth. Ich dein allerunwürdigster Knecht empfehle und verschließe heute und allezeit bis in alle unendliche Ewigkeit, diesen elenden und kranken N. N. ganz und gar, mit Seele, Geist und Leib, mit Vernunft und Sinnen, samt allen Kräften der Seele, in den Schutz, Schirm und Schild der allerheiligsten Dreifaltigkeit, und in den Thron der hochgelobten göttlichen Dreieinigkeit, und in die Kraft und Stärke deiner unendlichen grundlosen Liebe und Barmherzigkeit, der du bist und bleibst heilig, heilig, heilig von nun an bis in alle unendliche Ewigkeit der Ewigkeiten, Amen, Selah, Ach Herr, höre! Ach Herr, erhöre! Ach Herr, merke auf! Ach Herr sei gnädig! Ach Herr, tue es und verzeihe nicht um deiner selbst willen, mein Gott. Amen.

O Herr, allerheiligster, allerliebreichster, allermildester und allerbarmherzigster Gott aller Götter! Heil Gottes Jesu Jehova Zebaoth! Ich dein allerunwürdigster Knecht empfehle und verschließe heute und allezeit bis in alle Ewigkeit diesen elenden und kranken Menschen N. N. ganz und gar, mit Seele, Geist und Leib, mit Vernunft und Sinnen, samt allen Kräfte der Seele, in die heiligste unermessliche Kraft und Bewahrung deiner selbsteigenen allerheiligsten ewigen Gottheit und in die vollkommenen Verdienste und Gerechtigkeit deiner heiligsten Menschheit. Der du bist und bleibst heilig, heilig, heilig von nun an bis in alle unendliche Ewigkeit der Ewigkeiten. Amen, Selah. Ach Herr, höre! Ach Herr, erhöre! Ach Herr, merke auf! Und tue es und verzeihe nicht um deiner selbst willen, mein Gott. Amen. Hilf Herr Jesu. Amen, Selah, Amen, Halleluja. Amen.

O Herr, allerheiligster, allgegenwärtiger Gott mit uns Imanuel Jesu Jehovah Zebaoth! Du Heiland aller elenden und betrübten Seelen. Ich, dein allerunwürdigster Knecht, empfehle und Verschließe heute und allezeit bis in alle Ewigkeit, diesen elenden und kranken Menschen N. N. ganz und gar, mit Seele, Geist und Leib, mit Vernunft und Sinnen, samt allen Kräften der Seele, ist die Genugtuung und vollkommene Gerechtigkeit aller Verdienste deines heiligsten Lebens, Leidens und Sterbens. O heilig, heilig, heiliges Lamm Gottes, das da hinwegnimmt alle Sünden dieses Kranken, erbarme dich! und sei heute und allezeit mit uns, in Einigkeit deines Vaters und dem Heiligen Geist, vergib uns allen unsere Sünden und spende uns deinen göttlichen Frieden bis in alle Ewigkeit. Amen. Ach Herr höre! Ach Herr erhöre! Ach Herr merke auf! Ach Herr sei gnädig! Herr tue es und verzeihe nicht, um deiner selbst willen. Amen, Selah, Amen, Halleluja. Amen.

O Herr allerheiligster, ewiglebendiger, unsterblicher Gott! Jesu Jehova Zebaoth! Der du die Menschen heißest sterben und sprichst: Kommt wieder ihr Menschenkinder! Ich, dein allerunwürdigster Knecht, empfehle und verschließe heute und allezeit dieses elenden und kranken Menschen N. N. ganz und gar, mit Seele, Geist und Leib, mit Vernunft und Sinnen und mit allen Kräften der Seele, in dein gebenedeites, allerheiligstes, göttliches Herz, und in die sicheren Felslöcher deiner heiligsten 5 Wunden. Der du bist und bleibst bis in alle Ewigkeit der Ewigkeiten. Heilig, heilig, heilig! Ach Herr höre! Ach Herr erhöre! Ach Herr sei gnädig! Ach Herr merke auf, und tue es und verzeihe nicht, um deiner selbst willen, mein Herr und mein Gott! Eile ihn zu erretten, o Gott! der du bist seine Lebenskraft. Eile ihm beizustehen, o Gott! seine Hilfe, Amen, Selah. Amen. Halleluja, Amen.

O Herr allerheiligster, starker, unüberwindlicher, siegreicher Gott! Jesu Jehova Zebaoth! Der du nicht Lust nach Wohlgefallen trägt über den Tod eines Sünders, sondern wünschst, dass sich alle Gottlosen zu dir bekehren und mit dir leben sollen in alle Ewigkeit. Ich, dein allerunwürdigster Knecht empfehle und verschließe nun und ewig, heute und allezeit, dieses elenden und kranken Menschen N. N. ganz und gar, mit Seele, Geist und

Leib, mit Vernunft und Sinnen und mit allen Kräften der Seele, in dem Segen, in der Benedeiung und in die Beschirmung deines, durch deine heilige Gott- und Menschheit selbst geheiligten Kreuzes, damit du ihn durch dein allerheiligstes Blut besprengen, und von allen Sünden abwaschen und heiligen wollest. Der du bist und bleibst heilig, heilig, heilig! In alle Ewigkeit der Ewigkeiten. Amen, Selah. Ach Herr höre! Ach Herr erhöre! Ach Herr sei gnädig! Herr unser Gott. Amen. Halleluja, Amen.

O allerheiligster Herr und Gott! König der Heerscharen. Unaussprechlicher Siegesfürst Jesu Jehova Zebaoth! Ich dein allerunwürdigster Knecht empfehle und verschließe heute und allezeit, bis in alle Ewigkeit, diesen elenden und kranken Menschen N. N. ganz und gar, mit Seele, Geist und Leib, mit Vernunft und Sinnen, mit Verstand und Willen, samt allen Kräften der Seele, in die Kraft und Heiligkeit deiner heiligen Sakramente und in die priesterlichen Einsegnungen, welche von nun an bis ans Ende der Welt durch die ganze Christenheit werden darüber gesprochen und verrichtet werden, damit du ihn durch Kraft derselben heiligen und von allen Sünden entbinden, auch von allem Übel und Krankheit des Geistes und Leibes erlösen und befreien kannst. Der du ohne Ende mit Gott Vater und Gott dem Heiligen Geist, heilig, heilig, heilig bist, und lebst in alle Ewigkeit. Amen, Selah. Ach Herr höre! Ach Herr erhöre! Ach Herr sei gnädig! Ach Herr merke auf und verzeihe, und tue es nicht um deiner selbst willen, Herr mein Gott. Amen. Selah, Halleluja, Amen.

O Herr allerheiligster, starker, gewaltiger, allmächtiger Gott aller Götter, König aller Könige, Herr aller Herren! Herr Gott! Der du bist gnädig und barmherzig und geduldig, und von großer Güte und Treue; der du erzeigst Gnade im tausendsten Glied, und vergibst Missetat, Übertretung der Sünden, vor welchem Niemand unschuldig ist. Ich, dein alleruntertänigster Knecht empfehle und verschließe, nun und ewig, heute und allezeit, diesen elenden und kranken Menschen N. N. ganz und gar, mit Seele, Geist, Leib und Leben, mit Vernunft und Sinnen, mit Verstand und Willen, samt allen Kräften der Seele, mit Fleisch und Blut, mit Adern und Sehnen, mit allen Gliedern und Gelenken, mit Mark und Bein und mit allen äußerlichen und innerlichen Teilen, die an seinem ganzen wesentlichen Körper sind, alles was um und an ihm ist empfehle und verschließe ich in die vollkommene Gerechtigkeit Jesu Christi und in das allerseligste Heil Gottes Jesu Jehovah Zebaoth, auch in die heiligen priesterlichen Segen, so täglich bis ans Ende der Welt in der ganzen Christenheit ausgeteilt werden, damit du ihn von allem Übel und Krankheit, von aller Anfechtung und Versuchung der bösen Geister erlösen, erretten und befreien wollest. Der du ohne Ende bist und bleibst heilig, heilig, heilig von nun an bis in alle unendliche Ewigkeit. Denn du hast Himmel und Erde und alle Dinge gemacht und erschaffen und durch deinen heiligen Willen haben wir allesamt das Leben und das Wesen und sind geschaffen, deinem allerheiligsten Namen Jesu Jehova Zebaoth sei ewig Lob, Preis und Ehre, Kraft und Stärke von Ewigkeit zu Ewigkeit. Der du bist das A und O, der Anfang und das Ende aller Dinge, der du warst, der du bist und der du ewig bleibst heilig, heilig, heilig, deinem alles lebendig machenden Namen Jesu Jehova Zebaoth sei ewig Lob und Preis, Dank und Ruhm, auch Kraft und Stärke, von Ewigkeit zu Ewigkeit. Der du kannst überschwänglich mehr tun in der Heilung und Gesundmachung und Wiedergenesung und Neubelebung dieses kranken N. N., über alles was wir allesamt nicht vermögen zu bitten, noch zu erkennen, noch zu begreifen nach deiner göttlichen Kraft, die da in, mit und durch uns wirkt, deinem allerheiligsten Namen Jesu Jehova Zebaoth sei ewig Lob und Preis, Dank und Ruhm, Kraft und Stärke, Sieg und Ehre von Ewigkeit zu Ewigkeit. Der du tot warst und bist wieder lebendig geworden, und lebst nun von Ewigkeit zu Ewigkeit, und hast die Schlüssel der Hölle und des Todes. Dir allein und deinem allerheiligsten Namen gebührt die Heiligkeit, Majestät und Gewalt, Herrlichkeit, Sieg und Dank, denn alles was im Himmel und auf Erden ist, das ist dein, dein o allmächtiger Heiland ist das Reich, und du bist erhöht über alles zum Obersten, dein allein ist aller Reichtum und Ehre vor dir! Du allein herrschst über alles, in deiner Allmachtshand steht Kraft und Macht, in deiner Hand steht es alleine, diesen kranken N. N. von aller Krankheit und Übel zu erlösen und zu befreien, und ihn gesund, stark und wiedergenesen zu machen, deinem allerheiligsten Namen Herr Gott Jesu Jehovah Zebaoth sei ewig Lob und Preis, Dank und Ruhm, Kraft und Stärke, Sieg und Ehre von Ewigkeit zu Ewigkeit. Der du bist und bleibst heilig, heilig, heilig von nun an bis in alle Ewigkeit. Amen, Selah. Ach Herr höre! Ach Herr erhöre! Ach Herr merke auf! Ach Herr sei gnädig. Ach Herr tue es, und verzeihe nicht um deiner selbsteigenen Ehre willen, Herr mein Gott. Amen. Halleluja. Amen.

O Herr Jesu Christo! Du Heiland aller Weltmenschen, mein Herr und Gott Jesu Jehova Zebaoth! Ich bete dich an und rufe zu dir, durch den Abgrund deiner unendlichen Liebe und Barmherzigkeit. Mache doch diesen kranken N. N. deines Heils würdig, der du ihn durch dein heiligstes Blut und Tod erlöst und errettet hast von Sünde und Tod, von Fluch und Zorn, von der Gewalt des Teufels und der Hölle befreit und entbunden hast. Ach komme doch eilends ihn zu heilen und gesund zu machen, ihn zu stärken und zu erquicken. Wir bitten dich, o Herr Gott unser Heiland durch dein heiliges Kreuz, Blut und Tod. O heiliger Gott! O heiliger allmächtiger Gott! O heiliger allerhöchster Gott! O heiliger, starker, unüberwindlicher Gott! O heiliger ewiglebender Gott! Jesu Jehovah Zebaoth! Erbarme dich dieses kranken N. N. und heile ihn, stärke ihn, erquicke ihn, errette ihn und neubelebe ihn durch deine alles belebende Kraft, und durch deinen alle Menschen heilenden Namen: Der du bist Jesus, Heiland, Seligmacher. Amen, Selah. Amen. Halleluja. Amen.

O Herr Jesu Christi! Ich bitte dich um derjenigen Liebe willen, mit welcher du vor deinem allerseligsten Ende am Kreuz deine liebe Mutter Maria, dem lieben Johanni deinem Jünger und ihn hinwiederum deiner lieben Mutter anbefohlen hast. Lasse dir doch auch diesen gegenwärtigen kranken N. N. heute und immerdar empfohlen sein. Ich übergebe ihn dir in deine alles heilenden und alle Menschen belehrenden heiligen Hände, mit eben derselbigen Kraft mit welcher du an deinem heiligsten Ende deinen allerheiligsten Geist in die Hände himmlischen Vaters befohlen und übergeben hast. Blicke ihn an mit dem Ausdruck deiner erbarmenden Liebe, mit welcher du jenes Mal deinen verstorbenen Freund, den Lazarum, in seinem Grab angeblickt hast und schmerzliche Tränen vergossen. Ach siehe doch, Herr Jesu, dieser dein Freund N. N. liegt (sitzt) allhier vor deinem Angesicht und seufzet nach deiner allmächtigen göttlichen Hilfe. O du himmlischer Arzt Jesu Jehovah Immanuel, ach, lasse doch jetzt diene auf der Welt gesprochenen allletzten Worte, durch mich deinen allerunwürdigsten Knecht, an diesem elenden kranken N. N. in die wahrhaftige Erfüllung gehen und offenbar deine Allmacht, die du bei deiner heiligen Himmelfahrt verheißen hast, da du gesprochen mit deinem wahrhaftigen Mund:

Die Zeichen aber, die da nachfolgen werden, so auf mich getauft sind und die an mich glauben werden, sind diese nachfolgende:

In meinem Namen werden sie Teufel austreiben †.

Mit neuer Zunge reden, Schlangen vertreiben.

So sie etwas Tödliches essen oder trinken, so wird es ihnen nichts schaden.

Auf die Kranken und Elenden werden sie die Hände legen, so wird es zu ihrem Heil † zu ihrer Gesundheit † zu ihrer Stärkung † zu ihrer Erquickung † und Neubelebung † gereichen.

O Herr Jesu Christi, du Sohn des lebendigen, allerhöchsten, allmächtigen Gottes aller Götter, lass doch die Wahrheit dieser deiner selbst gesprochenen Worte an diesem kranken N. N. in ihre Erfüllung gehen, und lass ihn durch Kraft und Tugend deiner allerheiligsten Namen Jesu Jehovah Zebaoth, deinen heiligen Segen † und deinen göttlichen Frieden † durch deine vollkommene göttliche Heilandskraft † heute und allezeit genießen um deiner heiligen Ehre willen. Amen. Halleluja.

O Herr allmächtiger, ewiger, unsterblicher, allerhöchster Gott barmherziger himmlischer Vater und Schöpfer aller Dinge! Hier liegt (sitzt) vor deinem allsehenden Angesicht derselbig elende, kranke und sieche Mensch N. N. den du durch deine väterliche göttliche Allmacht und Gütigkeit zu deinem Ebenbild erschaffen, um die Vermehrung deines heiligen Namens Ehre willen; damit er auch deine unendliche Güte, Liebe und Barmherzigkeit bis in alle Ewigkeit freudenvoll genießen solle. Darum so übergebe und befehle ich ihn auch nun ganz und gar, mit Seele, Geist und Leib, mit Leben und Odem, mit Vernunft und Sinnen, mit Verstand und Willen, mit allen Kräften und Seelen und mit allen wesentlichen Teilen und Gliedern seines Leibes, in deinen väterlichen Schutz und göttliche Barmherzigkeit, ja in deine allerbrünstigste Menschenliebe. Damit du ihm dein Heil und Hilfe, durch unseren Heiland Jesum Christum, gnädiglich wollest zusenden, und ihn an Leib, Seele und Geist vollkommen heil, gesund und genesen machen. Solches alles bitten wir dich so himmlischer Vater, in des allerheiligsten Namen Jesu Christi, welchen du selbst erhöht zu deiner Rechten, dass er mit dir und deinem heiligen Geist in gleicher Majestät und göttlicher Einigkeit lebe, herrsche und regiere durch alle unendliche Ewigkeiten. Amen. Halleluja.

O allergütigster, mitleidigster, allerliebreichster Herr Jesu Christi, der du von uns verlangst, dass mir alles Gute nur alleine von dir und durch dich erbitten sollen. Siehe Herr Gott unser Heiland. Hier liegt (sitzt) vor deinem allgegenwärtigen Angesicht der elende, kranke und sieche Mensch N. N., den du durch Blut und Tod, durch Leiden und Sterben am heil. Kreuz von der Gewalt der Sünden, des Teufels, des Todes und der Höllenpforten selbst erlöst, befreit und entbunden hast, damit er durch den Glauben an dich deine Herrlichkeit in der ewigen Seligkeit vollkommen genießen solle. Darum so übergebe ich ihn dir auch nun in deine allmächtigen göttlichen Heilandshände, und verschließe ihn in deine heiligen 5 Wunden damit du ihm alle seine Sünden abwaschen und ihn von aller Schuld und Strafe der Sünden befreien, auch alle Krankheit und Übel, von ihm gänzlich abwenden und ihn am Leib, Seele und Geist vollkommen heil, gesund und genesen machen wollest. Solches bitte ich von dir im Namen Gottes deines Vaters, durch den Heiligen Geist, welchem mit dir sei Ehre, Lob und Preis in alle unendliche Ewigkeit, Amen. Halleluja.

O Herr allermildester, gütigster, siegender Gott! Heilig, heilig, heiligster Geist Gottes und Jesu Christi, der du dich herablässt in alle fromme christgläubige Seelen; hier liegt vor deiner Allgegenwart derjenige elende, kranke und sieche Mensch, welche du selbst, mit deiner Überschattung, in der heiligen Taufe Gott dem Dreieinigen geheiligt und ihm durch deine Gnade den Namen N. N. zu einer ewigen Erinnerung deiner Wohltat mitgeteilt hast. Darum befehle und übergebe ich ihn dir auch nun ganz und gar, mit Seele, Geist und Leib, mit Vernunft und Sinnen, mit Verstand und Willen und mit allen Kräften der Seelen, in deine alles in allem waltende göttliche ewige Kraft, Weisheit und Liebe, dass du ihn durch das Heil Gottes in Jesu Jehovah Zebaoth, in deiner Kraft, von aller Krankheit und Übel heilen, reinigen, entbinden und ihn gesund und genesen machen wollest. O Heiliger Gott! O Starker Gott! O Lebendiger Gott! O Allmächtiger Gott! O Ewiger! O Wahrhaftiger! O Unsterblicher Gott. Erbarme dich. Erbarme dich. Erbarme dich über diesen kranken N. N. heute und allezeit und in alle Ewigkeit. Amen. Halleluja.

Abba! Mein himmlischer Vater! Es kommt die Stunde, dass du deinen Sohn Jesum Christum durch meine gesprochenen Gebete verklären und verherrlichen wollest; damit auch dein Sohn Jesus Christus dich an diesem kranken N. N. verklären möge. Gleichwie du ihm von Ewigkeit die Macht über alle Menschen gegeben hast, auf dass er allen Menschen, welche du ihm gegeben hast, das ewige Leben gebe. Das ist aber das ewige Leben, dass sie dich Vater allein als den einigen wahren, allerhöchsten Gott und den du gesandt hast, deinen Sohn Jesum Christum erkennen. Heiliger Vater! Ich habe dich auf Erden durch Jesum Christum verklärt, und im heiligen Namen Jesu Jehovah Zebaoth, das Werk deines Heils vollendet, wozu du auch mich durch Christum berufen hast, dass ich es tun möchte. Und nun verkläre du, Heiliger Vater, bei dir selbst alle meine Worte, welche ich im allerheiligsten Namen Jesu Christi über diesen kranken N. N. jetzt tue, mit eben derselben Klarheit, welche dein Sohn Jesus Christus bei dir hatte, ehe noch der Grund gelegt worden. Ich tue ihn jetzt in deinem allerheiligsten Namen benedeiten und segnen, weil du mir ihn zu heilen und zu segnen im Namen Jesu Christi übergeben hast. Ich habe in dir in deine segensvollen allmächtigen Hände übergeben und er wird die Worte deines heiligen Segens auch annehmen und bewahren und wird erkennen, dass alle diese meine Worte ich nur allein von dir, himmlischer Vater, im Namen Jesu Christi durch deinen heiligen Geist empfangen habe; darum wollest du ihm auch nun derselben heiligen Kräfte und Wirkungen wahrhaftig und vollkommen erkennen und an seinem Leib erfüllen werden lassen, darum weil Jesus Christus von dir, meinem himmlischen Vater, ausgegangen ist. Und dergestalt wird dieser Kranke auch alsdann gewiss glauben, dass du mich zu ihm, in dem allerheiligsten Namen Jesu Christi, ihn von allem Übel und Krankheit zu heilen und gesund zu machen, berufen und gesendet hast. Herr Gott mein Vater! Ich bitte dich um Gnade und Hilfe, Heil und Leben vor diesem elenden kranken N. N. Ich bitte nicht etwa für die ganze Welt, sondern nur allein für diesen N. N., welchen du mir im Glauben an deinen geliebten Sohn Jesum Christum, zu heilen und gesund zu machen, übergeben hast, weil er auch der Deinige ist, sowie ich und alle die Meinigen, auch die Deinigen sind. Und nun lasse auch deine göttlichen Kräfte und heilvolle Wirkungen durch Christum Jesum, zum Leben und zur Gesundheit, auch die seinigen werden, auf dass du, heiliger Vater! durch mich an diesem kranken N. N. verklärt werden mögest. Denn Christus ist jetzt nicht mehr in der Welt; dieser N. N. ist aber in der Welt bis jetzt, des schmerzhaften Leidens, deines Sohnes Jesu Christi, vor anderen Menschen vorzüglich ähnlich und teilhaftig gewesen, auf dass er dereinst in deine Herrlichkeit eingehen möge. O Heiliger Vater! Heile, errette und entbinde ihn von aller Krankheit und Übel u. a. in, mit und durch den allerheiligsten Namen Jesu Jehovah Zebaoth, weil du ihn mir in deiner Kraft zu heilen übergeben hast. Damit auch nun Jesus Christus in dieser Heilung mit mir Eines und immerdar gegenwärtig sein möge. Gleichwie auch du, o heiligster Vater, mit deinem allerheiligsten Geist in diesem kranken N. N. Eines und gegenwärtig bist. Auf dass auch hier die Heilige Schrift und die Worte deines Gesalbten Jesu Christi an diesem kranken N. N. erfüllt werden mögen, und derselbe deine vollkommene Freude und deinen Frieden in ihm selbst erlangen möge. Ich will ihm nun die Kraft deiner Heiligsten kund machen. Darum bitte ich dich im allerheiligsten Namen Jesu Christi, dass du ihn ja nicht von der Welt reißen, sondern dass du ihn vielmehr mit göttlicher Kraft durch meine Worte benedeien † und segnen † und von aller Krankheit und Übel erlösen, erretten, heilen, neubeleben und entbinden wollest. Denn dieser dein Knecht ist nicht von der Welt, gleichwie auch ich nicht mehr von der Welt bin. O Heilig, heilig, heiligster Vater! Heilige † benedeie † segne † heile † und neubelebe † diesen kranken N.N. in der Wahrheit deiner Kraft durch die alle heiligsten Namen deines geliebtesten Sohnes Jeschu † Jeschua † Jehoschua † Joala † Jehovah † Zebaoth. Denn nur alleine dieses dein allerheiligstes Jihy Jeschuh Jehova ist göttliche Kraft und Wahrheit, Geist und Leben; gleichwie du heiligster Vater mich von der Welt zu dir berufen und verordnet hast, dass ich durch das Zeichen des von Jesu Christo selbstgeheiligten Kreuzes, und durch seine allerheiligste geheimnisvollen Namen, die kranken Menschen heilen und gesund machen, und von ihnen in deiner göttlichen Kraft abtreiben soll alle Leibesgebrechen und allerlei Übel, alle Angst und Schmerzen u. a. Deshalb so opfere ich dir nun vor diesen kranken N. N. deinen geliebtesten Sohn Jesum Christum selbst auf, um allen seinen verdienstlichen Erlösungswerken, mit seinem heiligsten Blut und Tod und mit seiner vollkommenen Gerechtigkeit, zu genügsamen Ranzion und Bezahlung aller derjenigen Sünden, welche dieser elende kranke N. N. von Mutterleib an bis auf gegenwärtige Stunde in Gedanken, Worten und Werken getan und verübt hat. Und solches alles geschehe in dem allerheiligsten Namen Jesu Jehovah Zebaoth! Damit auch Jesus Christus selbst in Wahrheit durch Heiligen Vater geheiligt werde. Ich bitte aber nicht allein für diesen kranken N. N., sondern auch für alle diejenigen, welche durch diese Wunder im Namen Jesu Christi, an dir heiligster Vater werden gläubig werden. Darum so lasse auch mich nun und allezeit in Jesu Christo bleiben und Christum in diesem kranken N. N., damit auch Christus selbst mit ihm und mit mir, in dir heiligster Vater einig sein möge, gleichwie auch du mein Vater mit Christo und dem Heiligen Geist einig bist in diesem heiligen Werk; nun so sei auch Jesus Christus in diesem kranken N. N. und du Vater in mir, auf dass deine göttliche Kraft und dein allervollkommenstes Heil in Einem vollbracht und erfüllt werde an diesem kranken N. N., damit auch die Welt erkennen möge, dass du mich Heiliger Vater, durch Christum gesendet hast, solches heilige Wort zu vollbringen, und diesem Kranken dein Heil † dienen Frieden † und deinen heiligen Segen † zu seiner vollkommenen Wiedergenesung, Kraft und Stärke, zu einer beständigen Gesundheit des Geistes, der Seele und des Leibes, des Verstandes, der Sinnen und des Gemütes, auch aller Kräfte der Seele, im Namen Jesu Jehova Zebaoth mitzuteilen; damit du diesen N. N., ebenso lieben mögest, gleichwie du mcih mein Vater in Christo Jesu geliebt hast. Heiliger Vater, ich wollte gerne, dass du allezeit und aller Orten bei mir sein, und dass du alle diejenigen Kranken, welche du mir zu heilen und zu segnen übergeben wirst; du auch zugleich mit mir und durch meine Hand, im Namen Jesu Christi, mit deinem heiligsten Geist, benedeien †, segnen †, heiligen †, von allen Sünden absolvieren †, auch an Leib, Seele und Geist heilen †, gesund machen † und neubeleben † wollest. Damit auch dieser Kranke und alle Menschen deine heiligste Kraft. Allmacht und Herrlichkeit aus meinen gesprochenen Worten erkennen mögen und merken, dass du alleine mir diese heiligsten Namen offenbarer hast. Weil du mich in Christi Jesu geliebt und zu diesem Heilungswerk ausersehen hast, ehe noch die Welt gegründet worden. O Heiliger gerechter Vater! Die Welt hat dich in diesen deinen geheimnisvollen Werken noch nie erkannt: ich aber habe sehr oft die Gnade von dir genossen, dich in deiner göttlichen Allmacht zu erkennen, darum so lass auch nun diesen gesegneten † kranken N. N. in Wahrheit erfahren, erkennen und empfinden, dass du durch Jesum Christum mich mit deinem Heiligen Geist ausgerüstet und zu diesem elenden kranken N. N. zu einem Helfer und Arzt gesandt hast, damit du ihn durch mich die Heiligkeit, Kraft und Stärke der allergebenedeitesten heiligsten Namen Jeschu † Jehova † Jeschua † Jehovah † Jehoschuach † Jehovah † Joala † Jehovah † kund machen wollest. Damit auch diese deine Liebe, mit welcher du mich in Christo Jesu vorzüglich geliebt und angesehen hast, auch nun in mir verbleibe und sich über diesen kranken N. N. reichlich ausgieße, auf dass die Kraft und das Heil † Jesu † Jehova † Zebaoth † in ihm ewig wohnen und sich verklären möge. Amen. Halleluja.

Ich preise dich, heiligster Vater, du Herr der Himmel und der Erde, dieweilen du dieses Geheimnis den Weisen und Klugen verborgen, den Unverständigen aber und mir als deinem allerunwürdigsten Knechte hast du es in Gnaden offenbart, denn also ist es, heiligster Vater, vor deinem allerheiligsten Angesicht wohlgefällig gewesen, dass mir dadurch zugleich alle Geheimnisse von dir und deinem geliebtesten Sohn Jesu Christo, im Himmel und auf Erden, durch deinen heiligsten Geist kundgetan, und offenbart, und mitgeteilt würden von dir meinem himmlischen Vater. In dem allerheiligsten Namen Jesu Jehovah Zebaoth! Welcher auch mir durch seinen heiligsten wahrhaftigen Mund, im Stande seiner Menschheit auf Erden befohlen hat. Bittet! Und es soll euch gegeben werden! Verlangt! Und ihr sollte es bekommen. Klopft an! Und es soll euch geöffnet werden. Und abermals:

Wahrlich, wahrlich! Ich sage euch, wenn ihr etwas bitten werdet den himmlischen Vater in meinem Namen, so wird er es euch geben. Darum bittet, so werdet ihr empfangen, dass eure Freude vollkommen. Wahrlich ich sage Euch: Wer an mich glaubt, der wird selbst diejenigen Werke tun können, welche ich getan habe, und noch größere derselben wird er tun können, weil er zum Vater gehe. Und alles, was ihr von nun an den Vater im Himmel bitten werdet in meinem Namen, das will ich, Jesu Jehovah Zebaoth, erfüllen. Denn wenn ihr mich liebt, so werdet ihr alle meine Befehle annehmen, und ich werde den Vater für euch bitten, und er wird euch einen anderen Tröster zusenden, dass er bei euch verbleibe ewiglich. Dem Geist der Wahrheit, der Kraft und der Stärke, dem Geist der Gesundheit und des Heils der Menschen, welchen die Welt nicht kann empfangen, weil sie ihn nicht kennt noch weiß, ihr aber kennt und wisst ihn, weil er bei euch verbleiben und in euch wohnen wird in alle Ewigkeit. Und ich will euch nicht Waisen lassen, denn ich komme bald wieder zu euch; die Welt sieht mich zwar jetzt nicht, ihr aber seht mich wohl, denn ich lebe und ihr sollt auch leben †. In diesen künftigen Tagen werdet ihr erkennen, dass ich in meinem Vater bin, und dass ihr in mir bleibt und ich will in euch bleiben. Denn wer meine Gebote annimmt und dieselben bewahrt, der ist eben derjenige, welcher mich liebt, wer aber mich liebt, der wird auch von meinem Vater im Himmel geliebt werden. Und ich will ihn lieben und will mich ihm offenbaren; und ich und der Vater werden zu ihm kommen und mit dem Heiligen Geist Wohnung bei ihm machen. Denn ihr habt mich nicht erhoben. Ich aber euch erwählt, und verordne, dass ihr Elende und Kranke in meinem † Namen heilen † und gesund machen sollt. Damit ihr Furcht bringen möget in meiner Kraft und eure Frucht soll ewiglich verbleiben † und sich in meinem Heil immerdar vermehren †. Auf dass alles, was ihr den himmlichen Vater bitten werdet in meinem Namen, er es euch geben wolle. Wahrlich, wahrlich! Ich sage euch: Alles, was ihr auf Erden binden werdet, das soll auch im Himmel gebunden sein, und alles, was ihr auf Erden lösen † werdet, das soll auch von mir Jesu Jehovah Zebaoth † im Himmel gelöst † sein. Und wenn zwei aus euch Willens werden, auf Erden in einer Sache zu bitten, so soll es geschehen von meinem Vater, der im Himmel ist. Denn an eben demselben Ort, wo ihrer zwei oder drei versammelt sind in meinem Namen, an dem Ort bin ich Jesu Jehovah Zebaoth mitten † unter ihnen. Den Frieden † Gottes lasse ich über euch zurück, meinen Jesus-Frieden † schenke ich euch, nicht aber also wie die Welt den Frieden gibt; sondern also will ich euch den Frieden † Gottes geben, dass er ewig bei euch † und über euch † und in euch † bleiben solle.

Siehe! Heiligster Vater! Die Seele deines Knechtes ist sehr betrübt über diesen Gnadenverheißungen deines geliebtesten Sohnes Jesu Christi! Ja, was soll ich sagen? Vater, heiliger Vater! Verkläre an diesem elenden kranken Menschen N. N. den allerheiligsten Namen Jesu Jehovah Zebaoth, und errette deinen Freund aus der bösen Stunde; weil seine Seele betrübt ist bis zum Tode. Abba, heiligster Vater! Dir sind alle Dinge möglich im Himmel und auf Erden. Herr! Wenn es möglich ist, so gehe dieser Kelch des Kreuzes, seiner Krankheit und Übel, Angst und Schmerzen in dieser Stunde von ihm, so er aber nicht anders sein kann, bis dass er diesen Kelch zu seiner Prüfung noch einige Tage ausgetrunken habe, so geschehe, o Herr, auch hierin dein heiliger Wille. O Heiliger Vater! Ach sage noch zu meiner Seele die tröstliche Antwort: Siehe du bist mein Sohn, den ich erwählt habe; und mein Geliebter! den ich angenommen habe und an welchem meine Seele einen Wohlgefallen trägt. Ich will meinen Heiligen Geist auf dich legen und du sollst den kranken Menschen das Heil † Gottes verkündigen, dass ich der allmächtige, allerhöchste, barmherzige Gott und Vater, in Jesu Jehovah meinem geliebten Sohn, durch meinen Heiligen Geist ihr Arzt und Heiland sein und bleiben werde in Ewigkeit!

Ach, Herr Gott! Mein heiligster himmlischer Vater! Ich sage dir mit Herz und Mund, Lob, Ehre, Preis und Dank, im Namen Jesu Christi, dass du mich auch dieses Mal erhört hast; ich weiß aber auch, dass du mich allezeit erhört und erhören wirst, aber um dieses Kranken und um der Umstehenden Glaubens willen an dich habe ich dieses gesagt: Damit auch sie glauben möchten, dass du mich gesandt hast, die Gebrechen der elenden Kranken zu heilen, und zu vertreiben alles Übel und Krankheit, Angst und Schmerzen der Menschen, in dem allerheiligsten Namen Jesu † Jehovah † Zabaoth †. Darum sei auch nun gelobt und gebenedeit dein allerheiligster, herrlichster, allerhöchster und unaussprechlicher Name von Ewigkeit zu Ewigkeit, der du mit deinem Sohn und Heiligen Geist in göttlicher Einigkeit lebst, herrschst und regierst von Ewigkeit zu Ewigkeit. Amen. Halleluja.

Segen.

Silber und Gold habe ich nicht bei mir, dass ich dies geben könnte, was ich aber habe, das schenke ich dir im heiligen Namen deines Heilandes † Jesu † Christi †, stehe auf und wandle. Im Namen Gottes des Vaters † und des Sohnes † und des Heiligen Geistes †. Amen.

Es heile † dich N. N. der Herr Jesus † Christus †, stehe auf und diene dir selber. Im Namen †††, Amen.

Ich gebiete dir böser Geist der Krankheit dieses N. N. Im Namen Jesu † Christi weiche ab von diesem N. N., der da durchs heilige Wort Gottes: Es werde † Jesu † Jehovah † erschaffen ist.

Die Gnade Gottes † sei mit dir † N. N. und Friede † von Gott dem Vater † und unserem Herrn Jesu † Christo † mit dem Heiligen Geist † dem allein weisen Gott, durch Jesum † Christum †, welchem sei Ruhm und Ehre in Ewigkeit der Ewigkeiten. Amen.

Die Gnade † unseres Herrn Jesu † Christi † und die zuneigende Liebe Gottes † und die Gemeinschaft des Heiligen Geistes † sei immerdar mit dir. Amen.

Die Gnade † unseres Herrn Jesu † Christi † sei mit deinem Geist † in Ewigkeit. Amen.

Gebenedeit † sei über dir † Gott und der Vater unseres Herrn Jesu † Christi †, welcher dich gesegnet hat † mit dem geistlichen Segen † in himmlischen Gütern, zu Lob seiner Gnade, in welcher er dich erhöht hat, in seinem geliebten Sohn Jesu † Christo †, durch den du erlangst Erlösung durch † sein Blut, in der Vergebung † aller deiner Sünden.

Friede † sei mit dir N. N. und die Liebe mit dem Glauben von Gott unserem Vater † und vor dem Herrn Jesu † Christo † durch die Ausgießung des Heiligen † Geistes, unverrückt. Amen.

Gnade † und Barmherzigkeit † um Friede von Gott unserem Vater † und Christo † Jesu † unserem Herrn, und die Gnade † des Heiligen Geistes † sei mit dir N. N. in Ewigkeit der Ewigkeiten.

Amen. Und der Herr Jesus † Christus † sei mit deinem Geist. Amen.

Die Gnade Gottes † sei mit dir † und der Friede † über dir vermehre sich, und über dir werde gebenedeit † Gott der Vater † unseres Herrn Jesu † Christi †, auf dass der Friede † Gottes alle Wege mit dir sei, der du in Jesu † Christi † bist, damit die Gnade † und der Friede † über dir vollkommen werde in Christo † Jesu, †, durch welchen dir alle göttlichen Kräfte zum neuen Leben geschenkt sind; dass der Friede † Gottes über dir bleiben möge durch das Wort Jesu † Jehovah † Zebaoth, welchem sei Ehre in alle Ewigkeit. Amen.

Heiliger Segen.

Die Gnade und Liebe Gottes des Vaters † sei mit dir N. N. Und das Heil Gottes † in Jesu † Jehovah werde über dir ausgegossen in überflüssigem Maß. Auf dass der Friede † und der Segen † Gottes des Heiligen Geistes † immerdar über dir † und bei dir † und in † dir wohne, zur Gesundheit, zur Wiedergenesung, zur neuen Belebung, zur Kraft und Stärke, von diesem Jesu Jehovah Zebaoth, der auch für dich zu deinem Heil und zu deiner Gerechtigkeit gekreuzigt und gestorben, auferstanden und gen Himmel gefahren ist. Welcher war, welcher ist, welcher zukünftig ist und in Ewigkeit bleiben wird. Dein Heil †, deine Kraft und Stärke †, deine Erquickung †, deine Gesundheit † und Labsal † zum neuen, langen, gesunden † Leben, und deine vollkommene † Wiedergenesung durch das Heil Gottes † Jesu † Jehovah † Zebaoth † und durch die 7 heiligen Geister †, die im Umkreis seines heiligen Thrones stehen, und durch Jesum Christum, dem getreuesten Zeugen Gottes, dem Erstgeschaffenen von den Toten; und durch den Fürsten aller Könige der Erde. Welcher dich N. N. treulich liebt und in seinem heiligen Blut abwäscht von allen deinen Sünden †. Demselben sei über dir Ehre, und das Reich und die Kraft von Ewigkeit zu Ewigkeit. Amen.

Siehe, o N. N., dein Jesus † kommt mit den Wolken über † dir. Und er wird dich heilen † neubeleben † stärken † erquicken † erretten † erlösen † und befreien † von aller Krankheit und Übel, von aller Angst und Schmerzen des Geistes † der Seele † und des

Leibes †. Und seine Hilfe werden aller Menschen Augen sehen, und es werden zerstreut werden alle deine Feinde, die ihn gestochen haben, und es werden sich vor ihm alle Engel aller Geschlechter der Erde versammeln und dein Heil an dir vollbringen müssen. Amen. Herr Jesu Jehovah Zebaoth sprich auch im Himmel das Amen. Denn du bist Alpha et Omega, der Anfang und das Ende aller Dinge, der du warst, der du bist und der du zukünftig bleibst, ein Heiland † ein Helfer † ein Erretter † dieses kranken N. N. zu seiner Gesundheit, Kraft und Stärke und Neubelebung, von nun an bis in Ewigkeit. Der allmächtigste, allerhöchste und allerheiligste Gott Jesu Jehova Zebaoth, der da ist der Erste und der Letzte, der ewiglebendige Gott, der gestorben war, und siehe Er lebt in alle Ewigkeiten, denn Er hat die Schlüssel des Todes und der Hölle. Und dieweil du nun durch Geduld in seiner Gotteskraft überwindest, so wird Er dir geben zu essen von dem Holz des Lebens, welches wächst im Paradies deines Gottes. Deshalb wirst du nicht verletzt werden von den Anfällen des anderen Todes. Denn dein Heiland und Herr Jesu Jehovah wird dich mit verborgenem Manna speisen und wird alle deine geistlichen und leiblichen Feind überwinden, und du wirst Gottes heilige Wunder bis ans Ende verkündigen und der Herr Jesus wird dir Gewalt und Kraft geben über die bösen Geister, die dich bis jetzt angefochten haben und du wirst sie mit einem eisernen Zepter peinigen, ja wie Töpfe wirst du sie zerschmeißen. Gleichwie auch Jesus Christus dein Heil, die Ehre und Kraft und die Allmacht von seinem himmlischen Vater empfangen hat, dass er dich beschütze mit dem Morgenstern †. Und wird dich bei steter Gesundheit unverrückt erhalten durch die heiligen und gesunden Quellen der 7 heiligen Geister, welche Jesu Jehovah Zebaoth in seiner Allmachtshand träget, dass du würdig werden wirst, in reinen Kleidern des Heils einher zu gehen. Auch wird Jesu Christus deinen Namen N. N. vor seinem himmlischen Vater bekennen und vor allen heiligen Engel, und wird noch über diesen Namen umzusetzen den heiligen Namen meines Gottes, des Allerhöchsten, und auch seinen neuen allerheiligsten Namen Jeschu † Jeschua † Jehoschua † Ioala † Jehovah †, den Niemand kennt, als nur denjenigen, so ihn empfaht. Es sagte Amen Jesus Christus, der getreue und wahrhaftige Zeige, der da ist die Kreatur Gottes.

Siehe N. N. ich stehe vor deiner Türe und klopfe an, so Jemand meine Stimme hören wird und mir die Tür auftun, zu dem will ich eingehen und das Abendmahl mit ihm halten und er mit mir. Und ich will ihm eben mit mir zu sitzen auf meinem Stuhl, weil ich alle seine Feinde gebunden und überwunden habe, und bin nun erhöht und gesetzt worden zur Rechten der Kraft Gottes meines Vaters, auf seinen Stuhl. Amen.

Heilig, heilig, heilig sei über dir N. N., der allerheiligste, der allmächtige, der allerhöchste Gott Jesu Jehovah Zebaoth. Der da war dein Heil † vor deiner Krankheit, der da ist dein Heil † in deiner Krankheit, der da verbleibt dein Heil † nach deiner Krankheit in alle Ewigkeit. Ach Herr unser Gott! Jesu Jehovah Zebaoth! Du allein bist würdig zu empfahen Ehre, Ruhm und Kraft in der Heilung † dieses N. N. Darum siehe N. N., es hat vor dich überwunden der Löwe vom Stamm Juda aus der Wurzel Davids, den brüllenden Löwen, der dich zu verschlingen gesucht hat. Und dein Jesus wird auflösen die 7 Siegel und die 7 Bande eröffnen, womit du N. N. bis jetzt in deiner Krankheit gebunden gewesen. Denn er war zu deinem Heil erwürgt und hat dich erlöst, gereinigt, gewaschen und entbunden von aller Sünde, von aller Krankheit und Übel, durch sein heiliges Kreuz †, Blut † und Tod †. Deshalb o heiliges Lamm Gottes, welches hinwegnimmt alle Sünden dieses N. N., du bist auch würdig zu nehmen, alle Kraft und göttliche Majestät, alle Weisheit und Stärke, Lob, Ehre und Preis, Segen und Macht, in, mit und über der Heilung, der Neubelebung und Wiedergenesung dieses N. N., der du lebst und regierst in alle Ewigkeit. Amen. Halleluja.

Heil † sei von Gott über † dir N. N. von dem Gott, der im Himmel auf dem Thron sitzt, und auch von dem Lamm unseres Gottes. Amen. Halleluja. Segen und Herrlichkeit, und Weisheit und Danksagung, und Preis und Ehre, und Kraft und Stärke sei unserem Gott über † dir N. N. von Ewigkeit zu Ewigkeit. Amen. Denn Gott der Herr wird nun abwischen alle Tränen von deinen Augen, und die Furcht des Todes wird nicht mehr bei und um dir sein, weder Angst, noch Schmerzen noch Krankheit und Übel, denn alles Erste ist von dir abgewichen, weil Gott über † dir N. N. hat angenommen seine große Kraft. Und es ist über † dir geschenkt worden das Reich des Fürsten dieser Welt, unserem Heiland † Jesu Christo den Gesalbten Gottes. Und Jesu Jehovah Zebaoth wird in dir † regieren, und wird dich heilen und erquicken in alle Ewigkeit. Amen. Halleluja. Amen. Wir beten dich an, o Herr allmächtiger, ewiglebendiger, allerhöchster, allerhöchster, allerheiligster Gott aller Götter, unseren Vater und Heiland im Himmel, durch deinen alle Menschen † belebenden heilig, heilig, heiligsten Geist, der du warst, der du bist und der du zukünftig bleibst heilig und allmächtig, und das vollkommene Heil † über diesen † kranken N. N., dass nun von ihm zerstreut, verjagt und verbannt sind alle Angst und Schmerzen, Übel und Kranken, alle Vergiftung und Anfechtung der bösen Geister und Gestirne, welche diesen N. N. Tag und Nacht geängstigt und beunruhigt haben. Und die heiligen Engel Gottes und Jesu Christi werden alles Übel und Krankheit, welches etwa in dir N. N. noch übrig sein möchte, durch die Kraft Gottes völlig überwinden und dich durch das Blut des Lammes Gottes Jesu Christi und durch das Wort seiner Zeugnisse von allen künftigen Anfällen völlig befreien. Darum so freut euch mit mir ihr Himmel und alle die darin wohnen. Denn sehr groß und wunderbar sind deine Werke, o Herr allmächtiger Gott! in der Heilung † Neubelebung † und Wiederbelebung † dieses N. N. O Herr Gott, du König aller Hentgen, wer sollte dich nicht fürchten und deinen heiligen Namen preisen. Denn du bist alleine gnädig, geduldig, barmherzig, allmächtig, heilig und gerecht, der du diesem N. N. seine Sünden und Misshandlungen alle vergibst † und heilst alle Gebrechen seines Leibes † seines Geistes † und seiner Seele †. Der du sein Leben vom Tod und Verderben † erlöst und ihn krönst † mit Heil † mit Gnade † und Barmherzigkeit †. Darum so lobe auch nun meine Seele Gott, den allerhöchsten, allmächtigen, allerheiligsten, ewiglebendigen, allerherrlichsten Herrn, und alle meine Eingeweide preise seinen allerheiligsten Namen Jesu Jehovah Zebaoth. Amen. Halleluja.

Heilig, heilig, heilig sei über dir N. N. der allerhöchste Gott Jesu Jehovah Zebaoth, Himmel und Erde sind seiner heiligen Ehre voll. Gebenedeit † sei über dir, der da kommt geschaffen in dem Namen des Herrn. Hosanna in der Höhe. Amen. Selah. Amen, Halleluja, Amen.

So wahrhaftig als dein Heiland und Erlöser Jesu Jehovah Zebaoth lebt und über alle Himmel schwebt, also wahrhaftig wird dich der Engel des Herrn durch die Kraft Jesu Christi heute und allezeit bis an dein Ende von aller Krankheit und Übel des Geistes, der Seele und des Leibes erretten, erlösen, befreien und entbinden und dich vollkommen heil und gesund machen. Auch dich zu aller Zeit und an allen Orten, gehend oder stehend, sitzend oder liegend, im Eingang und Ausgang, im Hingang und Hergang, vor allen zukünftigen An- und Zufällen beschützen, verteidigen und behüten.

Gott der Vater sei deine Macht †.

Gott der Sohn Jesus Christus sei deine Kraft †.

Gott der Heilige Geist sei deine Stärke †.

Der Engel des Herrn Gottes des allmächtigen, allerhöchsten, ewiglebendigen, allerheiligsten Gottes, schlage alle deine Krankheit und Übel hinweg. Im Namen †††. Amen.

Gelobt und gebenedeit, und gegrüßt und verherrlicht sei unser Herr und Heiland Jesus Christus über dir N. N., gestern und heute und in alle Ewigkeit. Amen.

Jesus Christus sei dein Heil †, deine Gesundheit †, deine Genesung †, deine Erquickung †, deine Leibes- und Lebenskraft †, deine Stärke †, dein Labsal †, deine Erlösung †, dein Friede † und deine Freude † durch Gott den Vater † mit dem heiligen Geist † über dir N. N. gelobt und gebenedeit, heute und allezeit und in Ewigkeit. Amen.

Die † Kraft, und der Segen † und die Heiligkeit des heil. † Kreuzes Jesu † Christi † sei immerdar mit † dir N. N. in alle Ewigkeit. Amen.

Das heilige Kreuz † Jesu † Christi deines Heilandes † segne † und beschirme † und überschatte † dich N. N. heute und allezeit und in alle Ewigkeit. Amen.

Jesus † Christus † heiliges Kreuz † überwinde † und zerstreue † und verjage † und vertreibe † und vertilge † von dir N. N. alle Krankheit, alles Übel, alle Angst, alle Unruhe, alle Traurigkeit, auch alle Anfechtung, List und Gewalt der bösen Geister, und alle Schwachheit deines Leibes und Lebens, deines Verstandes und Sinnen, heute und allezeit in Ewigkeit. Amen.

Jesu † Christi † heiliges Kreuz † sei heute und allezeit über † dir N. N. ein Schutz und Schirm †, ein Panier und Schild † wider alle deine Übel und Krankheit, Unruhe und Angst, Betrübnis und Traurigkeit deiner Seele, deines Geistes und Leibes, heute und in alle Ewigkeit. Amen.

Jesu † Christi † Heil † und seines heil. Kreuzes † Kraft sei heute und allzeit in deinem Geist †, in deiner † Seele und in deinem Leib †, bei Tag und Nacht, bei Sonne und Mond, in alle Ewigkeit. Amen.

Der Friede † und Segen † des heil. Kreuzes † Jesu † Christi † sei vor dir †, hinter dir †, über dir †, unter dir †, zur Rechten † und zur Linken † zu aller Zeit, an allen Orten, auf dass alle böse Versuchung und Anfechtung vor dir müsse fliehen und weichen, in alle Ewigkeit. Amen.

Jesu † Christi † heil. Kreuz † heilige † dich, es erlöse dich †, es entbinde dich †, es errette dich †, es befreie dich †, es heile dich N. N. von aller Krankheit und Übel, von aller Unruhe und Angst, von aller Betrübnis und Traurigkeit, von aller Sünde, von aller Anfechtung und Verfolgung der bösen Geister, von allen Zufällen und Schwachheiten der Sinne und des Gemütes, des Geistes, der Seele und des Leibes, heute und allezeit bis in alle Ewigkeit. Amen.

Jesu † Christi † heil. Kreuze † eröffne dir N. N. alle Fülle des Heils † und der Kraft Gottes † des Allmächtigen †, des Allerhöchsten †, des Allerbarmherzigsten † zu deiner Gesundheit, Wiedergenesung und Neubelebung der Vernunft und der Sinne, des Verstandes und Willens und aller Kräfte der Seele †, des Geistes † und des Leibes † in Frieden † heute und allzeit bis in alle Ewigkeit. Amen.

Jesu † Christi † heil. Kreuz † sei immerdar vor dir † und hinter dir †, über dir † und unter dir †, zur Rechten † und zur Linken †, und in deinem ganzen Umfang † sei die höchste Allmachtshand † Gottes des Allmächtigen, welche immerdar von dir verjage, verbanne und zerstreue alle Angst, Unruhe, Betrübnis und Traurigkeit, Jähzorn und Anfechtung, List und Gewalt aller bösen Geister, auch alle Krankheit und Übel des Geistes †, der Seele † und des Leibes †, auf dass alles Unheil und Versuchung der bösen Geister müssen vor dir fliehen und weichen, an allen Orten und zu allen Zeiten in alle Ewigkeit. Amen.

Das heil. Kreuz Jesu † Christi † von Nazareth † des Königs † der Juden †, in der Länge und Breite, daran Jesu † Jehovah Zebaoth †, der Sohn des ewiglebendigen allerhöchsten Gottes, als ein wahrhaftiger Gott und Mensch dein Heiland † und Erlöser †, sein schmerzensvolles Leiden und Tod, um deiner Sünden wegen empfunden hat. Das wolle dich N. N. heute und allezeit segnen †, benedeien † und heiligen †, und von aller Krankheit und Übel der Sinne, des Gemütes, des Verstandes und Willens, und aller Kräfte der Seele †, des Geistes † und des Leibes †, des Lebens und Odems † erretten †, erlösen †, befreien † und entbinden † heute und allezeit bis in alle Ewigkeit. Amen.

Das heil. Kreuz † Jesu † Christi † das helfe dir N. N. heute und allezeit, es erlöse dich von aller Sünde, von aller Unruhe und Angst, von aller Bekümmernis und Zorn, von aller Betrübnis und Traurigkeit, und von aller Krankheit und Übel des Gemütes, der Sinne, des Verstandes und Willens, und aller Kräfte der Seelen †, des Geistes † und des Leibes † in alle Ewigkeit. Amen.

Der Friede † Gottes deines Heilandes † und Erlösers † Jesu † Christi †, die göttliche Kraft und Wirkung † seines heiligen Lebens, das unüberwindliche Zeichen des heiligen Kreuzes † Jesu † Christi †, wie auch der Segen †, der Friede † und die Heiligung aller Auserwählten und Heiligen Gottes, und der allezeit siegreiche Name deines Heilandes † auf dem heiligen Kreuzstamm Jesus † von Nazareth † ein König † der Juden †. Diese alle wollen heute und allzeit sein und bleiben, mit unüberwindlicher göttlicher Kraft, zwischen † dir N. N. und aller deiner Krankheit und Übel †, in aller Unruhe und Angst, in Schwermut und Zorn, in Betrübnis und Traurigkeit, in Anfechtung und Verfolgung der bösen Geister, und wider alle An- und Zufälle des Gemüts und der Sinne, des Verstandes und Willens und aller Kräfte des Seele †, des Geistes †, des Leibes †, zu aller Zeit und an allen Orten, bei Tag und Nacht, bei Sonne und Mond, in alle Ewigkeit. Amen.

Das heil. Kreuz † Jesu † Christi † sei über dir † N. N. heute und allezeit ein Schutz †, Schirm † und Schild † wider alle Krankheit und Übel, Jammer und Angst, Betrübnis und Traurigkeit, Anfechtung und Verfolgung der bösen Geister, von vorn † und hinten †, von oben † und unten †, zu aller Zeit, an allen Orten, innerlich und äußerlich. Und dazu helfe der N. N. Gott der allmächtige † Vater, und Jesus † Christus † Gott der einige Sohn † und Gott der ewige heiligste † Geist. Amen.

Die Gnade †, der Segen † und der Friede † Gottes † deines Vaters †, Erschaffers † und Erhalters †.

Das Heil †, das Leben † und die Kraft † Gottes † des Sohnes Jesu † Christi † deines Erlösers †, Heilandes † und Seligmachers †.

Die Heiligung †, Benedeiung † und Erleuchtung † des allerheiligsten † Geistes † Gottes † des Vaters † und Gottes † des Sohnes deines Heiligmachers †, Trösters † und Regierers †.

Der Segen †, die Benedeiung † und die Heiligung † des allerhöchsten †, allmächtigsten † und allerheiligsten † dreifaltig † einigen und einig-dreifaltigen Gottes † des Vaters †, Gottes des Sohnes † und Gottes des Heiligen Geistes †, deines Erschaffers †, deines Erlösers † und deines Heiligmachers †. Die wollen sein und bleiben heute und allezeit, mit unüberwindlicher göttlicher Kraft und Macht, mit dir †, in dir †, unter †, neben dir †, zur Rechten † und zur Linken †, in deinem ganzen Umfang † sollst du N. N. eingeschlossen sein, mit der Allmacht Gottes des allmächtigen, allerhöchsten und allerheiligsten Gottes im Himmel und auf Erden aufgelöst †, befreit † und entbunden † von aller Krankheit und Übel, von Furcht und Angst, von Betrübnis und Traurigkeit, von Anfechtung und Verfolgung, List und Gewalt der bösen Geister, Gestirne und Menschen, auch von allen bösen An- und Zufällen des Gemüts † und der Sinne †, des Verstandes † und Willens †, und aller Kräfte der Seelen †, des Geistes † und des Leibes †, zu aller Zeit, an allen Orten, bei Tag und Nacht, bei Sonne und Mond, von innen und außen, stehend und liegend, sitzend und gehend, reitend und fahrend, schlafend und wachend, zu Wasser und Land, in der Höhe und in der Tiefe, zu Hause und auf den Straßen, in der Nähe und in der Ferne, von nun an bis in alle unendliche Ewigkeit aller Ewigkeiten. Amen.

Und nun bitte ich Gott, den allerhöchsten Vater im Himmel, im Namen Jesu Christi Jehovah Zebaoth, um deine vollkommene Gesundheit, Kraft und Wiedergenesung, um Gottes des Sohnes willen, im Glauben an Gott.

Ich bitte Gott, den allmächtigen Heiland und Erlöser aller Menschen, Jesum Christum, den einigen allerheiligsten Sohn des ewiglebendigen allerhöchsten Gottes, um deine Neubelebung, um dein Heil und Erquickung, um Gottes des Vaters willen, in der Liebe zu Gott.

Ich bitte auch Gott den alles Erfüllenden heilig, heilig, heiligsten Geist, Gottes des Allerhöchsten, Allermächtigsten, Ewiglebendigen im Himmel, um deine Gesundheit, Heil und Leben, Friede und Freude, Tröstung und Erleuchtung, um Gottes des Vaters und Gottes des Sohnes willen, in der Hoffnung auf Gott.

Und ich segne †, ich benedeie †, ich heilige †, ich konsekriere †, ich weihe †, ich durchdringe dich mit Gottes Kraft †, ich hüle dich in Gottes Heil †, ich löse dich auf †, ich entbinde †, dich N. N. von aller Krankheit, Übel und Entkräftigung, von aller Unruhe, Angst und Furcht, von aller Betrübnis und Traurigkeit, von Zorn und Eifer, den Anfechtung und Verfolgung, List und Gewalt der bösen Geister, und auch von allen bösen An- und Zufällen der Sinne und des Gemütes, des Verstandes und Willens und aller Kräfte der Seele † des Geistes † und des Leibes †.

Ich segne † dich, ich heilige † dich, ich benedeie † dich, durch den heiligsten wahren Leib † und durch das allerheiligste Blut †, mit der höchsten Allmachtshand † Gottes deines Heilandes † und Erlösers † Jesu † Christi †, aufstehend und niederlegend, sitzend und gehend, wachend und schlafend, zu aller Zeit, an allen Orten, in alle Ewigkeit. Amen.

Jesus † Christus † überwinde † alle deine Übel und Krankheit, Unruhe und Angst, Furcht und Schrecken, Betrübnis und Traurigkeit, Anfechtung und Verfolgung, in göttlicher Kraft und Macht.

Jesus † Christus † herrsche † über alle deine Krankheit und Übel, Unruhe und Angst, über Furcht und Schrecken, Betrübnis und Traurigkeit und über alle Anfechtung und Verfolgung der bösen Geister, heute und allzeit. Amen.

Jesus † Christus † gebiete † in göttlicher Allmacht aller deiner Krankheit und Übel, Angst und Furcht, Zorn und Schrecken, Betrübnis und Traurigkeit, auch aller Anfechtung und Verfolgung. List und Gewalt der bösen Geister, von dir heute und allezeit zu weichen.

Jesus † Christus † dich N. N. von aller Krankheit und Übel, von Angst und Furcht, von Zorn und Schrecken, von Betrübnis und Traurigkeit, von aller Anfechtung und Verfolgung, List und Gewalt der bösen Geister und auch von allen bösen An- und Zufällen der Sinne und des Gemütes, des Verstandes und Willens und aller Kräfte der Seele auflöst †, befreit †, verteidigt †, beschützt † und entbindet, durch die Kraft und Allmacht Gottes des Vaters † und des Heiligen Geistes † in alle Ewigkeit. Amen.

Ich segne † dich N. N. durch Jesum † Christum †, ich heilige dich † in Jesu † Christi †, ich benedeie † dich um Jesum † Christum †, ich weihe † und konsekriere dich durch Jesu † Christi † Heil, ich erlöse †, befreie † und entbinde dich † von aller Anfechtung und Sünde im Namen Jesu † Christi †. Amen.

Ich heile †, erquicke †, stärke † und neubelebe dich in, mit und durch Jesu † Christi † Kraft und Stärke †, durch den allerbarmherzigsten Gott † deinen Vater und Schöpfer.

Durch den unaussprechlichen Gott † aller Heiligen.
Durch den unendlich ewiglebendigen Gott †.
Durch den allmächtigen Gott † Alles in Allem.
Durch den allerstärksten Gott † der Heerscharen.
Durch den ewigen unsterblichen Gott † im Himmel.
Durch den allerhöchsten Gott † der Götter.
Durch den unvergleichlichen unaussprechlichen Gott †.
Durch den unüberwindlichen Gott †.
Durch den Gott aller Heiligen †.
Durch den lebendigen Gott † in Ewigkeit.
Durch Gott † den König und Herrn aller Heerscharen
im Himmel und auf Erden.
Durch den Gott des Himmels aller Himmel †.
Durch den mildesten liebreichsten Gott †.
Durch den unbeweglichen Gott †.
Durch den allerherrlichsten Gott †.

Durch Gott † den Abgrund aller Barmherzigkeit, Gnade und Liebe.

Durch den allerstärksten unüberwindlichen Gott †.
Durch den rechten und gerechten Gott †.
Durch den allersüßesten Gott †.
Durch Gott † den Hüter und Wächter bei Tag und Nacht.
Durch Gott † den allermildesten Geber alles Guten.

Durch den unsichtbaren Gott †.
Durch den allergewaltigsten Gott †.
Durch den alles erhaltenden Gott †.
Durch den alles belebenden Gott †.
Durch den alles erfüllenden Gott †.
Durch den alles ernährenden Gott †.
Durch den alles erschaffenden Gott †.
Durch den alles beschützenden Gott †.
Durch den allwissenden Gott †.
Durch den allerweisesten Gott †.
Durch den alles in allem waltenden Gott †.
Durch den allergerechtesten Gott †.
Durch den allerliebsten Gott †.
Durch Gott †, der die Himmel der Weisheit erschaffen.
Durch Gott, der dem Meer eine Grenze gesetzt.
Durch Gott †, der alle Dinge durchs heilige Wort, es werde †, erschaffen.
Durch Gott †, der Sonne, Mond und alle Sternc bereitet hat.
Durch Gott †, der dich † und alle Menschen nach seinem Ebenbild erschaffen.
Durch Gott †, dem alles himmlische Heer untertan und gehorsam ist.
Durch den Gott aller Götter †.
Durch den König † aller Könige.
Durch den Herrn † aller Herren.
Durch den dreifaltig-einigen Gott †.
Durch den einig-dreifaltigen Gott †.
Durch Gott den Vater †, Gott den Sohn † und Gott den Heiligen † Geist.
Durch Gott †, den Anfang und Ende aller Dinge im Himmel und auf Erden.
Durch Gott †, der nicht Gefallen hat am Tod des Sünders, sondern will, dass er bekehrt werde und † lebe in Ewigkeit.
Durch Gott †, der ohne Ende lebt und regiert in alle Ewigkeit.
Durch Gott †, der Himmel und Erde verwandeln und von neuem erschaffen wird.

Durch Gott †, der alle Toten wiederum zum Leben auferwecken wird.

Durch die unendliche Macht und Stärke Gottes des Allmächtigen †.

Durch die unermessliche Hoheit, Herrlichkeit und Majestät des allerhöchsten Gottes †.

Durch den Abgrund der Liebe und Barmherzigkeit † Gottes gegen die Menschen.

Durch die alles erschaffende und erhaltende Kraft Gottes † im Himmel und auf Erden.

Durch das durch Jesu † Christi † Gott- und Menschheit erfüllte Heil † Gottes und der Menschen.

Durch die vollbrachte Heiligung † der Menschen in der Sendung † des Heiligen Geistes †.

Durch die vollkommene Gerechtigkeit Gottes und Jesu † Christi †.

Durch die Ehre, Kraft und Stärke, Tugend und Wirkung aller geheiligten Namen Gottes im Himmel †.

Durch das väterliche Herz und unaussprechliche Gütigkeit Gottes †.

Durch die alles in allem wirkende Kraft und Allmacht Gottes †.

Durch die alles belebende † Stärke Jesu † Christi † in den vollbrachten Heil † der Menschen.

Durch den alle Menschen † beseelenden Heiligen Geist † Gottes des Vaters † und Jesu † Christi †.

Durch das heilige Wort Gottes † in Christo † Jesu † zum Heil der Menschen † von Ewigkeit.

Durch das von Jesu † Christi † Gott- und Menschheit selbst geheiligte † Zeichen des † Kreuzes segne †, benedeie † und konsekriere ich dich N. N. in mit und durch Gottes Kraft † und Macht † aufstehend und niederlegend, sitzend oder gehend, in alle Ewigkeit. Und ich absolviere †, befreie † und erlöse dich † im heiligen Namen Jesu † Christi † von allen Sünden †, von aller Krankheit und Übel, von Furcht und Angst, von Zorn und Schrecken, von aller Betrübnis und Traurigkeit, von aller Anfechtung, List und Gewalt der bösen Geister. Im Namen Gottes des Vaters

†, und des Sohnes † und des Heiligen † Geistes. Amen. Halleluja. Selah. Amen.

O Herr Jesu Christi, du Sohn des allerhöchsten, ewigen lebendigen Gottes! Der du diese deine heilige Namen gebenedeit † geheiligt † und gesegnet † hast mit deiner unendlichen Liebe und dem Stamm deines heil. Kreuzes † mit deinem heiligen Leib † und Blut †. Ich bete dich an und flehe von dir und bitte durch den Abgrund deiner Liebe und Barmherzigkeit, du wollest diesen N. N., durch alle diese von mir jetzt ausgesprochenen hochheiligen Namen deiner heiligsten Gottheit, wie auch durch dein allerheiligstes zum Heil der Menschen † vergossenes Blut † von aller Krankheit und Übel heute und allezeit bis in alle Ewigkeit erlösen † befreien † und entbinden †, und ihn durch deine heiligste Gott- und Menschheit † heiligen †, segnen † benedeien †, auch heilen †, stärken †, neubeleben † und erquicken †, auf dass seine Sinne, Vernunft, Verstand und Wille und alle seine Kräfte und Seele †, des Geistes † und des Leibes † bis an sein letztes Ende vollkommen gesund und genesen erhalten und bewahrt werden mögen. Der du mit Gott deinem Vater und dem Heiligen Geist in dreifaltig-einiger Gottheit und göttlicher Kraft, Majestät und Ehren lebst, herrschst und regierst von Ewigkeit zu Ewigkeit. Amen. Halleluja. Amen Selah. Amen.

Jesus † Christus † dein vor dein Heil † zu Jerusalem gekreuzigter Heiland †, Erlöser † und Seligmacher †. Der wolle dich N. N. durch Kraft seiner allerheiligsten Namen † und durch den heiligen Frieden † Gottes des unerschaffenen Vaters †, und durch das ewige Heil † Gottes des unerschaffenen Sohnes †, und auch durch den Segen † Gottes des unerschaffenen Heiligen Geistes †, wie auch durch das heilige Wort Gottes † des ungeborenen Vaters †, und durch das Heil † Gottes des aus Maria geborenen Sohnes Gottes † Jesu Christi †, und durch den heiligen Frieden † Gottes des aus Gott Vater † und Gott Sohn † ausgehenden heilig, heilig, heiligsten Geistes †, wie auch durch die ewige Barmherzigkeit Gottes des alles erschaffenden Vaters †, und durch die brünstige Liebe † Gottes des alle Menschen erlösenden Sohnes Gottes †, und durch die Heiligung und Trost Gottes des alle Menschen heiligmachenden, heilig, heilig, heiligsten Geistes † heute und allezeit heilen †, heiligen †, segnen † und benedeien † und von aller Krankheit und Übel erlösen †, befreien † und entbinden † in alle Ewigkeit. Amen.

Jesus † Christus † der Sohn des ewiglebendigen Gottes, der vom Himmel hernieder gekommen, und im Leib der gebenedeiten Jungfrau Maria, zu deinem Heil †, wahrer Mensch geworden, auf dass er auch dein Friede †, Heil †, deine Erlösung † und völlige Gerechtigkeit † vor Gott sein möge bis an das Ende der Welt. Auf dass du durch sein heiligstes Blut † die völlige Vergebung †, Verzeihung † und Erlassung † aller deiner Sünden † erlangen möchtest. Derselbe dein Heiland † Jesus † Christus wolle dich N. N.

durch die Kraft seiner allerheiligsten Namen †,
durch die Kraft seiner heiligsten Gottheit,
durch die Kraft seines heiligen Leidens und Sterbens †
durch die Kraft des heiligen Kreuzes †,
durch die Kraft seines heiligen Leibes † und Blutes †,
durch die Kraft aller seiner heiligen Verdienste †,
durch die Kraft seiner ewigen Gerechtigkeit †,
durch die Kraft seiner heiligsten Allmachtshand †,
durch die Kraft seines heiligsten allwaltenden Geistes †,

von aller Krankheit und Übel erlösen †, benedeien † und entbinden † heute und allezeit in Ewigkeit. Amen. Selah. Amen. Halleluja. Amen.

Durch das von Jesu † Christi †, heiligsten Gottheit †, selbstgeheiligte Zeichen und Geheimnis seines heiligen Kreuzes †, erlöse †, befreie † und entbinde, o Herr allmächtiger, allerhöchster, ewiglebendiger Gott aller Götter, diesen N. N. von aller Krankheit und Übel.

Durch Jesum † Christum †, der von der Jungfrau Maria war geboren †.

Durch Jesum † Christum †, der von der Maria war verloren †.

Durch Jesum † Christum †, der von der Maria ward wieder gefunden †.

Durch Jesum † Christum †, der von den Heiden ward verwundet †.

Durch Jesum † Christum †, der gen Himmel fuhr vollkommen † gesund.

Ich heilige † die Stunde † darin Jesus † Christus † war geboren †.

Ich heilige † die Stunde † darin Jesus † Christus † war verloren †.

Ich heilige † die Stunde † darin Jesus † Christus † wieder gefunden †.

Ich heilige † die Stunde † darin Jesus † Christus † ward ans Kreuz † gebunden.

Ich heilige † die Stunde † darin Jesus † Christus † ward verwundet †.

Ich heilige † die Stunde † darin Jesus † Christus † ward wieder gesund †.

Durch das heilige Wort Gott † Jesu † Jehovah † Zebaoth †, so da Fleisch geworden †, und in dir N. N. wohnt Gott und Mensch † Jesus † Christus † durch den heiligsten Geist †, wolle dich der allmächtige Gott, der den Abgrund seiner ewigen Liebe und Barmherzigkeit, von welcher er dich aufgehend aus der Höhe heimgesucht hat, durch Kraft aller seiner allerheiligsten Namen von aller Krankheit und Übel, von Fluch und Verwünschung, von aller Sünde und Ungerechtigkeit und von allem Bösen, so dir bis jetzt begegnet ist oder zukünftig noch begegnen könnte, erlösen †, befreien † und entbinden †. Im Namen †††. Amen.

Der Friede † und allerheiligste Name † deines Heilandes † Jesu † Christi †, der da heißt Jesus † Heiland † Seligmacher † Jesu † Jehovah † Zebaoth † wie auch der Segen † seiner heil. Verdienste seines bitteren Leidens und Sterbens. Die wollen allesamt von nun an bis in Ewigkeit heiligen, benedeien † und segnen †, und von allem Übel und Krankheit des Geistes und Leibes und der Seele erlösen †, befreien † und entbinden. Amen.

Es segne † dich N. N. Gott der allerhöchste, allmächtige, barmherzige, himmlische Vater †, dein Schöpfer und Erhalter.

Es segne † dich N. N. Jesus † Christus †, der von der gebenedeiten Jungfrau Maria † geborene einige Sohn Gottes †.

Es segne † dich N. N. der Heilige Geist † Gottes des Vaters † und des Sohnes † heute und allezeit, und entbinde dich † von aller Krankheit und Übel in alle Ewigkeit. Amen.

Es segne † dich N. N. Gott der Herr dein Vater †, und behüte † dich in Ewigkeit.

Der Herr Jesus † Christus † dein Heiland † zeige dir N. N. sein gnädiges Angesicht † und erbarme sich deiner.

Her Herr Gott Heiligster Geist † erhebe sein allerheiligstes Angesicht über † dich N. N. und schenke dir durch das Heil † Gottes Gesundheit † Heil und Frieden † in alle unendliche Ewigkeit. Amen.

Unser Herr Jesus † Christus †, der Sohn Gottes †, sei immerdar mit † dir N. N., dass er dich beschütze † und dehnte †.

Jesus † Christus † sei in † dir, dass er dich erquicke † und labe †.

Jesus † Christus † sei vor † dir, dass er dich leite † und führe †.

Jesus † Christus † sei hinter † dir, dass er dich stärke † und erhalte †.

Jesus † Christus † sei mit † dir zur Rechten † und zur Linken †, dass er dich regiere † und errette.

Jesus † Christus † sei über dir †, dass er dich benedeie † und segne †.

Der mit Gott dem Vater † und Gott dem Heiligen Geist † in vollkommener göttlicher Kraft in dir herrscht † und dich regiert † in alle Ewigkeit. Amen, Halleluja. Amen.

Der Segen † Gottes † des allmächtigen Vaters † Jesu † Christi †.

Der Friede † Jesu † Christi † Gottes † des allerhöchsten † einigen † Sohnes †.

Die Heiligkeit † Gottes †, des allerheiligsten † heiligsten † Geistes †, steige herab über † dich N. N. mit Gesundheit †, Kraft und Leben † und erquicke †, heile † und neubelebe † deinen Geist † und Leib †, Leben † und Odem †, Verstand † und Willen † und alle Kräfte der Seele †, heute und immerdar bis in alle Ewigkeit. Amen.

Der Thron † des Herrn Jesu † Christi † behüte † und beschütze † dich.

Die Kraft † des Herrn Jesu † Christi † verteidige † und errette † dich.

Die Liebe † des Herrn Jesu † Christi † geleite † und umfasse dich †.

Die Allmacht † des Herrn Jesu † Christi † verberge † und überschatte † dich.

Das Heil † des Herrn Jesu † Christi † befreie † und entbinde † dich von aller Krankheit und Sünde.

Das heil. Kreuz † des Herrn Jesu † Christi † erlöse † und heilige † dich.

Der Allmachtsarm † des Herrn Jesu † Christi † stärke † und labe † dich.

Der Friede † des Herrn Jesu † Christi † erquicke † und erfreue † dich.

Der Segen † des Herrn Jesu † Christi † benedeie † und konsekriere † dich.

Der Engel † des Herrn Jesu † Christi † heile † und neubelebe † dich.

Die Gottheit † des Herrn Jesu † Christi † weihe † und heilige † die, durch und durch, durch die Gnade und Liebe von Gott dem Vater †, durch das Heil und Segen von Gott dem Sohn †, und durch die Heiligkeit und den Frieden Gottes des Heiligen Geistes †, auf dass dein Geist und Leib, Vernunft und Sinne, dein Verstand und Willen und alle Kräfte deiner Seele müssen heute und immerdar heil, gesund und unverletzt erhalten werden bis auf den Tag der Zukunft Jesu Christi, welchem sei Preis und Ehre in alle Ewigkeit. Amen. Halleluja.

So oft als du N. N. wirst aus- oder eingehen oder zu Bett gehen, oder von deinem Stuhl oder Lager aufstehen so oft wollen 3 heilige Engel Gottes, des Allerhöchsten, immerdar bei dir stehen und überall mit dir gehen.

Sie wollen dich aller Orten geleiten jetzt und zu allen Zeiten.

Sie wollen dich ohne Unterlass behüten vor allen bösen Leuten, die gehen, fahren oder reiten.

Vor allen bösen Jungen, vor alten und vor jungen.

Vor allen bösen Gestirnen, vor nahen und vor fernen.

Vor allen bösen Geistern, dass sie dich mit Macht und List nicht bemeistern.

Vor allen deinen geistlichen und leiblichen Feinden, die sichtbar oder unsichtbar sind.

Sie behüten dich vor Hauen, Stechen und Schießen, dass kein

böses Tier dein Fleisch und Blut darf genießen.

Solches geschehe von 24 zu 24 Stunden lang, auf deine ganze Lebenszeit sei und bleibe Gott † der allmächtige Vater † dein Umfang †, Gott † der Sohn † Jesus † Christus † dem Vorgang † und Gott † der Heilige Geist † dein Beistand † zur linken † und zur rechten Hand †

Gott † der Vater † sei vor dir †.

Gott † der Sohn † sei hinter dir †.

Gott † der Heilige Geist † sei über dir †.

Gott † der Vater † sei deine Macht †.

Gott † der Sohn † Jesus † Christus † sei deine Kraft †.

Gott † der Heilige Geist † sei deine Stärke † dass dein Geist, Seele und Leib die Allmacht Gottes stetig vermerke.

Gott † dem Vater † übergebe ich dich †.

Gott † dem Sohn † empfehle ich dich †.

Gott † der Heilige Geist † wohne dir allezeit bei †, dass dein ganzer Leib, Zeit deines Lebens, immerdar heil †, gesund † und genesen † sei. Im Namen Gottes des Vaters †, und Gottes des Sohnes †, und Gottes des Heiligen Geistes †. Amen.

Das walte † Gott † der Vater †.

Das walte † Gott † der Sohn †.

Das walte † Gott † der Heilige Geist †, das heilige Kreuz † Jesu † Christi † werfe aus Angst, Furcht und Schrecken über alle deine Feinde, die sichtbar und unsichtbar, die geistlich und leiblich sind.

Die Gnade † unseres Herrn Jesu † Christi †, die Liebe † Gottes † des Vaters † und die Gemeinschaft † Gottes † des Heiligen Geistes † sei mit dir N. N. immerdar. Amen.

Gott der Herr † segne † und behüte † dich.

Gott der Herr † erleuchte † sein Angesicht über dich † und sei dir gnädig.

Gott der Herr † erhebe † sein Angesicht auf † dich, und gebe dir Gesundheit † Heil † und Frieden † in alle Ewigkeit. Amen.

Gott † sei dir gnädig † und barmherzig † und gebe dir seinen ewig heiligen Segen †.

Er lasse über dir † sein Antlitz leuchten †, dass du auf Erden mögest erlangen deine Gesundheit †, Heil † und Stärke †.

Es segne † dich Gott † unser lebendiger Gott † Jesu † Jehovah † Zebaoth.

Es segne † dich Gott † und gebe dir sein Heil †, Gesundheit † und Frieden. Amen.

Ist nun Gott für † dich N. N. wer will denn wider dich sein?

Weil Gott auch sogar seines einigen Sohnes Jesu Christi, um deinetwillen nicht verschont, sondern ihn für deine Sünden also in den Tod gegeben!

Wer will dich nun mit den Auserwählten Gottes beschuldigen? Christus Jeus ist hier, der dich N. N. gerecht macht †.

Wer will dich verdammen? Jesus Christus ist hier, der für dich gestorben † ist, ja vielmehr der auch wieder von den Toten auferstanden ist, welcher nunmehr erhöht worden und sitzt zur Rechten der Kraft Gottes.

Und also ist nun nichts Verdammliches an dir und allen die in Christo † Jesu † sind! Die nicht nach dem Fleisch wandeln, sondern nach dem Geist.

Darum seht da das heil. Kreuz † und die Kraft †, Tugend † und Stärke † unseres Herrn und Heilands † Jesu † Christi † welcher an diesem Stamm des Kreuzes gekreuzigt worden für uns alle.

Darum flieht und weicht alle ihr widerwärtigen Teile von N. N., denn es hat euch überwunden Jesu † Jehovah † Zebaoth † der starke Held †, der Löwe aus dem Geschlecht Juda, die Wurzel David, des Weibessamen, der gebenedeite Nazarener Jesus Christus, der Heiland der Welt †, der siegende Löwe und Überwinder der höllischen Schlange, der erste und der letzte unsterbliche Überwinder, der da ist das unbefleckte Lamm Gottes, welches auflöst und hinweg tut von diesem N. N. die 7 Siegel und 7 Bande dieser seiner Krankheit, denn er ist der oberste zukünftige Richter aller Guten und Bösen. Seinem heilig, heilig, heiligsten Namen Jesu Jehovah Zebaoth! sei Lob, Preis und Ehre in alle Ewigkeit. Amen. Halleluja. Amen. Selah. Amen.

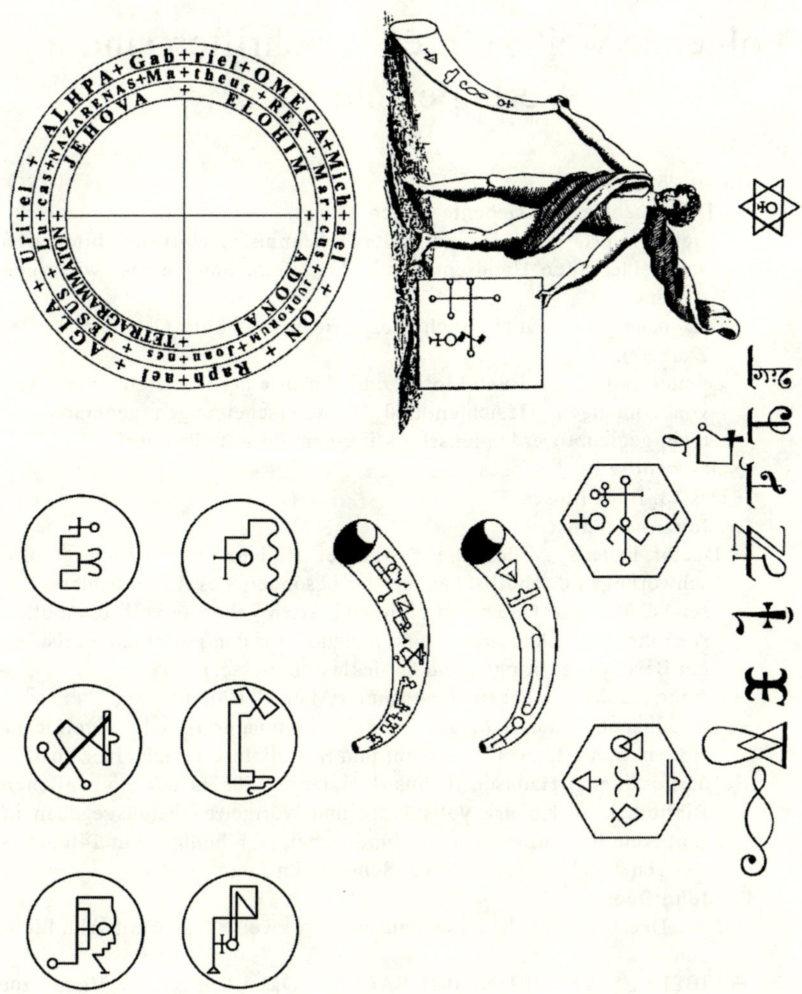
Uri+el + ALHPA+Gab+riel+OMEGA+Mich+ael + ON + Raph+ael + AGLA +
Lu+cas+NAZARENAS+Ma+theus+REX+Mar+cus+IUDEORUM+Joan+nes + JESUS +
JEHOVA + ELOHIM + ADONAI + TETRACRAMMATON +

Folgende weiterführende Schriften sind im Verlag erschienen.

Bücher Moses:

— Das sechste und siebente Buch Moses, das ist: Moses magische Geisterkunst, das Geheimnis aller Geheimnisse. Wort- und bildgetreu nach einer alten Handschrift mit 23 Tafeln. Samt einem wichtigen Anhang.

— Das achte und neunte Buch Moses oder enthüllte Geheimnisse der Zauberei.

— Zehntes und Elftes Buch Moses oder Theorie der Geisterkunde. Was von Ahnungen, Gesichten und Geistererscheinungen geglaubt und nicht geglaubt werden müsste. Mit einem Porträt: "Die weiße Frau."

— Das zwölfte Buch Moses

— Das 13. Buch Moses

Dr. Johannes Faust:

— Doctor Faust's großer und gewaltiger Höllenzwang. (Wichtige Beschwörungen der höllischen Geister besonders des AZIELS, dass dieser Schätze und Güter von allerhand Arten gehorsamvoll, ohne allen Aufruhr, Schreckensetzung und Schaden vor den gestellten Kreis seiner Beschwörer bringen und zurücklassen müsse.)

— Doctoris Johannis Fausti so genannter Manual-Höllenzwang.

— Dr. Johannes Faust's Magia naturalis et innaturalis oder Dreifacher Höllenzwang, letztes Testament und Siegelkunst. (Nach einer kostbar ausgestatteten Handschrift aus dem Jahre 1505 in der Herzoglichen Bibliothek zu Koburg vollständig und wortgetreu herausgegeben in fünf Abteilungen, mit vielen illuminierten Abbildungen auf 146 ganzseitigen Tafeln in Farbe von J. Scheible im Jahre 1849.)

Dr. John Dee:

— John Dee's Tagebuch. Gesamtausgabe in zwei Bänden mit Abbildungen.

— LIBELLUS VENERI NIGRO SACER - Das Büchlein der Venus zur Beschwörung böser Geister auf eine gottselige Weise. Mit zahlreichen Abbildungen.